제3판

PRACTICAL HOTEL ROOM
DIVISION SERVICE OPERATION

호텔객실 서비스실무

송대근 · 강용관 지음

대 왕 사

제3판

호텔객실 서비스실무

Practical Hotel Room Division Service Operation

제3판 머리말

2002년 SARS(중증급성호흡기증후군)과 2012년 MERS(중동호흡기증후군)가 발생하였으나 일부 지역 내지는 짧은 기간 동안의 상황 마무리로 인하여, 관광산업과 관광객의 활동에 다소 제한적인 영향을 주기는 하였지만 관광산업 자체의 위기까지는 아니었다. 하지만 2019년 말 COVID-19(코로나19)로 인하여 약 4년여 동안 우리나라뿐만 아니라 전 세계 관광업계가 역사상 가장 큰 어려움을 겪게 되었다. 관광산업의 중추적인 역할을 담당해온 호텔은 물론이고 여행사와 항공사, 면세점 등 관광관련 산업이 거의 전멸하다시피 직격탄을 맞았다.

2024년 엔데믹 전환으로 호텔업계가 회복세로 접어들고 있는 시점에서 현재 기존의 우수한 호텔인력들이 자의반 타의반 타 산업으로 이직하면서 전문적인 지식을 갖추고 있는 인력확보의 어려움으로 인해 호텔경영 활동에서는 많은 어려움을 겪고 있는 실정이다.

또한 기존의 호텔경영에서 COVID-19(코로나19) 이후 전에는 없었던 새로운 호텔경영으로 많이 바뀌어가고 있는 상황으로 호텔경영, 특히 호텔객실 관련 대학교재들의 대폭적인 업그레이드가 필요한 현실이다.

이에 기존의 『호텔객실 서비스실무』 개정 작업을 실행하여 제3판의 교재를 발간하였으며, 호텔경영을 전공하는 학생들이 호텔 객실과 관련된 부서에 취업하는 데 커다란 도움이 되었으면 한다.

본서는 총 13장으로 구성되어 있으며, 호텔의 여러 부서들 중 객실부에 소속된 10여 개 세부부서와 관련하여 호텔리어(hotelier)를 꿈꾸는 이들에게 실제적인 업무에 대하여 COVID-19(코로나19) 이후 변화된 새로운 내용들을 추가 및 수정하였으며, 국내외 호텔들의 객실부서와 관련된 사진과 이미지들을 최대한 삽입하여 호텔객실부서에 취업하고자 하는 예비 호텔리어들의 이해를 높이기 위해 노력하였다.

그럼에도 몇몇 부분에서 부족함을 가지고 있는 것이 사실이지만, 그래도 이 교재가 학생들의 호텔객실경영에 대한 이해와 향후 객실관련부서 취업과 연결되는데 자그마한 도움이 되었으면 하는 바람이다.

끝으로 본 교재가 발간될 수 있도록 도움을 주신 현직의 선・후배 객실부서 호텔리어들과 도서출판 대왕사 박성진 사장을 비롯하여 편집과 교정에 애써주신 모든 임직원분들께 감사의 마음을 전한다.

2024년 9월

복정동 동서울대학교 연구실에서

제2판 머리말

2011년『호텔객실 서비스실무』초판을 만든 지가 엇그제 같은데 벌써 제2판을 만든다니 시간이 참 빠르게 가는 것을 느끼게 된다.

전국의 많은 지역에서, 특히 서울과 근교에서 호텔들의 지속적인 신축과 증축으로 인해 기존의 호텔들과 함께 많은 호텔리어들을 필요로 하고 있다. 이에 호텔에 근무하려고 하는 학생들을 위하여 1990년대 초부터 서울시내 5성급 호텔에서 오랫동안 근무한 경험이 있는 저자들이『호텔객실 서비스실무』를 만들었다. 2011년 초판을 시작으로 2020년 제2판을 만들기까지 대학에서 여러 학기 강의하면서 부족한 내용들과 시대적 흐름에 맞춰 변화되는 업무내용들을 반영하고, 국내외 호텔들에서 모은 자료들과 사진들로 지속적으로 보강하였다.

교재내용은 호텔의 객실부문(room division)과 관련된 모든 부서의 업무로 구성하여 작성하였으며, 호텔에서 실제로 사용하는 업무 매뉴얼과 자료들을 활용하여 구성하였다.

끝으로 호텔의 객실부에 근무하고자 하는 예비 호텔리어들에게 이 교재가 조금이나마 도움이 되었으면 한다. 마지막 펜을 놓으면서 아쉬움이 많이 남는다. 개정을 하고 나서도 많이 부족하고 미흡한 부분이 마음 한 구석에 자리 잡는다. 현직 호텔업계와 학계에 계신 분들의 좋은 의견을 참고하여 앞으로 더 나은 교재가 되도록 노력하겠다.

아울러 본 교재가 발간될 수 있도록 도움을 주신 현직에서 근무하고 있는 선·후배 호텔리어들(특히 노보텔 앰배서더 서울 용산 호텔 오상준 총지배인, 머큐어 앰배서더 강남 쏘도베 정지임 객실팀장, 웨스틴 조선 호텔 이강영 과장, 그랜드 앰배서더 서울 호텔 이계순 과장)과 도서출판 대왕사 박성진 사장을 비롯하여 편집과 교정에 애써주신 모든 직원분들께 감사의 마음을 전한다.

2020년 8월

복정동 동서울대학교 연구실에서

머리말

대학에서 호텔 객실과 관련된 과목을 학생들에게 가르치면서 “어떻게 하면 학생들이 좀 더 쉽고 빠르게 객실부서의 업무를 이해하게 할 수 있을까?”라는 의문에서 본서가 만들어지게 되었다.

제일 좋은 방법은 모든 학생들과 함께 호텔 객실에서 숙박을 하면서 객실부에 관련된 모든 부서에서 근무해보면 최고의 수업방법이라고 생각한다. 하지만 시간적으로나 경제적으로 가능하지 못하기 때문에 좀 더 실현 가능한 방법을 찾아보고자 했다. 그래서 저자들이 국내외 호텔에 숙박을 하면서 찍은 사진자료들과 호텔 객실 종사원들이 사용하는 기물이나 서류 등을 교재에 넣어 학생들에게 좀 더 이해하기 쉽고, 간접경험을 통해 보다 현실적인 교육이 되도록 노력했다. 그래서 국내 호텔뿐만 아니라 수년간 외국의 호텔들을 돌아다니면서 많은 자료들을 수집했다.

본서는 호텔의 여러 부서들 중 객실부에 관련된 10여 개 부서의 호텔리어(hotelier)의 업무에 대하여 자세히 다루었다.

저자들이 1990년대 초부터 특급호텔 객실부에 근무한 실무경험과 대학에서 호텔 객실과 관련된 과목을 강의한 경험을 토대로 특급호텔들의 객실업무 매뉴얼과 기존의 호텔 객실과 관련된 훌륭한 교재들 그리고 각 특급호텔 홈페이지를 참고하여 집필하였다. 또한 교재가 완성되기 직전 각각의 부서에 관련된 내용들을 호텔 객실부서의 경력이 풍부한 종사원들에게 조언을 받아 좀 더 현실적인 교재가 되고자 노력하였다.

끝으로 호텔 객실부에 근무하고자 하는 예비 호텔리어들에게 다소나마 도움이 되었으면 하는 바람으로 본서가 최고가 아니지만 최고가 되려고 많은 시간과 노력을 하였다. 그럼에도 불구하고 너무나 부족하고 미흡한 점이 많다고 느끼면서 호텔업계와 학계에 계신 많은 분들의 의견을 구하고자 한다.

본서를 쓰고 마지막 펜을 놓으면서 느끼는 부족함과 아쉬움이 많이 남는다. 변화하는 호텔 객실부서에 대한 독자들의 많은 조언과 의견을 바탕으로 지속적으로 수정 · 보완해 나갈 것이다.

아울러 이 교재가 발간될 수 있도록 많은 도움을 준 호텔업계의 선 · 후배님들, 특히 오늘의 자리에 있게 해준 그랜드 앰배서더 호텔 임직원 여러분들과 대왕사 박성진 사장을 비롯하여 편집과 교정에 애써주신 모든 직원분들께 감사의 마음을 전한다.

2011년 8월
저자 일동

차례

Part 1. 호텔 객실부문의 일반적 이해

Part 2. 프런트 오피스 업무

Chapter 03 Room Reservation 서비스실무 [81]

Chapter 04 Front Desk 서비스실무 [110]

Chapter 05 Executive Floor 서비스실무 [167]

Part 4. 하우스키핑 서비스업무

Chapter 13 Housekeeping 서비스실무 [293]

PART 1

PRACTICAL HOTEL ROOM
DIVISION SERVICE OPERATION

호텔 객실부문의 일반적 이해

CHAPTER 1.

호텔 객실부문의 기본적 이해

제1절 호텔 객실의 기본적 이해

1. 호텔 객실의 개념

호텔은 여러 가지 다양한 기능을 고객에게 제공하고 있지만 호텔경영의 지표가 되는 것은 객실(guest room)이다.

호텔을 구성하는 기본구조는 객실과 식음료업장 및 부대시설이라고 할 수 있다. 그중에서도 고객들이 숙박하면서 가장 오랜 시간을 보내는 공간이 바로 객실이다.

호텔에서의 객실은 문자 그대로 고객이 숙박을 하는 공간을 의미하며, 호텔의 객실은 식음료・부대시설 등과 함께 인적 서비스를 제공하는 최고급 호텔상품으로서 호텔경영에 있어 판매상품 중 커다란 위치를 차지하고 있다. 호텔 객실은 "고객에게 편안하고 안락한 휴식과 잠자리를 제공하는 호텔 속의 공간"으로서 호텔의 규모와 수준을 평가하는 기준으로 삼고 있다. 또한 호텔의 이미지와 매출액에 지대한 영향을 끼치기도 한다.

현대적인 의미에서 호텔 객실은 식음료・연회・레저・오락・비즈니스 등의 다양한 기능과 고급의 인적 서비스기능을 갖춘 호텔기업이 고객에게 편안한 휴식과 조용하고 안락한 잠자리

그림 1-1 **호텔 객실의 기능**

장소를 제공하는 공간이라고 정의할 수 있다.

호텔 객실은 기능적인 측면에서 수면공간 · 휴식공간 · 위생공간 · 사무공간을 주기능으로 문화공간 · 운동공간 등 다양한 기능에 최고급의 인적 서비스를 제공함으로써 고객에게 편안하고 안락함을 제공하는 공간이라고 할 수 있다.

호텔 객실상품은 물적 자원인 시설상품을 고객에게 제공하는 기본적인 서비스와 인적자원으로서의 서비스상품인 호텔 종사원의 인적 서비스를 상품화한 것을 말한다. 따라서 호텔 객실상품의 구성요소는 시설 · 서비스 · 이미지 · 가격으로 분류되며, 객실상품에서 시설은 객실상품이 고객의 취향에 맞는 미관 · 시설 · 소모품 · 청결성 · 안전성 · 편리성 · 쾌적성 · 정숙성을 갖추고 고객의 사생활을 보호할 수 있어야 한다.

그러므로 객실부서란 고객에게 호텔기업의 다양한 서비스상품들을 직접 생산 · 판매하는 핵심 생산부서라고 할 수 있다.

2. 호텔 객실의 중요성

일반적으로 호텔의 객실수입은 호텔경영의 근본을 이루고 있으며, 우리나라의 경우 호텔 객실의 규모는 호텔의 시설수준과 이미지를 평가하는 척도가 되기도 한다.

호텔의 객실은 초기투자비가 많이 들어가지만, 판매 시 원가비용이 식음료상품에 비해 적게 들어가므로 최근에는 객실 위주의 영업전략을 구사하는 호텔이 증가하고 있다. 객실판매로 인한 객실수익은 객실수익 자체만의 수익으로 그치는 것이 아니라 식음료부서와 부대시설의 영업이익에 커다란 영향을 미친다. 다시 말해 숙박객이 많으면 그만큼 식음료업장과 부대시설의 이용도가 높아져 그로 인해 영업이익이 향상되기 때문에 호텔에서는 중요한 호텔 경영정책으로 삼고 있다. 호텔기업의 목표가 이윤의 극대화를 통한 기업가치의 확대에 있다고 보면, 호텔 객실은 호텔의 수익성 향상에 큰 기여를 하며 부가가치가 높은 핵심상품이라 할 수 있다.

따라서 호텔의 객실은 고객의 욕구에 맞도록 제공될 수 있는 물적・인적 시스템이 유기적으로 이루어져야 한다. 이에 이비스(Ibis), 라마다(Ramada), 코트야드(Court Yard), 롯데시티(Lotte City) 등과 같은 체인호텔들은 객실 위주의 영업전략을 구사하여 5성급 호텔보다 비교적 저렴한 객실을 제공하는 중저가 호텔들이 점차적으로 증가하고 있는 것이 현실이다.

제2절 호텔 객실의 특성

호텔 객실의 특징은 계절별・월별・주별・요일에 따라 수요의 변동이 심하고, 보관할 수 없으며, 판매에 있어서 신축성도 없다. 따라서 객실경영의 경영성과 손익분기점도 객실판매수(sold room)와 객실점유율(room occupancy) 및 객실평균단가(average rate)를 기준으로 결정된다. 그래서 비수기에는 다양한 패키지상품을 개발하여 객실점유율을 높이고, 성수기에는 공표에 의한 요금정책을 실시하여 평균객실단가를 높임으로써 객실수익을 극대화하려고 노력하고 있다.

1. 가치소멸성

호텔의 객실은 저장하거나 이동하여 판매할 수 없는 특성을 가지고 있는데, 이는 당일 판매하지 않으면 가치가 소멸하는 비재고상품이라고 할 수 있다. 그래서 호텔의 객실은 당일 판매되지 않으면 저장했다가 다음 날 판매할 수 없을 뿐만 아니라 객실수를 초과해서 판매할 수도 없다. 즉 호텔 객실은 장소적・시간적・양적 제한을 받고 있으며, 객실의 가치는 당일에 판매하지 않으면 그 가치를 유형적으로 저장할 수 없는 특성을 가지고 있다.

2. 객실요금의 다양성

객실요금은 동일한 객실을 이용하더라도 고객이나 숙박기간 또는 시간, 계약조건・숙박횟수 등 여러 가지 상황에 따라 차등 적용된다. 호텔 종사원은 직급에 따라 최대할인율의 권한을 가지고 있으며, 매년 객실요금의 인상과 더불어 경쟁이 치열한 호텔시장에서는 객실점유율과 매출을 동시에 극대화시킬 수 있는 객실수익률관리(yield management) 프로그램과 고객관계

관리(CRM) 프로그램을 개발하여 객실예약 프로그램에 호환(interface)시켜 활용하고 있다.

또한 객실가격에 대한 민감성을 들 수 있는데, 일반적으로 비즈니스고객은 순수관광 여행자보다 가격에 비탄력적이라고 할 수 있다. 이는 객실요금을 포함한 비용을 본인이 부담하지 않고 회사에서 부담할 뿐만 아니라, 업무수행 시 특정기간에 목적지에 머물러야 하기 때문에 객실가격에 거의 민감하지 않기 때문이다. 한편 순수관광 여행자는 여행경비를 최소화하기 위하여 최대의 할인을 받을 수 있는 기간을 선택하기 때문에 가격에 매우 탄력적이라고 할 수 있다.

3. 운영비용의 상반성

호텔의 객실은 일반기업에 비하여 상대적으로 매우 높은 고정비용이 투입되는데, 호텔시설상 한 층에 한 사람의 고객이 투숙하더라도 전기·수도·냉난방을 가동시켜야 하며, 호텔 종사원이 근무해야 한다. 그래서 각 호텔들은 비수기 때 일부 층을 폐쇄(closed)하여 고정비용을 낮추어 에너지를 절감(energy saving)하기도 한다. 그리고 일정수의 객실수를 판매하고 나면 추가로 판매하는 데 필요한 비용이 적게 들어가게 되는 낮은 변동비용을 갖고 있다고 할 수 있다.

4. 수요와 공급의 변동성

호텔 객실의 수요는 계절별·월별·요일·날씨에 따라서도 수요와 공급의 변동이 심하다. 수익관리를 위해 비수기에는 객실요금을 할인함으로써 객실점유율(room occupancy)을 높이고, 성수기에는 공표에 의한 요금으로 평균객실단가(average rate)를 높임으로써 수익을 극대화하고 있다. 이에 따라 객실의 요금도 이와 같은 상황에서 천차만별이라 하겠다.

5. 객실구조의 표준화

모든 호텔들은 객실판매 극대화를 목적으로 객실을 표준화하고 있다. 즉 호텔의 싱글 베드 룸이나 트윈 베드 룸 등의 객실은 같은 형태의 침대나 가구를 유사하게 배치하고 있으며, 객실 내의 색상도 통일성 있게 단일화되고 있는 실정이다. 이는 호텔의 객실이 막대한 자본이 소요되는 특성을 가지고 있기 때문에 원가절감 차원에서 객실공간을 최대한 활용해야 하고, 고객들의 다양한 취향이나 수요를 맞추기 위한 필요조건이다. 한 예로 호텔의 최상층에 복층 형태의 스위트 룸을 만들어 위층은 침실의 구조로, 아래층은 거실로서 회의나 간단한 파티 같은 모임을 가질 수 있도록 설계되었다.

6. 객실상품의 변화

호텔 객실을 이용하는 고객의 계층과 취향에 따라 호텔 객실상품도 다양화되어 각 호텔마다 차별화전략을 구사하고 있다. 이에 침실(bed room), 응접실(living room), 욕실(bath room) 등으로 이루어진 공간을 최대한 고급화・대형화하려 하고 있다. 욕실의 경우 전통적으로 욕조를 설치하였으나 최근에는 욕조를 없애고 샤워 부스만을 설치하거나 욕조와 샤워 부스를 모두 설치하는 추세이다.

또한 전 세계적으로 금연운동이 확산됨에 따라 금연자들을 위한 금연층(non-smoking floor)이나 금연객실(non-smoking room)을 운영하고 있다. 우리나라의 경우 대부분의 호텔이 금연호텔로 운영하고 있으며, 인천 송도에 위치한 '쉐라톤 인천' 호텔의 경우 전체 건물이 금연호텔로 운영 중이다(Westin brand는 금연 brand로 운영함).

그리고 여성들의 사회활동의 참여가 증가함에 따라 여성 고객들을 위한 특별한 서비스를 제공하는 특별전용층(롯데호텔 서울 레이디스 플로어)을 운영하여 더 많은 고객들을 유치하려 노력하고 있다. 마지막으로 사업이나 특별한 목적으로 장기체류하는 고객들을 위해 침실기능과 취사기능 그리고 사무기능을 수행할 수 있는 장기숙박객실을 운영하고 있다.

이처럼 호텔의 객실은 다양화된 고객의 욕구를 파악하여 고객들이 원하는 방향으로 객실의 종류를 변형하여 보통 10년 주기로 객실을 순차적으로 리노베이션 하는 추세이다.

제3절 호텔 객실부서의 조직체계와 직무분석

조직(organization)이란 '기업의 목적을 달성하기 위한 도구'로서 일정한 목적을 달성하기 위하여 의도적으로 구성된 구성원들의 상호작용 내지 협력체계라고 할 수 있다. 이처럼 기업에 근무하고 있는 모든 사람들이 저마다 그들이 맡아서 수행해야 할 일, 즉 업무를 체계적으로 분담함으로써 기업의 목표를 효율적으로 달성할 수 있도록 이들 구성원이 결합되어 있는 형태를 가리켜 일반적으로 조직이라고 한다. 이는 기업의 각 구성원의 협동활동으로 하여금 경영목표를 달성하기 위하여 각 구성원들이 수행해야 할 책임과 의무를 규정한 것이라고 할 수 있다.

호텔에서 객실부는 고객체재 중에 제공되는 서비스의 기능에 따라 다양하게 구분될 수 있는데, 일반적으로 객실부(room division)는 크게 객실영업(F/O: Front Office)과 현관 서비스(uniform service) 그리고 객실관리(housekeeping)로 나눌 수 있다.

호텔에 있어서 객실부서는 객실예약과 고객도착 · 영접 및 고객의 등록과정을 수행하며, 호텔 내 · 외의 다양한 정보를 제공하는 등 고객의 도착하기 전부터 체재단계와 출발단계까지의 전 과정을 담당하는 호텔 내에서 매우 중요한 부서라고 할 수 있다.

이러한 호텔 객실부의 조직은 각 종사원의 직무에 관한 권한과 책임내용이 명확히 규정되어야 하며, 최고경영자에서부터 현장 종사원에 이르기까지 신속한 의사소통과 지휘계통이 유

그림 1-2 고객 숙박과정

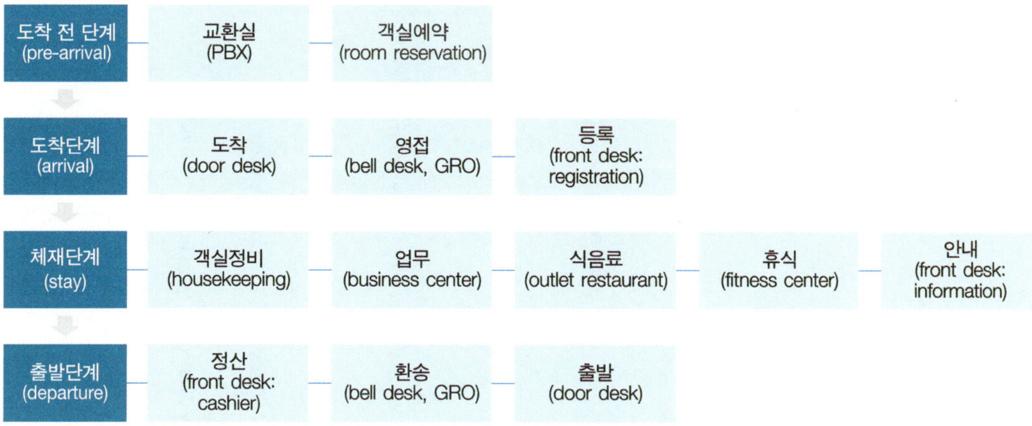

지되어야 한다.

고객이 호텔의 객실부에서 경험하는 4단계인, 도착 전 단계, 도착단계, 체재단계, 출발단계의 객실 서비스 시스템은 [그림 1-2]와 같다.

1. 객실부서의 조직체계

호텔의 전체 조직과 마찬가지로 객실부문(room division)의 조직도 호텔의 규모와 성격 및 경영자의 경영철학 등 여러 가지 요인에 따라 천차만별의 조직양상을 보인다. 다양한 고객수요를 충족시키고 원활한 객실경영 기능을 유지하기 위해서는 합리적인 조직체로서의 역할이 요구되며, 따라서 객실부서는 호텔에서 중심적인 역할을 수행하는 부서로서 고객에게 직접적인 각종 서비스를 제공한다.

객실부서는 호텔 고객을 대상으로 한 영업부서(front of the house) 중에서 가장 고율의 수익률과 함께 수익창출의 핵심으로서 영업부서에 영업의 기회를 제공하는 중요한 부서이다. 주요부서로서는 프런트 오피스(front office)와 유니폼 서비스(uniformed service) 및 객실관리(housekeeping) 부서가 있지만, 대규모 호텔에서는 피트니스센터(fitness center) 부서도 객실부로 포함시키기도 한다.

객실부문은 객실의 판매・서비스 및 유지・관리의 전반적인 기본직무가 부여되고, 규모가 큰 호텔은 객실부문의 최고책임자로 객실담당이사(director of room division)를 두며, 그 하부조직으로 객실영업부(front office department)와 객실관리부(housekeeping department)로 편성하여

그림 1-3 **객실부**(Front Office)**의 조직도**

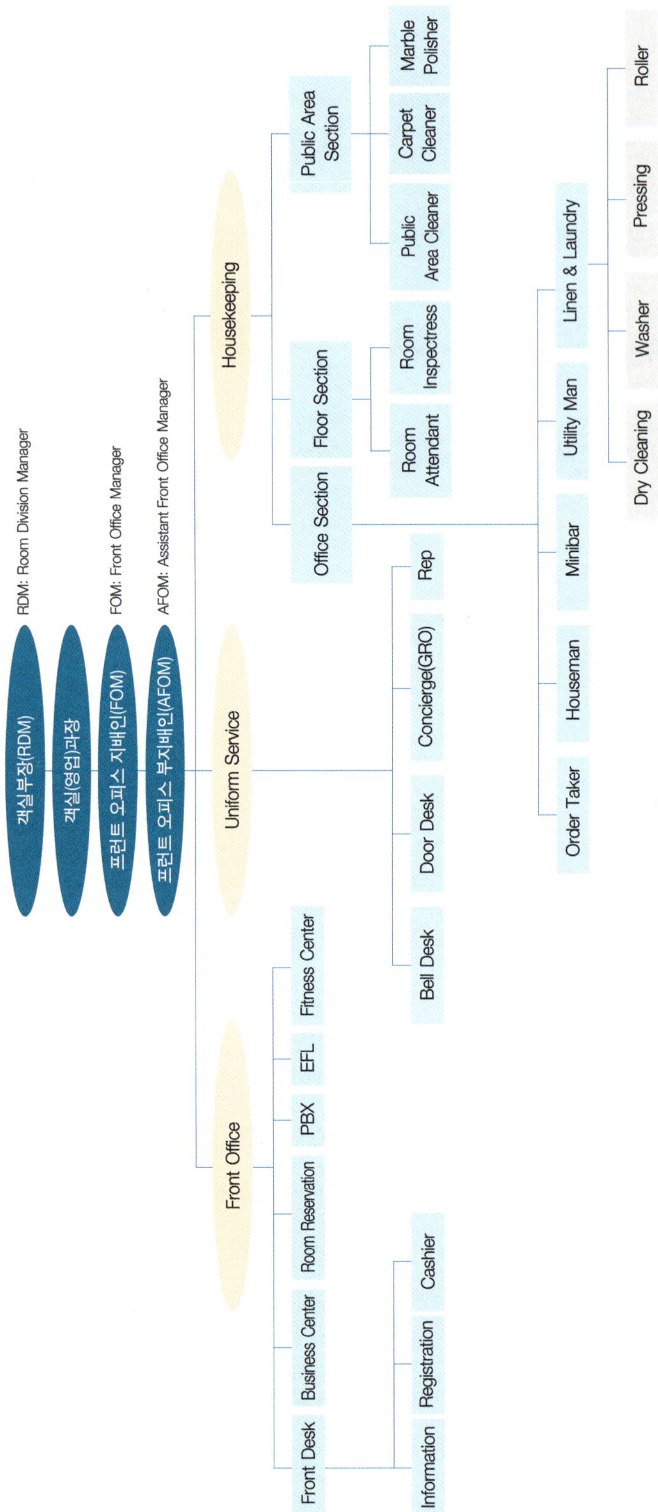

구분	Budget	Actual	Gap
Manager	5	6	+1
Supervisor	2	0	-2
FD Agent	14	10	-4
GRO	2	2	0
Concierge	9	8	-1
합계	32	26	-6

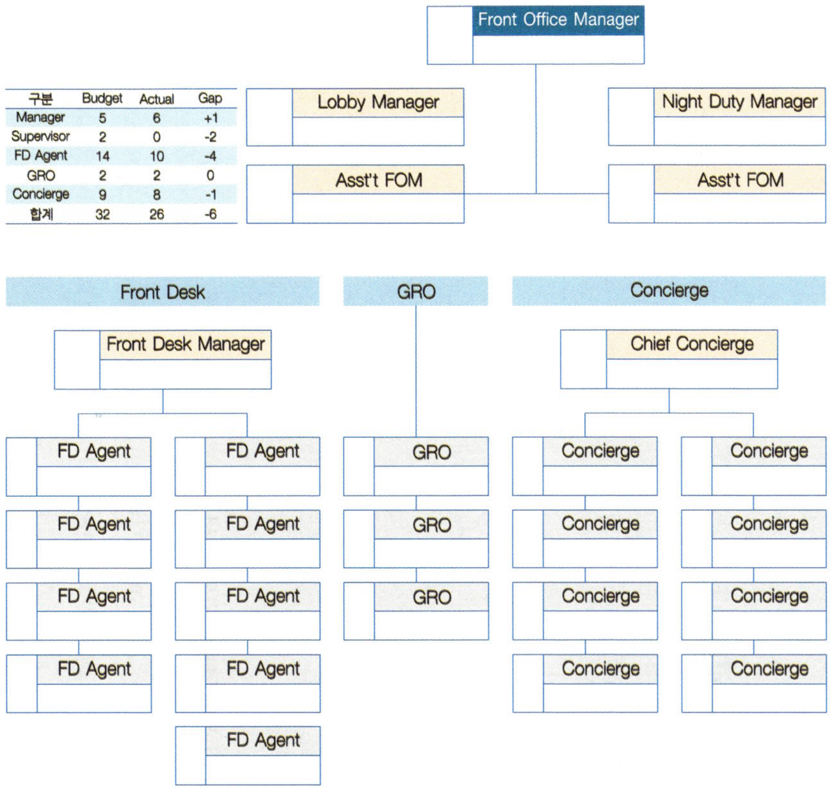

구분	Budget	Actual	Gap
Exe. HK	1	1	0
Manager	1	0	-1
Supervisor	4	4	0
Coordinator	4	3	-1
Order Taker	3	2	-1
합계	13	10	-3

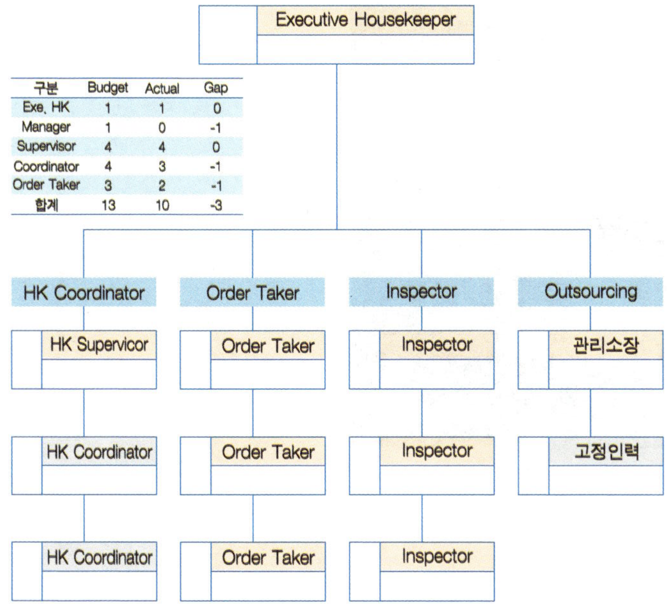

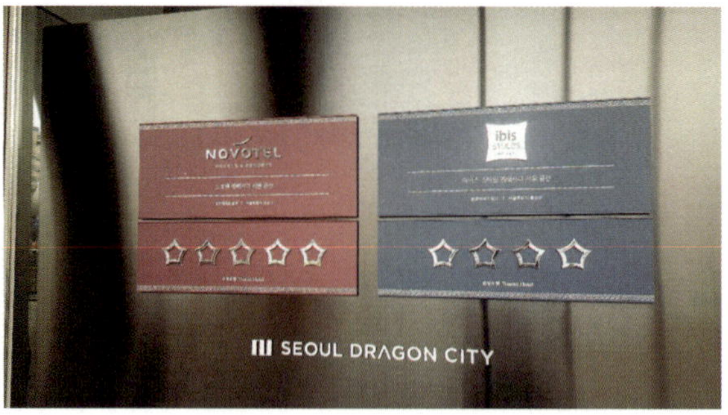

운영한다. 이보다 규모가 작은 호텔에서는 객실부장(room division manager)이 객실부문의 최고 책임자가 되고, 하부에 객실영업과(front office department)와 객실관리과(housekeeping department)를 두어 운영한다.

호텔조직을 능률적이고 효율적으로 운영하기 위하여 각 부서의 종사원들이 업무를 수행하기 위한 구체적인 체계가 조직도(organization chart)이다. 이는 종사원들이 구체적으로 어떠한 직무를 수행해야 하는가를 명확히 나타내주며, 호텔경영환경의 변화에 신속히 대응하기 위하여 수정되기도 한다.

2. 객실부문의 직무분석

대부분의 객실부 종사원들은 객실운영을 위해 근무조에 따라 2교대 내지 3교대로 근무하는 것이 일반적이다.

- Day Shift(주간 근무조)
- Evening Shift(오후 근무조)
- Night Shift(야간 근무조)

이러한 객실부 종사원들은 긍정적인 성격과 융통성, 서비스정신, 외국어능력 등과 같은 자질을 갖추고 있어야 한다.

1) 프런트 오피스부문의 직무분석

프런트 오피스(front office)는 고객 서비스의 심장부문으로 대고객 서비스 창출의 선도적인 역할을 담당하고 있다. 호텔의 모든 대고객 서비스의 정보교류가 프런트 오피스를 중심으로 이루어져 있으며, 이러한 프런트 오피스의 주요기능으로는 객실예약업무, 고객등록과 퇴숙업무, 투숙객의 편의 서비스 제공, 각종 안내 및 정보 제공업무, 고객 영접 및 환송업무, 환전업무, 비즈니스센터 업무, 이그제큐티브 플로어(EFL) 업무 등 다양하고 세심한 대고객 서비스에 관련된 제반 업무를 수행하고 있다.

(1) 객실부장

객실부장(RDM: Room Division Manager)은 객실부의 전반적인 업무감독 및 운영관리의 책임을 지며, 객실 매출분석과 예산관리 및 시장변화 예측, 객실부 종사원들의 인사관리와 관련교육체계를 수립한다. 또한 객실예약업무의 취급 및 감독을 하고, 타 부서 간 의견교환과 유기적인 협력관계를 유지하며, VIP 고객의 영접 및 환송을 담당한다.

(2) 프런트 오피스 지배인

프런트 오피스 지배인(FOM: Front Office Manager)은 고객 서비스업무를 관리하며, 고객이력(guest history) 관리, 종사원들의 스케줄 관리와 업무교대 관리, 당일예약의 통제 및 관리, 종사원의 업무감독 및 직무교육 등을 담당한다.

(3) 프런트 데스크

프런트 데스크(front desk)는 고객의 예약상태 확인과 고객등록카드 작성 및 객실의 배정·변경 그리고 체크인과 체크아웃 업무를 하며, 호텔의 전반적인 정보제공과 고객계정 처리(billing) 및 수납금(fund) 관리, 환전(exchange)업무, 고객 귀중품 보관업무 등을 수행한다. 보통 오전조(AM shift)와 오후조(PM shift) 및 야근조(night shift)로 구성되어 24시간 운영을 한다.

그림 1-4 **프런트 데스크 조직도**

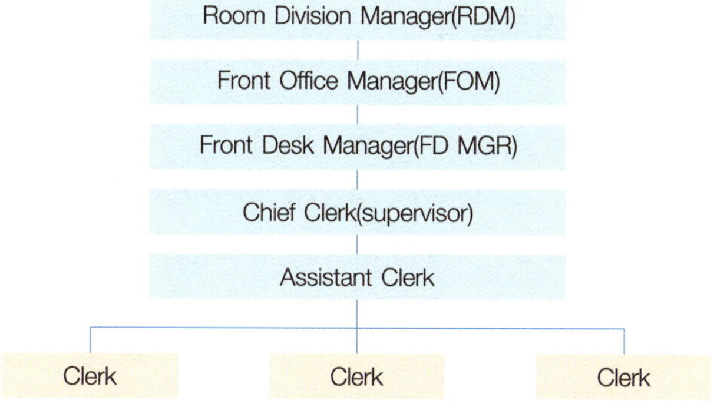

(4) 객실예약

객실예약(room reservation)은 객실의 예약 · 확인과 예약변경 · 예약취소 및 고객의 노쇼(no-show) 방지 등의 업무를 수행하며, 호텔의 전반적인 서비스 안내 및 정보를 제공한다.

(5) 교환

교환실(PBAX: Operator)은 호텔의 내 · 외선을 중계하고, 전화요금관리와 고객의 국제전화를 접수 · 연결하며, 웨이크업 콜(wake-up call) 관리 · 기록과 고객의 전화 메시지 접수 및 호텔에 대한 정보제공을 담당한다.

(6) 피트니스센터

호텔의 부대시설 중 고객들의 스트레스와 피로를 풀어줄 수 있는 시설로, 보통 피트니스센터(fitness center)라고 불린다. 기본적으로 체련장(gym; exercise room)과 사우나(sauna) 및 수영장(swimming pool) 등을 갖추고 있으며, 골프연습장 · 조깅코스 · 테니스장 · 스쿼시 · 에어로빅 · 테라피 등의 최고급 시설을 갖춘 호텔들이 많이 있다.

그림 1-5 **피트니스센터 조직도**

2) 유니폼 서비스부문의 직무분석

(1) 도어 데스크

도어 데스크(door desk)는 현관을 출입하는 고객을 영접하며, 차량의 유도와 주차대행(valet parking) 및 고객출발 시 차량호출 · 수배업무 등을 담당한다.

(2) 벨 데스크

벨 데스크(bell desk)는 고객의 수하물 관리와 물품배달 및 객실안내 그리고 현관정리 등을 담당한다.

그림 1-6 **도어 데스크 조직도**

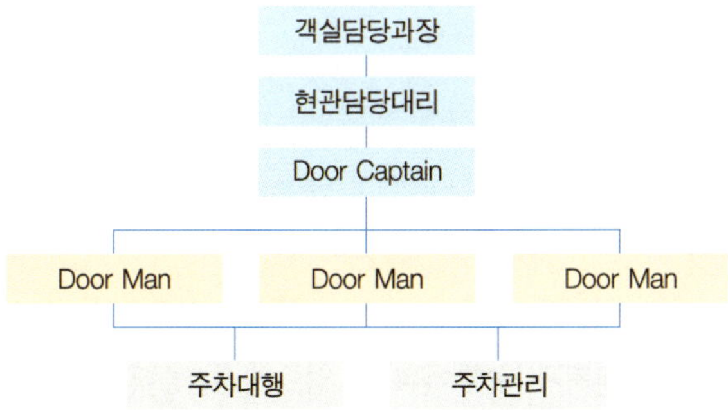

그림 1-7 **벨 데스크 조직도**

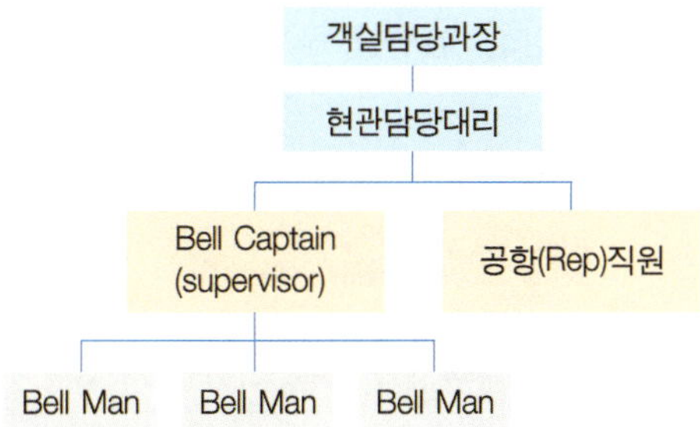

(3) 컨시어지

컨시어지(concierge · GRO)는 VIP 고객의 신속한 체크인 · 체크아웃 및 영접 · 환송 업무를 수행하며, 차량수배와 배차관리를 한다. 또한 고객의 요구나 불만사항을 접수 · 처리하며, 호텔의 각종 안내와 정보제공 업무 등을 담당한다.

3) 하우스키핑의 직무분석

하우스키핑(housekeeping)은 호텔의 주상품인 객실상품의 생산과 호텔 내 · 외부의 시설을 유지 · 관리하는 부서로서 호텔의 규모와 호텔이 추구하는 서비스방향 등에 따라서 다양하게 구성되어 있다. 일반적으로 하우스키핑은 크게 오피스부문(office section)과 플로어부문(floor section) 및 퍼블릭부문(public area section)으로 나눌 수 있다.

(1) 오피스부문

가) 하우스키핑 지배인

하우스키핑 부서의 책임자를 하우스키핑 지배인(housekeeping manager) 또는 이그제큐티브 하우스키퍼(executive housekeeper: 객실관리부서장)라고 부르는데, 호텔이 수립한 정책이나 기준에 따라 하우스키핑의 전반적인 운영을 총괄적으로 책임지며, 업무의 효율적인 발전이 가능할 수 있도록 객실분야에 대한 연구와 검토를 통하여 하우스키핑의 업무가 최고의 국제수준으로 유지될 수 있게끔 업무 수립계획과 수행에 따른 업무배정, 종사원들의 채용과 업무감독, 훈련 및 교육, 소모품 · 비품 · 물품 · 장비 등의 관리 및 운영경비의 절감, 타 부서와의 협조, 아웃소싱 협력업체 관리, 정기적인 재고조사(inventory) 실시, 귀빈객실(VIP room) 사전점검, 부서원에 대한 종합적인 인사관리 등 다양한 업무를 수행한다.

그림 1-8 **하우스키핑 조직도**

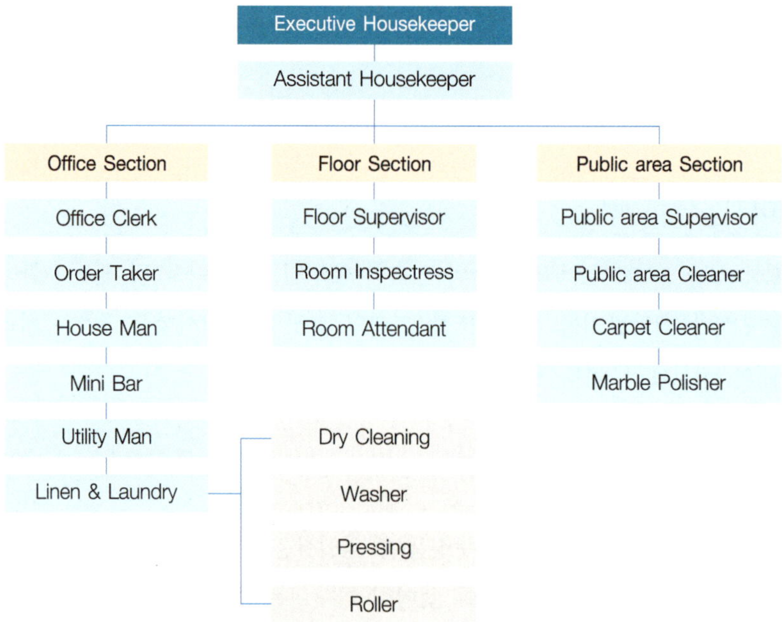

나) 오더 테이커

오더 테이커(order taker)는 종사원들이나 객실 고객들로부터의 각종 전화 오더(order)나 불평(complaint)을 접수받아 각 담당자에게 연락을 취하여 오더별 처리가 신속하게 진행될 수 있도록 정리하고, 객실정비부서의 서무 및 일반사항을 담당하며, 항상 고객의 입장에서 업무의 결과가 있도록 종합적인 업무지식을 갖추어야 한다.

다) 하우스맨과 유틸리티맨

하우스맨(house man)과 유틸리티맨(utility man)은 객실로부터 접수되는 각종 기타(miscellaneous) 오더 중 자체적으로 처리할 수 있는 내용들을 분류하여 신속한 수리업무가 이루어지도록 함으로써 고객의 불편을 최소화하고 객실상품의 질적 유지를 가능하게 하는 업무를 담당한다. 또한 룸 어텐던트가 감당하기 어려운 힘든 업무나 궂은 일 등을 전담하는 역할을 수행한다. 룸 어텐던트 왜건(attendant wagon)의 물품보급, 엑스트라 베드(extra bed) 및 유아용 침대(baby crib)의 투입·관리, 리넨류의 공급 및 세탁물 수거·운반 등을 담당한다.

라) 미니바

객실고객에게 식음료와 기타 어메니티(amenity) 용품을 관리하는 업무를 담당하는 종사원으로서 객실의 미니바(mini bar)업무를 관장하며, 객실의 미니바 체크와 매출실적 비교 및 신상품 개발을 검토하고, 미니바의 적정수량관리와 재고관리(inventory) 등 전반적인 업무를 감독한다.

마) 리넨과 런드리

리넨과 런드리(linen & laundry)는 객실의 정비(make-up room)와 식음료업장에 필요한 각종 리넨류 공급, 객실판매 현황과 식음료행사 현황에 따른 필요량의 예측과 수급량 계획, 종사원 유니폼의 세탁 및 수선, 고객세탁물의 세탁 등을 담당한다.

(2) 플로어부문

가) 룸 어텐던트

룸 어텐던트(room attendant: 객실정비원)는 룸 메이드(room maid)라고도 하며, 국제적 수준의 객실 청소 및 정비를 전문적으로 담당하여 항상 최고의 청결과 안락함을 고객에게 제공한다. 또한 객실가구를 비롯한 모든 시설물의 안전한 관리를 제1선에서 책임지며, 호텔 전반에 걸친 기본적인 정보를 숙지하여 상황발생 시 보다 신속한 서비스와 보고체계를 갖추어야 한다. 객실 및 욕실 청소·정비, 객실상황 보고와 고객의 분실물 습득 및 보고, 객실소모품 확인 및 보충, 세탁물 수거 등을 주업무로 한다.

나) 플로어 슈퍼바이저(룸 인스펙터)

플로어 슈퍼바이저(floor supervisor, room inspector: 객실정비주임)는 보통 수년간의 풍부한 룸 어텐던트 경력을 가지고 있으며, 룸 어텐던트에 의해 정비 완료된 객실의 최종 점검을 담당하며, 객실의 청결유지와 관리를 위해 룸 어텐던트의 업무 전반에 걸친 교육과 지도를 통해 객실정비가 완벽한 상태로 유지될 수 있도록 관리·운영하는 책임을 진다.

(3) 퍼블릭부문

가) 퍼블릭 에어리어 슈퍼바이저

퍼블릭 에어리어 슈퍼바이저(public area supervisor: 공공구역 관리지배인)는 호텔의 공공구역 전반에 걸친 청소의 점검·청결을 관장하여 항상 깨끗한 상태를 유지시키며, 종사원들에 대한 교육과 직무의 감독을 책임진다.

나) 퍼블릭 에어리어 클리너

퍼블릭 에어리어 클리너(public area cleaner: 공공지역 정비원)는 고객이 사용하는 호텔의 공공구역, 즉 화장실과 로비지역의 광택작업과 종사원이 사용하는 공공구역(숙소·화장실·사무실 등)의 모든 청소를 전담하며, 항상 깨끗하고 쾌적한 호텔의 이미지를 유지하는 업무를 담당한다.

다) 카펫 클리너

카펫 클리너(carpet cleaner)는 객실과 복도에 깔려 있는 카펫의 오염이나 공공구역 및 호텔 내의 각 업장 카펫에 대한 전문적인 샴푸작업을 실시하며, 일간·주간·월간·연간에 따른 정기적인 샴푸작업을 담당한다.

라) 대리석 광택 기술자

호텔 내 대리석의 광도 유지를 위한 연마와 광택작업을 수행하는데, 주로 야간에 업무를 수행한다.

CHAPTER 2. 호텔 객실의 일반적 개요

제1절 호텔 객실의 분류

호텔기업 경영에 있어서 규모와 영업이익의 기준을 예측하는 것이 바로 객실이라고 할 수 있다. 호텔 객실은 이용하는 고객의 욕구나 용도에 따라 달라질 수 있다. 즉 호텔은 숙박고객의 취향을 살려 다양한 객실을 확보하고 있는데, 침대·가구·인테리어 등뿐만 아니라 침대의 크기 및 개수와 같은 여러 가지 요인들에 의해서 분류될 수 있다.

각 호텔은 영업전략이나 각 나라와 지역의 특성에 따라 개별화·차별화·고급화되어 가고 있다. 또한 우리나라 5성급 호텔의 경우 외국인 고객들을 위하여 객실의 전원은 110V와 220V 모두 사용 가능하다. 집과 같은 여유로움과 함께 고객층이 다양화되고 대중화되면서 고객의 요구와 욕구를 충족시켜 고객만족을 통한 영업의 활성화를 위해 고객지향적인 방향으로 객실형태가 변형되어 가고 있다.

호텔의 주요상품인 객실은 침대(bed)의 수와 종류에 의한 분류, 객실의 형태와 용도에 의한 분류, 객실의 등급에 의한 분류, 객실의 방향(위치)에 의한 분류 등으로 구분할 수 있는데, 객실은 [그림 2-1]과 같이 분류할 수 있다.

1. 침대의 수와 종류에 의한 분류

일반적으로 「관광진흥법」 시행규칙에는 1인용 침대(single bed)는 90×195cm 이상이고, 2인용 침대(double bed)는 138×195cm 이상으로 제도화하고 있지만, 실제 호텔에서는 고객의 안전과 편의를 위해 100×200cm, 120×200cm, 130×200cm, 140×200cm의 침대를 주로 사용하고 있다.

그림 2-1 **객실의 분류**

침대의 수와 종류
- 싱글 베드 룸(single bed room)
- 더블 베드 룸(double bed room)
- 트윈 베드 룸(twin bed room)
- 트리플 베드 룸(triple bed room)
- 스튜디오 베드 룸(studio bed room)
- 더블 앤 싱글 베드 룸(double & single bed room)
- 더블 앤 더블 베드 룸(double & double bed room)

객실의 형태와 용도
- 커넥팅 룸(connecting room)
- 온돌 룸(ondol room)
- 금연 룸(non-smoking room)
- 장애인용 룸(disabled room)
- 장기전용 룸(long term guest room)
- 여성전용 룸(ladies floor room)
- 워크아웃 룸(work-out room)
- 스튜디오 베드 룸(studio bed room)

객실의 등급
- 스탠더드 룸(standard room)
- 슈피리어 룸(superior room)
- 딜럭스 룸(deluxe room)
- 비즈니스전용층 룸(executive floor room)
- 스위트 룸(suite room)

객실의 방향
- 아웃사이드 룸(outside room)
- 인사이드 룸(inside room)

1) 싱글 베드 룸

싱글 베드 룸

싱글 베드 룸(single bed room)은 객실에 1인용 침대가 1개 있는 객실을 말하며, 주로 일본 및 유럽 등지에서 많이 볼 수 있다. 객실의 크기는 13m^2(약 3.9325평) 이상으로 설치하도록 「관광진흥법」 시행규칙에서 규정하고 있다. 우리나라 호텔들은 건물구조상 어쩔 수 없는 경우를 제외하고는 고객 이용률이 낮기 때문에 싱글 베드 룸을 만들지 않으며, 대부분의 5성급 호텔들은 더블 베드만을 갖추고 있다.

2) 더블 베드 룸

더블 베드 룸(double bed room)은 한 객실에 2인용 침대가 1개 있는 객실을 말하고, 일반적으로 비즈니스 호텔의 객실이 대부분 더블 베드 룸으로 구성되어 있으며, 객실의 크기는 16 m^2(약 4.84평) 이상으로 규정하고 있지만, 대부분의 5성급 호텔의 경우 30m^2 이상, 침대규격은 150 × 200cm, 170 × 200cm, 180 × 200cm의 침대(king size)가 설치되어 있는 것이 현실이다.

베개 셀렉션(Pillow Selection)

고객들이 안락하고 편안하게 잠자리에 들 수 있도록 호텔마다 다양한 맞춤형 베개를 갖추어 제공하고 있다.

① 한실 베개(Korean pillow): 메밀로 속을 채워 장시간 베고 있어도 머리에 부담이 적고 숙면을 취할 수 있는 한국 전통 베개
② Bio 베개(bio pillow): 통기성이 좋아 해충 염려가 없고, 인체 바이오리듬을 좋아지게 하는 베개
③ 젠 메밀 베개(zen buckwheat pillow): 메밀껍질로 채워져 머리가 맑고 시원해지며, 혈압을 안정시켜 주어 편안한 수면을 취할 수 있는 베개
④ 메모리폼 베개(memory form pillow): 목과 머리 모양을 자연스럽게 만들어주어 편안한 잠자리를 제공하는 베개
⑤ 양모 베개(woolen pillow): 양모에는 60% 이상의 공기가 함유되어 있어 여름에는 시원하고 겨울에는 따뜻하며 양모가 숨을 쉬므로 습기나 더위에도 쾌적한 베개

자료: 롯데호텔 홈페이지.

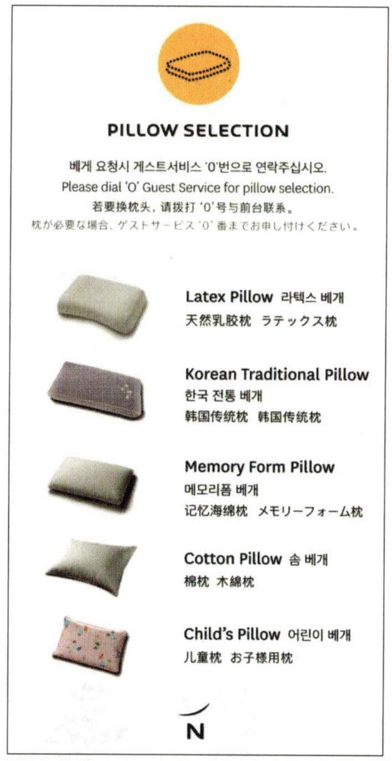

3) 트윈 베드 룸

트윈 베드 룸(twin bed room)은 객실에 1인용 침대(single bed)가 2개 들어 있는 객실을 말한다. 주로 단체관광객이 투숙하는 경우에 이 객실을 사용하며, 객실의 크기는 19m^2(약 5.74평) 이상이고, 침대가 나이트 테이블(night table)을 사이에 두고 서로 떨어져 있는 경우와 붙어 있는 경우로 나눌 수 있다. 일본 국적의 고객들은 부부일지라도 더블 베드보다는 트윈 베드를 선호하기 때문에 일본인 투숙객과 단체고객의 비중이 높은 호텔일수록 트윈 베드 룸이 많이 설치되어 있다.

그림 2-2 **더블 베드 룸 평면도**

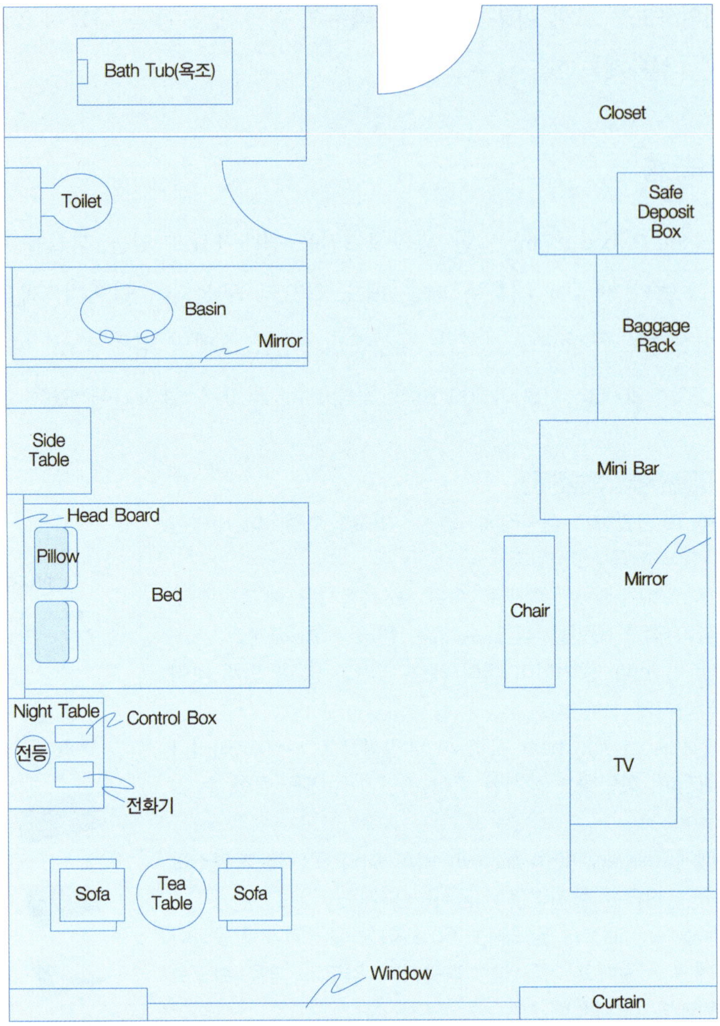

더블 베드 룸

그림 2-3 **트윈 베드 룸 평면도**

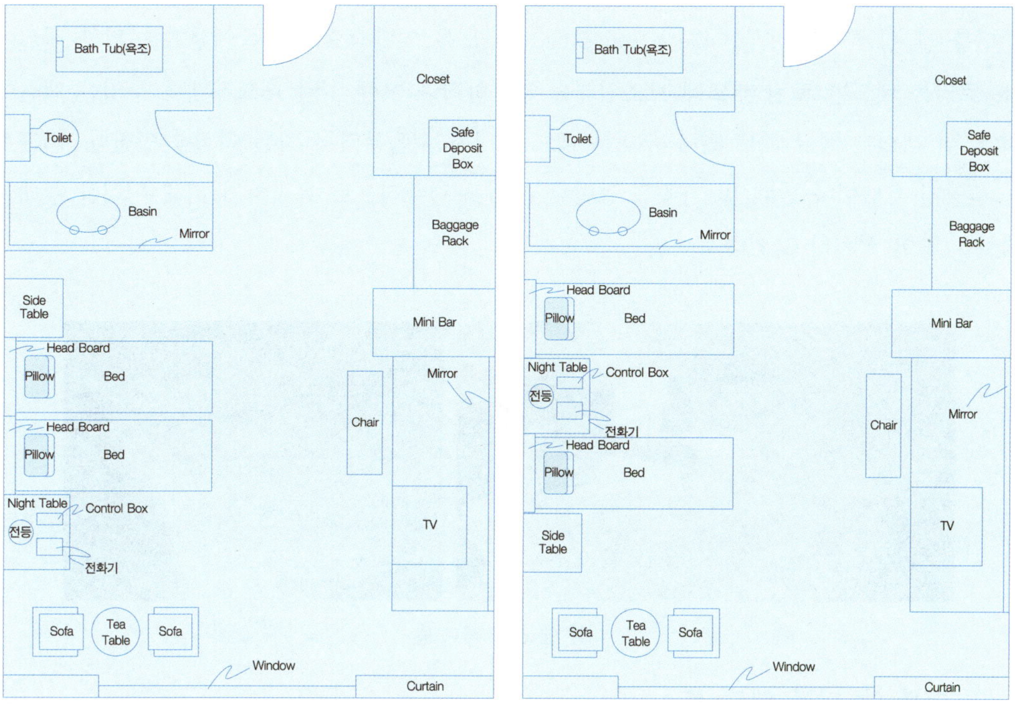

트윈 베드 룸

(1) 더블 앤 싱글 베드 룸

더블 앤 싱글 베드 룸(double & single bed room)은 일반적으로 가족여행자를 위한 객실이다. 트리플 베드는 트윈 베드에 보조침대를 추가하거나 아예 싱글 베드 3개를 투입한 객실이지만, 이 객실은 싱글 베드 하나와 더블 베드 하나가 처음부터 설치된 객실을 말한다. 최근에는 휴양지 호텔이나 단체 및 가족을 동반한 고객을 적극적으로 유치하기 위해 이러한 형태의 객실을 많이 설치하고 있다.

더블 앤 싱글 베드 룸

(2) 더블 앤 더블 베드 룸

더블 앤 더블 베드 룸(double & double bed room)은 트윈 베드 룸과 같은 형태이지만, 객실 크기의 대형화와 고객의 안락함을 위해 더블 침대 2개가 들어 있는 객실로, 보통 패밀리 트윈(family twin)이라고도 말한다. 주로 부모와 두 자녀가 함께 숙박할 수 있는 객실로서 일반 트윈 베드 룸과 차별화하기 위해서 만든 객실을 말한다.

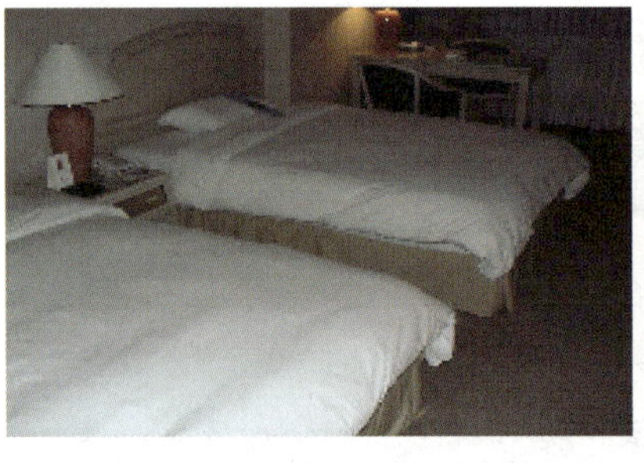

더블 앤 더블 베드 룸

그림 2-4 **더블 앤 싱글 베드 룸 평면도 & 더블 앤 더블 룸 평면도**

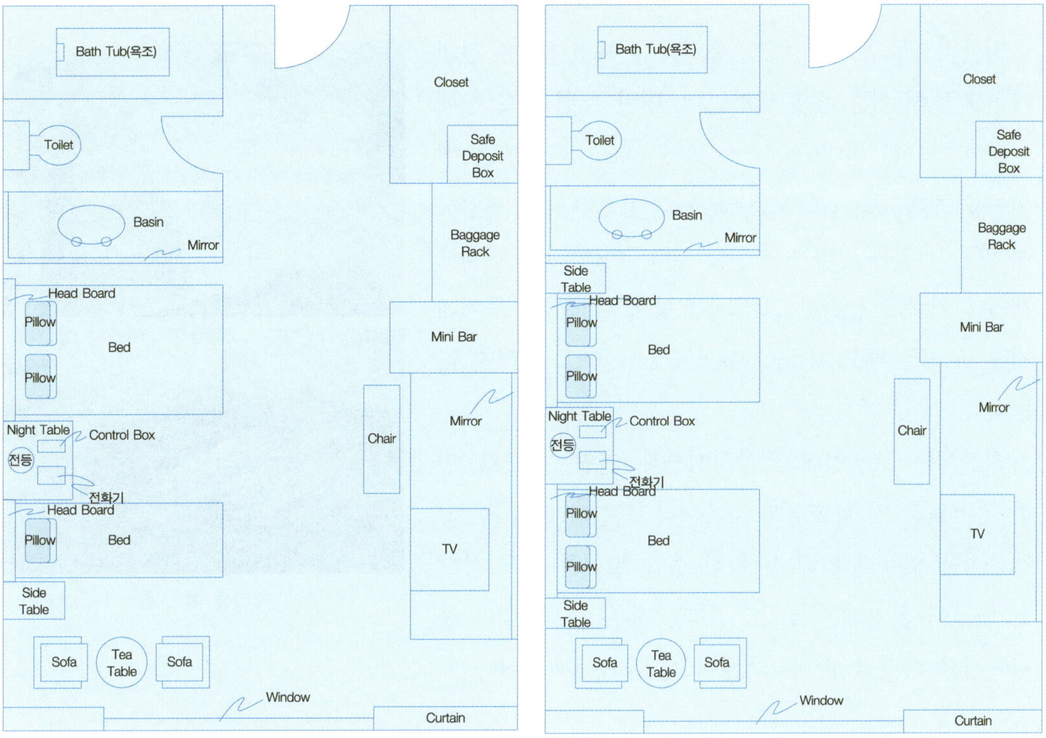

나이트 테이블(Night Table)

침대 머리맡이나 침대와 침대 사이에 놓여 있는 네모난 형태의 가구로서 시계·라디오·전화기·전등 및 Foot Light 등이 부착되어 있고, 객실 내의 모든 전등과 커튼을 조정할 수 있도록 한 스위치 보드(switch board; control box)가 설치되어 있다. 몇몇 호텔에서는 이 스위치 보드가 전화기 형태로 되어 있는 곳도 있다.

4) 트리플 베드 룸

일반적으로 트리플 베드 룸이라고 하면 1인용 침대가 3개 들어 있는 룸을 말하는데, 일반 트윈 베드 룸에 이동이 가능한 침대(extra bed 또는 rolling bed) 또는 어린이용 침대(baby crib 또는 baby cot)를 하나 더 투입하여 만든 객실을 말하는 경우도 있다. 이는 단지 단체고객이나 가족을 동반한 고객의 요청에 의해서 만들어지지만, 트리플 베드 룸(triple bed room)이라고 말하지 않는다.

최근에는 보조침대의 설치시간과 인원투입으로 인한 경비절감 및 보조침대 소음이나 쿠션의 불량 등 고객불평을 없애기 위해 아예 한 층을 트리플 베드 룸으로 만들어 운영하는 호텔도 있다. 대부분 중국이나 동남아시아 국가의 단체고객들이 선호하는 객실이다.

트리플 베드 룸

엑스트라 베드(Extra Bed)

객실에 투입되는 보조침대로 일명 롤어웨이 베드(rollaway bed)라고도 한다. 헤드 보드와 풋 보드가 없어서 불편하지만 주로 단체고객들이 투숙하는 객실에 설치되는데, 트윈 베드 룸이 부족하거나 고객이 하나의 침대를 더 원할 시 제공된다.

베이비 크리브(Baby Crib)

일명 베이비 콧(baby cot)이라고도 하며, 아이가 밖으로 나오지 못하게 만든 유아용 침대이다. 가족 투숙 시 만 1세 미만 어린이를 위한 침대로서 사전에 요청하면 객실에 무료 제공된다.

5) 쿼드 룸 / 쿼드러플 룸(Quadruple Room)

쿼드 룸(quad room)은 객실 내에 1인용 침대가 4개 들어 있거나 2인용 침대 1개(king size)와 퀸(queen) 사이즈 또는 트윈(twin) 사이즈 침대 2개가 들어 있는 룸을 말하는데, 주로 가족단위의 관광객이나 단체관광객이 숙박할 수 있는 객실을 말한다.

쿼드 룸

2. 객실의 형태와 용도에 의한 분류

객실의 형태와 용도에 따른 분류는 이용고객의 기호에 맞게 객실을 꾸미고 제공하는 것으로서 고객의 욕구와 요구(want & needs)에 바탕을 둔 고객만족 경영방식의 일부라고 할 수 있다.

1) 커넥팅 룸

커넥팅 룸(connecting room)은 나란히 붙어 있는 2개의 객실 사이에 통로문이 있어 복도를 통하지 않고 옆객실로 이동이 가능한 객실이다. 나란히 붙은 객실인 어드조이닝 룸(adjoining room)과는 달리 객실과 객실의 벽 사이에 문이 있어 양쪽 문을 열어야만 이동이 가능하다.

주로 한 가족인 부모와 자녀들이 따로 객실을 사용하는 서구인의 가족단위 고객이나 회의차 방문한 고객 또는 단체여행객의 일행들끼리 어울려 객실을 사용하는 경우 이용한다. 보통 한쪽의 객실에는 더블베드가 설치되며, 다른 한쪽의 객실에는 트윈 베드가 설치되는 경우가 많다.

커넥팅 룸

어드조이닝 룸(Adjoining Room)

객실과 객실이 복도에서 서로 연결되어 있는 객실로 주로 일행이 있는 고객들이 가까운 객실을 원할 때 주로 이용하는 객실이다.

2) 온돌 룸

온돌 룸(ondol room)은 코리안 룸이라고도 하며, 객실의 내부 인테리어를 한국식으로 꾸민 객실을 말한다. 한국 고유의 전통객실로서 보료·요·이불 및 한국전통의 가구 등이 설치되어 있어 한국적인 정취가 느껴지도록 설비한 객실로, 넓이는 $19m^2$(약 5.74평) 이상이다. 보통 일반 온돌 룸과 스위트 온돌 룸으로 구성되어 있으며, 특히 인원이 많은 가족이 함께 투숙할 때 선호하는 객실로서 일반 양실의 면적이나 욕실의 구조 및 객실의 비품 등과는 거의 차이가 없지만, 단지 침대 대신 보료와 이불장이 비치되어 있으며, 방바닥에 배관이 깔려 있어 온수로 온도를 조절할 수 있다. 대도시에 위치한 호텔들은 일반 객실보다 관리상의 어려움을 가지고 운영하고 있어 시설기준에 필요한 최소한의 한실만을 보유하여 운영하고 있지만, 휴양지 호텔들의 경우 단체고객을 위해 30~40실 이상의 한실을 운영하고 있다.

그림 2-5 **온돌 룸 평면도**

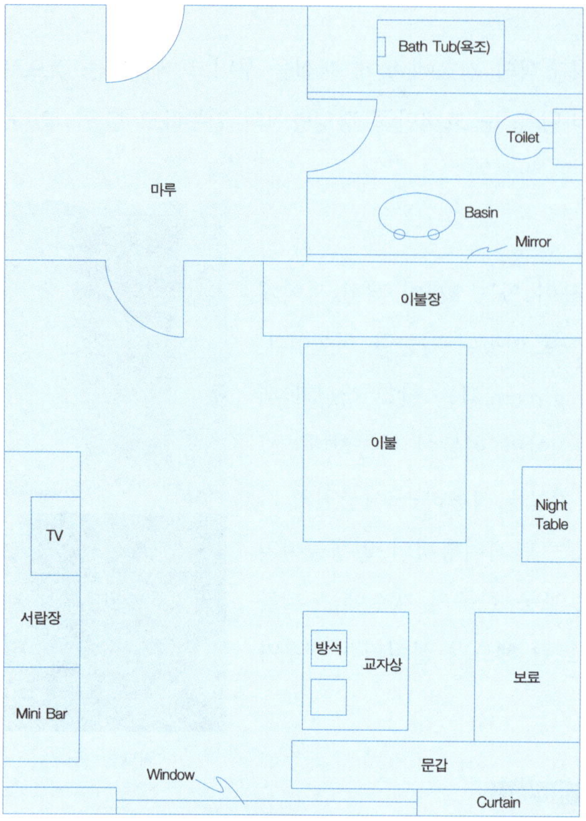

온돌 룸의 내부 전경

3) 금연 룸

국제적으로 금연운동이 확산되어 가고 있는 상황에서 우리나라도 많은 장소에서 흡연석과 금연석을 분리하여 운영하고 있다. 호텔에서도 마찬가지로 금연층(non-smoking floor) 또는 금연 룸(non-smoking room)을 지정하여 담배를 피우지 않는 고객들에게 제공하며, 각 호텔마다 늘어나는 추세이다. 이 객실에는 재떨이(ash tray)와 성냥(match)이 비치되어 있지 않다.

금연 룸

2009년 8월 1일에 오픈한 금호아시아나그룹의 쉐라톤 인천 호텔과 2012년 11월 인사동에 개관한 센터마크 호텔(특2등급)은 전 객실 금연 룸으로 운영하고 있다.

4) 장애인용 룸

장애인용 룸(disabled / disabled friendly room)은 '장애인 편의시설기준'과 '호텔업 등급결정기관 등록 및 등급결정에 관한 요령'에 장애인시설 설치 여부에 21점의 점수를 배정하고 있다. 이에 모든 문은 휠체어로 이동이 가능하도록 설계되어 문턱이 없으며 미닫이식(sliding door)으로 설치되어 있고, 비상 호출 버튼, 화장실 · 세면대 · 욕조에는 손잡이와 스위치가 낮게 설치되는 등 구조나 시설이 장애를 가진 고객들이 사용하기 편리하도록 꾸며진 객실이다.

장애인용 룸 화장실

5) 장기전용 룸

호텔에 투숙하는 기간이 수십 일에서 수개월 또는 수년 동안 호텔에 머무르게 될 경우 숙박하는 장기전용(long term guest) 룸이 있다. 이 객실은 대부분 스위트 형태의 객실로서 침실과 응접실이 분리되어 있을 뿐만 아니라 간단한 취사와 요리를 할 수 있는 주방시설과 세탁시설

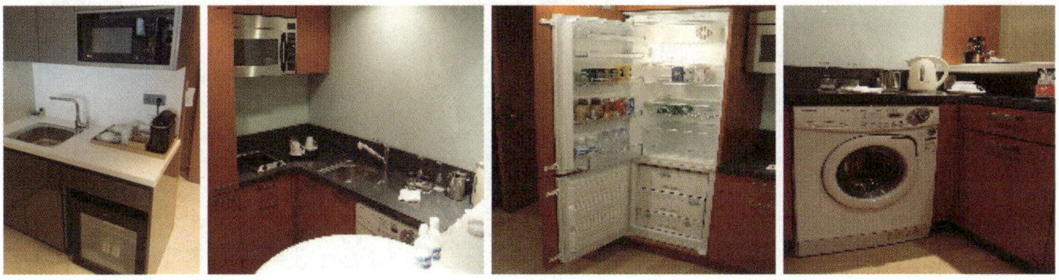
장기전용 룸 내부

이 갖추어져 있다. 특히 외국인 외교관·사업가 등이 주고객으로서 안전하고 편리하며 외국어에 능통한 종사원의 서비스를 받으면서 생활을 할 수 있다.

6) 여성전용 룸

여성전용 룸(ladies floor room)은 여성의 사회활동이 늘어나 여성 비즈니스고객에 대한 관심과 배려로 여성에게 필요한 화장용품이나 욕실용품 또는 취향에 맞는 장식과 어메니티(amenity)를 제공하는 객실을 말한다. 롯데호텔 서울의 경우 본관 22층에 레이디스 플로어(ladie's floor)를 운영하고 있다.

여성전용 룸 내부

어메니티(Amenity)

호텔들 간의 치열한 경쟁에서 우위를 차지하기 위하여 호텔 객실에 무료로 제공되는 객실용품·욕실용품·비품·소모품·문구류 등을 말한다. 몇몇 호텔의 경우 외국의 유명상표의 상품들을 비치하여 제공하기도 한다.

7) 워크아웃 룸

워크아웃 룸(work-out room)은 객실 내에 트레드밀·바이클 등과 같은 운동기구를 설치하여 업무에 바쁜 비즈니스맨을 위해 운동을 할 수 있는 시설을 갖춘 객실이다.

8) 스튜디오 베드 룸

일반 객실에 비해 넓은 공간에 변형시킬 수 있는 카우치 베드(couch bed) 또는 소파 베드(sofa bed)라고 하여 펼쳐지거나 앞뒤로 접어서 사용할 수 있는 조립식 침대가 설치되어 있다.

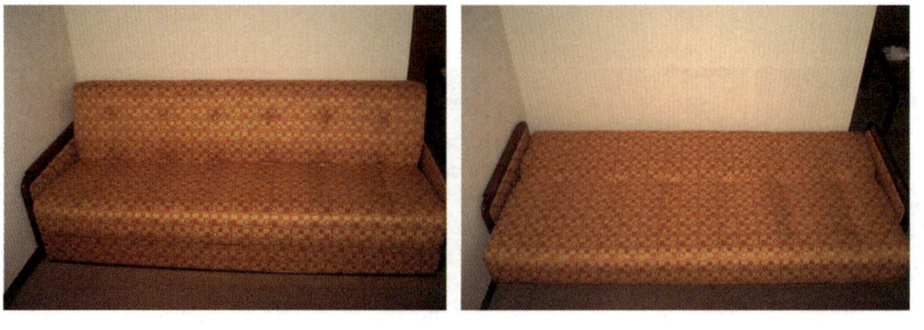

스튜디오 베드 룸

주간에는 소파로 이용되고 밤에는 침대로 사용하며, 주간에는 사무실로 이용하고 야간에는 침실로 활용 가능한 객실이다. 하지만 최근에는 이러한 스튜디오 베드 룸(studio bed room)은 스위트 룸으로 인하여 더 이상 고객에게 인기를 얻지 못하고 있다.

3. 객실의 등급에 의한 분류

일반적으로 객실 내에 LCD(LED) TV, DVD 플레이어, 오차 세트, 초고속 인터넷, 고급 침구 세트, 다채널 위성방송, 주문형 영화 등의 각종 편의시설이 구비되어 있다.

1) 스탠더드 룸

스탠더드 룸(standard room; normal room)은 보통 객실을 말하며, 호텔에서 가장 많이 보유하고 있거나 가격대가 가장 저렴한 객실로서 싱글 베드 룸과 더블 베드 룸 및 트윈 베드 룸 등을 갖추고 있다. 객실의 넓이가 비교적 작고 조망이나 위치가 그다지 좋지 않아 주로 여행사 단체고객들이 이용하게 된다.

스탠더드 룸 전경

2) 슈피리어 룸

슈피리어 룸(superior room)은 주로 호텔의 중간층에 위치하고 있으며, 스탠더드 룸보다 평수가 조금 더 넓고 조망이나 위치가 좋은 객실이다. 하지만 대부분의 5성급 호텔의 경우 스탠더드 룸과 슈피리어 룸을 같은 의미의 등급으로 구별하지 않고 둘 중 하나를 사용하는 추세이다.

슈피리어 룸 전경

3) 딜럭스 룸

딜럭스 룸(deluxe room)은 슈피리어 룸보다 평수가 조금 더 넓고, 인테리어·소모품 등이 고급스러우며, 높은 층에 위치하여 전망이 좋은 고급 객실이다.

딜럭스 룸 전경

4) 이그제큐티브 룸(비즈니스전용층 룸)

이그제큐티브 룸(executive floor room) 또는 비즈니스전용층 룸은 "호텔 속의 작은 호텔"이라고도 불리고, 주로 고층에 위치하고 있어 전망이 좋은 고급 객실이다. 시설물·소모품 등은 최고급으로 비치하고 있으며, 팩스·컴퓨터 및 개별 휴대폰 등 업무에 필요한 첨단시설을 갖추어 객실에서 업무를 하면서 휴식을 취할 수 있는 비즈니스맨들을 위한 전용 객실을 말한다. 대부분의 호텔들이 적게는 1개 층에서 많게는 10여 개 층 내외의 이그제큐티브 룸을 운영하고 있다. 또한 클럽 컨시어지(executive concierge)의 친절한 안내와 능숙한 외국어능력으로 훌륭한 비서업무를 제공해준다.

그림 2-6 **비즈니스전용층 룸 평면도**

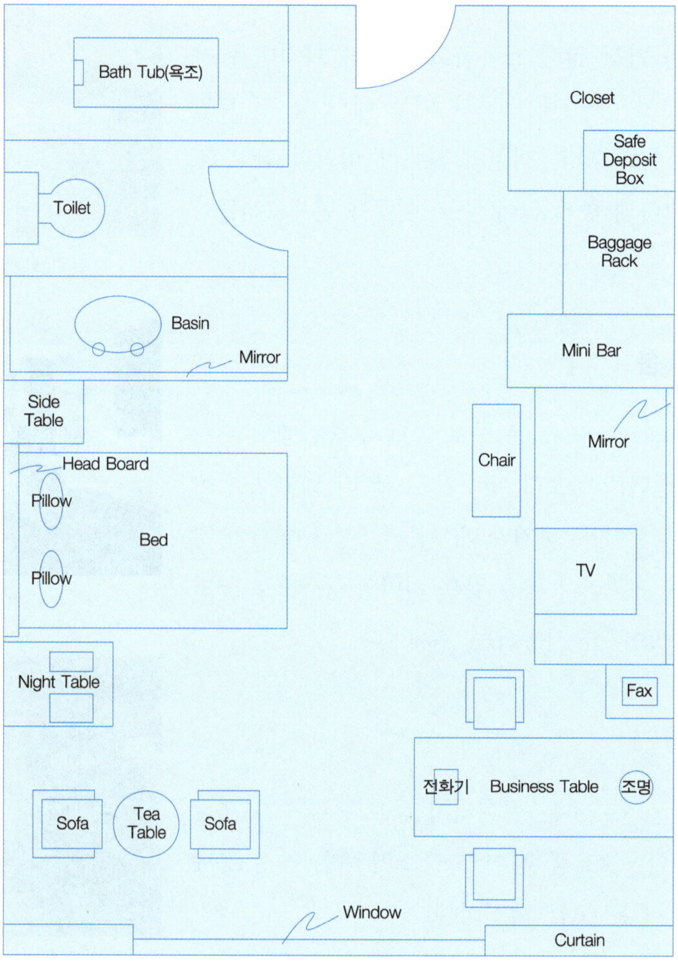

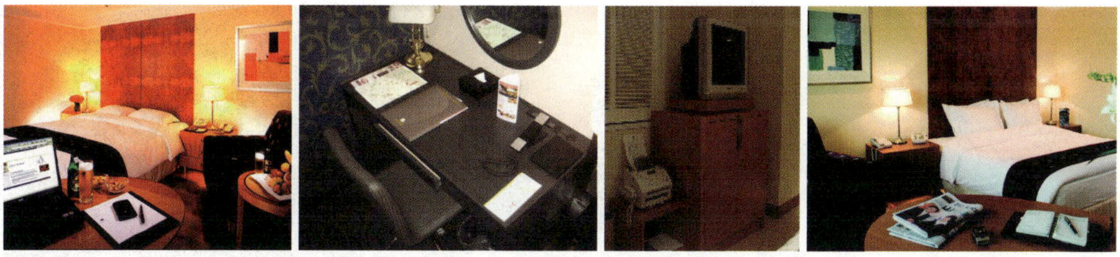

비즈니스전용층 객실 내부

5) 스위트 룸

스위트 룸(suite room)은 흔히 '특실'이라고도 하고, 일반 객실보다 여유 있는 공간을 제공함으로써 사업상 여행을 하는 비즈니스 여행자나 업무와 연계된 숙박객 등이 주요고객이다. 작게는 20여 평에서 크게는 수백 평에 이르기까지 다양한 크기의 객실이 있다. 하나의 객실에 침실(bed room)과 응접실(living room)을 별도로 구분한 객실로서 일반 스위트 룸과 그 호텔에서 가장 좋은 객실로 구별할 수 있는데, 자쿠지(jaccugi) · 피아노 · 벽난로 · 칵테일코너 · 주방 · 서재 · 회의실 · 사무공간 · 응접실 등 내부시설이나 크기가 매우 큰 객실이다.

일반적으로 호텔들은 주니어 스위트(junior suite), 코너 스위트(corner suite), 프리미어 스위트(premier suite), 딜럭스 스위트(deluxe suite), 로열 스위트(royal suite), 프레지덴셜 스위트(presidential suite) 등 최고의 직위나 꽃이름 · 보석류 등과 같은 각각의 명칭으로 다양하게 부르고 있으며, 평수 · 시설 · 서비스 등 여러 등급의 차별화된 스위트 룸을 가지고 있는데, 이는 호텔의 수준을 상징하는 자존심이라고 할 수 있다. 보통 최고급 스위트 룸의 경우 호텔의 최상층에 위치하고 있으며, 몇몇 5성급 호텔의 경우 복층구조의 스위트 룸을 가지고 있는데, 위층은 객실과 욕실이 있고, 아래층은 거실과 비즈니스업무실 및 다이닝 룸 등이 위치해 있다. 몇몇 호텔은 출입구를 기준으로 오른쪽은 '사적(私的) 공간'으로, 왼쪽은 '공적(公的) 공간'으로 구분하고 있다. 사적 공간에는 메인 침실과 욕실이 있으며, 수행원을 위한 소규모 집무실을 겸한 침실과 욕실이 있다. 반면에 공적 공간은 집무실, 거실 그리고 회의실로도 쓸 수 있는 식당과 주방이 배치되어 있다.

또한 금으로 도금된 실크벽지와 유명화가의 작품이 그려진 천장, 그랜드 피아노 설치 등 '특별한 고객'들을 위한 객실이라고 할 수 있다. 주로 기업의 최고경영자(CEO), 각국 정부 수반, 세계적 명성의 연예인 등이 숙박을 한다. 보통 객실가동률은 1년에 약 10~20% 정도이지만 항상 청결함을 유지하기 위해 고객이 투숙하지 않는 기간에도 전담직원이 매일 객실정비를 실시한다. 또한 몇몇 호텔들은 최고급 스위트 룸까지 전용 엘리베이터를 운영하기도 한다.

Suite Room Door

스위트 룸 내부 전경

표 2-1 **스위트 룸의 종류**

종류	특징
Corner Suite	코너에 설치된 스위트 룸을 말한다.
Junior Suite(복층 Suite)	일반 객실 2개의 객실 크기로 절반은 침실로, 절반은 응접실로 구성되어 있다.
Presidential Suite	집무실 · 비서실 · 회의실을 갖추고 있으며, 주방 및 바와 같이 별도의 편의시설 등을 갖추고 있는 객실로서 그 호텔을 대표하는 국빈급 VIP전용 객실이라고 할 수 있다.

Up-grade

호텔의 사정으로 인하여 고객이 예약한 객실을 제공하지 못할 경우 고객이 예약한 객실보다 더 비싼 객실을 제공하고, 객실요금은 원래 예약한 객실요금을 적용시키는 것이다.

그림 2-7 **스위트 룸 평면도**

욕실 내부와 자쿠지(jaccugi) / 월풀(whirlpool) 욕조

캐릭터 룸

롯데호텔월드 내에 있는 객실로, 롯데월드 어드벤처의 캐릭터 '로티'와 '로리'를 테마로 하여 꾸며진 객실이다. 침대와 소파는 물론 욕실까지도 아이들이 좋아하는 색상과 캐릭터 용품으로 장식되어 있다. 주로 아이를 동반한 가족을 위한 객실로, 롯데월드 어드벤처 내부가 내려다보이는 객실도 선택 가능하다.

4. 객실의 방향(위치)에 의한 분류

1) 아웃사이드 룸

아웃사이드 룸(outside room)은 객실의 창문이 향한 방향에 따라 분류되는데, 호텔 건물의 바깥쪽에 위치하여 외부를 조망할 수 있는 전망이 좋은 객실을 말한다. 바

닷가 휴양지에 위치한 호텔의 경우 바닷가가 보이는 객실을 바닷가 방향 룸(seaside room), 한강이나 시내를 조망할 수 있는 방향(river view/cityside room) 룸, 마운틴 사이드(mountain side) 룸 등으로 분류할 수 있다. 전망이 좋은 객실일수록 객실가격이 더 비싸다.

표 2-2 **5성급 호텔 객실의 종류**

호텔명	객실의 종류
Grand Hyatt Seoul	• 그랜드 룸 • 클럽 룸 • 그랜드 이그제큐티브 스위트 • 앰배서더 스위트 • 프레지덴셜 스위트
Vista Walkerhill Seoul	• Overviews • Vista Deluxe • Spa Deluxe • 스위트(주니어 코너 스위트, 주니어 스파 스위트, 스튜디오 스위트, 코너 스위트, 스파 스위트, 앰배서더 스위트, 슈퍼 스파 스위트, 프레지덴셜 스위트)
JW 메리어트 호텔 서울	• 슈페리어 • 스위트(주니어, 킹, 앰배서더, 프레지덴셜) • 이그제큐티브 플로어
그랜드 인터컨티넨탈 호텔	• 디럭스 룸 • 스위트 룸(주니어, 레지던스, 클럽 주니어, 클럽 레지던스, 클럽 마운틴, 로열, 클럽 온돌)
The Westin Chosun Seoul	• 비즈니스(디럭스 룸) • 이그제큐티브(디럭스 룸) • 스위트(주니어, 프리미엄 주니어 스위트, 리뉴얼 스위트, 스위트, 이그제큐티브, 로열, 프레지덴셜)
서울 신라 호텔	• 스텐다드(디럭스, 비즈니스 디럭스) • 비즈니스 전용층(비즈니스 디럭스, 그랜드 디럭스) • 스위트(슈페리어, 코리안, 코너, 프리미어, 로열, 신라, 프레지덴셜)
롯데호텔 서울	• 스텐다드(슈페리어, 디럭스) • 클럽 플로어(슈페리어, 디럭스, 주니어, 럭셔리) • 레이디스 플로어(디럭스, 럭셔리 스위트, 코너 스위트) • 스위트(코너, 디럭스, 주니어, 로열, 프레지덴셜)
그랜드 앰배서더 서울	• 슈페리어 룸 • 디럭스 룸 • 이그제큐티브 룸 • 스위트(이그제큐티브, 프레지덴셜)

자료: 각 호텔 홈페이지를 참고하여 저자 작성.

2) 인사이드 룸

인사이드 룸(inside room)은 아웃사이드 룸의 반대개념으로서 건물구조상 호텔건물의 내부 또는 뒤쪽에 위치하는 객실로, 외부의 경관을 볼 수 없는 객실을 말한다. 확 트인 전망 대신 호텔 내부를 볼 수 있도록 되어 있는 구조로서 약간 답답한 점이 있는 객실이다. 주로 단체관광객에게 배정하게 되는데, 고객의 불평이 많아 호텔의 임직원 숙소(house use)나 여행사 안내원(guide)의 무료객실(compliment room; comp room) 또는 사무실 등으로 사용하고 있다.

제2절 호텔 객실요금의 분류

호텔 객실요금은 호텔 마케팅전략에서 중요한 요인으로서 고객의 분류나 객실의 형태 및 성수기 · 비수기에 따라 객실요금이 차등되어 적용되고 있다.

호텔 객실의 특성 중 하나로 가격의 민감성과 탄력성을 들 수 있는데, 일반적으로 비즈니스 고객은 순수관광 여행자보다 가격의 탄력성이 낮다고 할 수 있다. 이는 객실요금을 포함한 비용을 본인이 부담하지 않고 회사에서 부담할 뿐만 아니라 업무수행 시 특정기간에 목적지에 머물러야 하기 때문에 가격에 민감하지 않기 때문이다. 반면에 순수관광 여행자는 여행경비 최소화를 위해 최대의 할인을 받기 위해 노력하기 때문에 가격에 매우 민감하게 반응한다.

호텔 객실요금은 그 내용에 따라 다르기 때문에 크게 공표요금과 특별요금 및 추가요금 등 세 가지로 분류할 수 있다.

그림 2-8 객실요금의 분류

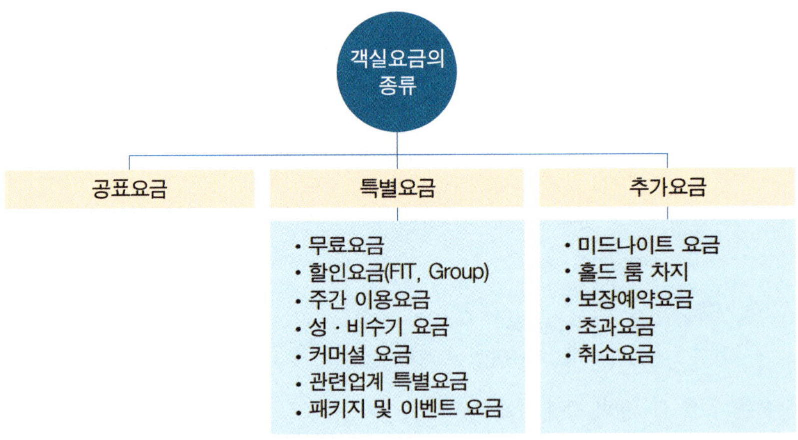

1. 공표요금

공표요금(room tariff / rack rate)은 호텔이 객실별 요금을 책정하여 이를 관할행정기관에 공식적인 절차를 거쳐 일반인에게 공시하는 요금으로 호텔에서 공표한 요금이다. 즉 정상적인 요금을 말하며, 호텔 정책상 Web-site 혹은 Room Tariff에 공지된 요금을 말한다.

보통 호텔요금은 자율에 맡기는 것이 원칙이지만, 사적인 기업이면서도 공적인 성격의 특성을 가진 기업이 호텔이므로 행정적인 지도와 동급호텔 간의 가격협정에 의해 요금을 결정하고 있다. 우리나라의 현행 객실요금제도는 관할관청에 요금을 신고만 하면 되는데, 물가상승의 억제와 외국인 관광객 유치 증진을 위해 관할관청에서는 일정한 범위의 적정 객실요금을 호텔업계에 권고하고 있으며, 동급호텔이나 경쟁호텔의 객실요금의 수준을 따르고 있다.

그림 2-9 **룸 태리프**(Room Tariffs)

ROOM TARIFFS

NORMAL	Rates are in Korean Won
Superior	₩ 420,000
Deluxe	₩ 440,000
Corner Deluxe	₩ 460,000
Grand Deluxe	₩ 480,000
EXECUTIVE FLOOR	
Deluxe	₩ 500,000
Corner Deluxe	₩ 520,000
Grand Deluxe	₩ 540,000
SUITE	
Junior	₩ 550,000
Korean	₩ 650,000
Corner	₩ 700,000
Superior	₩ 1,300,000
Parlor	₩ 1,600,000
Namsan	₩ 2,000,000
Royal	₩ 3,000,000
Presidential South Wing	₩ 7,500,000
Presidential North Wing	₩ 7,500,000

- Above rates are subject to 10% service charge and 10% government tax.
- For double occupancy, additional 30,000 won will be charged for normal and EFL(Executive floor) rooms.

COSMOS HOTEL

ROOM TARIFFS

NORMAL	Rates are in Korean Won
Superior	₩ 330,000
Deluxe	₩ 360,000
Grand Deluxe	₩ 390,000
EXECUTIVE FLOOR	
Deluxe	₩ 410,000
Grand Deluxe	₩ 440,000
SUITE	
Korean	₩ 500,000
Studio	₩ 550,000
Premier	₩ 1,500,000
Royal	₩ 3,300,000
Presidential Suite	₩ 9,000,000

- Above rates are subject to 10% service charge and 10% government tax.
- For double occupancy, additional KRW 30,000 will be charged for Normal and Executive Floor Rooms.

COSMOS HOTEL

ROOM TARIFF

본관	
스탠다드	w 280,000
딜럭스	w 305,000
쉐라톤 클럽	
딜럭스	w 345,000
클럽 스위트	w 515,000
딜럭스 스위트	
- Opal	w 680,000
- Topaz	w 1,040,000
- Amethyst	w 2,400,000
- Diamond	w 4,000,000
별관	
매튜	w 400,000
더글라스 하우스	w 280,000

- River View 투숙 시 40,000원(net)이 추가됩니다.
- Extra Bed 요청시 별도 요금이 추가됩니다.
- 상기 요금에 10% 봉사료, 10% 세금이 가산됩니다.

COSMOS HOTEL

이러한 공표요금을 랙 레이트(rack rate) 또는 풀 차지(full charge)라고도 하며, 객실요금이 명시된 브로슈어(brochure)를 룸 태리프(room tariffs)라고 한다.

Tariff

미국에서 수입품에 관세를 부과시키기 위한 관세율(tariff)을 표기한 리스트로 사용되던 것을 호텔에서 객실요금표로 사용하고 있다.

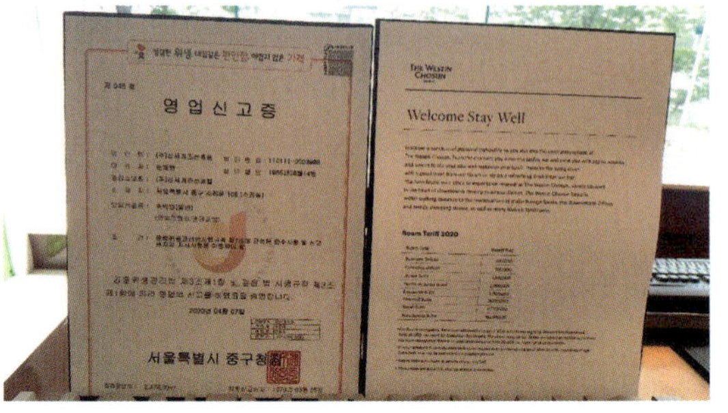

2. 특별요금

호텔에서는 원칙적으로 공표요금을 적용하고 있으나 호텔시장의 심한 경쟁과 고객관리 및 수요 대처 등 마케팅정책상 비수기(off-season) 타개를 목적으로 호텔 경영정책에 따라 특별요금(special rate)제도를 실시하고 있다. 이러한 객실영업상 특별요금이 적용될 수밖에 없는 이유는 보유하고 있는 객실을 매일 100% 판매(full occupancy)한다는 것은 실제적으로 불가능하기 때문이다. 따라서 특별요금이란 공표요금(room tariff)에서 무료 혹은 할인을 해주는 요금제도를 의미하며, 종류는 다음과 같다.

1) 무료요금

무료요금(complimentary rate)은 호텔에서 무료로 제공하는 것을 의미하는데, 호텔에서 초대한 고객에게 무료로 제공한다. 호텔업계에서는 일반적으로 '컴프'(comp)라는 약어로 사용하고 있으며, 이는 호텔의 판매촉진 목적으로 고객에게 요금을 받지 않는 것으로서 호텔영업에 지대한 기여를 한 고객이나 잠재고객 또는 기업체 임직원 중 호텔예약담당자 등을 대상으로 제공한다. 그리고 여행사인 경우 비공식적으로 15개의 객실을 사용할 시 1개의 객실을 무료로 제공하는 경우도 있다. 컴프에는 크게 객실료 · 식사요금 등 모든 비용을 무료로 제공하는 경우(all comp)와 단지 객실요금만을 무료(room only comp)로 제공하는 것으로 나눌 수 있다.

최근에는 각종 고객 마일리지 프로그램 또는 체인호텔들 간의 이용보상 프로그램 등에 의한 무료요금객실의 제공 또는 최소 Employee Rate의 요금을 부과하고 있는 추세이다.

2) 할인요금

호텔이 기존에 정해진 룰이나 정책에 의해 정상요금에서 할인하여 주는 요금제도를 말한다.

(1) FIT 할인요금

FIT 할인요금(Foreign Individual Traveler discount rate)은 호텔이 사전에 계약한 기업체나 공공단체, 그리고 장기투숙객 또는 그 호텔에 자주 투숙하는 재방문고객(repeat guest)에게 일정한 금액을 할인해주는 요금제도이다. FIT 고객의 경우 그날의 예약상황에 따라서 유동적으로 객실요금을 할인하여 준다. 또한 고객이 예약한 객실을 호텔 측에서 제공하지 못할 경우 예약한 객실의 등급 이상의 객실을 제공(up-grade)하면서 가격은 예약한 객실요금을 적용하는 경우 이를 싱글요금(single rate)이라고 한다.

양식 2-1 Complimentary & House Use Slip

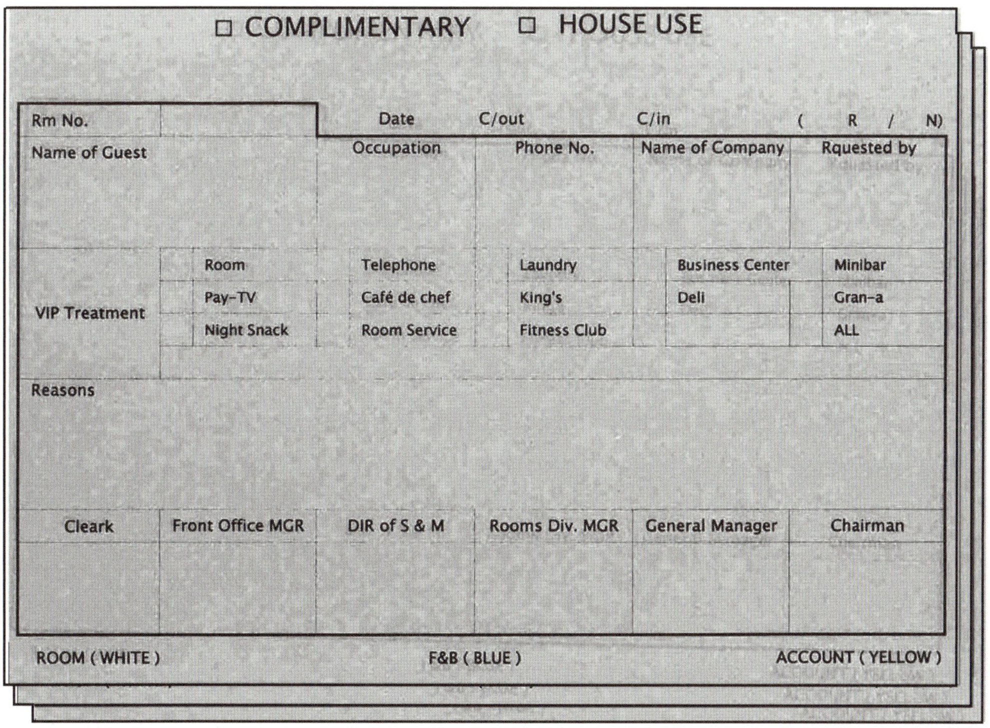

□ COMPLIMENTARY □ HOUSE USE

Rm No.		Date	C/out	C/in	(R / N)
Name of Guest		Occupation	Phone No.	Name of Company	Rquested by
VIP Treatment	Room	Telephone	Laundry	Business Center	Minibar
	Pay-TV	Café de chef	King's	Deli	Gran-a
	Night Snack	Room Service	Fitness Club		ALL
Reasons					
Cleark	Front Office MGR	DIR of S & M	Rooms Div. MGR	General Manager	Chairman

ROOM (WHITE) F&B (BLUE) ACCOUNT (YELLOW)

(2) Group 할인요금

단체할인요금(group discount rate)은 국내외 여행사를 통한 단체관광객(tour group)이나 각종 회의나 행사 · 세미나(MICE) 등으로 숙박하는 단체행사 고객에 대하여 특별히 할인되는 요금을 말한다. 이때 여행사의 단체요금은 호텔과 여행사 사이의 계약(contract)에 의해서 이루어지는데, 보통 조식을 포함한 요금으로 계약하는 경우가 많다. 대부분의 호텔들은 매년 여행사에게 성수기 · 비수기, 주중 · 주말 · 연휴기간 등 세분화된 객실요금을 제시하며, 보통 1년 단위로 계약을 체결하고, 계약기간 동안 호텔은 할인된 객실요금을 여행사에 적용하며, 여행사는 계약기간 동안 그 호텔의 객실을 메인(main)으로 사용한다.

(3) 비수기 할인요금

비수기 할인요금(seasonal discount rate)은 호텔의 특성상 비수기(off-season)의 경영대책의 일환으로 객실점유율 증대를 위하여 시기에 따라 공표요금을 대폭 할인해주는 요금이다. 서울시내 5성급 호텔의 경우 성수기는 봄과 가을인 4~5월과 8~11월이며, 비수기는 여름과 겨울철인 6~8월과 12~2월이 된다. 반대로 리조트 호텔의 경우 성수기와 비수기가 반대가 된다. 하지만 근래에 들어서 서울시내 5성급 호텔의 경우 외래관광객의 증가로 인하여 비수기가 조금씩 줄어들고 있는 추세이다.

비수기의 경우 객실이용률이 낮은 기간에 한하여 일정률을 할인해 주는데, 이러한 요금제도는 경쟁호텔 간의 과당경쟁을 유발시킬 수 있으나 우리나라 대부분의 호텔에서 비수기 호텔상품을 만들어 판촉전략으로 시행하고 있다.

또한 계절상 성수기라 할지라도 예약상황이 좋지 않으면 특별요금이 제시되고, 반대로 비수기일지라도 일본의 오봉절이나 중국의 춘절과 같은 특정일에 예약이 몰리는 날에는 특별요금이 적용되지 않는 경우도 있다. 비수기 할인요금의 적용에 있어 할인율을 얼마로 적용할 것인가는 호텔의 경영자의 판단에 따르지만 호텔 간의 과당경쟁에 따른 지나친 할인율 적용은 호텔의 이미지에도 영향을 미칠 수 있다.

(4) 계약사 할인요금

계약사 할인요금(commercial / corporate discount rate)은 사업이나 출장 등의 목적으로 연중 객실을 이용하고자 하는 특정한 회사(국내외 그룹사, 기업체, 관공서 등)와 계약에 의해 일정한 요금으로 할인해주는 제도로서 비즈니스 호텔이나 도심지 호텔의 경우 계약사 할인요금의 비율

그림 2-10 여행사 단체요금표 사례

COSMOS HOTEL

Room Rate Structure of Travel Agency
For On Seasons 2024

A. Rate For On-Seasons

Origin	Japan		Japan Package	America/ Europe	Southeast
	Main	Others			
Weekdays	280,000	280,000	220,000	210,000	180,000
Weekend	290,000	295,000	220,000	210,000	180,000
JP Holidays	330,000	330,000	330,000	330,000	330,000
Breakfast	36,000	36,000	36,000	36,000	33,000

* Japanese Holidays: Mar. 21, Apr. 29, May. 3, 4, 5, 6, Jul. 21, Sep. 15, 23, Oct. 13, Nov. 3, 23, 24, Dec. 23.

B. General Condltion

- The above rates are inclusive of 10% VAT.
- Complimentary Policy: 1(one)room free of charge for every 15 paying rooms
  Maximum 3 complimentary rooms for the same group
- Other Charges: Second person — No Additional Charge
  Extra Bed — KW 40,000 INC
- Rooming List/Cut Off: 10 rooms or more — Two weeks prior to guest's arrival
  9 rooms or less — One week prior to guest's arrival
- No Show Charges: Equivaient to one night room charge on a no show.
- Group rates are negotiable depending on room occupancy

Thank you for your attention and approval.

HONG Gil-Dong
Director of Sales & Marketing

표 2-3 5성급 호텔 패키지상품

호텔명	상품명	가격(원)
그랜드 앰배서더 서울	Ambassador Four Season Package Teacher's Happy Package Summer Package Winter Package	242,000 185,000 135,000~280,000 185,000 / 500,000
비스타 워커힐 호텔	Wedding Night Package Romance Package W Hot Spring Package Summer Package Winter Package	540,000 465,000 295,000 256,000~467,000 255,000~405,000
서울 신라 호텔	Shilla Spa Package Loving You package Winter Package Sweet Ladies' Night Package	540,000 330,000~850,000 210,000 350,000
그랜드 하얏트 서울	Romance Package Awaken Package Balance Package Summer Package Winter Package	305,000 249,000 305,000 187,000~285,000 189,000
호텔 롯데 제주	Honeymoon Package Trecking Package Golf Package	298,000~700,000 250,000~388,000 450,000~980,000
그랜드 인터컨티넨탈 서울	Honeymoon Package Winter Package G20 Package Enjoy Package	300,000~355,000 220,000~330,000 2,200,000~3,200,000 300,000~410,000
JW 메리어트 호텔 서울	Honeymoon Package Spa Package Summer Package Winter Package	364,000~434,000 373,000~488,000 210,000 170,000~299,000
노보텔 앰배서더 강남	Super Break Package Celebration Package 달콤한 휴식 Package	169,000 350,000 240,000
웨스틴 조선 서울 호텔	Honeymoon Package New Suit Package 베이비 샤워 Package Winter Package	250,000~355,000 500,000 / 600,000 395,000 / 495,000 220,000~400,000

자료: 각 호텔 홈페이지를 참고하여 저자 작성.

이 점차 증가하고 있다. 이는 특정 기업체나 공공단체에서 숙박하는 고객들에게 계약에 따라 일정한 할인율을 제공함으로써 해당업체의 고객들을 정기적으로 투숙시킬 수 있다는 장점이 있다. 이 요금은 전년도 객실이용실적이나 기업의 지명도 등 여러 가지 기준에 따라 할인율을 조정하여 계약관계를 맺고 있다. 호텔의 입장에서는 비수기에도 일정량의 객실을 지속적으로 판매하게 되는 이점이 있고, 기업체 요금을 적용하는 비중이 점차 높아짐에 따라 호텔 판촉부의 판촉활동을 강화하고 있다.

3) Day Use 요금

호텔에서는 데이 유스(day use) 요금은 주간 이용요금(day use; part day charge)이라고도 하고, 객실을 낮시간대에 사용하는 요금제도로서 1시간에서 6시간 정도 사용하며, 18시 이전에 체크아웃을 할 때 이용하는 대실요금으로서 온천지역 · 공항 · 역 등과 같이 교통수단을 환승하려는 고객들이나 회사의 직원모집 시 면접이나 중요고객을 상담할 목적으로 사용하는 경우가 많다. 오후 6시가 지나면 청소가 불가능해지고 다시 판매하기 어렵기 때문에 객실요금 전액(full charge)을 받게 된다. 대부분의 5성급 호텔들은 Day Use 요금은 따로 없고 풀 차지(full charge) 하고 이른 체크아웃을 하는 고객들을 얼리 아웃 게스트(early out guest)라고 한다.

4) 관련업계 특별요금

국제호텔협회(IHA: International Hotel Association)와 여행업자협회 세계연맹(UFTAA: Univeral Federation of Travel Agents Association) 협정 제49조에 의하면 “호텔은 적어도 15명 이상의 여행자단체와 동승하는 여행자대표 1인(안내인 · 운전기사 · 팀장 등)에 대하여 무료 서비스를 제공하도록 권장하고 있다. 호텔은 20명이 추가될 때마다 추가대표자에게 무료 서비스를 제공할 수 있다”라고 규정되어 있다.

관련업계 특별요금(host special rate)은 항공사와 여행사에 근무하는 직원이나 단체관광객을 인솔하는 투어 컨덕터(T/C: Tour Conductor) 혹은 투어 가이드(tour guide) 등 호텔이나 관광업계에 관련된 직원들을 대상으로 호텔정책에 따라 객실요금을 할인해 주는데, 일반적으로 해당 객실요금의 50% 정도의 할인율을 적용하거나 경우에 따라 무료로 제공되기도 한다.

5) 패키지 및 이벤트 요금

패키지 및 이벤트 요금(package & event rate)은 대부분의 5성급 호텔의 영업이 다변화되면서 여름이나 겨울의 낮은 객실점유율을 높이기 위해 여름 패키지(summer package)나 겨울 패키지(winter package) 그리고 허니문 패키지(honeymoon package), 디너쇼(dinner show) 등 연중 각종 이벤트 등을 만들어 객실과 연계해 부가서비스를 제공함으로써 할인혜택을 제공하는 요금제도이다.

3. 추가요금

공표요금과 할인요금은 정상적으로 체크인하여 체크아웃하는 과정에서 징수하는 요금이지만, 추가요금(additional charge)은 체크아웃 시간을 넘기거나 일정변경 등으로 추가로 지불해야 하는 요금을 말하며, 그 내용은 다음과 같다.

1) 보장예약요금

고객이 객실예약을 하고 아무런 통보도 없이 호텔에 도착하지 않으면(no-show guest) 호텔 측에서는 그 객실을 다른 고객에게 판매하지 못하는 경우가 나타나기 때문에 보장예약(guaranteed reservation)은 고객이 신용카드나 선불금 등으로 객실을 예약하고 나서 호텔 도착 유무에 관계없이 적용되는 요금이다. 그러므로 호텔은 만실(full house)이나 오버 부킹(over booking) 등 어떠한 경우라도 호텔 측에서는 보장예약고객에게 객실을 제공해야 한다.

표 2-4 **예약의 종류**

<table>
<tr><td rowspan="4">보장형 예약
(guaranteed reservation)</td><td>Pre-payment</td><td>객실료를 현금이나 호텔계좌로 이체하여 지불하는 경우와 신용카드로 선결제하는 경우</td></tr>
<tr><td>Credit Card</td><td>객실료를 신용카드로 보증(GTD)하는 경우</td></tr>
<tr><td>Advance Deposit</td><td>투숙 전 미리 일정액을 호텔에 예치하는 경우</td></tr>
<tr><td>Travel Agent & Corporate</td><td>노쇼(no-show) 발생 시 여행사나 회사로 요금을 청구하는 경우</td></tr>
<tr><td>비보장형 예약
(non guaranteed reservation)</td><td colspan="2">통상적으로 도착당일 18시 이후에는 사정에 따라 호텔 임의로 취소하여 다른 고객에게 판매할 수 있지만, 대개 22시경을 전후로 예약을 홀딩(holding) 하고 있다.</td></tr>
</table>

2) 초과요금

초과요금(over charge)에는 여러 가지 경우가 있다.

(1) 레이트 체크아웃 차지(Late Check-out Charge)

호텔의 체크아웃 시간(check-out time)은 나라마다 또는 호텔마다 조금씩 상이하나, 보통 11~12시경으로 하는 경우가 많은데, 이 체크아웃 시간이 지나거나 고객이 체크아웃 시간을 연장할 경우 그 연장된 시간만큼 추가요금을 징수하는 것이다. 일반적으로 12~15시까지는 객실요금의 30%, 15~18시까지는 객실요금의 50%, 18시 이후는 전액요금(full charge)이 적용되나, 보통은 체크아웃 시간보다 2시간 정도 연장(extention)해 주거나, 재구매고객(repeat guest)이나 특별고객(VIP)에게는 초과요금을 부과하지 않는 경우도 있다. 그리고 비즈니스 플로어 고객의 경우 대개 체크아웃 시간이 오후 3시나 4시경까지 무료로 연장된다. 이때 여행사 또는 거래처에서 객실료를 지불하는 경우 현재 투숙하고 있는 요금을 적용하면 고객에게 객실요금이 노출되어 문제가 생기기 때문에 반드시 공표요금(rack rate)을 기준으로 적용해야 한다.

(2) 인원추가요금

인원추가요금은 실제 등록인원 또는 예약된 인원보다 추가될 경우 발생하는 요금이다. 우리나라의 객실요금은 2인기준의 객실당 요금으로서 1명이 숙박한다고 해서 객실요금이 낮아지는 것이 아니다. 그러나 일본의 경우 1인당 개념으로서 2인이 투숙할 경우 추가요금을 지불해야 한다. 그래서 숙박객이 3명인 경우(triple use) 엑스트라 베드(extra bed) 사용에 따른 추가요금이 발생될 수도 있다.

이그제큐티브 플로어(executive floor) 고객의 경우 1인 1실의 개념으로 운영하는데, 인원이 추가될 때 추가요금이 발생한다.

(3) 얼리 체크인 차지

얼리 체크인 차지(early check-in charge; morning check-in charge)는 체크인 시간보다 일찍 체크인하는 경우에 객실요금의 일정률을 부과하는 것을 말한다. 그리고 당일 호텔회계를 마감한 이후 모닝 체크인(morning check-in)의 경우 1박에 대한 전액요금(full charge)을 부과하거나 고객이나 체크인 당시 시간에 따라 일정률을 부과하기도 한다.

3) 취소요금

취소요금(cancellation charge)은 객실예약을 한 고객이 사정에 의하여 투숙할 수 없어 예약을 취소할 때 부과되는 요금으로 각 호텔마다 숙박약관(regulation)에 의해 징수할 수 있지만, 일반적으로 특별한 경우가 아닌 이상 취소요금을 부과하지 않는 것이 호텔업계의 현실이다. 하지만 객실의 예약상황에 따라 신용카드로 예약 시 보증예약(GTD: guaranteed)을 하여 취소요금을 부과하는 경우도 있으며, 예약선수금(deposit)을 받아놓았을 경우나 환불불가 상품의 경우 당일 취소를 하게 되면 환불이 안 되는 경우도 있다.

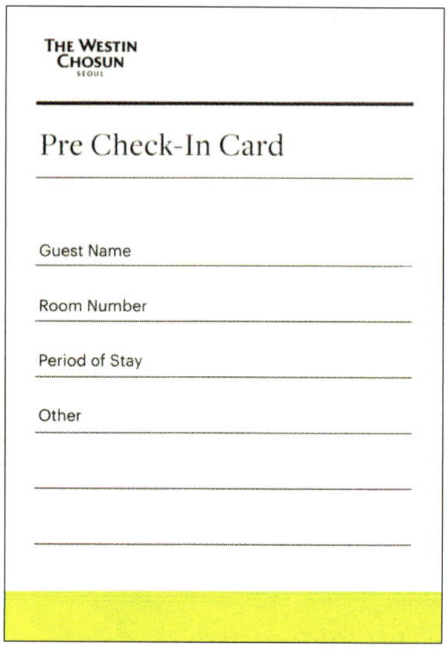
THE WESTIN CHOSUN SEOUL

Pre Check-In Card

Guest Name

Room Number

Period of Stay

Other

Pre Check-in Card는 얼리 체크인(early check-in)을 한 경우 전날 객실이 만실이어서 객실을 배정받지 못한 경우 호텔 내 식음료업장과 부대시설을 이용할 시 무료 또는 할인을 받아 이용할 수 있으며 이용요금을 룸 차지로 할 수 있도록 프런트 데스크에서 작성하여 고객에게 전달한 카드이다.

1994년 7월 문화체육관광부의 전신인 문화체육부에서 제정한 약관에 따르면 〈표 2-5〉와 같다.

표 2-5 **문화체육관광부 규정의 취소요금**

구분	3일 전 취소	2일 전 취소	1일 전 취소	당일 오후 6시 이전 취소	당일 No-show
FIT 고객	객실요금의 20% 부과	객실요금의 40% 부과	객실요금의 60% 부과	객실요금의 80% 부과	객실요금의 100% 부과
Group 고객 (15명 이상의 단체)	객실요금의 10% (9일 전부터 3일 전까지)	객실요금의 30% 부과	객실요금의 50% 부과	객실요금의 80% 부과	1박 객실요금 부과

4) 홀드 룸 차지

홀드 룸 차지(hold room charge)는 'Keep Room Charge' 또는 'Non Sleep Charge,' 'Sleep-out Charge'라고도 한다. 일반적으로 두 가지 경우가 있는데, 하나는 예약접수 시 고객이 항공기나 개인사정으로 인하여 호텔에 늦게 도착하는 경우(late check-in)나 도착시간이 새벽이

될 경우 예약처 또는 고객과의 합의하에 전일부터 객실요금을 부과하여 그 고객이 새벽에 도착하더라도 차질 없이 객실을 사용할 수 있게 하는 것인데, 야간도착요금(midnight charge) 또는 심야요금이라고도 한다.

다른 하나는 투숙한 고객이 숙박기간 중 호텔에서 잠을 자지 않고 단기간의 지방여행을 떠나고 짐은 객실에 남겨두고 가는 것이다. 이때 객실은 고객이 계속하여 사용한 것이 되므로 비록 객실은 사용치 않더라도 객실료는 청구된다. 이를 슬립아웃 차지(sleep-out charge)라고도 한다. 하지만 장기간 투숙하는 고객들은 이러한 경우가 종종 발생하는데, 호텔은 객실점유율이나 고객의 중요도에 따라서 요금을 부과하지 않거나 어느 정도 내에서 객실요금을 부과하는 경우도 더러 있다. 또한 외국 대통령이나 외국 유명 연예인의 숙박 등 특별한 이유나 사정으로 인하여 인근 객실을 다른 고객에게 판매하지 않고 보류시킨 경우 요금을 부과하는 형태로 호텔에서 보안 등의 이유로 특정한 고객을 위해 객실을 다른 고객에게 판매할 수 없을 경우에도 홀드 룸 차지를 적용한다.

4. 경영방식에 따른 요금

호텔에서의 사용요금은 크게 나누어 객실요금과 식음료요금 그리고 부대시설 사용요금 등으로 나누어볼 수 있다. 호텔요금 계산 시 객실요금과 식사요금을 분리하여 각각 별도로 계산하는 방식을 취하는 호텔이 있는 반면, 객실요금에 식사요금을 포함시켜 일괄 계산하는 방식을 사용하는 호텔도 있다.

1) 미국식 요금제도

미국식 요금제도(AP: American Plan)는 객실요금에 식사요금을 포함한 요금으로, 체크인 시 식사권(meal coupon)을 제공하여 정해진 식당에서 식사를 제공한다. 고객이 사정상 식사를 하지 않았다고 하여 식사요금을 공제해주지 않는 요금제도이다. 다시 말해 호텔요금의 계산 시 투숙객의 객실요금에 식사요금을 포함하여 1일 숙박요금을 계산하는 방법으로 일명 'Full Plan,' 'Full Pension,' 'Full Board'라고도 한다. 그리고 조식에 중식이나 석식 중 1식을 포함한 수정 미국식 요금제도(modified American plan)도 있다. 주로 휴양지 호텔이나 산간 호텔 등 호텔의 지역적인 입지조건상 일반 호텔의 경우와는 달리 호텔 주변지역에 식당이나 상가 등이 거의 없어 투숙객들이 전적으로 호텔에서만 식사를 해결해야 되는 경우에 이 요금제도를 채택한다.

2) 유럽식 요금제도

유럽식 요금제도(EP: European Plan)는 세계 대부분의 호텔들이 채택하고 있는 객실요금제도이다. 이는 객실료에 식사를 자동적으로 포함시켜 계산하는 미국식 요금제도와는 구별되는 제도로서 객실요금과 식사요금을 분리하여 별도로 계산하는 요금제도이다. 즉 객실요금과 식사요금을 따로 계산하는 방식으로 고객에게 식사를 강요하지 않고, 고객이 호텔 내의 식당에서 시간에 구애받지 않고 자유롭게 식사시간과 메뉴를 선택할 수 있다는 장점을 가지고 있다. 우리나라의 호텔들도 대부분 이 요금제도를 채택하고 있다.

3) 혼합식 요금제도

혼합식 요금제도(dual plan)는 호텔의 경영자가 요금제도를 마음대로 하는 것이 아니라 고객의 사정에 맞게 요금제도를 미국식 혹은 유럽식의 요금체계를 변형하여 적용하는 호텔이다. 즉 미국 및 유럽식 경영방법을 혼용함으로써 고객의 희망에 따라 택하게 하는 경영방식이다. 주로 단체관광객이나 회의 및 세미나 고객의 경우 지역의 상황과 관광이나 회의의 일정에 따라 객실료에 식사의 포함 여부를 결정한다.

4) 대륙식 요금제도

대륙식 요금제도(CP: Continental Plan)는 콘티넨털 요금제도라고도 하며, 객실요금에 대륙식 아침식사(continental breakfast)요금만 포함한 요금제도이다. 주로 유럽지역의 호텔에서 시행하는 방식으로 장소나 시간적 제약을 받을 경우에는 객실로 조식을 제공하는 룸 서비스(room service) 방식으로 제공한다. 이러한 호텔의 경우 호텔 부근에 적당한 식당이 없거나 호텔 내의 제약된 식당을 감안하여 객실예약 시 조식요금을 포함하여 예약을 받게 된다. 또한 각종 패키지상품은 거의 아침식사요금을 포함하고 있다.

Continental Breakfast와 American Breakfast

콘티넨털 브렉퍼스트(continental breakfast)는 아메리칸 브렉퍼스트(American breakfast)보다 메뉴가 단순하고, 값이 저렴하며, 그 구성은 달걀요리(란요리)와 육류 및 곡물요리(시리얼)는 포함되어 있지 않고, 주스(juice)류 및 커피·홍차·코코아 중에서 하나와 빵에 버터와 잼·마멀레이드 등이 제공되는 간단한 식사이다. 식사시간은 사전에 연락되어 룸 서비스에 의하여 제공되기도 한다.

그림 2-11 **아메리칸 브렉퍼스트와 콘티넨털 브렉퍼스트 메뉴 구성**

아메리칸 브렉퍼스트(American breakfast)

Choice of Chilled Juices or Seasonal Fruit
(주스 또는 과일 중 선택)

Bakery Basket with Toast, Danish Pastries, Croissant, Muffins, Bagle or Brioche
(각종 빵과 토스트)

Jam, Honey, Butter and Breakfast Preserves
(버터와 여러 가지 잼)

Two Fresh Farm Eggs(Boiled, Scrambled, Poached, Fried or Omelette)
with Hash Browns and Bacon, Sausage or Ham
(각종 계란요리와 감자 및 베이컨, 소시지, 햄 중 선택)

Your Choice of Coffee, Decaffeinate Coffee, Tea, Hot Chocolate or Milk
(커피, 홍차, 핫 초콜릿 또는 우유)

콘티넨털 브렉퍼스트(continental breakfast)

Choice of Chilled Juices or Seasonal Fruit
(주스 또는 과일 중 선택)

Bakery Basket with Toast, Danish Pastries, Croissant, Muffins, Bagle or Brioche
(각종 빵과 토스트)

Jam, Honey, Butter and Breakfast Preserves
(버터와 여러 가지 잼)

Your Choice of Coffee, Decaffeinate Coffee, Tea, Hot Chocolate or Milk
(커피, 홍차, 핫 초콜릿 또는 우유)

자료: 서울시내 5성급 호텔의 조식메뉴를 바탕으로 저자 재작성.

조식식당 전경

5) 버뮤다 요금제도

버뮤다 요금제도(burmuda plan)는 객실요금에 아메리칸 브렉퍼스트(American breakfast) 1식을 포함한 요금제도이다.

Door Knob

그림 2-12 **도어 노브**(Door Knob)

GUEST NAME
ROOM NO.
NUMBER OF PERSONS
Desired Service Time
□ 6:30 ~ 7:00 □ 7:00 ~ 7:30 □ 7:30 ~ 8:00
□ 8:00 ~ 8:30 □ 8:30 ~ 9:00 □ 9:00 ~ 9:30
□ 9:30 ~ 10:00 □ 10:00 ~ 10:30

□ **CONTINENTAL BREAKFAST** **₩14,000**
□ Pineapple Juice □ Grapefruit Juice □ Orange Juice
□ Tomato Juice □ Apple Juice
•Assorted Bakery Basket
□ Freshly Brewed Coffee □ Tea □ Hot Chocolate

□ **AMERICAN BREAKFAST** **₩19,000**
□ Pineapple Juice □ Grapefruit Juice □ Orange Juice
□ Tomato Juice □ Apple Juice
•Choice of Two Eggs
(□Fried □Poached □Boiled □Scrambled)
with □Bacon □Ham □Sausage and Tomato
and Hash Browns
•Assorted Bakery Basket
•Your Choice of Cereals
(□ Cornflakes □ Choco Pops □ Frosties)
□ Freshly Brewed Coffee □ Tea □ Hot Chocolate

□ **JAPANESE BREAKFAST** **₩19,000**
•Seasonal Green Vegetables •Seasoned Sea Laver
•Five Kinds of Braised Vegetables •Steamed Rice
•Grilled Salmon Steak •Japanese Pickles
•Egg Dish •Bean Paste Soup
•Japanese Green Tea

□ **KOREAN BREAKFAST** **₩16,000**
•Bean Paste Soup with Vegetables and Clams
•Kimchi •Steamed Rice
•Assorted Korean Condiments •Freshly Brewed
□Coffee □ Tea

BREAKFAST A LA CARTE

□ Homemade Smoked Salmon Platter	₩11,000
□ Cornflakes □ Choco Pops □ Frosties Cereals	₩7,000
□ Bakery Basket (Croissants, Muffins, Chocolate Croissants, Danish Pastries or French Bread)	₩9,000
□ Plain or □ Fruit Yogurt	₩5,000
□ Chicken or □ Plain Rice Porridge	₩9,000
□ Stir-Fried Noodles with Shrimps	₩13,000
□ Chicken Fried Rice	₩12,000
□ Choice of Two Eggs (□Fried □Poached □Boiled □Scrambled) with □Bacon □Ham □Sausage and Tomato and Hash Browns	₩11,000
□ Seasonal Fresh Fruit Platter	₩7,000
□ Orange Juice □ Pineapple Juice □ Apple Juice □ Tomato Juice	₩6,000
□ Coffee □ Tea □ Hot Chocolate	₩7,000
□ Pasteurized Milk □ Skim Milk	₩4,000

Tax will be Added.

이름 お名前
객실번호 お部屋番号
인원수 ご注文人数
희망 시간 ご希望の時間
□ 6:30 ~ 7:00 □ 7:00 ~ 7:30 □ 7:30 ~ 8:00
□ 8:00 ~ 8:30 □ 8:30 ~ 9:00 □ 9:00 ~ 9:30
□ 9:30 ~ 10:00 □ 10:00 ~ 10:30

□**유럽식 조찬 コンチネンタルブレックファスト** ₩14,000
□파인애플주스 □자몽주스 □오렌지주스
□토마토주스 □사과주스
□パイナップルジュース □グレープフルーツジュース
□オレンジジュース □トマトジュース □アップルジュース
・각종 빵류 各種パン
□커피 コーヒー □홍차 紅茶 □핫 초코렛 ホットチョコレート

□**미국식 조찬 アメリカンブレックファスト** ₩19,000
□파인애플주스 □자몽주스 □오렌지주스
□토마토주스 □사과주스
□パイナップルジュース □グレープフルーツジュース
□オレンジジュース □トマトジュース □アップルジュース
・선택된 계란요리 お好みの卵料理
(□프라이 フライ □수란 ポーチ □삶은계란 ゆで卵
□스크램블スクランブル)와 と
□베이컨 ベーコン □햄 ハム □소시지 ソーセージ
그리고 토마토와 감자요리 とトマトとポテト料理
・각종 빵류 各種パン
・시리얼 シリアル
(□콘프레이크 コーンフレーク □초코 팝스 チョコポップ
□달콤한 시리얼 フロスティーシリアル)
□커피 コーヒー □홍차 紅茶 □핫 초코렛 ホットチョコレート

□**일식 조찬 和風朝食** ₩19,000
・청채소 무침 和え物 ・다섯가지 야채 요리 著物 ・맛김のり
・연어구이 サケの焼き魚 ・절임 반찬 漬物 ・계란 반찬 卵料理
・일본식 된장국 みそ汁 ・밥 ご飯 ・녹차 緑茶

□**한식 조찬 韓国風朝食** ₩16,000
・된장찌개 みそチゲ ・김치 キムチ
・밥 ご飯 ・각종 한식 반찬 韓國風おかず
□커피 コーヒー □홍차 紅茶

일품 요리 一品料理

□소피텔식 훈제 연어 スモークサーモン	₩ 11,000
□콘 프레이크 コーンフレーク □초코 팝스 チョコポップ □달콤한 시리얼 フロスティーシリアル	₩ 7,000
□빵 바스켓 ベーカリーバスケット (크라상, 머핀, 초코렛 크라상, 데니쉬 페스트리 또는 프랑스빵) (クロワッサン,チョコクロワッサン,デニッシュ ペストリー又はフランスパン)	₩ 9,000
□플레인 プレーン又	₩ 5,000
□과일 요구르트 フルーツヨーグルト	₩ 5,000
□닭죽 チキン粥 □쌀죽 白粥	₩ 9,000
□새우와 볶은 국수 エビ焼きそば	₩ 13,000
□닭고기 볶음밥 チキンピラフ	₩ 12,000
・선택된 계란요리 お好みの卵料理 (□프라이 フライ □수란 ポーチ □삶은계란 ゆで卵 □스크램블スクランブル)と □베이컨 ベーコン □햄 ハム □소시지 ソーセージ 그리고 토마토와 감자요리 とトマトとポテト料理	₩ 11,000
□계절 과일 季節のフルーツ	₩ 7,000
□오렌지주스オレンジジュース □토마토주스トマトジュース □사과주스アップルジュース □파인애플주스パイナップルジュース	₩ 6,000
□커피 コーヒー □홍차 紅茶 □핫 초코렛 ホットチョコレート	₩ 7,000
□저온살균 우유 ミルク □탈지우유 スキムミルク	₩ 4,000

세금이 별도 가산됩니다. 税金が別途加算されます.

제3절 호텔 객실요금의 결정방법과 객실수 계산법

1. 객실요금의 결정방법

호텔기업의 경영목적을 달성하기 위하여 호텔의 주상품인 객실판매에 따라 호텔의 수입의 규모가 결정되므로 객실요금에 대한 결정방법은 객실판매 증진을 위한 최선의 정책으로 고려되어야 한다.

이러한 호텔의 목표달성을 위한 중요한 요소 중 하나는 어떻게 적절한 객실가격을 책정하느냐 하는 것이다. 객실요금의 결정방법에는 자본투입비용, 시설과 서비스, 간접경비, 고객의 입장 등과 같은 내부적 요인과 관광환경·경쟁호텔·수요탄력성·입지조건 등과 같은 외부적 요인 등을 고려하여 기존의 판매자료 및 비용분석을 통하여 결정한다.

호텔은 객실수익률관리(yield management)를 객실가격정책의 기본개념으로 설정하고 객실의 평균요금(average rate)과 객실점유율(room occupancy rate) 향상을 위해 많은 노력을 하고 있다.

표 2-6 객실요금 산정 시 고려사항

호텔 내부 환경요인	투자자본	호텔건립 시 소요된 투자비용(토지·건물의 내외부시설)
	인건비	호텔 종사원들의 인건비
	간접비용	호텔 관리유지비와 영업과 관련된 판촉비용 등의 간접비용
호텔 외부 환경요인	경쟁호텔	동일지역 내지 경쟁호텔의 시설의 수준과 객실요금
	수요동향	고객의 수요동향 파악 및 예측(관광시장조사 및 분석)

1) 회계학적 객실요금 결정방법

(1) 하워드 가격결정

일명 평균객실요금 결정방법이라고 하며, 1930년대 'Horwath and Horwath' 호텔체인에 의해 이용된 객실요금 산출방법으로서 총 건축비의 1/1,000의 객실당 판매가를 평균객실요금으로 결정하는 방법이다.

(2) 휴버트 가격결정

호텔기업이 지출하게 되는 총 경비(영업비 · 세금 · 감가상각비 등), 객실수, 객실점유율에 의해 연간 목표이익을 계산하여 이를 충분히 보전할 수 있는 객실가격으로 결정하는 방법이다. 이는 계획연도의 추정 객실부문 총원가를 연평균 객실판매수로 나눈 것을 의미한다.

(3) 수용률에 의한 가격결정

객실가격을 적정수용률에 따라 결정하는 방법으로서 1년간 객실비용과 수용률을 예측하여 평균객실요금으로 계산하는 방법이다.

(4) 손익분기점에 의한 가격결정

호텔 경영활동에서 얻어지는 총수입과 투입되는 총비용이 같아지는 지점을 손익분기점(BEP: Break-Even Point)이라고 하는데, 호텔 객실가격을 책정할 때 투입되는 비용을 정확히 파악하여 고정비와 변동비를 검토하여 객실가격을 결정하는 방법이다.

2) 비회계학적 객실요금 결정방법

(1) 직감적 가격결정

직감적 가격결정(intuition pricing)은 객실요금 결정권자가 오랜 경험이나 전문지식 등에 의해 직관적으로 어느 정도 가격이면 적절하다고 생각하여 적정한 수요예측에 의한 고객을 확보할 수 있는 근거로 결정되는 방법이다.

(2) 경쟁적 가격결정

경쟁적 가격결정(competitive pricing)은 우리나라 호텔들이 가장 많이 사용하는 방법으로 같은 지역이나 동일한 등급의 호텔 또는 경쟁호텔, 일반적으로 시장점유율이나 객실판매수, 높은 객단가(average rate) 등에서 선도 호텔로 인식되었을 때 그 호텔의 객실요금과 비슷한 수준으로 책정하는 방법이다.

(3) 시험적 가격결정

시험적 가격결정(trial and error pricing)은 일정한 기간을 정하여 시험적으로 객실가격을 산출하여 가격을 조정하는 방법으로서 고객들의 반응에 따라 객실가격을 결정한다.

(4) 선두기업 가격결정

선두기업 가격결정(follow leader pricing)은 동일급수의 호텔 중에서 가장 선두에 있는 호텔의 객실가격을 기준으로 결정하는 방법이다. 하지만 호텔 객실상품의 양과 질적인 차이가 클 때는 고객을 유치하는 데 어려움이 있다.

2. 객실수의 계산방법

호텔이 보유하고 있는 객실수는 그 호텔의 규모를 나타내는 외형적 기준이 된다.

미국의 유명한 컨설팅회사인 'Laventhol and Horwath'에 의하면, 객실수에 따라 호텔을 분류하고 있는데, 소규모 호텔(150실 이하), 중규모 호텔(150~299실), 대규모 호텔(300~599실), 그리고 초대규모(특대규모) 호텔(600실 이상) 등으로 구분하였다. 하지만 객실수에 의한 분류는 각 나라별 · 지역별 등 상이한 특성을 가지고 있기 때문에 정확하게 구분할 수는 없다.

그림 2-13 **우리나라 호텔의 규모에 의한 분류**

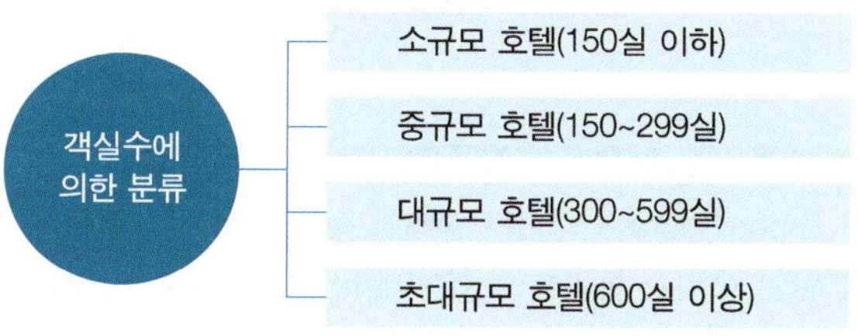

1) 총 객실수

총 객실수(number of total rooms)는 스위트 룸 등 2개의 객실로 이루어진 객실을 하나의 객실로 간주하여 계산한 객실수를 의미한다. 그래서 그 호텔의 객실수 중 일반 룸, 딜럭스 룸, 스위트 룸, 온돌 룸 등이 각각 몇 개씩인가를 알 수 있는 객실수를 의미한다. 여기에는 하우스 유스 룸(house use room), 룸 어텐던트 창고, 미니바 창고 등도 포함한다.

2) 유니트 객실수

유니트 객실수(number of room unit)는 호텔의 총 객실수로서 관련부서에 등록하거나 대외적으로 공표하는 객실의 수를 말한다. 이는 호텔의 객실수가 그 호텔의 규모뿐만 아니라 등급을 나타내주기 때문에 호텔의 객실 전체에 대해 하나의 객실을 한 개의 객실로 계산하며, 스위트 룸(suit room)의 경우 2개의 보통 객실로 세어 객실수를 많게 보이게 하는 경우도 있다. 이와 같이 객실의 칸수, 즉 객실의 단위수에 의해 계산되는 객실수를 유니트 객실수라고 말한다.

3) 판매가능 객실수

판매가능 객실수(number of available rooms)는 고객에게 언제라도 판매할 수 있는 객실의 수를 의미하는데, 총 객실수에서 하우스 유스 룸(house use room)이나 판매 불가능한 룸(out of order와 out of service)을 제외한 숫자를 말한다. 하지만 판매 불가능한 룸이라도 수리가 완료되면 판매가 가능한 객실이 되기 때문에 판매가능 객실수로 계산하는 것이 일반적이다.

직원전용 객실(House Use Room)

체인호텔에서는 총지배인 · 부총지배인 · 총주방장 등 많은 외국전문인력들이 호텔경영에 참여하게 되는데, 이들에게 숙소를 제공해야 한다. 또한 내국인의 경우 전산부서와 같이 특별한 업무를 수행하기 위해서 호텔 객실을 사용하게 되는데, 직원들이 사용하는 객실을 직원전용(house use) 객실이라고 한다. 호텔 자체에서 사용하기 때문에 객실요금은 계산되지 않는다.

Out of Order Room과 Out of Service Room

Out of Order Room은 객실의 상태가 수리 중이거나 객실에 문제가 생겨 판매할 수 없는 객실로 당일 수리가 불가능한 객실이다. 하지만 Out of Service Room은 Out of Order Room과 같이 객실에 문제가 생겨 지금 당장 판매는 힘들지만 당일 수리가 가능하여 판매할 수 있는 객실이다.

호텔 객실상품 판매의 성과측정(Room Occupancy, ADR, RevPAR)

호텔의 주상품인 객실의 판매실적에 대한 성과를 측정하는 단위로는 Room Occupancy Rate(객실점유율) 또는 ADR(Average Daily Rate, 일일 평균 객실가격)와 RevPAR(렙파: 객실 개당 수익)가 있다. 이러한 측정방식은 전 세계 호텔산업에서 공통으로 사용되고 있다.

Room Occupancy Rate(객실점유율)는 객실의 점유율, 즉 판매율을 측정하는 것이 목적이다. Occupancy가 높으면 객실을 많이 판매한 것임으로 100%에 가까울수록 좋다고 하겠다.

- Room Occupancy(%) = (판매된 객실수 / 판매가능 객실수) × 100

그림 2-14 Room Configuration

Rm NO	Rm type	STATUS	Rm NO	Rm type	STATUS	Rm NO	Rm type	STATUS	Rm NO	Rm type	STATUS	Rm NO	Rm type	STATUS
						501	KHA	N/S	601	KHA	Smoking	701	KHA	N/S
			402	TRB	N/S	502	TRB		602	SKB		702	KHA	
			403	TRB		503	TRB					703	KHA	
			404	TRB		504	TRB		604	KHA		704	KHA	
305	TRB	N/S	405	TRB		505	TRB		605	KHA		705	KHA	
306	TRB		406	TRB		506	TRB		CREW Lounge			706	KHA	
307	TRB		407	TRB		507	TRB					707	KHA	
308	TRB		408	TRB		508	TRB		608	SKB		708	KHA	
309	DBB		409	TRB		509	TRB					709	KHA	
310	DBB		410	TRB		510	TRB		610	KHA		710	KHA	
			411	KGB		511	KGB		611	KGB		711	KGB	
			412	TWB		512	TWB		612	TWB		712	TWB	
			414	TWB		514	TWB		614	TWB		714	TWB	
			415	TWB		515	TWB		615	TWB		715	TWB	
			416	TWB		516	TWB		616	TWB		716	TWB	
			417	TWB		517	TWB		617	TWB		717	TWB	
			418	TWB		518	TWB		618	TWB		718	TWB	
			419	TWB		519	TWB		619	TWB		719	TWB	
			420	TWB		520	TWB		620	TWB		720	TWB	
			421	TWB		521	TWB		621	TWB		721	TWB	
			422	TWB		522	TWB	Connecting Room	622	TWB		722	TWB	
			423	TWB		523	TWB		623	TWB		723	TWB	
			424	TWB		524	TWB	Connecting Room	624	TWB		724	TWB	
			425	TWB		525	TWB		625	TWB		725	TWB	
			426	TWB		526	TWB		626	TWB		726	TWB	
									627	TWB		727	TWB	
			428	KGB		528	TWB		628	TWB		728	TWB	
			429	TWB		529	TWB		629	TWB		729	TWB	
			430	TWB		530	TWB		630	TWB		730	TWB	
			431	TWB		531	TWB		631	TWB		731	TWB	
			432	TWB		532	TWB	DISABLED	632	TWB		732	TWB	
			433	TWB		533	TWB	DISABLED	633	TWB		733	TWB	
Total	6		30(T19,K2,TR9)			31(T20,K1,KH1,TR 9)			28(T21,KH4,K3)			32(T21,K1,KH10)		

Rm NO	Rm type	STATUS	Rm NO	Rm type	STATUS	Rm NO	Rm type	STATUS	Rm NO	Rm type	STATUS	Rm NO	Rm type	STATUS
801	KHA	N/S	901	KHA	N/S	1001	KGA	N/S	1101	KGA	N/S	1201	KGA	N/S
802	KHA		902	KHA		1002	KGA		1102	KGA		1202	SKB	
803	KHA		903	KHA		1003	KGA		1103	KGA				
804	KHA		904	KHA		1004	KGA		1104	KGA		1204	KGA	
805	KHA		905	KHA		1005	KGA		1105	KGA		1205	SKB	
806	KHA		906	KHA		1006	KGA		1106	KGA				
807	KHA		907	KHA		1007	KGA		1107	KGA		1207	SKB	
808	KHA		908	KHA		1008	KGA		1108	KGA				
809	KHA		909	KHA		1009	KGA		1109	KGA		1209	SKB	
810	KHA		910	KHA		1010	KGA		1110	KGA				
811	KGB		911	KGB		1011	KGB		1111	KGB		1211	KGB	
812	KGB	H/T	912	KGB		1012	TWB		1112	KGB		1212	KGB	
814	KGB	H/T	914	KGB	H/T	1014	TWB		1114	KGB		1214	KGB	
815	KGB	H/T	915	KGB	H/T	1015	TWB		1115	KGB		1215	KGB	
816	KGB	H/T	916	KGB	H/T	1016	KGB		1116	KGB		1216	KGB	
817	KGB		917	KGB	H/T	1017	TWB		1117	KGB		1217	KGB	
818	KGB	H/T	918	KGB	H/T	1018	TWB		1118	KGB		1218	TWB	
819	KGB	H/T	919	KGB	H/T	1019	TWB		1119	KGB		1219	KGB	
820	KGB	H/T	920	KGB	H/T	1020	TWB		1120	KGB		1220	KGB	
821	KGB	H/T	921	KGB	H/T	1021	KGB		1121	KGB		1221	KGB	
822	KGB	H/T	922	KGB	H/T	1022	TWB		1122	TWB		1225	SKP	
823	KGB	H/T	923	KGB	H/T	1023	TWB		1123	TWB				
824	KGB	H/T	924	KGB	H/T	1024	TWB		1124	TWB				
825	KGB	H/T	925	KGB	H/T	1025	TWB		1125	TWB				
826	KGB	H/T	926	KGB	H/T	1026	TWB		1126	TWB		1226	KGB	
827	KGB	H/T	927	KGB	H/T	1027	TWB		1127	KGB		1227	KGB	
828	KGB	H/T	928	KGB	H/T	1028	TWB		1128	KGB		1228	TWB	
829	KGB	H/T	929	KGB	H/T	1029	TWB		1129	KGB		1229	KGB	
830	KGB	H/T	930	KGB	H/T	1030	TWB		1130	KGB		1230	KGB	
831	KGB	H/T	931	KGB	H/T	1031	TWB		1131	TWB		1231	KGB	
832	KGB	H/T	932	KGB	H/T	1032	TWB		1132	TWB		1232	KGB	
833	KGB	H/T	933	TWB		1033	TWB		1133	TWB		1233	KGB	
32(K22,KH10)			32(T1,KH10,K21)			32(K13,T19)			32(T8,K24)			25(T2,K23)		

Rm NO	Rm type	STATUS	Rm NO	Rm type	STATUS	Rm NO	Rm type	STATUS	Rm NO	Rm type	STATUS	Rm NO	Rm type	STATUS
1401	KGE	N/S	1501	KGE	N/S	1601	KGE	N/S	1701	SKC	N/S			
1402	TWAEF	Connecting Room	1502	TWAEF	D/D Connecting Room	1602	TWAEF	Connecting Room						
1403	KGE		1503	KGE		1603	KGE		1703	SKC				
1404	KGE		1504	KGE		1604	KGE							
1405	KGE		1505	KGE		1605	KGE		1705	SKC				
1406	TWAEF	Connecting Room	1506	TWAEF	Connecting Room	1606	TWAEF	Connecting Room						
1407	KGE		1507	KGE		1607	KGE		1707	SKC				
1408	KGE		1508	KGE		1608	KGE							
1409	KGE		1509	KGE		1609	KGE		1709	SKC				
1410	KGE		1510	KGE		1610	KGE							
DELUXE LOUNGE /BUSINESS CENTER/ BOARDROOM			1511	KGAEF		EXECUTIVE LOUNGE			1711	KGAEF		1811	KGAEF	Smoking
			1512	KGAEF					1712	KGAEF		1812	TWAEF	
			1514	KGAEF					1714	KGAEF		1814	KGAEF	
			1515	KGAEF					1715	KGAEF		1815	KGAEF	
			1516	KGAEF					1716	KGAEF		1816	KGAEF	
1417	KGAEF		1517	KGAEF					1717	KGAEF		1817	KGAEF	
1418	KGAEF		1518	TWAEF	H/T	1618	KGAEF		1718	KGAEF		1818	KGAEF	
1419	KGAEF		1519	KGAEF		1619	KGAEF		1719	KGAEF		1819	KGAEF	
1420	KGAEF		1520	KGAEF		1620	KGAEF		1720	KGAEF		1820	KGAEF	
1421	TWAEF		1521	TWAEF	H/T	1621	KGAEF		1721	KGAEF		1821	KGAEF	
1422	TWAEF		1522	KGAEF		1622	KGAEF		1722	KGAEF		1822	KGAEF	
1423	TWAEF		1523	KGAEF		1623	TWAEF	Connecting Room	1723	KGAEF		1823	KGAEF	
1424	TWAEF		1524	KGAEF		1624	SKC		1724	KGAEF		1824	KGAEF	
1425	KGAEF		1525	KGAEF					1725	KGAEF		1825	KGAEF	
1426	TWAEF		1526	KGAEF		1626	KGAEF		1726	KGAEF		1826	KGAEF	
1427	TWAEF		1527	KGAEF		1627	KGAEF		1727	KGAEF		1827	KGAEF	
1428	TWAEF		1528	KGAEF		1628	KGAEF		1728	KGAEF		1828	KGAEF	
1429	TWAEF		1529	KGAEF		1629	KGAEF		1729	KGAEF		1829	KGAEF	
1430	KGAEF		1530	KGAEF		1630	KGAEF		1730	KGAEF		1830	KGAEF	
1431	KGAEF		1531	KGAEF		1631	KGAEF		1731	KGAEF		1831	KGAEF	
1432	KGAEF		1532	KGAEF		1632	KGAEF		1732	KGAEF		1832	KGAEF	
1433	KGAEF		1533	KGAEF		1633	KGAEF		1733	KGAEF		1833	KGAEF	
27(T10,K17)			32(T4,K28)			25(T3,K22)			27(K27)			22(T1,K21)		

Class Code		
Normal	Superior	B
	Deluxe	A
Club	Execuive Deluxe	AEF
	Execuive Premier	E

Room Type Code		
KG	=	King Size Bed
KH	=	King & Single
TW	=	Twin Beds
TR	=	3 Single Beds
DB	=	Ondol
SKB	=	Deluxe Suite King Size Bed
SKC	=	Executive Suite
SKP	=	Presidential Suite

S	=	Smoking	50 R
N	=	Non-Smoking	363 R

Room Type Details

Room Type	K&S	King	Twin	TRP	Ondo	Total
Superior Room(216)		81	111	22	2	216
Deluxe Room (57)	35	22				57
Executive Deluxe (103)		85	18			103
Exeuctive Premier (24)		24				24
Deluxe Suite(6)		6				6
Executive Suite(6)		6				6
Presidential Suite(1)		1				1
Total	35	225	129	22	2	413

제4절 호텔 객실 키 관리업무

1. 객실 키 관리의 중요성

호텔의 객실 키(guest room key) 관리는 고객의 안전과 재산을 보호하는 가장 기본적이면서 중요한 업무이다. 따라서 업무담당자 이외에는 객실 키뿐만 아니라 호텔에서 사용되는 모든 키를 함부로 사용해서는 안 된다. 고객이 체크인 함과 동시에 제공되는 객실 키는 고객 스스로가 통제할 수 있도록 키 시스템에 대한 설명을 하고, 체크아웃 시에는 반드시 반납될 수 있도록 해야 한다. 몇몇 호텔에서는 객실 카드키를 호텔 방문기념으로 제공하는 경우도 있다.

2. 객실 키의 종류

초창기 호텔의 객실 키는 우리가 흔히 사용하고 있는 금속(metal key)으로 제작된 것을 사용하였으나, 점차 플라스틱으로 만든 카드(ving card)인 천공식 키를 사용하다가 이후 전화카드와 크기 · 모양이 흡사한 플라스틱 카드에 마이크로 테이프가 부착되어 있는 전자 카드키(electronic card key)를 사용하고 있다. 하지만 근래에 와서는 출입문 손잡이 부근에 갖다 대기만 하면 자동으로 인식하여 열리는 카드키(RF key; radio frequency card; touch key card)를 사용하고 있다.

근접방식(RF) 카드키는 천공식 키와 마그네틱 키의 단점을 보완하여 분실에 따른 문제점과 반도체 칩 내장으로 인하여 영구적으로 사용할 수 있는 장점을 지니고 있지만 가격이 비싸다는 단점이 있다.

객실 금속 키

이러한 카드키는 호텔 컴퓨터에 연결되어 매우 편리하며, 고객의 편리성 · 안전성과 첨단기술의 발달로 인하여 비밀번호 버튼식 키, 지문인식 키, 동공인지 시스템 키, 목소리인지 시스템 키, 스마트폰 키 등 매우 빠르게 변화할 것으로 예상하고 있다. 그래서 대부분의 고객들은 이러한 첨단의 전자 카드키 시스템을 사용하는 데 익숙하지 못하기 때문에 키 사용방법에 대한 자세한 설명이 필요하며, 분실 시 매우 위험한 경우가 발생될 수도 있다.

주로 개별 여행자(FIT) 고객의 경우 벨맨이 직접 고객을 객실로 안내하여 객실 키의 사용법을 알려준다. 단체(group)고객일 경우 대부분 인솔자가 키 사용법을 설명을 하며, 문제 발생 시에는 벨맨이 즉시 처리해준다. 유럽에서는 전통적인 분위기의 정서를 고려하여 상징적으로 금속열쇠를 사용하는 호텔도 있으며, 호텔 밖으로 나갈 때에는 반드시 프런트 데스크에 맡기도록 하는 호텔도 있다.

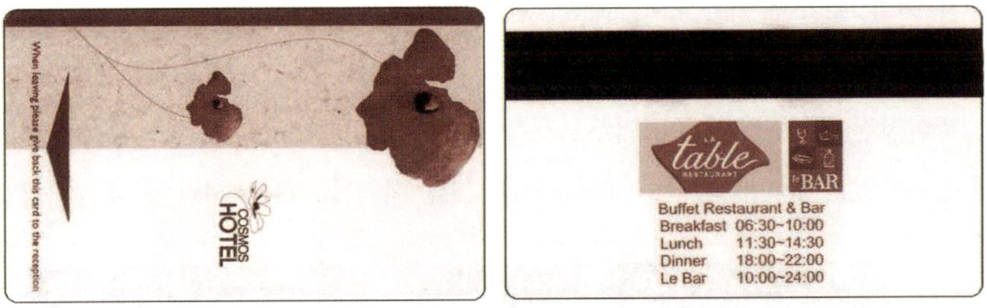

객실 마그네틱 키

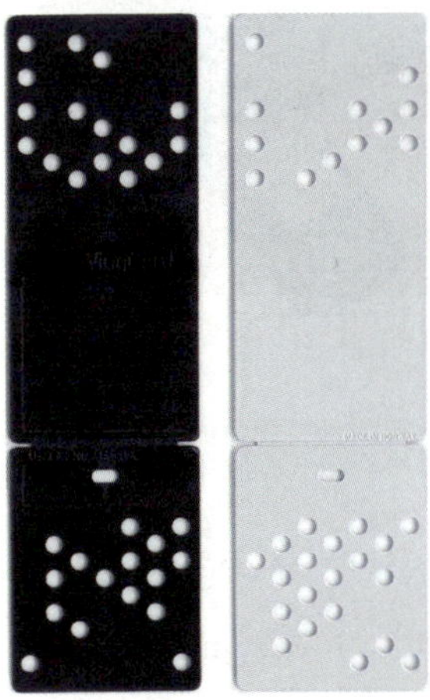

객실 천공식 키

RF(Radio Frequency) Key / Touch Card Key

프런트 데스크의 Key Drop Box 전 · 후면

1) 객실 키

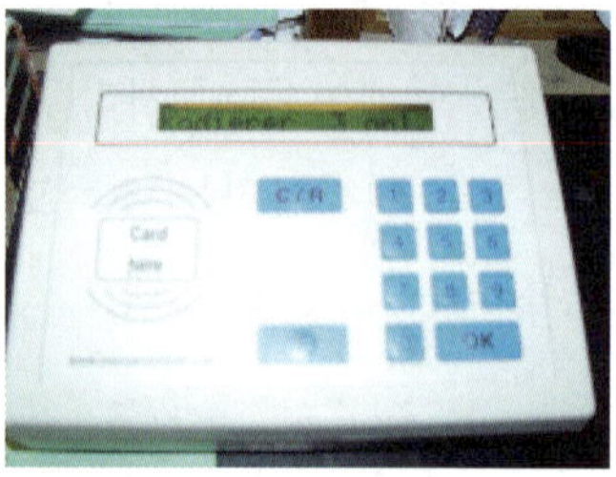

객실 키 입력기(key recorder)

객실 키(guest room key)는 고객이 호텔에 도착하여 프런트 데스크에서 등록을 마치고 나면 프런트 클럭이 키입력 시스템(key encoding system)을 이용하여 고객에게 제공하는 키이다. 또한 객실에 2명 이상이 투숙할 경우나 고객의 요청에 의해서 처음 발급한 키와 동일한 키를 하나 더 발행하는 복사키(copy key)를 제공한다.

그리고 객실점검(inspection)이나 외부고객을 위한 객실견학(room show) 등을 위하여 단 한 번만 사용할 수 있는 1회용 키(one shot key)가 있는데, 이는 사용시간이 제한되어 있다.

2) 패스 키 / 마스터 키

일명 서브 마스터 키(sub master key)라고도 하며, 일반적으로 각 층별로 1개 내지 2개로 구성되어 있어 해당 층의 모든 객실을 열 수 있는 플로어 마스터 키(floor master key)이다. 주로 객실정비를 담당하는 룸 어텐던트(room attendant; room maid)나 룸 인스펙터(room inspector / inspectress)가 객실 상태를 점검할 경우 사용된다.

3) 그랜드 마스터 키

그랜드 마스터 키(grand master key; emergency key)는 호텔 객실 전체를 열 수 있는 키로서 비상시에 사용하며, 주로 총지배인이나 임원들이 관리한다. 프런트 데스크에서의 그랜드 마스터 키는 객실점검(room inspection), 룸 키(room key) 회수, 객실문이 잠긴 경우, 동숙자가 객실을 열어달라고 요구할 시에 사용된다. 그랜드 마스터 키 사용 시 반드시 기록대장에 사용

목적 · 사용자이름 · 이용시각 · 반납시각 등을 기입해야 한다.

서울 플라자 호텔의 경우 객실 안에 들어서서 카드키를 꽂으면 창문의 커튼이 자동으로 열리면서 고객을 환영하는 음악이 흘러나온다.

객실 현관 키 시스템(안 · 밖)

3. 객실 키 관리

객실 키는 고객의 안전과 밀접한 관계가 있기 때문에 관리를 철저히 하여 고객이 안전하고 편리하게 이용할 수 있도록 해야 한다.

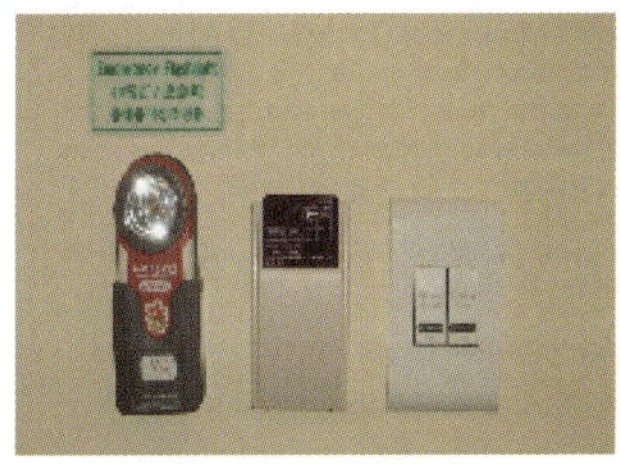

객실 내 스위치

① 객실 키에는 호텔 로고가 인쇄되어 있으므로 객실번호나 객실번호를 식별할 수 있는 숫자를 표시해서는 안 된다. 그러므로 객실번호 대신 특별한 코드를 부여하여 관리해야 한다.

② 호텔 종사원이 객실 키를 습득할 시에는 즉시 프런트 데스크에 반납해야 한다.

③ 일부 호텔에서는 객실 키를 기념품으로 제공하기도 하지만, 대부분 체크아웃 시 반드시 반납하도록 고객에게 요청을 한다. 이는 객실 키 제작비용이 많이 들기 때문이다.

④ 종사원들이 플로어 키(floor key)나 마스터 키(master key)를 사용할 때에는 반드시 일정한 양식에 불출시간과 반납시간을 기록해야 하며, 사용 후에는 즉시 반납을 해야 한다. 그리고 책임자는 매일매일 열쇠의 발급현황과 이용현황 등을 점검해야 한다.

⑤ 만약 고객이 객실 키를 분실하였을 경우 다른 사람이 사용할 수 없도록 즉시 객실 키를 바꾸는 조치(key cut)를 취한다.

⑥ 체크아웃 절차를 거치지 않거나 정산을 하였으나 키가 회수되지 않았을 때에는 체크아웃 처리를 한 후 분실키대장에 기록한 후 새로운 키를 발행한다. 대부분 리노베이션(renovation) 하는 호텔들은 전자식 키 시스템(electronic locking system)을 이용한 카드키를 이용하기 때문에 카드키를 분실하였을 경우에도 즉시 컴퓨터 조작으로 키를 손쉽게 바꿀 수 있다.

⑦ 확실한 고객이 아닌 이상 객실문을 열어달라고 해도 열어 주어서는 안 되며, 고객일지라도 프런트 데스크에 확인해 본인의 객실임을 확인하고 열어주어야 한다.

⑧ 플로어 키나 그랜드 마스터 키를 분실하였을 때는 호텔 내 전체 객실의 출입에 문제가 생기기 때문에 매우 심각한 문제를 야기할 수 있으므로 신중하게 취급해야 한다.

그림 2-15 객실 키와 Holder

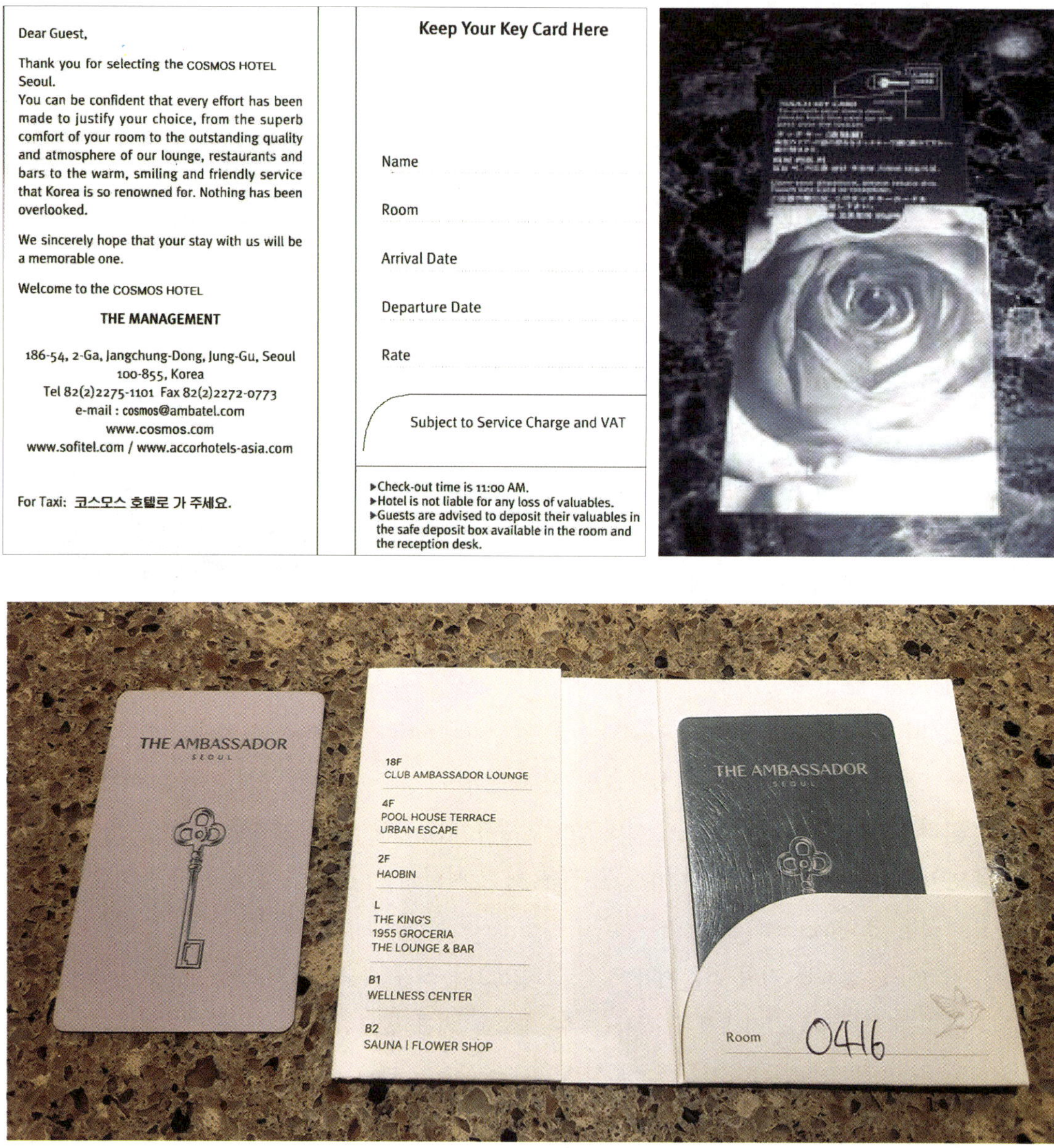

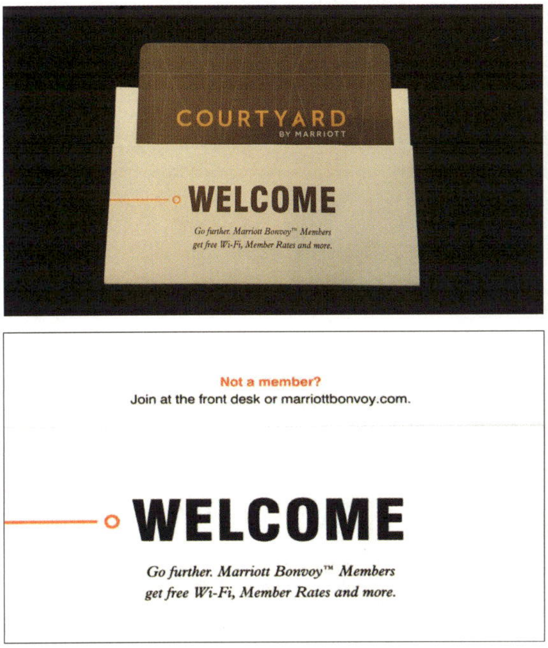

첫 방문 시 Key Holder

재방문 시 Key Holder

양식 2-2 Key와 Room Check 용지

KEY & CHECK OF VACANCY / IN HOUSE

DATE 년 월 일

ROOM NO	GUEST NAME	KEY	BAGGAGE	ACTION

PART 2

PRACTICAL HOTEL ROOM
DIVISION SERVICE OPERATION

프런트 오피스 업무

CHAPTER 3.

Room Reservation 서비스실무

제1절 Room Reservation의 일반적 개요

고객이 호텔의 객실을 이용하기 위해서는 예약이라는 과정을 거치는 것이 일반적이다. 우리나라도 과거와 달리 예약문화가 많이 정착되었다. 특히 호텔의 객실은 한정된 객실을 판매하는 것이기 때문에 오래전부터 예약문화가 적용되어 왔고, 또한 다양한 형태의 예약이 이루어지고 있다.

객실예약(room reservation)이란 "고객과 호텔 간의 숙박시설 이용에 대한 상호 약속"을 의미한다. 고객의 입장에서 보면 숙박하고자 하는 날짜의 객실사용 여부가 불투명하기 때문에 미리 예약을 함으로써 객실을 확보하고자 하는 것이며, 호텔의 입장에서는 당일 발생하는 수요만으로는 모든 객실을 판매할 수 없기 때문에 예약에 의한 판매를 하여 최대수익을 올리려는 것이다.

호텔경영에 있어서 가장 이상적인 객실판매는 보유객실 전체에 대해 고객이 원하는 객실을 100% 제공하고, 객실요금은 공표요금(rack rate)에 나와 있는 전액(full charge)을 다 받고 판매했을 경우이다. 하지만 이것은 이상적일 뿐 현실적으로 거의 불가능하다. 그러므로 객실예약실(객실예약과)은 객실을 효율적으로 조절하여 호텔의 수입을 극대화하며, 고객이 호텔에 도착

그림 3-1 **객실예약 시스템**(Room Reservation System)

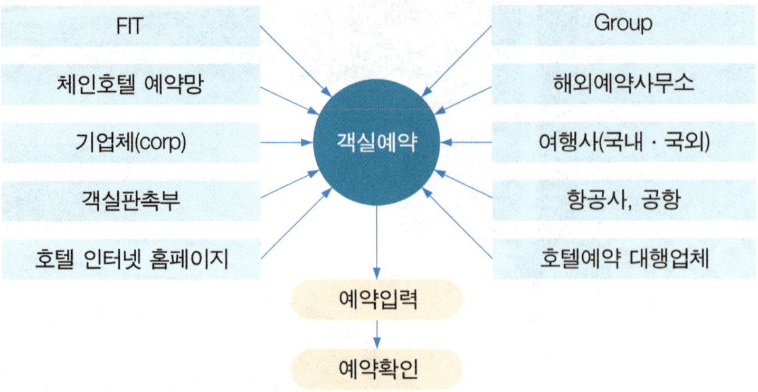

하자마자 객실에 대한 보장을 확신시키는 일이다.

과거에는 예약 차트(reservation chart)나 컨트롤 북(control book)을 사용하여 객실예약을 조정했지만, 최근의 경우는 거의 대부분 컴퓨터예약 시스템(CRS: Computer Reservation System 〈OPERA〉)을 이용하여 객실예약을 관리하고 있다.

제2절 Room Reservation 부서의 주요업무

호텔에서 객실예약업무란 호텔 객실을 이용하고자 하는 고객과 객실을 판매하고자 하는 호텔 간에 체결되는 절차를 말하는데, 고객 요청사항에 대한 내용을 정확하게 기록 · 정리 · 보관하고 고객에 대한 정확한 정보를 수집하여 차후 고객 서비스에 문제가 없도록 하는 업무이다.

객실예약실(과)은 고객들의 객실예약요구를 접수하고 처리하는 업무를 담당하는 부서로서 고객이 객실을 원할 때 요구조건이나 가격에 부합되는 최적의 객실을 제공하며 가능한 한 호텔의 수입을 최대로 올리기 위해 노력해야 하며, 고객의 요구에 맞는 객실을 판매할 수 있도록 호텔 전반에 걸친 지식과 정확한 정보전달 및 절차에 대해 숙지해야 한다.

객실예약은 대부분 전화로 이루어지므로 얼굴을 볼 수 없는 고객에게 호텔 서비스상품을 설명하고 매출로 연결시키는 능력을 갖고 있어야 한다. 또한 호텔에 대한 첫인상을 좌우하므로 항상 정중하고 예의 바른 자세로 응대해야 하고, 예약종사원들의 능력에 따라 호텔 객실뿐만 아니라 호텔 서비스품질과 이미지를 고객에게 잘 알릴 수 있는 기회를 갖게 됨은 물론, 식음료업장 · 부대시설 등의 매출에 영향을 끼칠 수 있다.

그림 3-2 객실예약 서비스의 흐름도

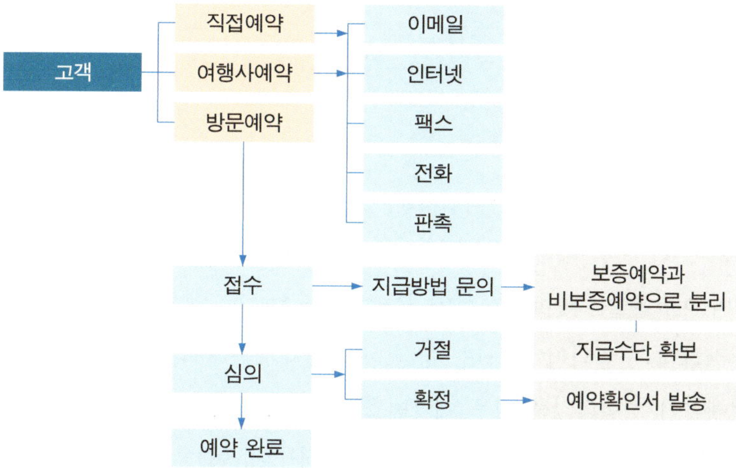

표 3-1 객실예약실(과) 종사원의 사전 숙지사항

• 호텔의 전반적인 안내사항
• 호텔 객실의 수와 종류
• 호텔 객실의 요금 및 객실 내의 시설물
• 호텔의 식당의 종류와 영업시간 및 상품
• 호텔의 부대시설의 종류와 영업시간 및 상품
• 여행사 · 항공사 · 기업체 등과의 객실이용에 관한 계약사항
• 호텔 주변의 관광지와 교통편

객실예약 종사원들은 객실예약을 주업무로 하고 있고, 개인예약(FIT)과 단체예약(group)에 대한 예약 등 객실예약과 관련된 모든 통계자료 그리고 타 경쟁호텔과의 비교분석의 업무를 담당한다. 객실예약과 관련된 전화문의 및 팩스(fax), 이메일(e-mail) 등을 통해 최대의 매출을 꾀함과 동시에, 효율적인 시장관리를 위한 판매조정과 호텔의 이미지 홍보에 그 일익을 담당하고 있다.

객실예약사무실 전경

객실예약과장(객실예약지배인)은 호텔 전체 객실의 판매, 통제, 고객관리, 수익관리, 단기 · 장기 전략을 세우고 예상되는 객실판매에 만전을 기해야 한다. 특히 경쟁호텔이 많이 들어섬에 따라 고객들은 직원 서비스에 더욱 민감해졌다. 이는 오늘의 고객이 내일 어느 경쟁사로 이동하는지를 바로 보여주는 것이다. 객실예약 직원들의 서비스를 한 차원 Up-grade해야 하며, 경쟁사 동향을 수시로 주시하여 어떤 고객들이 어디로 움직이는지 등을 파악해야 한다.

1. 객실예약 접수업무

전화 · 팩시밀리 · 편지 · 인터넷 · 직접방문 · 이메일 등 다양한 경로를 통한 객실예약(room reservation) 문의에 답하며, 예약을 성사시키기 위한 제반 활동을 수행한다. 일단 예약문의가 들어오면 객실의 여유분을 확인한 후 예약가능성을 신속하게 판단한다. 예약의 접수 및 처리는 신속하고도 친절하게 수행되어야 하며, 항상 예약절차기준에 따라 예약을 접수해야 한다.

그리고 객실예약이 성립되었을 경우 예약번호(reservation no.)를 알려주며, 특별한 경우가 아닌 이상 고객에게 객실번호를 지정해 주어서는 안 되는데, 이는 미리 객실번호를 지정해 주었다가 호텔의 사정에 의하여 그 객실을 제공하지 못했을 경우 고객은 불쾌감과 낮은 객실을 제공받는다는 생각을 갖게 되기 때문에 주의해야 한다.

객실예약을 위해 이용되는 접수수단은 전화 · 팩시밀리 · 편지 · 인터넷 · 직접방문 · 이메일 등 여러 가지 방법 등이 있으며, 호텔 체인본부의 중앙예약사무실(CRO: Central Reservation Office)과 글로벌유통 시스템인 전문예약망(GDS: Global Distribution System)으로 갈릴레오(GALILEO), 사브레(SABRE), 아바쿠스(ABACUS), 아폴로(APOLLO), 트레블웹(TRAVEL WEB), 유텔(UTELL), 아마데우스(AMADEUS), 월드스판(WORLDSPAN), 아고다(AGODA), 여기어때, 호텔스닷컴, 익스피디아, 트리바고, 에어비앤비, 호텔스컴바인 등을 이용하는 경우도 증가하는 추세이다.

최근에는 다양한 호텔예약대행 사이트들이 생기고 있어 다양한 경로를 통한 객실예약이 이루어지고 있다. 특히 체인호텔의 예약망은 전 세계 자매회사나 예약망 가입호텔의 객실상황을 한눈에 볼 수 있도록 전산화되어 있어 다양한 고객관리 프로그램을 동시에 운영하므로 재방문고객(repeat guest) 창출의 수단으로 활용되고 있다.

또한 일반 여행사와 달리 인터넷에서 사업을 하는 온라인 여행사들은 항공권 판매, 호텔 예약 및 기타 여행관련 상품을 판매하며, 이용객에게 호텔상품을 비롯한 기타 여행상품에 직접 접속할 수 있게 함으로써 상품판매에 적극성을 나타낼 수 있다. 또한 이들은 온라인 등 새로운 마케팅을 시도하고 있을 뿐만 아니라 개별여행객을 대상으로 호텔 예약부문만을 다루는 전문화를 통해 효율성을 높이고 있다.

1) 전화예약

전화예약은 현재 내국인들이 이용하는 객실예약방법 중 하나이다. 전화예약은 호텔의 서비스 상품과 그 수준을 고객과 직접 통화함으로써 믿음을 줄 수 있고, 예약의 가부가 신속하다는 장점이 있지만 국제전화로 예약을 해야 하는 경우 의사소통에 문제가 있을 수 있으며, 시차를 감안하여 전화통화를 해야 하고, 비싼 전화요금을 지불해야 한다는 단점이 있다. 예약전화의 경우 오랜 시간을 요하므로 한 번에 많은 예약전화가 몰리는 경우 상대방의 연락처를 받아 두었다가 시간적인 여유가 생겼을 경우 신속하게 연락을 취하여 보다 많은 예약을 접수하도록 한다.

전화예약은 무료전화(toll-free telephone lines)와 직통전화(direct telephone lines)로 나뉜다.

표 3-2 **전화예약 접수**

전화	내용
무료전화	수신자 부담으로서 호텔이 전화요금을 부담하는 방식
직통전화	호텔의 대표전화번호를 이용하지 않고 직접 객실예약실을 통해 예약하는 방식

그림 3-3 **전화예약 서비스의 흐름도**

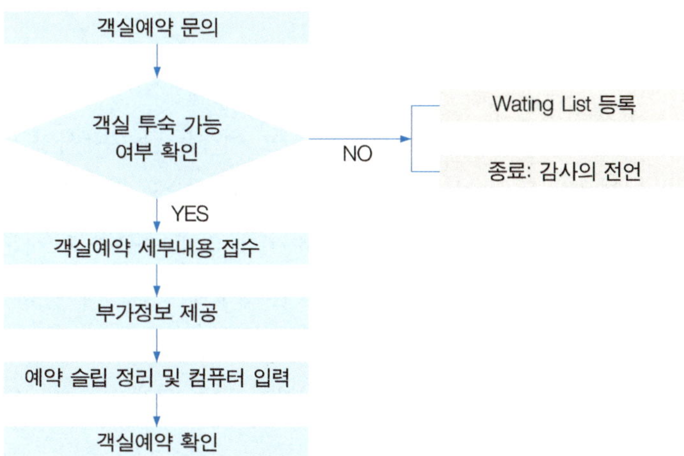

2) 팩스예약

팩스(fax; facsimile)예약은 주로 여행사나 단체예약 시 많이 이용되며, 다른 예약수단을 이용하는 것보다 사전에 구체적인 내용이나 요구사항을 작성하여 한꺼번에 전달할 수 있고, 의사소통에 따른 부담을 줄일 수 있다는 장점이 있으며, 견적서 제출방법으로도 활용되고 있다.

특히 해외로부터의 예약은 그 비용이나 예약의 정확성과 신뢰성을 기할 수 있다는 점에서 전화보다 많이 이용되고 있다. 우선 수신된 객실예약과 관련된 팩스의 내용을 확인한 다음 객실예약 가능 여부를 확인한 후 신속히 재전송한다. 대부분 B2B 여행사가 주로 이용하는데, B2B는 '비즈니스 투 비즈니스'로 호텔과 기업 간의 거래를 의미한다.

3) 호텔 간의 예약

일명 중앙예약 시스템(central reservation system)이라고도 하는데, 체인호텔들을 연결하는 연계예약망과 독립호텔들을 연결하는 비연계 예약망이 있다. 호텔 간의 예약(propert-to-propert reservation)은 주로 체인호텔에서 이용되는 방식으로서 체인본부의 중앙예약사무실(CRO: Central Reservation Office)을 통해서 세계 각국의 호텔을 예약한다.

우편예약

우편(mail)예약 또는 편지예약은 가족단위의 여행객이나 과거에 숙박한 경험이 있는 고객이 엽서나 편지로 예약 가부를 문의해오는 경우이다. 이때 객실예약지배인이나 편지를 받은 당사자가 성심성의껏 예약내용과 조건의 수용에 대해 답장을 보냄으로써 단골고객 확보에 도움을 주게 된다. 하지만 시간이 너무 많이 걸리며, 분실의 위험이 많다는 단점 때문에 거의 이루어지고 있지 않다.

4) 여행사 · 항공사를 통한 예약

국내외 여행사(travel agent)나 항공사로부터 접수되는 예약은 각 여행사와 맺고 있는 계약조건에 의해 요금 및 지불방법 등을 결정하게 된다. 호텔 예약담당자는 제반 조건에 대한 확인을 단체예약확인서(group reservation confirmation sheet)에 의해 송부하고, 사본은 단체객이 도착할 때까지 관리하며, 예약변경이나 수정내용이 생길 경우에는 반드시 여행사나 항공사의 담당직원의 확인을 거친 후 차후 있을지 모르는 문제들에 대한 처리를 위해 보관한다. 또한 여행사나 항공사를 통해 예약하고 개별적으로 체크인하게 되는 고객은 여행사나 항공사가 발행하는 예약확인서를 소지하게 된다.

5) 객실판촉직원 예약

주로 객실판매직원(객실판촉지배인)에 의해 예약을 받는 경우를 말한다. 회사별로 계약된 요금이 있으므로 상호 간에 이익이 되는 것이다. 때로는 행사에 따라 유치목적으로 특별요금을 제공하기도 한다.

그림 3-4 **체인호텔 객실예약**

COSMOS HOTEL
보낸사람: HOTEL COSMOS 〈R-5-68517-16102576-2-1-FR1-
받는사람: 〈tars@cosmos.com〉
보낸일자: 2024년 12월 25일 수요일 AM 11:00
제　　목: COSMOS RESERVATION TRANSMISSION

THIS IS A MESSAGE FROM THE COSMOS RESERVATION SYSTEM TO COSMOS HOTEL SEOUL,
FAX: 82/2/23560542

……………PLEASE NOTE THIS CONFIRMED RESERVATION……………
RESERVATION NBR: 0502140502 ARRIVAL DATE: WED, DEC 25th 2024
NBR OF NIGHTS: 1　　DEPARTURE DATE: THU, DEC 26th 2024
NUMBER OF PERS.: 2 ADULT
FILE NUMBER: 907-01NU

……………NAME AND ROOM
SONG Dae-Keun
I Deluxe I Queen Bed for 2 pers., from 25 DEC 2024 to 26 THU 2024: 330,000.00
KRW Red and breakfast per night Best Unrestricted Rate(Reservation code RA
L02 Tars key RA L02→Level code L02)
……………
……………

GUARANTEE: Visa
CARD HOLDER: SONG　　CARD NUMBER 4599XXXXXXXX6688　　EXP: 1225
BOOKED BY: DONG SEOUL TOUR　　CLIENT: Agency

ADDRESS: WORLDRES EUROPE GMBH
KAISTRASSE 7
DUSSELDORF
4022: DE
4022: DUESSELDORF
GERMANY
EMAIL Reservataire: RSVN@DONGSEOUL.COM
PHONE NUMBER: 81/2-31-72022567
FAX NUMBER: 81/2-31-72022978

IDENTIFICATION Reservataire: Iata 96281614
GDS RECORD LOCATOR: 66FBD502
CONFIRMATION NB: 1966FBD502
MARKET SEGMENT: Special prices individual
MEDIA: GDS

＊＊＊REMARKS＊＊＊NON-SMOKING ROOM REQUESTED.
BOOKING MADE THROUGH:
ON THE: 11 DEC 2024 AT: 18:06:00 C.E.T.

6) 인터넷예약

대부분의 체인호텔들과 예약전문회사들은 세계적인 예약통신망을 구축하고 이를 통해 객실 상황을 파악하여 예약업무를 수행하게 되고, 우대고객관리 프로그램(mileage program)과 연계하여 혜택을 부여하기도 한다.

인터넷(internet)이 대중화되어 고객의 호텔 접근성이 용이하게 되어 인터넷을 통한 예약 여부 및 해당 호텔의 전반적인 정보와 객실상황을 실시간으로 확인할 수 있다는 점도 눈에 띄게 달라졌다. 이러한 인터넷의 신속성 · 정확성 · 효율성이라는 장점을 이용하여 이를 통한 객실 예약률이 꾸준히 증가하고 있다.

OTA(온라인숙박예약여행사)예약의 경우 전 세계 호텔들과 계약을 맺고 수수료를 받는 비즈니스 모델을 가진 플랫폼으로, 고객과 호텔을 중개하는 예약 사이트이며 우리가 익히 알고 있는 익스피디아, 부킹홀딩스, 트립닷컴, 트리바고, 호텔스컴바인, 네이버 예약 등을 통해 호텔 객실을 예약하는 숫자가 증가하고 있는 것이 현실이다.

그림 3-5 **호텔 홈페이지 객실예약 화면**

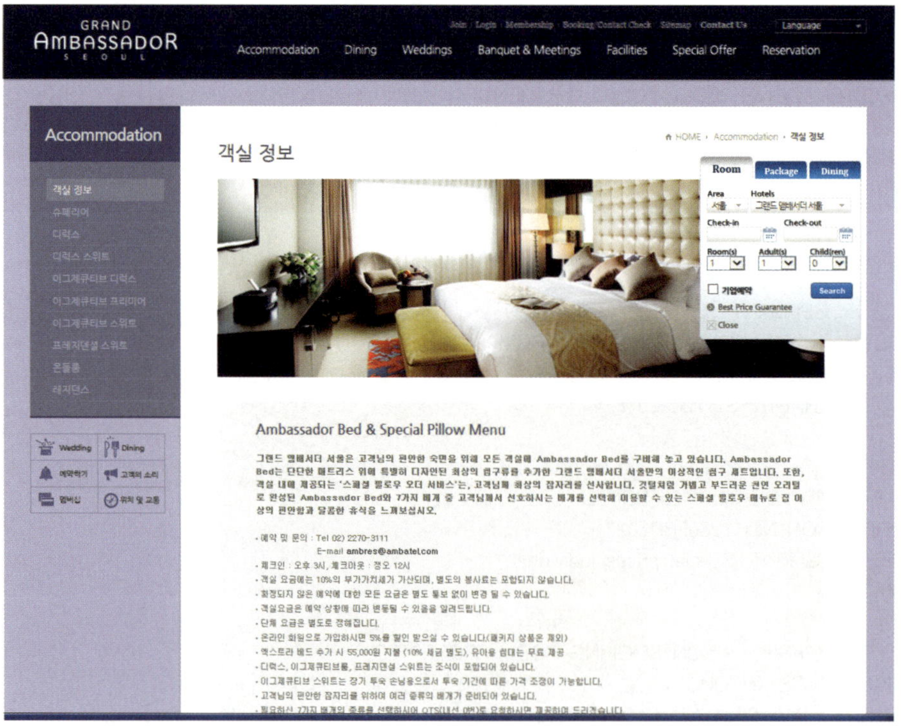

주: 'G'호텔 객실예약 홈페이지.

7) 직접방문예약

규모가 큰 예약이나 식음료 · 부대시설과 함께 이루어지는 객실예약은 확실함과 정확함을 기하기 위해 행사관련 담당자들이 직접 호텔 예약담당자(객실판촉지배인)를 만나 예약을 하게 된다. 이는 국내외 대통령이나 대사 · 장관 등 VIP가 투숙할 예정이거나 사전에 답사를 해야 될 필요가 있을 시에도 직접 방문을 하여 예약하게 된다. 이때 제반 조건들을 협의하여 결정하고 결과를 문서화하여 보냄으로써 내 · 외부적으로 행사에 차질이 없도록 한다.

2. 객실별 예약상황 조정업무

객실별 예약상황 조정(reservation room control)은 객실을 정확하고 효과적으로 판매하기 위한 업무를 말하는데, 이는 효과적인 객실판매를 위해 최고의 가격으로 최대의 객실을 판매하기 위한 것이다. 즉 객실의 현황을 정확히 이해하고 고객의 요구를 파악하여 매출(revenue)을 극대화하기 위한 수단이라고 할 수 있다. 그러므로 예약상황과 판매가능객실(available room)을 수시로 파악하여 담당자와 협의하여 적정예약률을 유지함으로써 노쇼(no-show) 또는 예약취소(cancel)에 따른 손실을 최소화하는 방안과 예상객실점유율 · 예상매출액을 작성하여 관련부서에 제공하는 등 체계적인 관리방안을 모색해야 한다.

객실예약관리는 크게 예약관리대장(reservation control book)과 예약현황벽보(reservation wall chart), 객실예약 전산 시스템(computerized system)으로 구분할 수 있다.

예약관리대장과 예약현황벽보는 매년 · 매달 · 날짜별로 예약현황을 기록하여 운영하는데, 주로 자동화가 되지 않은 호텔에서 사용된다. 하지만 대부분의 호텔들은 가장 효과적으로 객실현황을 파악할 수 있는 전산 시스템(FIDELIO, OPERA 등)을 구축하고 있다.

이러한 예약관리는 예약상황을 나타내기도 하지만, 동시에 장래의 지침과 대책을 세우고, 예약의 방침을 결정하는 기준이 되며, 객실의 형태별 · 요금별 및 객실의 수 등으로 구성되어 있어 예약을 통제 · 조정하는 역할을 한다.

객실예약규칙은 국제호텔약관에도 쌍방 간에 예약이행에 있어 부분 또는 전부가 불이행되었을 경우에는 불이행 측이 전적으로 전액 보상할 뿐만 아니라 합리적인 조치를 취해야 할 책임이 있다. 만약 호텔 측이 예약이행이 불가능할 때는 그 지역에서 고객이 예약한 호텔수준 또는 그 이상의 시설을 갖춘 호텔로 대체해 주어야 할 의무가 있다고 규정하고 있다.

이에 따라 객실예약실은 예약현황을 정확히 파악하여 판매 가능한 객실이 있는지 여부를 확인하고 효율적인 객실판매를 하도록 해야 한다. 고객이 예약을 한다고 해도 호텔은 무제한 예약을 받을 수 없기 때문에 판매 가능한 객실수 범위 내에서 예약을 받아 통제해야 한다.

① 호텔은 매출을 극대화하기 위해 일별・주별・월별・연별로 장기계획을 세우게 되는데, 모든 계획의 기본은 매출과 객실점유율의 예측에서부터 시작된다.

② 전통적으로 호텔 객실예약은 항공사의 파업이나 천재지변・전쟁・기후 등의 불가항력적인 경우를 제외하고는 객실수요를 예측하고 통제한다.

호텔은 객실상품의 소멸성으로 인하여 이익이 감소하므로 이를 보완하기 위하여 보통 5~10% 정도의 초과예약을 받고 있다. 이는 예약취소라든지, 노쇼, 그리고 예상치 못했던(unexpected departure) 고객의 체크아웃으로 인하여 공실(vacant room)을 만들지 않기 위해서이다.

오버부킹(over booking)

오버부킹(over booking)은 초과예약이라고도 하며 객실상품의 저장이 불가능하다는 특성 때문에 호텔이 보유한 객실보다 많은 객실의 예약을 받는 것을 말하는데, 이는 노쇼(no-show)나 예약취소(cancellation) 등으로 인하여 객실을 판매하지 못하는 것을 방지하고 객실판매의 극대화를 위하여 적정수준의 초과예약을 받는 것이다. 이때 초과예약률은 호텔의 과거 몇 년간의 데이터를 분석하거나 고객의 구성(market segment) 또는 호텔의 규정 등에 따라 예약취소율과 노쇼율 등을 고려하여 결정한다. 경우에 따라서 대기자명단(waiting list)에 올려 예약취소나 기타 사유로 인하여 객실이 발생할 때 객실을 제공할 수도 있다. 이러한 초과예약은 그 호텔의 전년도 기간별 예약실태나 인근 호텔의 예약상황, 일정기간 동안의 워크인(walk-in) 고객수 등 전반적인 사항들을 고려하여 받는다.

3. 객실예약 변경업무

고객의 업무일정 변경, 항공기 예약문제, 교통체증, 천재지변 등과 같은 여러 가지 이유 등으로 인해 고객요청에 따른 예약변경(reservation change) 시 고객의 입장에서 최대한 예약변경 가능성을 확인한 후 즉시 수정 및 컴퓨터(CRT-OPERA 프로그램 등) 입력을 하며, 관련부서에 신속히 공지함으로써 예약변경에 따른 문제가 발생하지 않도록 한다. 또한 예약 슬립을 사용하는 호텔의 경우 해당 예약 슬립을 찾아 취소에 대한 정확한 정보(취소자성명・접수일자・접수자・연락처 등)를 기록한 후 컴퓨터를 이용하여 즉시 수정해야 한다. 특히 당일 예약변경 또는 수정사항은 즉시 수정・변경하고 프런트 데스크(front desk), 룸 서비스(room service), 하우스키핑(housekeeping) 등 관련부서에 통보한다.

표 3-3 객실예약 변경사유

객실예약 변경	세부 업무내용
일정 변경	도착 및 출발일자 변경
객실수 및 인원수 변경	객실수와 인원수 변경
객실타입 변경	객실의 종류와 형태 변경
지불방법 변경	본인지불(현금 · 신용카드 지불)과 회사지불, 보증예약과 비보증예약 변경

4. 객실예약 확인업무

예약확인(reservation confirmation)이란 고객의 요구와 객실예약에 대한 정보를 전화 · 이메일 · 팩스 등 여러 가지 방법으로 확인하는 것이다.

고객에 의해 예약이 이루어졌을 경우 객실요금 · 도착일 · 체재기간 및 고객의 특별한 요구사항이 포함된 예약확인서를 고객에게 보낸다. 발달된 호텔예약 시스템으로 이미 입력된 정보를 토대로 자동적으로 예약확인서를 발급 · 인쇄하여 발송하며, 그렇지 않은 경우에는 소정양식의 확인서에 기록하여 발송한다.

이는 노쇼(no-show)나 예약취소를 최소화하기 위해 예약담당 종사원은 고객의 도착일 전에 예약 당시 접수한 정보를 이용하여 예약고객에게 도착 유무를 확인하는 작업을 실시한다. 일반적으로 전화연결이 가능한 경우는 전화로 예약확인을 하며, 해외의 경우 이메일(e-mail)로 예약확인을 실시한다.

No-show Guest

No-show Guest란 호텔의 객실을 예약해놓고 나타나지 않는 고객으로, 보통 매일 적게는 5% 내외, 많게는 10% 내외의 No-show Guest가 발생한다. 그래서 호텔 객실예약부서에서는 호텔에 따라 No-show율을 분석하여 초과예약을 받고 있는데, 이로 인해 턴 어웨이(turn away)를 시켜 고객에게 안 좋은 이미지를 심어주는 경우도 있다.

5. 객실예약 취소업무

예약취소(reservation cancellation)는 도착예정일 이전에 연락받는 경우와 도착당일에 취소하는 경우가 있는데, 예약된 고객의 일정이나 사정에 의해 예약이 취소되는 경우에는 누가, 언

그림 3-6 **예약확인서**(Reservation Confirmation Sheet)

COSMOS HOTEL

From/de la part de	To/a l'attention de
HONG Gil-Dong	SONG Dae-Keun
Tel(82 2) 7720-1345~6	Tel
Fax(82 2) 7720-7777	Fax
e-mail: resvation@cosmos.com	Company/societe
Date August 28, 2024	Honeymoon PACKAGE 2024
Page(s) 01	

Reservation details	Hotel Transfer:(Yes/No)
Confirmation number: Res.#508201	(✓) Airport to Hotel(12,000KRW) K Bus.
Name of Guest: Mr. SONG Dae-Keun	( ) Airport to Hotel(120,000KRW) Limousine.
Arrival/Departure: 10/28/24~10/30/24	( ) Hotel to Airport(12,000KRW) K Bus.
No. of rooms/Room type: 1 EFL superior room	(✓) Hotel to Airport(100,000KRW) Limousine.
No. of persons: 2	( ) Round trip(24,000KRW) K Bus.
Room Rate: KRW 235,000+10% Tax per night	( ) Round trip(24,000KRW) Limousine

Remarks:
1. Room rate quoted above is subject to 10% government tax.
2. Bookings can be guaranteed by company letter, guest or company credit card.
3. All reservations without guaranteed will be held until 6pm local time.
4. To avoid any cancellation penalty or no show charges, cancellations should be made in a written to the hotel not less than 24 hours prior to guest arrival.
5. For 30 nights stay or above long stay package guests are required to prepay one month room rate upon check in and there after payment to be settled every 1st day or the month.

Method of payment:
(✓) All expenses on Guest's own account
( ) Company Account( ) Room only( ) All expenses
( ) Others

Please forward a company letter as confirmation for the above payment arrangement or please sign and return the attached billing authorization form.

Thank you for selecting Cosmos as your preferred hotel in Seoul.

HONG Gil-Dong ________________
COSMOS HOTEL

제, 어떤 이유로 예약취소를 했으며 담당종사원이 누구였는지 정확히 기록하여 사후에 발생할 수 있는 문제를 해결할 수 있도록 대비해야 한다. 또한 친절한 응대로 향후 잠재고객으로서의 가치를 인지하고 신속한 처리절차를 수행해야 한다. 또한 예약이 취소되었을 경우 호텔에서는 고객에게 예약취소번호를 알려주어 고객이나 호텔 측에서 필요한 증빙자료로 삼을 수 있다. 그리고 객실예약 조건에 따라 취소수수료가 발생하기도 한다.

6. 객실 예약 슬립 관리업무

예약 슬립(reservation slip)을 사용하지 않는 호텔의 경우 컴퓨터 시스템을 이용하여 예약고객들을 관리하지만, 예약 슬립을 사용하는 호텔의 경우 예약접수대장을 작성하여 도착 년(year)·월(month)·일(date)별로 구분한 후 다시 예약 고객의 이름을 알파벳의 순으로 보관한다. 호텔 등급이 높은 호텔일수록 예약슬립을 작성하지 않고 호텔 프로그램(OPERA 등)에 직접 입력하여 운영하고 있다.

예약 슬립의 보관

7. VIP 고객 관리 및 예약거래선 관리업무

프런트 데스크와 VIP 예약에 대한 정보를 교환하고, VIP 제공선물 준비(room amenities, food & beverage set-up)를 수행하고, 최대한 고객정보를 많이 입수하여 고객이력(guest history) 관리를 통한 마케팅업무를 보조한다.

8. 객실예약보고서 작성업무

효율적인 객실예약체계는 객실판매현황을 정확히 파악하여 객실판매수입을 예상하고 객실판매를 극대화하는 것이다. 또한 프런트 데스크와 고객 서비스부문 및 예약 그리고 VIP 예약에 대한 정보를 교환하고, VIP 편의품 셋업(room amenities, food & beverage set-up)을 수행하며, 최대한 고객의 정보를 많이 입수하여 고객이력(guest history) 관리로 예약정보를 분석함으로써 객실예약현황에 도움을 주며, 호텔 마케팅(판촉부)의 중요한 자료가 된다.

또한 예약을 해놓은 상태에서 도착예정일에 사전 예고도 없이 도착하지 않은 노쇼(no-show) 고객들을 별도 관리함으로써 다음 예약 시 참고할 수 있는 자료로 활용한다. 그리고 이전에 투숙 시 불평(complaint)이나 불편사항을 고객의 이력 파일에 보관함으로써 다음 투숙 시 재발 방지를 위한 노력을 해야 한다.

업셀링(Up-selling)

객실판매에 대한 요금상담은 판매촉진수단의 일부분이기도 하다. 그러므로 객실예약 종사원은 상담능력에 따라 객실매출에 많은 영향을 미칠 수 있기 때문에 고객의 상황을 고려하여 매출을 극대화할 수 있도록 노력해야 한다. 이에 업셀링은 예약실 종사원이 저가의 객실을 요구하는 고객의 요구를 일단 수용하고, 여기서 고객이 좀 더 상위 객실을 선택하도록 유도하는 적극적인 객실판매방법이다. 즉 고객은 더 비싼 객실가격 자체보다는 그 전의 객실가격보다 얼마나 더 비싼가에 관심을 두는 성향을 이용하여 호텔 자체 내에서는 더 많은 수익과 객단가(room average rate)를 올릴 수 있는 기회이기도 하다. 여기서 중요한 것은 무조건 가격만을 고집하기보다는 비싼 요금을 지불하였을 때 호텔에서 제공해줄 수 있는 어메니티(amenities)를 이용하여 고객의 마음을 움직일 수 있도록 해야 한다.

제3절 Room Reservation의 분류

호텔 객실을 이용하는 고객은 크게 FIT 고객과 Group 고객으로 나눌 수 있다. 이는 다시 고객의 세분시장에 따라 예약의 종류도 다양하게 구분되는데, 이러한 객실예약에는 일반예약(FIT reservation), 단체예약(group reservation), 기업체예약(corporate reservation), 여행사예약(travel agency reservation), 해외예약사무소 예약(overseas reservation office), 특별예약(vip reservation), 패키지예약(package reservation) 등으로 구분할 수 있다.

1. 일반예약

일반예약(FIT reservation)의 구분은 단지 한 명의 고객이 예약하는 경우뿐만 아니라 호텔에서 정한 단체예약 이외의 예약을 모두 일반예약으로 취급하고 있다. FIT 고객의 객실요금은 보통 단체객의 요금보다 높으며, 호텔의 평균객실료를 증가시키는 데 많은 기여를 하기 때문에 각 호텔에서는 FIT 고객을 더 많이 확보하려고 노력하고 있다.

그림 3-7 **일반예약**(FIT Reservation)**의 분류**

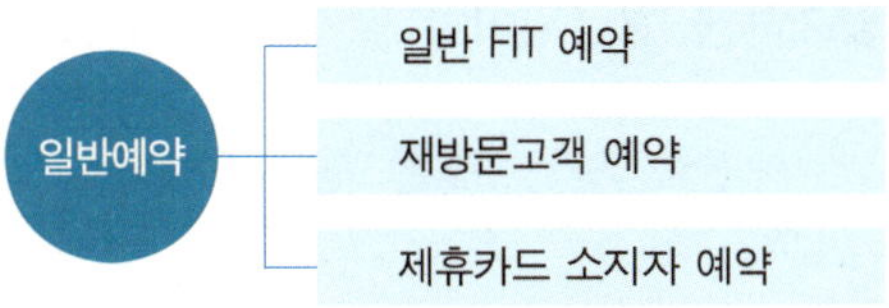

2. 단체예약

주로 휴양지 호텔이나 컨벤션 호텔의 경우 단체객이 차지하는 비율이 매우 높은 편이다. 일반적으로 단체고객의 예약은 여행사를 통해 이루어지는 경우가 대부분이며, 객실형태・객실가격・식사비용 및 여러 가지 부대비용이 발생하기 때문에 대부분의 호텔에서는 단체고객의 예약을 접수하는 경우에 예상되는 문제점을 파악하여 사전에 문제발생소지를 차단하려고 노력하고 있다. 단체예약에서 단체의 기준은 여행사의 경우 보통 15개의 객실을 기준으로 하지만 단체의 특성이나 종류에 따라 호텔마다 조금씩 달리 적용하고 있다.

호텔은 거래실적에 따라 할인율 및 혜택사항을 차별적으로 적용하여 계약을 체결하게 된다. 일반적으로 호텔의 판촉담당 지배인이 단체예약(group reservation)을 체결한 후 내부승인을 거쳐 할인율이나 예약조건 등을 컴퓨터에 입력하면 그 정보에 따라 예약실에서 객실예약을 처리(handling)한다.

그림 3-8 **단체예약**(Group Reservation)**의 분류**

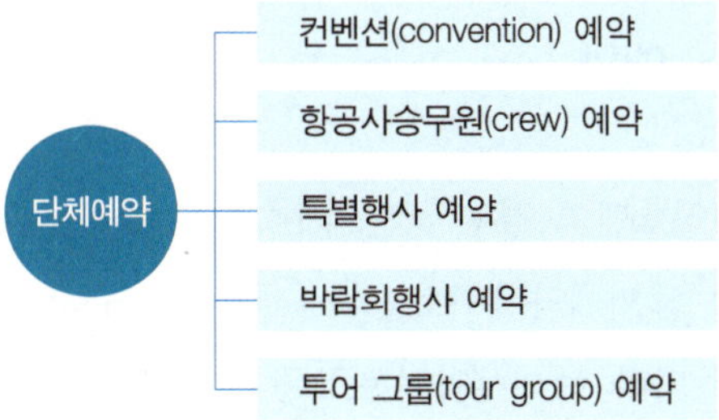

3. 기업체예약

호텔은 개별기업과의 지속적인 관계유지로 서로의 이익과 편의를 위해서 양자 간의 계약을 체결하고 객실의 이용빈도와 실적에 따라 할인과 우선적인 객실예약배당을 해주는 혜택을 제공하고 있다. 보통 서울이나 대도시 주변의 호텔은 대부분이 상용고객들로서 이들이 차지하는 비중이 매우 크기 때문에 중요하게 취급되어야 할 고객들이라고 할 수 있다.

4. 여행사예약

우리나라의 경우 인바운드(inbound) 고객 중 일본인과 중국인 및 동남아시아 관광객의 비중이 매우 큰 관계로 대부분의 호텔들은 일본인과 중국인 및 동남아시아 관광객을 유치하고 있다. 여행사의 수배과에서 호텔의 객실을 예약하게 되는데, 단체의 크기에 따라 할인율이 달라질 수 있으며, 객실 블록(room block)에 따른 전체적인 균형을 유지한다. 이는 요일별 및 성수기·비수기별 할인율이 차이가 있고, 대체로 객실할인율이 크기 때문에 비수기에는 호텔의 매출에 크게 기여하지만, 성수기에는 어느 정도 제한을 두고 예약을 받게 된다. 또한 비수기라도 일본의 오봉절, 중국의 춘절과 같은 경우는 예외로 규정하고 있다. 그래서 호텔의 경우 여행사의 업무를 효율적으로 관리하기 위하여 판촉부(sales & marketing) 내에 여행사담당 판촉지배인을 두어 예약업무를 처리하고 있다.

그림 3-9 **여행사예약**(Travel Agent Reservation) **의 분류**

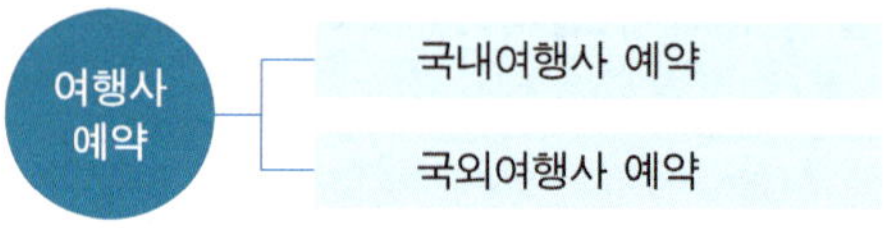

5. 해외예약사무소 예약

보통 대규모 호텔이나 체인호텔의 경우 국외에 예약사무소를 자체 설치하여 운영한다. 호텔의 규모나 운영형태에 따라 해외예약사무소(overseas reservation office)를 운영하는 방식이 다양하며, 호텔의 영업특성에 따라 해외예약사무소를 설치하여 운영하는 곳도 있다.

6. 특별예약

특별예약은 VIP나 저명인사 및 정부관계자 등과 같이 일반인이 아닌 특별한 고객들의 객실예약뿐만 아니라 호텔과 계약이 되어 있는 선·후불 예약과 단골고객 등이 있다. VIP 예약은 보통 대리인이 하는 경우가 많으므로 VIP 고객에 대한 정보를 구체적으로 숙지하여 객실예약 시 상부에 보고해야 한다. 단골고객(repeat guest)의 경우 특별히 선호하는 객실방향과 층을 고려하여 별다른 요청이 없는 한 고객이 이전에 사용했던 객실로 배정한다.

이러한 특별예약의 경우 객실의 정비상태를 사전에 철저히 점검하며, 객실 내에 꽃바구니와 환영카드 그리고 과일 및 와인 서비스를 제공하기도 한다.

그림 3-10 **특별예약**(Special Reservation) **의 분류**

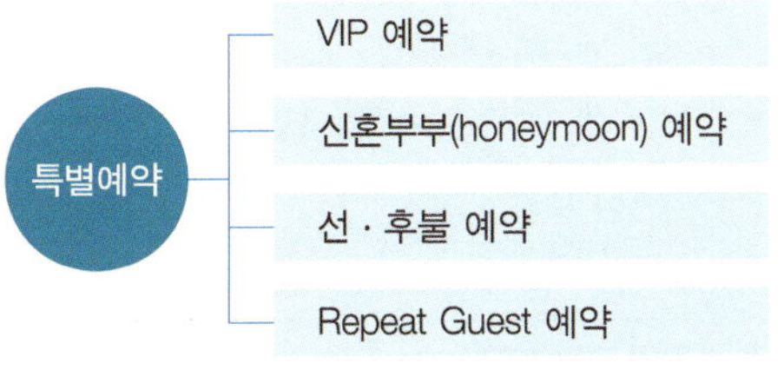

호텔 마일리지 프로그램 카드

체인호텔 종사원 카드

7. 패키지예약

호텔 패키지(hotel package)는 객실과 식음료 및 부대시설의 사용을 포함한 일괄적인 서비스를 제공하는 상품을 말한다. 호텔의 비수기나 호텔의 이미지 향상을 위해 객실 및 타 업장과 연계하여 상품을 만들어 호텔매출을 극대화할 수 있는 패키지상품을 만든다. 이는 숙박을 포함하여 식음료와 부대시설을 한꺼번에 이용할 수 있는 판매촉진수단의 하나라고 할 수 있다. 객실예약 종사원은 현재 호텔에서 판매하고 있는 모든 종류의 객실 패키지상품을 숙지하고 업무에 임해야 한다.

결혼기념 패키지

표 3-4 **호텔 패키지상품의 종류와 내용**

종류	내용
명절상품 패키지	설연휴 패키지
	중추절 패키지
휴가상품 패키지	봄(spring) 패키지
	여름(summer) 패키지
	가을(fall) 패키지
	겨울(winter) 패키지
결혼상품 패키지	웨딩 패키지(주중 · 주말상품)
	약혼식 패키지
교양 프로그램 상품	테이블 매너
	각국의 요리교실
	레이디스 클럽
	와인시음회
효도 패키지	부모님들을 위한 패키지
개관기념 패키지	호텔개관일
에어텔 패키지	항공권과 객실
사이버 패키지	인터넷으로 예약
시네마 패키지	극장이나 공연과 관련된 상품
공연상품	디너쇼
	음악회
특정일상품	어린이날
	어버이날
	스승의 날
	크리스마스
	송년의 날(12월 31일)
테마 패키지상품	핼러윈 축제
	밸런타인 데이
식음료 패키지	맥주 · 와인 페스티벌 바비큐 파티상품
	각국의 요리축제
	입학 · 졸업 패키지
	백일 · 돌잔치 패키지

자료: 각 호텔의 패키지상품들을 비교 · 분석하여 저자 작성.

표 3-5 서울시내 주요 호텔의 여름 · 겨울 패키지상품 현황

호텔명	계절	특징
더 플라자 호텔	여름	테이크아웃 베이커리 세트, CGV 영화관람권 제공
	겨울	패키지 선택에 따라 에릭케제르 커피 쿠폰 2장, 테디베어 제공
롯데호텔 서울	여름	가족동반 시 추가침대 무료, 신관 4만 원 추가
	겨울	패키지에 따라 공연관람권 2장 제공 등
메이필드호텔	여름	수영장 · 헬스클럽 · 파3골프장 · 스쿼시 무료, 조식 제외
	겨울	'키즈 플레이 룸' 무료이용, 공연관람할인권 제공 등
스위스 그랜드 호텔	여름	호텔 가라오케 1시간 무료, 어린이놀이방 · 수영장 무료
	겨울	조식 뷔페 2인 제공, 수영장 · 헬스 무료, 사우나 50% 할인, 뷰티 클리닉 스킨케어 25% 할인
호텔 신라 서울	여름	주말 4만 원 추가, 조식 뷔페 50% 할인, 코엑스 아쿠아리움 30% 할인
	겨울	초콜릿색 고급 무릎담요 등 제공
JW 메리어트 서울	여름	화장품 세트 증정, 스파 · 피트니스 클럽 무료
	겨울	패키지에 따라 객실 업그레이드 및 목욕가운 제공 등
그랜드 하얏트 서울	여름	야외수영장 · 어린이수영장 무료, 사우나 50% 할인, 트로피컬 칵테일
	겨울	아이스링크 무료입장 및 스케이트 대여 서비스
그랜드 워커힐	여름	주말 3~5만 원 추가, 야외수영장 무료
	겨울	'비 액티브 패키지' 이용 시 아이스링크 입장권 및 스케이트 대여

자료: 각 호텔의 자료와 홈페이지를 이용하여 저자 작성.

제4절 Room Reservation 접수처리 절차

객실예약의 최우선 과제는 고객 요구조건에 부합하는 최적의 객실을 제공하는 것이다. 이를 위해서 예약종사원은 신속 · 정확한 업무처리와 고객의 불만과 불평이 발생하지 않도록 고객의 입장에서 생각하는 성실한 자세가 필요하다.

객실예약을 통해 객실종류 · 고객성명 · 숙박기간 · 지불조건 등 여러 가지 내용을 접수처리하는 절차는 [그림 3-11]과 같다. 또한 고객의 인원수와 객실수에 따라 개인예약과 단체예약으로 구분할 수 있다.

그림 3-11 **객실예약의 접수절차**

숙박고객명(인원 및 성별)

↓

도착예정일, 도착시간, 교통편, 출발지

↓

출발예정일, 출발시간, 교통편, 행선지

↓

객실요금과 종류

↓

예약신청자의 성명과 연락처

↓

객실에 대한 특별한 요구사항

↓

지급조건과 지급범위

↓

선수금

↓

예약접수자의 서명(컴퓨터 시스템에 자동 입력)

↓

예약접수 후의 처리(컴퓨터 입력 및 예약 재확인)
→ 통화하면서 예약 진행

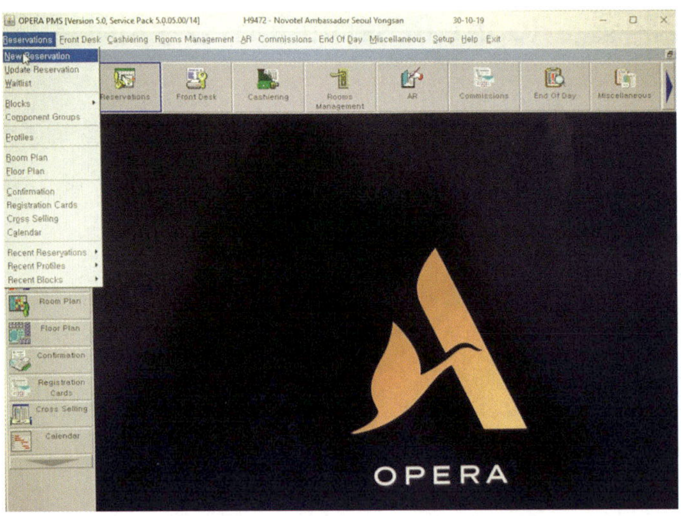

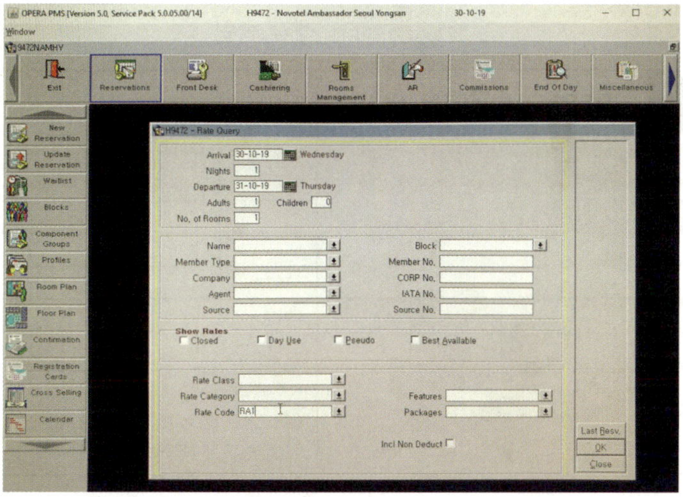

자료: 호텔 OPERA Reservation 화면(Microsoft).

앞에서 설명하였듯이 서울 시내 대부분의 호텔들은 예약 슬립을 사용하지 않고 OPERA 등과 같은 호텔운영 프로그램을 사용하여 객실예약을 진행하고 있다. 그래서 FIT 예약 슬립과 Group 예약 슬립의 세부적인 내용이 호텔예약시스템에 전산화되어 있다고 보면 되겠다.

1. 개인예약(FIT Reservation) 절차

① **도착일자 · 출발일자:** 호텔 객실예약의 시발점으로서 도착일자와 출발일자(arrival & departure date)를 우리나라 날짜를 기준으로 연도(year), 월(month), 날짜(date), 요일(day)과 함께 정확하게 받아 기록해야 한다. 이는 호텔 객실예약 절차에 있어서 가장 중요한 사항이기 때문에 재차 확인하는 것이 바람직하다. OPERA 기준 'MM DD YY'로 날짜 표기가 통일되어 있다.

② **투숙객명 · 인원수 · 국적:** 고객이름은 Last Name, Middle Name, First Name의 순으로 정확한 철자(spelling)를 기록해야 한다. 또한 숙박하는 사람의 수와 국적을 확인하여 그 호텔의 국적별 통계자료로 이용하며, 판촉수단으로도 사용한다. 또한 단골고객은 반드시 Repeat Guest 처리로 입력한다. OPERA 기준 Last Name, First Name으로 통일되어 있다.

③ **투숙객이 이용하는 교통수단명과 도착시각:** 일반적으로 초과예약(over booking)의 경우 고객들이 이용하는 교통기관, 특히 항공기를 이용하는 고객일 경우 항공기 편명(flight no.)과 예정도착시간을 통해 노쇼(no-show)를 줄일 수 있다. 또한 Check-in 시 일찍 오는지,

양식 3-1 FIT 예약 슬립

COSMOS HOTEL	RESERVATION SLIP			TYPE	RMS	RATE	
GUEST NAME:							
	②			④	⑤	⑥	
				TOTAL		PAX	
ARRIVAL DATE	①	ETA	③	QNAME:			
DEPARTURE DATE		ETD					
BILLING INFORMATION: ( ) ROOM ONLY ( ) ROOM & BREAKFAST ⑧				NAME OF TRAVEL AGENCY: CONTACT PERSON: ⑦ CONTACT NUMBER:			
REMARKS: ⑨				GUIDE		CONTACT NUMBER	
				CONFIRMED		MODIFIED	
				⑫			
INPUT DATE	RESERVATON NUMBER			RESERVATON STAFF		APPROVED BY	
⑩	⑪			⑪		⑬	

설명
- ARR Date: 도착일자
- DEP Date: 출발일자
- PAX: 투숙하는 인원수
- TYPE: 객실의 종류와 형태
- RMS: 이용하는 객실의 수
- RATE: 객실의 요금(net 가격이나 inclusive 가격을 정확히 기입)
- Guest Name: 성(last name)과 이름(first name)을 정확히 기입
- Special Service: EFL이나 VIP 등 Special Code 입력
- BILLING INFO: 지불관계에 관한 내용을 표시
- CONFIRMED/MODIFIED: 예약확인과 수정사항을 표시
- TEL, FAX, TLX: 예약경로(sauce)
- REMARKS: 고객의 특별한 요청사항을 기입
- RESERVATION No: 컴퓨터에 의해 자동적으로 생성되는 예약번호

혹은 체크아웃 시 늦게 나가는지를 사전에 파악하면 프런트에서 객실배정이 용이하다.

④ **객실 타입:** 고객이 원하는 객실 타입(type of room)을 제공하도록 노력해야 하며, 커넥팅 룸이나 스위트 룸 및 온돌 룸과 같은 특별한 경우의 객실사용 가능 여부를 확인한 후 예약을 받을 수 있도록 한다. 또한 가끔 문화적인 차이로 인하여 싱글 베드 룸과 더블 베드 룸 등과 같이 호텔용어를 잘못 이해하는 경우가 있기 때문에 고객의 입장에서 비교적 이해하기 쉽도록 설명을 해야 한다. 만약 고객이 원하는 객실 타입이 없을 경우 유사한 객실이나 타 유형의 객실로 유도하며, 경우에 따라서 상부의 승인을 받고 특별한 객실가격을 제시하여 객실예약을 성사시키기도 한다.

객실 타입의 예

- SD: Standard Double Room(스탠더드 더블 룸)
- ST: Standard Twin Room(스탠더드 트윈 룸)
- DD: Deluxe Double Room(딜럭스 더블 룸)
- DT: Deluxe Twin Room(딜럭스 트윈 룸)
- RS: Royal Suite Room(로열 스위트 룸) 등 호텔별로 상이함

⑤ **객실수:** 고객이 원하는 객실의 수(number of rooms)를 파악해야 한다. 객실수는 초과예약과도 관련되고, 예약의 통제와 조정에도 밀접하게 관련되므로 몇 개의 객실을 사용하는지 정확하게 접수해야 된다. 그러므로 여러 개의 객실을 원할 시 객실의 타입이나 종류에 대하여 정확히 접수해야 한다.

⑥ **객실요금:** 객실요금(room rate)은 고객에게 정확히 알려주어야 하며, 내국인인 경우 세금(tax)과 봉사료(service charge)가 포함된 전체(total) 요금을 알려주는 것이 일반적이다. 또한 환율이 불안정한 경우 요금차이가 수시로 변동하기 때문에 특별한 경우를 제외하고는 원화로 객실요금을 알려주는 것이 바람직하다. 외국인인 경우 원(Won)화와 아울러 미국달러(US$)와 유로(Euro)화로 환산하여 알려주기도 하며, 일부 호텔에서는 미국달러로 예약을 할 수 있는 시스템을 구축하여 미국달러로 객실요금을 지불하는 경우도 있다.

⑦ **예약자명 · 회사명 · 연락처**(reservation source): 개인이 직접 예약을 하였거나 대리인 혹은 여행사나 회사를 통한 예약일지라도 예약의 재확인(confirm)을 위해 예약하는 사람의 이름 · 회사명 · 연락처 등을 받아두어 노쇼(no-show)를 방지할 수 있으며, 또한 투숙예정고객에 대한 보증처라고도 할 수 있다.

⑧ **지불방법:** 보통 고객들은 객실요금이나 부대이용료 등을 본인들이 직접 지불하는 경우가 대부분이지만, 경우에 따라서 회사나 다른 사람이 지불해주는 조건으로 예약하는 경우에는 지불관계(payment)와 지불범위를 확실히 명기해야 한다. 필요에 따라서 예약하는 사람의 신용카드 번호와 유효기간을 보증용으로 받아두는 경우도 있다.

보증예약(GTD: Guaranteed Reservation)

고객이 호텔에 예약을 할 때 호텔에 신용을 설정하고 반드시 예약을 하겠다는 전제하에 지급보증을 하는 것으로서 사전에 이유 없이 취소를 하거나 노쇼(no-show) 등 호텔영업에 지장을 줄 수 있을 경우를 사전에 예방 차원에서 시행한다. 대부분 휴양지 호텔에서는 이러한 제도를 많이 사용하고 있으며, 고객으로서도 안심하고 상품을 이용할 수 있어서 상호간에 도움이 되고 있다. 하지만 호텔에서 인정하는 VIP 고객이나 단골고객은 보증예약 없이 예약을 하는 경우도 있다. 보증예약방법은 다음과 같다.

① 신용카드: 신용카드로 객실요금의 지불을 보장하는 예약으로서 고객 본인의 카드인지 또는 누구의 카드인지를 확실히 할 필요가 있고, 또한 위험성이 있는 카드인지 사전에 확인을 해야 한다.
② 선수금: 호텔에 체크인하기 전에 고객이 객실료 등을 먼저 지불하는 것이다.
③ 여행사: 여행사에서 지급을 보증하는 것으로, 고객이 이유 없이 취소를 하여도 객실요금이나 식사요금 등을 여행사에 부과하는 것이다.
④ 계약사: 여행사와 동일하며 객실요금 등을 계약사에서 책임진다.

표 3-6 고객의 지불방법

고객	지불범위
본인지불	• 투숙하는 당사자가 모든 비용을 지불(direct pay)
타인지불	• 제3자가 카드로 선지불하는 경우 신용카드 앞뒷면 복사, 지불내용에 관해 자필로 기록한 팩스를 접수
은행입금	• 도착 전 호텔 은행계좌로 입금하는 경우
회사지불	• R/O(Room Only): 객실요금만 지불 • RM & BK: 객실요금과 조식요금만 지불 • RM & Meal: 객실요금과 3식 식사요금 지불 • All Bill to Corp: 호텔에서 이용한 모든 요금을 지불 • RM & 선택: 객실요금과 선택한 항목만 지불

⑨ **고객 요구사항:** 고객이 사전에 특별히 원하는 서비스(special arrangement), 다시 말해 고객의 특정한 요청이 있는 경우 금연 룸이나 조용한 객실, 넓은 객실, 엘리베이터에서 먼 객실, 높은 층(high floor) 또는 과일 · 꽃 · 케이크 · 샴페인 등의 셋업(set-up)을 접수해 해당부서에 통보하여 처리한다. 또한 고객이 공항과 호텔 간의 리무진 서비스(승용차나 밴형 차량)를 원할 시 요금에 대한 정보를 제공해주고 차량을 배차하도록 한다.

⑩ **예약받은 날짜:** 이는 예약받은 날짜를 통하여 예약취소(cancel)나 노쇼(no-show)를 추측하는 데 도움을 준다.

⑪ **예약번호와 예약종사원의 이름부여:** 일반적으로 고객은 전화상으로 예약을 하는 경우가 대부분이며, 예약을 한 것에 대한 근거자료를 원하기 때문에 고객이 원할 시 예약번호와 예약받은 종사원의 이름을 알려주기도 한다.

⑫ **예약확인 및 수정:** 객실예약에 대한 확인을 하는 경우 확인날짜와 함께 수정사항이 있으면 수정내용을 기록한다.

⑬ **객실예약 승인:** 객실요금의 할인율이나 객실수에 대한 승인으로서 객실예약팀장이나 객실부장(RDM)의 승인을 받을 경우 기록한다.

2. 단체예약 절차

보통 여행사의 경우 15실 이상의 객실예약을 단체예약(group reservation)이라 칭하는데, 여행사 또는 일반회사가 지급을 하는 경우가 있으므로 예약접수 시 어디서 지급하며, 지급범위는 어디까지인가를 분명히 해놓아야 한다.

양식 3-2 Group 예약 슬립

COSMOS HOTEL RESERVATION CARD	TYPE	RMS	RATE
GROUP NAME : (2)		(3)	(4)
GROUP PROFILE :	TOTAL		PAX :
ARR. (1) DEP.	QNAME : SALES # :		CC # 1 : SOURCE # :
SOURCE (BOOKING AGENT) : ACCT # : CONTACT : (5) TEL : EXT. :	L/A : CONTACT : (12) TEL :		ACCT# : GUIDE :
BILLING INFORMATION : ( ) ROOM ONLY ( ) ROOM & BREAKFAST (7) RO, RP, RB, RM, AL	MEAL : VENUE : (6)		PRICE :
REMARKS : ( ) COMMISSIONABLE ( )% ( ) NAME LIST ATTACHED	CONFIRMED		MODIFIED

TEL, FAX, TLX LTR, VRB, ORS	DATE	SALES PERSON	CC # 2	CLERK	APPROVED	INPUT	RESERVATION NO
(9)	(10)	(8)					(11)

설명

- GROUP NAME: 단체명
- ARR Date: 도착일자
- DEP Date: 출발일자
- PAX: 투숙하는 인원수
- TYPE: 객실의 종류와 형태
- RMS: 이용하는 객실의 수
- RATE: 객실의 요금(net 가격이나 inclusive 가격을 정확히 기입)
- SOURCE(BOOKING AGENT): 예약 소스(예약회사명)
- Special Service: EFL이나 VIP 등 Special Code 입력
- BILLING INFO: 지불관계에 관한 내용을 표시(Room Only or Room & BK)
- CONFIRMED / MODIFIED: 예약확인과 수정사항을 표시
- TEL, FAX, TLX……: 예약경로(sauce)
- MEAL/PRICE/VENUE: 식사의 종류와 가격 및 장소
- RESERVATION No: 컴퓨터에 의해 자동적으로 생성되는 예약번호

① **도착일자 · 출발일자:** FIT예약과 마찬가지로 단체고객의 도착일자와 출발일자를 정확히 기록해야 한다.

② **단체명 · 인원수 · 국적:** 단체의 이름과 인원수 그리고 고객의 국적을 접수 · 기록한다. 식사가 포함되어 있을 경우 인원수는 식음료부서에서 음식준비를 위한 자료로 활용한다. 보통 단체고객의 이름은 체크인 시 인솔자나 가이드가 제공한다.

③ **객실 타입과 객실수:** 단체예약의 경우 객실의 타입이 매우 다양할 뿐만 아니라 원하는 객실수를 정확히 받아두어야 한다.

④ **객실요금:** 여행사 단체의 경우 보통 계약요금을 적용하며, 일반단체의 경우 사용객실의 숫자나 숙박기간의 객실점유율 등을 고려하여 요금을 협정하여 제시한다.

⑤ **예약자명 · 회사명 · 연락처:** FIT예약과 달리 단체예약의 경우 객실의 매출이나 객실점유율에 커다란 영향을 미치므로 지속적인 예약확인을 위해 예약담당자의 이름과 연락처를 반드시 기록해야 한다.

⑥ **식사의 종류와 가격 및 장소:** 보통 단체의 경우 호텔에서 조식을 이용하게 되는데, 식사의 종류와 가격 그리고 장소 등을 미리 접수해 식음료부와 조리부 등 관련부서에 통보해야 한다.

⑦ **지불조건:** FIT예약과 같이 고객의 지불범위와 단체의 지불범위를 명확히 해두어야 한다. 대부분 단체고객의 경우 단체인솔자나 가이드 등이 일괄적으로 지불하며, 그 범위를 분명히 해두어야 한다. 경우에 따라서 선수금(advanced deposit)을 받기도 한다.

⑧ **판촉종사원 이름부여:** 일반 FIT예약 고객과는 달리 행사유형에 따라 매우 복잡한 예약관계를 맺을 시, 원활한 행사진행과 문제발생 시 담당 판촉종사원과의 정확한 의사소통을 위해 판촉종사원의 이름을 명시한다.

⑨ **예약경로 표시:** 전화(TEL), 팩시밀리(FAX), 텔렉스(TLX), 서신(LTR), 구두(VRB), 인터넷(INT) 등 예약이 들어온 경로를 표시한다.

⑩ **예약받은 날짜:** 예약받은 날짜를 통하여 예약취소(cancel)나 노쇼(no-show)를 방지할 수 있다.

⑪ **예약번호 안내 및 기입:** 일반 개인예약과 달리 객실수가 많기 때문에 객실예약번호를 원할 시 예약번호를 안내하고 예약 슬립에 기록한다.

⑫ **단체인솔자:** 호텔에서 사전준비와 문제발생 시 처리를 위한 연락처로 여행사의 경우 가이드의 성명과 핸드폰 전화번호를 기입한다.

제5절 Room Reservation 종사원의 부가적 업무

1. 호텔상품에 대한 풍부한 지식

고객에게 객실상품을 판매하기 위해서는 판매 가능한 객실 형태와 수를 파악하고 고객에게 제시할 수 있는 할인율과 부가서비스 등의 상품에 대한 현황을 숙지하고 있어야 한다. 즉 객실의 규모와 위치 그리고 객실 내의 비품이나 실내장식 등에 관해 정확하고 새로운 사항들을 바로바로 숙지해야 한다. 또한 고객이 객실뿐만 아니라 호텔의 전반적인 상품에 대하여 알고 싶어 하기 때문에 고객만족을 위하여 항상 호텔상품에 대한 폭넓은 지식을 갖추고 있어야 한다.

2. 업무의 정확성

객실예약부서의 목표는 호텔 객실을 원하는 고객들에게 객실을 효율적으로 제공하여 매출을 극대화하는 것이다. 이를 위해 객실예약 처리과정은 관련된 부서와의 업무협조 및 호텔의 예약 룰(reservation rule)에 따라 정확하고 일관성을 유지하는 것이 무엇보다 중요하다. 이에 객실예약실 종사원은 호텔의 타 부서에 대한 충분한 지식과 업무흐름을 숙지하여 신속·정확한 정보와 서비스를 제공할 수 있도록 노력해야 한다.

객실예약관련 컴플레인 사례

- 흡연 여부 미확인 컴플레인 사례: 금연·흡연 룸에 관한 예약사항으로 객실예약 직원의 예약접수 시 실수로 인한 컴플레인이 일어날 수 있다. 고객이 예약 시 Non Smoking Room(NS)을 요청했는데 Non Smoking Room(NS) 코드를 입력하지 않아 프런트 데스크에서 Smoking Room으로 객실을 배정하여 고객 컴플레인이 접수된 경우에 프런트 데스크에서 급히 다른 방으로 교체를 하든가, 혹시 Non Smoking 객실이 없을 시, 하우스키핑 부서로 연락하여 객실 안의 담배 냄새를 신속히 제거하고 고객에게 사과의 메시지를 전하는 것을 잊어서는 안 된다. 추후에 예약추적을 하여 예약 직원에게 경고를 하고 Warning Letter를 쓰도록 하고 재교육을 하기도 한다.
- 계약사와의 계약내용 변동사항 컴플레인 사례: 대부분의 호텔들은 매년 연초에 Sales Manager와 계약사 Booker 간에 가격합의가 이루어진다. 이는 지나간 1년 동안 거래실적에 따라 가격설정을 변경하는 작업이라 할 수 있다. 하지만 그 사실을 모르는 대

부분의 계약사 직원은 작년에 비해 객실가격이 비싸졌다고 컴플레인 하는 경우가 종종 있다. 이 경우 객실예약과에서 정중히 본 호텔의 Sales Manager와 귀사 Booker와 합의된 가격이라 설명하면 대부분의 경우 수긍한다. 하지만 객실 예약접수 시 정확한 계약요금을 고객에게 안내하여 이러한 컴플레인이 발생하지 않도록 유의해야 한다.

3. 경쟁호텔 상품분석

모든 기업은 경쟁자가 항시 존재한다. 경쟁호텔의 객실과 식음료 그리고 전반적인 부대시설에 대하여 정확히 숙지하고 있다가 고객이 다른 호텔과 비교하면서 망설이고 있을 때 장단점을 설명할 줄 알아야 한다. 이를 위해 객실예약에 대한 끊임없는 객실예약기법 연구와 외국어 회화공부를 게을리해서는 안 된다.

4. 고객설득력

고객에게 객실을 판매할 경우에 강압적인 방법으로 객실을 판매한다는 인상을 심어주지 않도록 하기 위해서는 고객의 욕구를 파악한 후 부드럽게 설득할 수 있는 기술을 습득해야 한다. 고객으로 하여금 강요에 의한 구매를 했다는 인식을 준다면 그 고객은 재방문을 하지 않고 호텔에 대한 나쁜 인상을 가지게 될 것이다. 따라서 고객이 불쾌감을 느끼지 않고 기쁜 마음으로 상품이나 서비스를 구매할 수 있도록 설득력 있는 판매전략을 구사해야 한다. 그리고 항상 공손하고 예의 바른 서비스 정신을 가지고 고객으로 하여금 신뢰감과 고객만족을 주어 다시 호텔을 찾을 수 있도록 업무에 임해야 한다.

5. 마케팅활동 자료분석

객실예약부서는 과거와 현재의 자료를 통하여 미래의 객실예약을 예측할 수 있는 보고서와 예약업무 수행 중 얻는 경험을 통해 객실판촉보고서 등을 자료화하여 관련부서와 긴밀하게 협조하여 객실매출을 극대화해야 한다.

6. 관광에 대한 일반정보

호텔상품이나 내부시설뿐만 아니라 호텔 주변에 대한 정보(극장 · 음식점 · 병원 · 약국 · 은행 · 대사관 · 종교시설 · 관광지, 쇼핑센터 등), 호텔의 위치와 교통편 등에 대한 사전 정보를 숙지하고 있어야 한다.

CHAPTER 4. Front Desk 서비스실무

제1절 Front Desk의 일반적 개요

호텔의 프런트 데스크는 고객을 맞이하는 순간부터 호텔의 품격이 좌우될 수 있어 흔히들 '호텔의 첫인상'이라고 할 만큼 중요한 인상을 심어주는 부서이다. 또한 호텔의 모든 부서와 연계되어 있는 업무특성상 호텔의 매출과 경영에 미치는 영향력 또한 크다고 할 수 있다.

프런트 데스크(front desk)는 호텔의 중추신경과 같은 역할을 하는 곳으로서 호텔의 이미지를 결정짓는 매우 중요한 부서라고 할 수 있다. 체크인과 체크아웃 시 영접을 한다는 의미에서 리셉션 데스크(reception desk)라고도 불리며, 주로 호텔의 현관(front door)에 가까운 장소로서 고객들의 눈에 잘 띄는 곳에 위치해 있다. 하지만 파크 하얏트 호텔과 같이 24층 최고층에,

시그니엘 서울의 경우 79층에 프런트 데스크와 로비가 위치한 호텔도 있다.

프런트 데스크 종사원들의 능숙한 직무수행은 호텔 전체의 기능을 원활하게 조정하며, 항시 국내외 고객들을 쉽고 빈번하게 접할 수 있는 곳이기도 하다. 오래전부터 '호텔의 얼굴,' '호텔의 꽃,' '호텔의 심장부'라고 불릴 만큼 프런트 데스크의 역할과 비중은 크다고 할 수 있다.

Front Desk 전경

프런트 데스크 종사원의 근무 모습

그림 4-1 Front Desk의 구성

그림 4-2 Front Desk의 기본업무

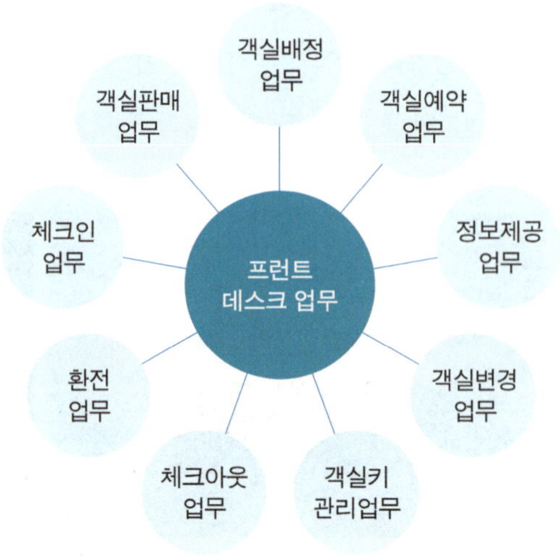

프런트 데스크는 일반적으로 3개의 부문으로 구분할 수 있는데, 데스크 중앙에서 객실판매의 관리·등록(registration)을 담당하는 부문과 프런트 데스크 출입구에서 가장 먼 쪽에 위치한 프런트 캐셔(front cashier) 부문, 그리고 그 반대편에는 호텔이나 관광정보를 안내해주는 인포메이션(information) 부문으로 나누어져 있다. 최근에는 통합하여 운영하며, 별도로 구별하지 않는 호텔도 있다.

통상 등록에 의해 고객과 호텔과의 관계를 맺어주는 첫 관문이면서 또한 마지막으로 배웅하는 부서로서 고객에게 가장 많은 이미지를 심어주기 때문에 언제나 세심한 주의와 웃음과 미소로 대고객 서비스가 이루어질 수 있도록 만반의 준비를 해야 하는 부서이다.

프런트 데스크는 고객의 예약상태 확인과 고객등록카드 작성 및 객실의 배정·변경 그리고 체크인과 체크아웃 업무를 하며, 호텔의 전반적인 정보제공과 고객계정 처리(billing) 및 수납금(fund) 관리, 환전(exchange)업무, 고객 귀중품 보관업무 등을 수행한다. 보통 오전조(AM shift)와 오후조(PM shift) 및 야간조(night shift)로 구성되어 24시간 운영을 한다.

프런트 데스크는 호텔에서 기본적인 정보를 맡아 담당할 뿐 아니라, 고객에게 세심한 서비스를 제공하여 고객이 자신의 집에 있는 것처럼 느낄 수 있도록 항상 고객의 편에서 불편함이 없도록 최선을 다하는 서비스맨의 프로정신이 요구되며, 아울러 대부

분 5성급 호텔의 경우 고객이 외국인이므로 의사소통에도 불편이 없도록 늘 외국어 공부에 소홀함이 없고 성실하게 업무에 임할 수 있는 자세가 필요한 부서이다. 즉 고객과 호텔의 관계형성에 가장 중요한 역할을 담당하는 곳으로 책임감과 자기관리에 늘 소홀함이 없어야 한다.

제2절 Check-in 업무

등록업무는 객실의 체크인을 담당하는 곳이라고 하여 레지스트레이션(registration) 또는 고객을 영접하고 환송한다는 의미에서 리셉션(reception)이라고도 한다. 리셉션은 고객의 영접, 숙박등록, 객실배정, 객실 키 관리 등을 주업무로 한다.

등록업무란 일정한 지불조건을 갖추고 투숙을 원하는 고객을 대상으로 등록을 하기 위한 절차의 첫 단계로서, 사전에 필요한 서비스를 예약하고 방문하거나 또는 예약을 하지 않고 방문하여 숙박 서비스를 요구하는 고객에게 일정한 절차에 따라 객실을 제공하는 업무를 말한다. 재방문하는 고객은 최초의 등록자료를 컴퓨터에 보관하여 재투숙 시 신속하게 체크인하며, 일반적으로 등록절차는 정확・신속하게 처리해야 한다.

프런트 데스크에서 등록업무를 담당하는 종사원을 프런트 클럭(front clerk) 또는 룸 클럭(room clerk)이라고 하는데, 다음과 같은 다양한 체크인 업무를 수행한다.

1. FIT 고객 Check-in 업무

체크인이란 고객이 호텔을 이용할 의사를 가지고 최종적으로 호텔상품을 구매하겠다는 하나의 상품구매단계이다. 이 단계에서 신속하게 객실을 제공하고 안내가 이루어지면 고객은 만족을 하게 되고, 투숙하는 동안 해당 호텔에 대해 좋은 이미지를 형성하게 된다.

예약고객의 도착일 오전에 예약 슬립(reservation slip)이나 컴퓨터(PMS〈Property Management System〉: 호텔예약과 관련된 제반 업무를 수행하는 데 필요한 컴퓨터 프로그램)를 통하여 고객이 원하는 객실을 배정(room assignment)하여 객실정비와 요구나 요청사항 등을 사전에 점검함으로써 완전한 객실상품을 제공하여 신속한 체크인 서비스를 통해 고객만족을 높일 수 있다. 특히 재방문고객(repeat guest)이나 VIP 고객일 경우 좋은 객실을 우선 배정한다. 객실판매와 객실을 배정하는 기술은 리셉션(reception)이 수행하는 중요한 기능이라고 할 수 있다.

[그림 4-3]은 일반 FIT 고객에 대한 체크인 과정이다.

그림 4-3 FIT 고객에 대한 체크인 흐름도

고객 영접	벨 데스크 종사원의 안내에 따라 고객이 프런트 데스크로 올 경우 밝은 미소로 인사를 하며 최대한 관심을 보이도록 한다.
예약정보 파악	예약 여부를 물어본 후 컴퓨터(PMS)상으로 고객의 예약상황을 파악한다.
등록카드 작성	예약확인 후 등록카드(registration card)에 고객에 대한 신상을 기록해 달라고 부탁한다. 이때 꼭 서명(sign)을 받아두어야 한다.
객실배정	고객이 등록카드를 작성하는 동안 프런트 데스크 종사원은 객실정비 유무를 확인한 후 만약 객실정비가 이루어지지 않았을 경우 빨리 다른 객실로 배정하도록 한다.
	가능하다면 프런트 데스크 종사원은 권유판매(up-selling)를 실시하여 객단가(average rate)를 높이도록 유도한다.
	고객이 예약한 객실과 동일하더라도 다시 한 번 더 고객이 원하는 객실에 대한 재확인을 실시하여 룸 체인지(room change / room move) 하는 경우를 줄이도록 한다.
지불조건 확인	고객에게 지불(payment)방법에 대하여 여쭤본 후 스키퍼(skipper) 방지를 위해 현금을 예치(deposit)하거나 신용카드(credit card)로 지불 시 신용카드로 객실요금을 승인받아 놓는다. 이는 체크아웃 시 승인문제로 인한 불평을 줄일 수 있으며, 또한 신속한 체크아웃 업무를 수행할 수 있다.
객실 키 제공	고객에게 객실키를 제공한 후 감사의 말을 전한다.
부대시설 안내	
등록카드 정리	등록카드 내용을 컴퓨터에 입력 및 수정한다.

당일 체크인 예정 예약카드 수납함

프런트 데스크의 다기능전화기

양식 4-1 등록카드(Registration Card)

GUEST REGISTRATION

COSMOS HOTEL

Arrival date 체크인 날짜
Departure date 체크아웃 날짜

Room no. 객실 번호
Room type 객실 종류
Room rate 객실 가격

Last name 성

First name 이름

Mailing address 주소 ☐ Home 집 ☐ Business 회사

Tel. 전화
Email 이메일
Guest book survey 고객만족 설문 ☐ Yes 예 ☐ No 아니오

Company name 회사 이름
Tel. 전화
Le Club member / Ambatel no.

Nationality 국적
Date of birth 생년월일

RSVN no.	No. of guest	FLT no.(IN)	FLT no.(OUT)	Clerk	Supervisor

Request

The management of Grand Ambassador Seoul takes no responsibility for valuable left in guests room. Safe deposit boxes are provided without charge at the cashier's desk. Grand Ambassador Seoul is fully committed to protect your personal information at all times and follows the Privacy Policy for guests. As one of our guests, you understand and agree that we collect, use and disclose your personal information in accordance with this Privacy Policy. Please refer to details of policy at www.ambatel.com 호텔 내에서 일어난 어떤 분실 및 도난 사고에 대해 호텔은 책임을 지지 않으니 가지고 계신 귀중품은 프론트에 있는 금고를 이용해 주십시오. (주)서한사는 고객님의 개인정보를 소중하게 보호하기 위한 노력을 하고 있으며, 개인정보보호 관련 법률 및 각종 기준을 준수하고 있습니다. 고객님께서는 개인정보 수집, 동의 안내를 충분히 이해하고, 개인정보의 수집,이용에 동의하십니까? 기타 개인정보 수집, 이용 및 개인정보의 처리 등에 관한 상세한 사항은 홈페이지 www.ambatel.com에 공개된 '개인정보취급방침'을 참조 하십시오.

☐ I agree 동의 ☐ I do not agree 동의하지 않음 Signature 서명 Date 날짜

COSMOS HOTEL
ASSOCIATED WITH PULLMAN

GUEST REGISTRATION

Arrival date 체크인 날짜 18/09/24
Departure date 체크아웃 날짜 19/09/24

Room no. 객실 번호 1619
Room type 객실 종류 KGAEF
Room rate 객실 가격 229,900 KRW

Last name 성 SONG

First name 이름 DAE KEUN

Mailing address 주소 ☐ Home 집 ☐ Business 회사

, , HU

Tel. 전화
Email 이메일 dksong@du.ac.kr
Guest book survey 고객만족 설문 ☐ Yes 예 ☐ No 아니오

Company name 회사 이름 DAEWANGSA
Tel. 전화
Le Club member / Ambatel no.

Nationality 국적
Date of birth 생년월일

RSVN no.	No. of guest	FLT no.(IN)	FLT no.(OUT)	Clerk	Supervisor
371173	1 / 0				

Request

EF, NS, MV, FR, HF

The management of Grand Ambassador Seoul takes no responsibility for valuable left in guests room. Safe deposit boxes are provided without charge at the cashier's desk. Grand Ambassador Seoul is fully committed to protect your personal information at all times and follows the Privacy Policy for guests. As one of our guests, you understand and agree that we collect, use and disclose your personal information in accordance with this Privacy Policy. Please refer to details of policy at www.ambatel.com 호텔 내에서 일어난 어떤 분실 및 도난 사고에 대해 호텔은 책임을 지지 않으니 가지고 계신 귀중품은 프론트에 있는 금고를 이용해 주십시오. (주)서한사는 고객님의 개인정보를 소중하게 보호하기 위한 노력을 하고 있으며, 개인정보보호 관련 법률 및 각종 기준을 준수하고 있습니다. 고객님께서는 개인정보 수집, 동의 안내를 충분히 이해하고, 개인정보의 수집,이용에 동의하십니까? 기타 개인정보 수집, 이용 및 개인정보의 처리 등에 관한 상세한 사항은 홈페이지 www.ambatel.com에 공개된 '개인정보취급방침'을 참조 하십시오.

☐ I agree 동의 ☐ I do not agree 동의하지 않음 Signature 서명 Date 날짜

양식 4-2 손님 직불인 경우의 등록카드(Registration Card)

WESTIN
HOTELS & RESORTS

The Westin Chosun Seoul
106, Sogong-ro, Jung-gu, Seoul, Republic of Korea

GUEST REGISTRATION 고객등록카드

Welcome

Guest Name 성함 :	Mr. SONG DAE KEUN	Confirmation No. 예약번호 :	157386
Arrival Date 투숙일 :	07/11/24	Room Type 객실타입 :	KSTE
Departure Date 퇴실일 :	07/14/24	Room No. 객실번호 :	1728
No. of Guests 투숙인원 :	2 / 0	Room Rate 객실료 :	170,000

Company 회사 :	President Office	City 도시명 :	Tba
Address 주소 :	Tba Tba	Country/Region 국가 :	Korea, Republic Of
*Email 이메일 :		Citizenship 국적 :	
Loyalty Number :		Date of Birth 생년월일 :	

group block : agent :

method of payment 지불방법
o cash o credit card o other

I will need special assistance during an emergency evacuation.
o yes o no

The [Westin Chosun Seoul] ("Hotel") does not accept personal cheques for the settlement of your account. The Hotel is not responsible for the loss of money, jewellery and other valuables on property. Free safe deposit boxes are available in the guest room or at the Reception Desk. Rooms will be checked out automatically without prior notice after the noted check out time. Should you wish to extend your stay and/or postpone your departure date, please contact the Front Desk for room availability and the applicable room rate. Half day room rate charges are based on the day of departure and room availability.

[웨스틴조선호텔서울]("호텔")은 호텔비 지불을 개인백지수표로 받지 않습니다. 호텔은 호텔의 부동산 상에서 일어나는 금전, 귀금속 및 귀중품의 손실에 대한 책임이 없으며, 객실 혹은 프론트에 무료금고가 마련되어 있습니다. 공지된 퇴실시간 이후에는 별도의 고지없이 객실은 자동적으로 퇴실처리됩니다. 숙박기간을 연장하거나 퇴실일자를 변경하고 싶은 경우에는 빈 객실이 있는지 여부 및 객실요금에 대해 프런트에 문의하십시오. 객실을 반나절만 사용하는 경우 요금은 퇴실일자와 빈 객실이 있는지 여부에 따라 책정됩니다.

A 10% Service Charge and 10% Government Tax will be added to your bill. [10% 서비스료 및 10% 세금이 호텔비에 추가됩니다.]

To ensure a refreshing stay for all our guests, The Westin Chosun Seoul features a smoke-free environment. Smoking is not permitted in the rooms or in the hotel premises and if evidence of smoking is found in your room, a deep cleaning fee of KRW 200,000 will be charged to your credit card.
모든 고객에게 쾌적한 투숙을 제공하기 위해, 조선호텔은 금연 환경으로 운영됩니다. 객실 및 호텔 내에서 흡연이 금지되며, 객실에서 흡연의 증거가 발견되면 20만원 상당의 청소비가 신용카드로 청구됩니다.
为了给所有顾客提供舒适的服务，朝鲜酒店以禁烟环境运营。客房及酒店内禁止吸烟，如果客房内发现吸烟证据，将要求支付20万韩元的清洁费

By signing this card, I, being the registered guest of the Hotel, agree and undertake to pay all charges and expenses incurred by me and my other guests during my stay at the Hotel, including without limitation, all room rates, food and beverage charges, taxes and service charges, and to fully settle my account by cash or credit card upon departure, or at any time as requested by the Hotel. If I cause any damage to the Hotel during my stay, I will be liable for all loss or damage. My signature below signifies my irrevocable consent authorizing the Hotel to deduct all aforesaid charges, expenses, damages or losses from my deposit and/or credit card. I hereby further acknowledge that I have read the above and the Privacy Statement on the back and understand and accept all conditions.
이 카드에 서명을 함으로써, 본인은 이 호텔에 등록된 고객으로서 당 호텔에 머무를 동안 본인과 본인의 여타 손님에 의해 발생하는 모든 요금과 비용을 지불하기로 약속 및 동의하며, 이는 제한없이 모든 객실요금, 식음료에 대한 비용, 과세 및 서비스요금을 포함합니다. 또한, 호텔비지불은 현금 또는 신용카드로 하며, 이는 퇴실을 할 때 혹은 호텔측이 요청하는 때에 하기로 약속 및 동의합니다. 본인이 호텔에 머무를 동안 호텔에 손해를 가하는 경우 본인은 그 모든 손실 혹은 손해에 대한 법적 책임이 있습니다. 아래 본인의 서명은 상기된 모든 요금, 비용, 손해 혹은 손실을 본인의 보증금 혹은 그리고 신용카드에서 공제하는 것에 대한 동의를 의미하며 이 동의는 변경할 수 없습니다. <u>나아가 본인은 상기 기재사항 및 뒷면의 개인정보에 대한 규정을 읽고 이해하였으며 모든 조건에 동의함을 인정합니다.</u>

- ☐ Mandatory - I consent to the collection and use of my personal data for provision of goods and services, complying with legal and contractual requirements, (if necessary) asserting or defending a legal right or claim.
- ☐ Mandatory - I consent to the transfer of my personal data to Owners and Franchisees
- ☐ Optional - I consent to the collection and use of my Personal Preferences for enhancing personalized services and experiences.
- ☐ 필수 동의사항 – 본인은 물품 및 서비스 제공, 법률 및 계약상 요건 준수(필요할 경우), 법적 권리 및 청구 주장이나 방어 목적으로 본인의 개인정보 수집 및 사용에 동의합니다.
- ☐ 필수 동의사항 – 본인은 본인의 개인정보를 소유주와 가맹점에 전송하는 데 동의합니다.
- ☐ 선택적 동의사항 – 본인은 맞춤형 서비스 및 경험 향상을 위한 본인의 개인적인 선호사항의 수집 및 이용에 동의합니다.

Date 날짜 : 04-JUN-22 Guest's Signature 고객 서명 : ____________

Operated by [The Westin Chosun Seoul] under license from Marriott International, Inc. or one of its affiliates
메리어트 인터네셔널 혹은 계열사의 허가로 [웨스틴조선호텔서울]이 운영합니다

양식 4-3 후불 여행사가 지불할 경우의 등록카드(Registration Card)

WESTIN
HOTELS & RESORTS

The Westin Chosun Seoul
106, Sogong-ro, Jung-gu, Seoul, Republic of Korea

GUEST REGISTRATION 고객등록카드

Welcome

Guest Name 성함 :	Mr. SONG DAE KEUN	Confirmation No. 예약번호 :	155213
Arrival Date 투숙일 :	06/04/24	Room Type 객실타입 :	CLBL
Departure Date 퇴실일 :	06/05/24	Room No. 객실번호 :	1416
No. of Guests 투숙인원 :	3 / 0	Room Rate 객실료 :	

Company 회사 :		City 도시명 :	Bangkok
Address 주소 :	999 9 Rama I Rord The Office At Cent	Country/Region 국가 :	Korea, Republic Of
*Email 이메일 :		Citizenship 국적 :	
Loyalty Number :	dksong@du.ac.kr	Date of Birth 생년월일 :	

group block : agent : Agoda
method of payment 지불방법 I will need special assistance during an emergency evacuation.
o cash o credit card o other o yes o no

The [Westin Chosun Seoul] ("Hotel") does not accept personal cheques for the settlement of your account. The Hotel is not responsible for the loss of money, jewellery and other valuables on property. Free safe deposit boxes are available in the guest room or at the Reception Desk. Rooms will be checked out automatically without prior notice after the noted check out time. Should you wish to extend your stay and/or postpone your departure date, please contact the Front Desk for room availability and the applicable room rate. Half day room rate charges are based on the day of departure and room availability.

[웨스틴조선호텔서울]("호텔")은 호텔비 지불을 개인백지수표로 받지 않습니다. 호텔은 호텔의 부동산 상에서 일어나는 금전, 귀금속 및 귀중품의 손실에 대한 책임이 없으며, 객실 혹은 프론트에 무료금고가 마련되어 있습니다. 공지된 퇴실시간 이후에는 별도의 고지없이 객실은 자동적으로 퇴실처리됩니다. 숙박기간을 연장하거나 퇴실일자를 변경하고 싶은 경우에는 빈 객실이 있는지 여부 및 객실요금에 대해 프런트에 문의하십시오. 객실을 반나절만 사용하는 경우 요금은 퇴실일자와 빈 객실이 있는지 여부에 따라 책정됩니다.

A 10% Service Charge and 10% Government Tax will be added to your bill. [10% 서비스료 및 10% 세금이 호텔비에 추가됩니다.]

To ensure a refreshing stay for all our guests, The Westin Chosun Seoul features a smoke-free environment. Smoking is not permitted in the rooms or in the hotel premises and if evidence of smoking is found in your room, a deep cleaning fee of KRW 200,000 will be charged to your credit card.
모든 고객에게 쾌적한 투숙을 제공하기 위해, 조선호텔은 금연 환경으로 운영됩니다. 객실 및 호텔 내에서 흡연이 금지되며, 객실에서 흡연의 증거가 발견되면 20만원 상당의 청소비가 신용카드로 청구됩니다.
为了给所有顾客提供舒适的服务，朝鲜酒店以禁烟环境运营。客房及酒店内禁止吸烟，如果客房内发现吸烟证据，将要求支付20万韩元的清洁费

By signing this card, I, being the registered guest of the Hotel, agree and undertake to pay all charges and expenses incurred by me and my other guests during my stay at the Hotel, including without limitation, all room rates, food and beverage charges, taxes and service charges, and to fully settle my account by cash or credit card upon departure, or at any time as requested by the Hotel. If I cause any damage to the Hotel during my stay, I will be liable for all loss or damage. My signature below signifies my irrevocable consent authorizing the Hotel to deduct all aforesaid charges, expenses, damages or losses from my deposit and/or credit card. I hereby further acknowledge that I have read the above and the Privacy Statement on the back and understand and accept all conditions.
이 카드에 서명을 함으로써, 본인은 이 호텔에 등록된 고객으로서 당 호텔에 머무를 동안 본인과 본인의 여타 손님에 의해 발생하는 모든 요금과 비용을 지불하기로 약속 및 동의하며, 이는 제한없이 모든 객실요금, 식음료에 대한 비용, 과세 및 서비스요금을 포함합니다. 또한, 호텔비지불은 현금 또는 신용카드로 하며, 이는 퇴실을 할 때 혹은 호텔측이 요청하는 때에 하기로 약속 및 동의합니다. 본인이 호텔에 머무를 동안 호텔에 손해를 가하는 경우 본인은 그 모든 손실 혹은 손해에 대한 법적 책임이 있습니다. 아래 본인의 서명은 상기된 모든 요금, 비용, 손해 혹은 손실을 본인의 보증금 혹은 그리고 신용카드에서 공제하는 것에 대한 동의를 의미하며 이 동의는 변경할 수 없습니다. 나아가 본인은 상기 기재사항 및 뒷면의 개인정보에 대한 규정을 읽고 이해하였으며 모든 조건에 동의함을 인정합니다.

☐ Mandatory - I consent to the collection and use of my personal data for provision of goods and services, complying with legal and contractual requirements, (if necessary) asserting or defending a legal right or claim.
☐ Mandatory - I consent to the transfer of my personal data to Owners and Franchisees
☐ Optional - I consent to the collection and use of my Personal Preferences for enhancing personalized services and experiences.
☐ 필수 동의사항 – 본인은 물품 및 서비스 제공, 법률 및 계약상 요건 준수(필요할 경우), 법적 권리 및 청구 주장이나 방어 목적으로 본인의 개인정보 수집 및 사용에 동의합니다.
☐ 필수 동의사항 – 본인은 본인의 개인정보를 소유주와 가맹점에 전송하는 데 동의합니다.
☐ 선택적 동의사항 – 본인은 맞춤형 서비스 및 경험 향상을 위한 본인의 개인적인 선호사항의 수집 및 이용에 동의합니다.

Date 날짜 : 04-JUN-22 Guest's Signature 고객 서명 : ____________

Operated by [The Westin Chosun Seoul] under license from Marriott International, Inc. or one of its affiliates
메리어트 인터내셔널 혹은 계열사의 허가로 [웨스틴조선호텔서울]이 운영합니다

등록카드(Registration Card)

등록카드는 호텔마다 독특한 디자인으로 되어 있지만, 내용은 거의 유사하다. 이는 호텔에서 요구하는 고객들의 각종 정보는 대부분 비슷한 내용이기 때문이다. VIP 고객이나 재구매고객(repeat guest)은 체크인 전에 미리 등록카드를 프린트하여 체크인 시 서명만으로 등록업무를 대신하기도 하는데, 그때 고객의 개인정보를 재확인하여 변경사항이 있으면 바로 컴퓨터에 수정해야 한다. 이러한 등록카드를 작성하는 주요목적은 고객에 대한 정보수집과 고객관리 차원 등 각종 통계목적으로 작성하며, 스키퍼(skipper) 발생 시에 문제를 해결할 수 있는 자료가 된다. 2017년 「개인정보보호법」에 의해 등록카드상에 고객의 개인정보수집의 동의를 얻어야만 호텔의 각종 행사나 정보 등을 이메일이나 전화 및 문자로 발송할 수 있다.

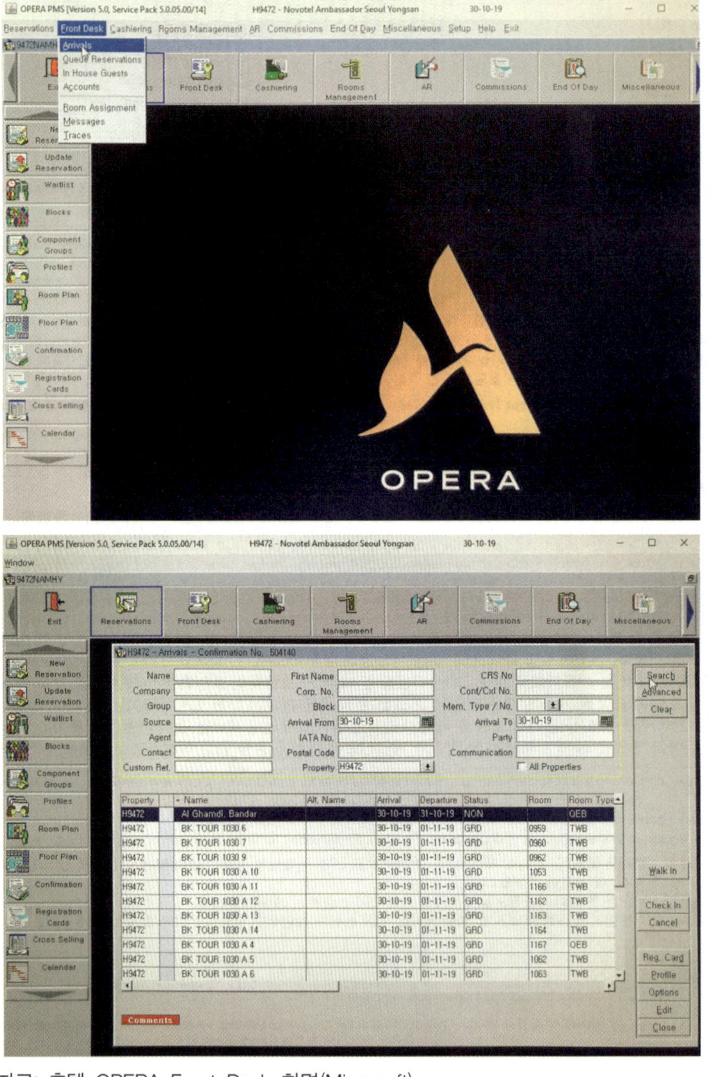

자료: 호텔 OPERA Front Desk 화면(Microsoft).

표 4-1 등록카드 작성내용

구분	항목	내용
고객의 기록사항	정확한 고객의 성명	고객은 본인의 성과 이름을 구분하여 정확(print letter)하게 기록하도록 한다. 하지만 요즘은 등록카드를 미리 출력하기 때문에 이름 등 각종 정보들(숙박기간, 객실요금, 기존의 숙박정보 등)이 프린트되어 나오는 경우가 많아 등록카드 하단에 사인만 하는 경우가 많이 있다.
	고객의 정보	본인의 주소 · 전화번호 · 생년월일 등의 정보를 정확히 기입하도록 한다(주민등록번호 뒷자리와 여권번호 기록 및 저장 불가).
	체재기간	예약 당시의 체재기간과 실제 숙박하고자 하는 기간을 정확히 기재한다.
프런트 데스크 종사원의 기록사항	객실번호와 객실가격의 기입 및 확인	예약 당시의 정확한 객실가격을 확인하고, 고객에게 봉사료와 세금부과에 대한 내용을 설명한다.
	특이사항 기록	고객이 특별히 요구한 사항이나 필요한 사항 등을 비고란(remarks)에 기록하여 고객의 편의를 돕는다.
	예약조건 확인	고객에게 예약된 객실형태인지를 재확인하며, 가능한 한 고객이 원하는 객실을 제공한다.
	지불관계 재확인	고객으로부터 지불관계나 지불방법에 관한 정보를 재확인한다.
	컴퓨터 입력처리	고객이 체크인절차를 마친 후 컴퓨터에 고객의 정보를 입력한다.

고객에게 받은 등록카드를 기초로 하여 재방문고객인 경우 기록에 변동사항이 있는지 확인을 하고, 신규고객인 경우 고객에 관한 자료를 입력하여 정확한 업데이트(up-date)를 실행한다.

최근 몇몇 5성급 호텔의 경우 체크인 시 종이 등록카드를 작성하지 않고 프런트 데스크에 설치된 PDA를 통해 체크인 업무를 수행하고 있는 경우도 있다.

2. Group 고객 Check-in 업무

Group Desk

단체(group)고객의 체크인은 많은 고객들이 수하물과 함께 동시에 도착하기 때문에 로비의 혼잡을 피하기 위하여 호텔종사원인 그룹 코디네이터(group coordinator)와 단체인솔자 간의 긴밀한 협의하에 호텔도착 전에 고객들의 모든 정보를 얻어 신속하게 체크인하도록 한다. 일부 호텔에서는 대형 단체의 경우 그룹 데스크 등 별도의 공간을 마련하여 체크인 업무를 처리하기도 한다.

대형 단체의 경우 사전에 고객명단(rooming list)을 받아 프런트 데스크에서 객실을 배정한 후 객실 키와 식사권을 준비하여 고객들이 도착하면 가이드나 인솔자를 통해 바로 객실로 이동할 수 있도록 준비한다.

단체의 종류를 살펴보면, 여행사(travel agent), 컨벤션(convention), 일반단체, 승무원(crew), 파티 그룹(party group), 기업체 인센티브 그룹(corporate incentive group) 등 여러 가지 형태의 단체들이 있다. 호텔의 사정에 따라 다르지만 단체의 경우 보통 15객실마다 1객실(최대 3~4실)을 무료객실(comp)로 제공하며, 단체의 조식이 있을 시 일정인원이 넘으면 가이드 조식 쿠폰을 제공하기도 한다.

양식 4-4 **단체 리스트**(Group List)

GROUP GUEST LIST		여행사명		
		Q Name		
		숙박기간		
ROOM NO	GUEST NAME	PASSPORT NO	SIGNATURE	REMARK

그림 4-4 **단체 조식 쿠폰**

이러한 여행사 단체고객들의 체크인 과정은 다음과 같다.

그림 4-5 **단체고객에 대한 체크인 흐름도**

단체고객이 호텔에 도착하면 먼저 여행사 가이드와 함께 이미 예약된 객실수와 고객수 및 실제 필요로 하는 객실수를 확인한 후 객실요금과 식사포함 유무 등 예약조건을 재확인한다.

가이드의 인솔에 따라 단체고객들이 로비나 일정한 장소에 집결하면 프런트 데스크 종사원은 작은 단체일 경우 프런트 데스크에서 직접 체크인을 받고, 인원이 많은 단체일 경우 그룹 데스크(group desk)로 안내한다.

예약카드 또는 CRT를 확인하여 객실수와 인원을 확인한 후 객실번호를 알려준다.

가이드가 단체 리스트(rooming list)를 가지고 왔을 때는 그 리스트에 객실번호를 기입하고, 1부는 가이드에게 전달하며, 1부는 프런트 데스크에서 보관한다. 리스트가 없는 경우에는 출입국카드를 복사해서 단체 리스트 대용으로 사용하기도 한다.

모든 단체고객의 단체 리스트(rooming list)에는 반드시 여권번호와 생년월일이 기재되어 있는지 확인해야 하며, 만일의 경우를 대비하여 가이드 이름과 전화번호를 꼭 적어놓는다.

선불(직불)계약인 여행사의 경우 먼저 신용카드나 현금을 받고 객실키를 가이드에게 넘겨주며, 후불계약인 여행사는 후불 바우처(voucher)를 받아둔다.

조식이 포함된 단체일 경우 사전에 발행한 식권의 기재내용과 매수를 확인한 후 가이드에게 제공하며, 만약 예약 시에 누락되었거나 특별한 사정으로 가이드가 조식 쿠폰을 요구할 시 식권을 발행한 후 해당 식음료 업장에 식사의 종류와 인원 · 시간 등을 통보한다.

가이드에게 식사장소와 시간 · 위치 그리고 호텔 제반 정보를 설명하여 고객들에게 전달될 수 있도록 하고, 객실배정이 끝난 후에는 벨 데스크 종사원에게 짐을 객실로 전달하게 한다.

프런트 데스크 종사원은 컴퓨터상 그룹 체크인시킨 후 단체 리스트(rooming list)에 의거하여 고객의 이름을 컴퓨터에 입력한다.

단체 전체 고객의 In House Report를 출력하여 메인 룸(가이드 객실, 식권에 적혀 있는 객실 등)을 표시하고 레포트상의 객실수와 객실요금을 확인한 후 폴리오 박스(folio box)에 넣는다.

양식 4-5 **후불여행사 바우처**(Voucher)

(호텔보관용) 단 체 행 사 확 인 서 Service Voucher № 104577

(안내원 정산용) 단 체 행 사 확 인 서 Service Voucher № 104577

(호텔청구용) 단 체 행 사 확 인 서 Service Voucher № 104577

업 체 명 To :	AMB	단체번호 Tour Code No.	2-14-56-7
단 체 명 Tour Name :		인 원 Pax	

일 자 Date	Rooms				Meals				기 타		소 계
	Single	Twin		Amount(Ⅰ)	Break Fast	Lunch	Dinner	Amount(Ⅱ)	Pax	Amount(Ⅲ)	(Ⅰ+Ⅱ+Ⅲ=)
합 계											

확인자 성명	인	안내원 성명	김준희 인
상기 내용에 의한 계산서는 당사에서 지불할 것을 확인하오며. 청구시에는 본 확인서를 제출하여 주시기 바랍니다.		서울시 송파구 가락동 대왕빌딩 주식회사 대왕관광 대표이사 홍길동	

※ 첫 번째 장은 호텔 청구용, 두 번째 장은 안내원 정산용, 세 번째 장은 호텔 보관용임.

3. VIP 고객 Check-in 업무

VIP란 Very Important Person의 약자로 '귀빈'이라는 뜻이고, 이런 VIP 고객에게 부합되는 철저한 사전 준비와 정중하고 격식 있는 영접 · 안내 및 신속한 체크인(express check-in) 절차를 수행해야 한다.

고객이 현관에 도착할 시 고객에 따라 총지배인 · 부총지배인 · 객실부장 · 당직지배인 · GRO 등이 고객을 영접하여 프런트 데스크를 거치지 않고 바로 객실로 안내한다. 등록카드는 사전에 작성할 수 있도록 준비하여 놓으며, 해당 객실의 정비상태나 환영카드(welcome letter)와 고객이 요청한 서비스의 준비사항을 재확인한다. 객실 내에서 등록카드에 서명함으로써 고객 스스로 대접을 받고 있다는 느낌을 받게 한다.

요즘에는 5성급 호텔에서 고객의 지명도나 호텔매출의 기여도에 따라 VIP 고객들을 등급별(VIP 1, VIP 2, VIP 3 또는 VIP, VVIP, VVVIP 등)로 구별하여 객실이나 식음료 서비스 제공에 차별화를 두고 있으며, VIP 고객이 투숙할 시 숙박기간 동안 관련부서에 정보를 공유하여 고객이 불편함이 없도록 만전을 기해야 한다.

양식 4-6 Paid-out Slip

COSMOS HOTEL

Paid-out

RM NO:__________ Guest Name: ______________ Date: ___________

Explanation		
	Amount	
	SVC	
	Tax	
	Total	

Cashier SIGN:__________ Guest SIGN: __________ Approved SIGN: __________

Paid-out

Paid-out이란 고객의 계정이나 고객의 신용카드로 프런트 데스크에서 일정한도 내에서 현금을 인출하는 것을 말한다. 보통 고객들은 교통요금이나 호텔 내의 외부 부대시설을 이용할 시 현금으로 지불할 경우에 Cash Service를 제공하고 일정금액의 수수료를 부과하는 것을 말한다.

4. Walk-in 고객 Check-in 업무

워크인(walk-in) 고객이란 사전에 예약을 하지 않고 호텔을 방문하여 투숙을 원하는 고객을 말한다. 향후 단골고객(repeat guest)으로 발전시킬 수 있는 좋은 기회이므로 고객응대에 신중을 기해야 하며, 가급적 판매증대(up-selling)를 유도한다. 특히 지불관계를 명확히 처리해야 하는데, 보통 워크인 고객의 경우 고객에 대한 정보가 없기 때문에 객실요금 이외에 객실 내 미니바(mini bar)와 식음료업장 등 부대시설을 이용할 때 발생되는 비용을 감안하여 일정한 요금의 예치금(deposit)을 받아둔다. 호텔의 정책에 따라 다르지만, 일부 호텔에서는 워크인 고객의 경우 객실요금을 거의 할인하지 않고, 성수기에는 평균객실요금(average rate)을 높이기 위해 일정비율의 객실을 워크인 고객에 배정하기도 한다.

그러므로 판매 가능한 객실들 중 고객의 성향을 신속히 파악하여 가능한 한 고급 객실을 결정하도록 유도한다. 등록카드 작성 시 미기재된 사항을 확인하여 필요사항을 기입하도록 하며, 미성년자인지를 반드시 확인해야 한다.

처음 방문한 워크인 고객의 경우, 먼저 체크인 시점에서 제공할 수 있는 요금 및 객실에 대한 자세한 정보를 제공한다. 이 금액에 대해 고객이 객실사용의사를 밝히면 등록카드를 제시하여 기입하도록 부탁한다. 그 이후의 절차는 FIT 고객의 체크인 절차와 동일하다.

재방문한 워크인 고객의 경우 컴퓨터를 이용하여 고객의 기록(history)을 찾은 후 이를 선택하여 고객이 사용했던 객실번호와 객실 타입 및 객실요금 등을 확인한다. 이러한 자료를 바탕으로 적절한 요금으로 고객에게 제공하며, 등록카드에는 고객이름과 사인만을 받고 워크인 표시와 함께 재방문고객이라는 표시를 해둔다.

표 4-2 Walk-in 고객의 등록

처음 방문한 고객의 경우	처음 방문한 고객의 경우, 먼저 체크인 시점에서 제공할 수 있는 요금 및 객실에 대한 자세한 정보를 제공한다. 이 금액에 대해 고객이 객실사용의사를 밝히면 등록카드를 제시하여 기입하도록 부탁한다. 그 이후의 절차는 FIT 고객의 체크인 절차와 동일하다.
재방문고객의 경우	컴퓨터를 이용하여 고객의 기록(history)을 찾은 후 이를 선택하여 고객이 사용했던 객실번호와 객실요금을 확인한다. 이러한 자료를 바탕으로 적절한 요금으로 고객에게 제공하며, 등록카드에는 고객이름과 사인만을 받고 워크인 표시와 함께 재방문고객이라는 표시를 해준다.

양식 4-7 **선수금 바우처**(Advance Deposit Voucher)

COSMOS HOTEL

CREDIT RECEIPT VOUCHER

NAME: ROOM NO.: DATE:

₩

US $

¥ TOTAL:

Credit receipt for advance Payment (Room No.)
Balance will be shown on your bill.
상기 금액을 받았으며, 손님의 계정에 대체하겠습니다.

GUEST SIGNATURE CASHIER SIGNATURE

COSMOS HOTEL

※ 첫 번째 장은 프런트 캐셔용, 두 번째 장은 등록카드에 첨부(attached), 세 번째 장은 고객용임.

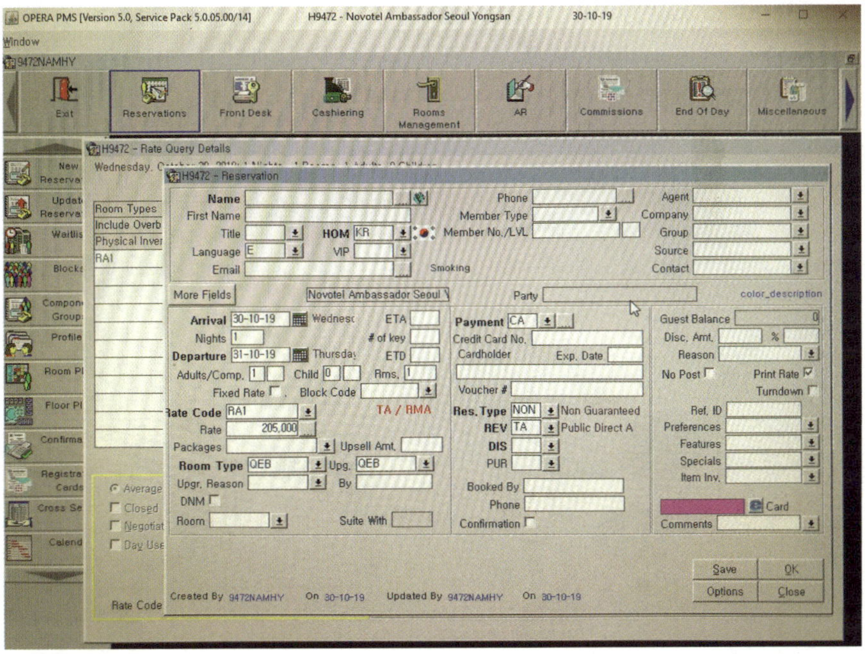
OPERA PMS [Version 5.0, Service Pack 5.0.05.00/14]
H9472 - Novotel Ambassador Seoul Yongsan
30-10-19
Window
9472NAMHY
Exit
Reservations
Front Desk
Cashiering
Rooms Management
AR
Commissions
End Of Day
Miscellaneous
H9472 - Rate Query Details
H9472 - Reservation
Name
First Name
Title
HOM KR
Language E
VIP
Email
Phone
Member Type
Member No./LVL
Smoking
Agent
Company
Group
Source
Contact
More Fields
Novotel Ambassador Seoul
Party
color_description
Arrival 30-10-19
Nights 1
Departure 31-10-19
Adults/Comp. 1
Child 0
Rms. 1
Fixed Rate
Block Code
Rate Code RA1
TA / RMA
Rate 205,000
Packages
Upsell Amt.
Room Type QEB
Upg. QEB
Upgr. Reason
By
DNM
Room
Suite With
ETA
# of key
ETD
Payment CA
Credit Card No.
Cardholder
Exp. Date
Voucher #
Res. Type NON
Non Guaranteed
REV TA
Public Direct A
DIS
PUR
Booked By
Phone
Confirmation
Guest Balance 0
Disc. Amt.
%
Reason
No Post
Print Rate
Turndown
Ref. ID
Preferences
Features
Specials
Item Inv.
Card
Comments
Save
OK
Options
Close
Created By 9472NAMHY
On 30-10-19
Updated By 9472NAMHY
On 30-10-19
Room Types
Include Overb
Physical Inver
RA1
Average
Closed
Negotiat
Day Use
Rate Code

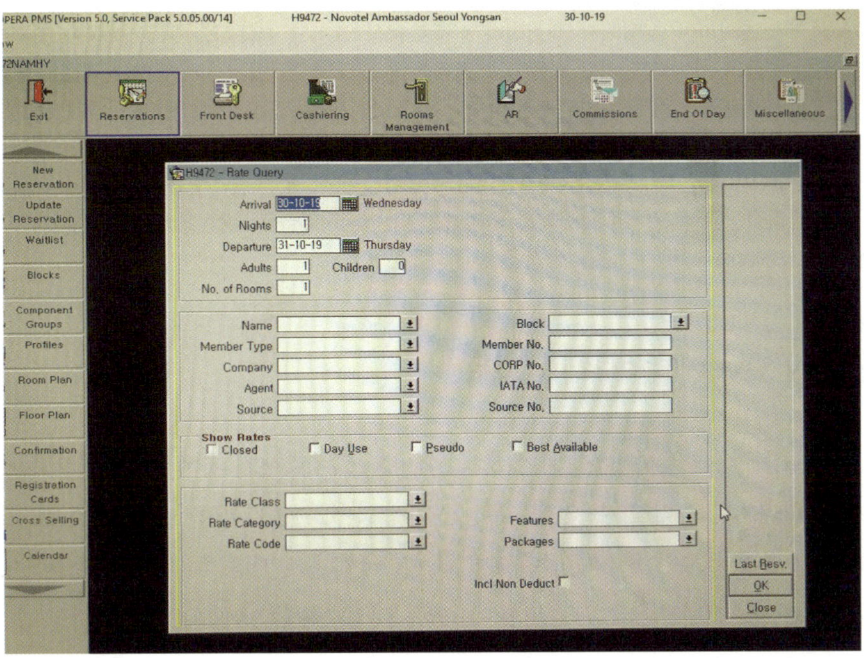
PERA PMS [Version 5.0, Service Pack 5.0.05.00/14]
H9472 - Novotel Ambassador Seoul Yongsan
30-10-19
72NAMHY
Exit
Reservations
Front Desk
Cashiering
Rooms Management
AR
Commissions
End Of Day
Miscellaneous
New Reservation
Update Reservation
Waitlist
Blocks
Component Groups
Profiles
Room Plan
Floor Plan
Confirmation
Registration Cards
Cross Selling
Calendar
H9472 - Rate Query
Arrival 30-10-19
Wednesday
Nights 1
Departure 31-10-19
Thursday
Adults 1
Children 0
No. of Rooms 1
Name
Member Type
Company
Agent
Source
Block
Member No.
CORP No.
IATA No.
Source No.
Show Rates
Closed
Day Use
Pseudo
Best Available
Rate Class
Rate Category
Rate Code
Features
Packages
Incl Non Deduct
Last Resv.
OK
Close

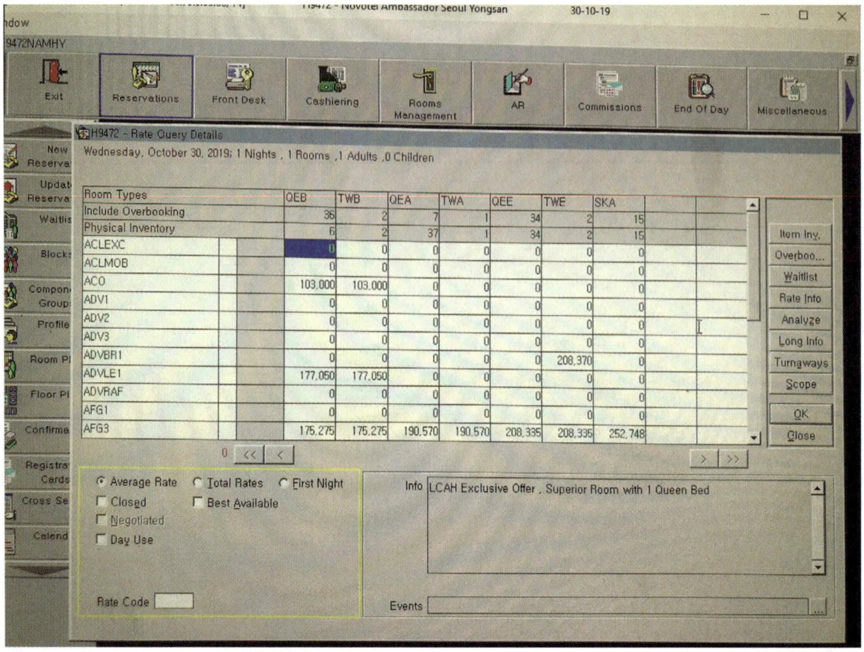

스키퍼(Skipper)

스키퍼란 호텔에서 객실이나 식음료업장 그리고 부대시설 등을 이용한 고객이 고의로 요금을 지불하지 않고 도망가는 경우를 말한다. 이를 방지하기 위하여 객실예약부서에서는 예약고객의 경우 예약재확인(confirmation)을 통해 고객의 정보를 확인하며, 프런트 데스크에서는 등록카드를 정확히 받을 수 있도록 함과 동시에, 객실요금 이외에 추가로 예치금을 받아놓는다. 특히 장기투숙객(long term guest)의 경우 1주일 또는 1~2주일 단위로 중간정산을 실시하여 스키퍼를 줄이고 있다. 몇몇 호텔은 High Balance 분류 시 3박 이상의 Balance의 경우 중간 정산을 실시하고 있다.

5. Lay Over Check-in 업무

Lay Over는 항공사에서 사용하는 용어로 천재지변 또는 비행기 자체결함·연결시간 등 여러 가지 이유로 항공기가 출발할 수 없을 시 항공사에서는 호텔에 객실과 식음료를 요청한다. 이때 호텔에서는 승객수, 필요한 객실수, 교통, 식사, 국제전화 사용 여부 등을 확인하여 객실을 제공한다. 이때 승객들을 픽업(pick-up)할 수 있는 차량수배와 호텔 내에서 식사할 수 있는 장소·메뉴를 해당 식음료업장에 통보한 후 해당 항공사로부터 당일 또는 익일 출발 스케줄을 접수해 출발시간에 맞추어 차량을 배차시킨다. 체크아웃이 끝난 후 객실료와 식음료비용이 나와 있는 영수증을 첨부하여 후불 처리한 후 재경부(경리부)로 넘긴다.

표 4-3 Lay Over 체크인 핸들링방법

총 필요 객실수, 객실 타입, 인원수, 지불관계, 객실료 등을 정확히 확인	개별 체크인이 불가능한 이상, 항공사로부터 투숙객명단을 Fax 등을 통해 받을 수 있도록 하며, 지불범위 및 객실요금을 반드시 확인하여 체크아웃 시 문제가 발생하지 않도록 한다. 특히 이때 거의 모든 대화가 전화를 통해 구두로 이루어지는 만큼 반드시 담당자의 이름 및 요구사항들을 상세히 기록해 두어야 한다.
가능한 한 빨리 객실과 객실 키를 준비	예약 후 몇 시간 내에 단체가 도착하게 되므로, 하우스키핑 · 식음료업장과 협력하여 가능한 한 빨리 모든 객실과 식사가 준비될 수 있도록 해야 하며, 로비에서의 혼잡을 피하고, 체크인 시간을 단축시키기 위해 객실 키 준비도 사전에 이루어져야 한다. 호텔 종사원은 고객이 항공기 결항으로 이미 많은 불만을 갖고 있는 상태라는 점을 이해하고 보다 세심한 배려와 서비스를 제공하도록 한다.
체크아웃 시간과 운송수단을 확인하여 투숙객들에게 정확한 정보를 제공	가능한 한 모든 관련정보를 항공사로부터 받아 체크인 시점에서 체크아웃 시간이나 운송수단에 대한 정보를 제공해줄 수 있어야 하며, 이것이 불가능한 경우 이에 대한 설명도 항공사를 대신해서 간단히 제공해줄 수 있어야 한다.

6. Day Use 고객 Check-in 업무

보통 객실의 효율적인 판매와 회전을 위하여 오전부터 오후 5시까지 일정금액을 받고 객실을 1회 더 판매할 수 있다. 이것을 데이 유스(day use)라고 한다. 이는 오후 6시 이후에는 다른 고객에게 재판매해야 하기 때문에 단시간 동안 객실을 판매하는 것으로 낮시간 동안의 객실을 효율적으로 판매함으로써 객실 전체 수입을 올릴 수 있는 효과를 가져올 수 있다.

제3절 Check-out 업무

프런트 캐셔 전경

과거의 프런트 데스크에서 근무하는 종사원들 중 고객의 체크인 업무를 담당하는 종사원인 룸 클럭(room clerk)은 객실부 소속이었고, 프런트 캐셔(front cashier)는 고객들이 사용요금에 대한 정산과 관련된 일을 하면서 호텔의 경리부(재경부) 소속으로 근무하였으나 1990년대 이후 인건비 상승과 고객 서비스수준을 향상시키기 위하여 모든 프런트 데스크 종사원들은 룸 클럭과 캐셔의 기능을 할 수 있는 유틸리티맨(utility man) 업무를 수행하고 있다.

프런트 캐셔는 항상 친절하고 정중한 태도로 신속하고 정확하게 체크아웃 절차를 수행함으로써 고객의 편의를 도모하고 호텔에 대한 좋은 인상을 남길 수 있도록 노력해야 한다.

체크아웃(check-out)이란 "숙박고객이 객실과 식음료 그리고 기타 부대시설을 이용한 요금을 계산하고 호텔을 떠나는 것"을 의미한다. 그래서 체크아웃은 호텔 종사원이 고객과 접촉할 수 있는 마지막 기회라고 할 수 있으며, 특히 고객은 그 호텔의 마지막 인상이 가장 기억에 남기 때문에 프런트 캐셔는 체크인 때처럼 신속하고 효율적인 업무처리를 할 수 있도록 노력해야 한다. 체크아웃의 목적은 고객이 숙박하는 동안에 발생된 미불 금액을 회수하거나 기타 다른 지불방법을 결정하여 정확한 객실회계기록을 남기고, 숙박의 만족 여부 등을 파악하는 일이다.

체크아웃 시간은 일반적으로 11시나 12시를 기준으로 하고 있으며, 체크아웃 시간 이후에 체크아웃하는 경우에는 추가요금(over charge)을 부과하고 있는데, 12~15시 사이에는 객실요금의 30%, 15~17시 사이에는 객실요금의 50%, 17시 이후에는 하우스키핑에서 청소가 불가능하기 때문에 1박 요금을 부과(1 night charge)하는 것이 보통이다.

또한 체크아웃 시간이 지났음에도 불구하고 고객으로부터 아무런 연락을 못 받았을 경우 프런트 데스크 직원은 당일 체크아웃 예정 리포트(expected departure guest)를 출력하여 체크아웃 날짜의 변경이나 체크아웃 시간의 연장 및 스키퍼(skipper) 등을 기록해야 한다.

폴리오 박스(folio box)

호텔 이용요금의 종류

- 객실요금(room charge)
- 식음료업장 요금(F & B charge)
- 비즈니스센터 이용요금(business center charge)
- 사우나 이용요금(sauna charge)
- 전화요금(telephone charge)
- 세탁요금(laundry charge)
- Cash Paid-out
- 미니바 이용요금(mini bar charge)
- 교통요금(transportation charge)
- Pay TV 요금(유료영화요금)

Pay TV Card

1. FIT 고객 Check-out 업무

FIT 고객의 체크아웃은 컴퓨터를 통해 고객이 투숙기간 동안 사용한 빌(bill)에 대한 사용 여부를 확인한 후, 다음 목적지까지의 교통편이나 예약 여부, 객실 키를 반납 받는 업무를 수행한다. 체크아웃하는 시간 동안에 프런트 캐셔는 항상 밝고 미소를 띤 얼굴로 고객의 이름을 자주 불러주도록 노력해야 한다.

보통 모든 빌(bill)은 고객이 사용하자마자 곧바로 중앙 컴퓨터(main computer)를 통해 고객의 계정(account)으로 포스팅(posting)되지만, 미니바(mini bar)만큼은 고객이 체크아웃할 때 전날 사용한 미니바 이용요금을 캐셔가 포스팅해야 한다. 그러고 나서 출력된 폴리오(folio)의 계산이 정확한지 확인하기 위해 고객이 사용한 청구서를 확인한 후, 이상이 없을 시 체크인 당시 임프린트(imprint)해 놓은 카드나 예치금으로 지불할지 물어본 다음, 카드로 계산을 원할 경우 카드전표에 정확한 금액을 기입한 후 서명(sign)을 의뢰하고, 고객용 전체 요금(total balance)이 0원인 영수증을 프린트하여 신용카드 슬립(credit card slip) 중 회원용 슬립과 함께 봉투에 담아서 드린다. 참고로 모든 국가의 금액은 그 나라의 화폐단위를 따르기 때문에 0원인 영수증을 고객에게 제공한다.

요즘은 컴퓨터 전산화 시스템으로 인하여 기존의 카드전표 영수증(3매)을 이용하지 않고 곧바로 고객용 영수증에 고객의 신용카드 번호가 입력되어 고객용과 호텔용 전표가 출력되어 나온다. 현금(cash)계산일 경우 고객이 보는 앞에서 손으로 직접 세거나 계수기를 통해 2회 이상 확인한 후 거스름돈과 영수증을 함께 전달한다. 이때 모든 계산이 완료되기 전까지는 현금 박스에 넣지 않는다. 취급현금은 원화 · 자기앞수표 · 외화 · 여행자수표 · 상품권(국민관광상품권) 등이 있다.

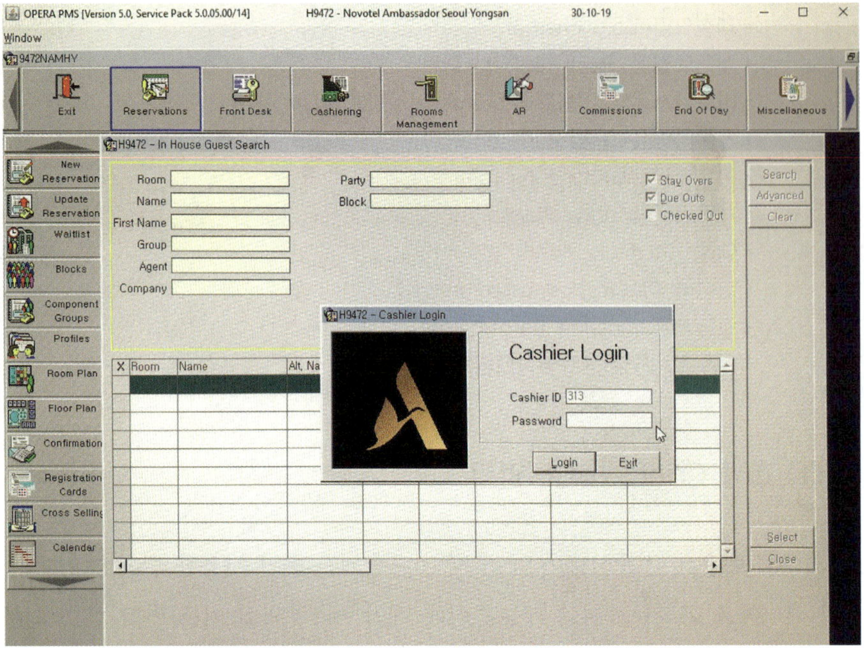

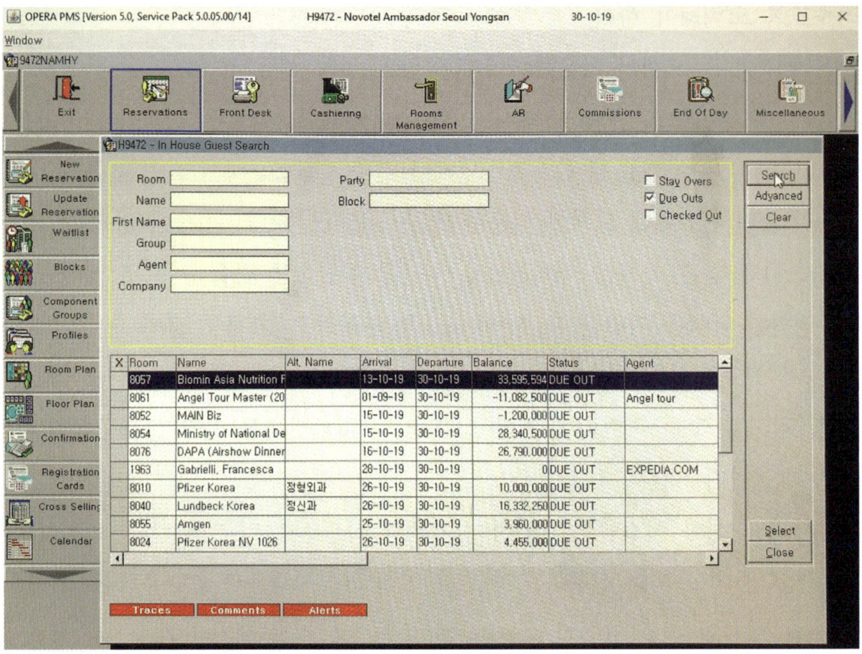

자료: 호텔 OPERA Front Cashier Login 모드 화면(Microsoft).

그림 4-6 **체크아웃 절차**

당일 체크아웃 현황 파악

↓

고객의 퇴숙요청 접수

↓

객실키 수령

↓

객실번호 및 고객성명 확인

↓

하우스키핑에 미니바 체크 요청

↓

Remark(notice), Message난 확인

↓

등록카드 및 각종 빌(bill) 준비

↓

고객 미니바 이용 여부 Check

↓

미니바 요금 포스팅

↓

청구서 금액확인

↓

지불수단 재확인

↓

투숙에 대한 감사와 재방문 요청

↓

관련서류 정리 및 마감

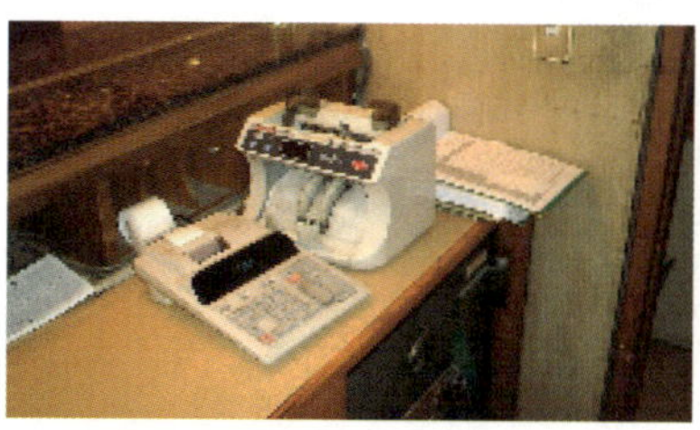

계산기 · 계수기

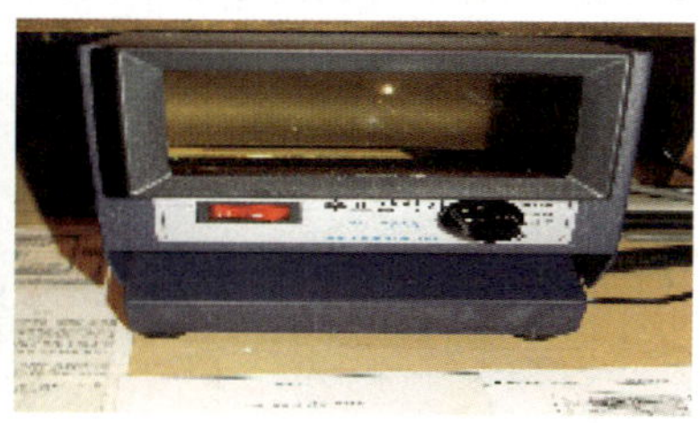

위조수표 감식기

신용카드 단말기

그림 4-7 FIT용 영수증

COSMOS HOTEL

Room No	: 1619	**Mr.SONG Dae-Keun**	
No.of Guest	: 1 / 0	#21 22751 HANDY BYPASS	
Arrival	: 15/04/24	MAPLE ROAD	
Departure	: 20/04/24		
Room Rate	:	CANADA	
Cashier	: FD-KOH		
Page	: 1		

COSMOS HOTEL, Seoul, 17/04/24 **21:13:09 INFORMATION COPY ONLY**

Date	Time	Description	Reference	Balance
15/04	02:11:10	Room Charge		184,250
15/04	02:11:11	Room Tax	979	18,425
16/04	12:59:26	Tel-LD Call #1731 : 01101234567	00:01:08	281
16/04	12:56:22	Tel - LD Call Tax Tel-LD Call	00:01:08	28
16/04	02:01:33	Room Charge		184,250
16/04	02:01:34	Room Tax	979	18,425
17/04	21:15:58	Tel-LD Call #1731 : 01101234567	00:03:40	492
17/04	21:13:33	Tel - LD Call Tax Tel-LD Call	00:03:40	49
17/04	02:06:56	Room Charge		184,250
17/04	02:06:56	Room Tax	979	18,425
18/04	01:51:35	Room Charge		184,250
18/04	01:51:36	Room Tax	979	18,425
19/04	11:51:00	Wireless Access		30,000
19/04	11:51:31	B.C. Tax	6770	3,000
19/04	14:04:54	King's Lunch F&B #1731 : CHECK #212	212	24,727
19/04	14:04:54	King's Lunch Tax #1731 : CHECK #212	212	2,473
19/04	01:47:31	Room Charge		184,250
19/04	01:47:31	Room Tax	979	18,425
20/04	06:04:51	VISA Card -Overseas 451084100133XXXX 04/06		-1,074,425

Balance (KRW) **0**

Thank you for staying at Cosmos Hotel Seoul !
We wish you a safe and comfortable journey back home.

COSMOS HOTEL

185-32, 1-Ga Jamsil-Dong, Songpa-Gu, Seoul, Korea
Tel: (02) 123-4567, Fax: (02) 123-7777
e-mail: daewang@hanmail.net
Daewang Hotel Website: www.daewang.com
Cosmos Website: www.cosmos.com
사업자등록번호 123-45-67890
서울시 송파구 잠실동1가 185-32
(주)대왕사 대표 박성진

V.A.T will be Added. 부가세가 별도 가산됩니다. 税金が加算されます.
I Agree that my viability for this bill is not waived and agree to be held personally liable in the event that the indicated person, company or association fails to pay for Any part or the full amount of these charges.

Signature ______________________________

2. Group 고객 Check-out 업무

일반 FIT 고객들과 체크아웃 방법은 거의 동일하지만, 객실요금이나 식사요금 그리고 부대행사비용 등을 여행사나 회사에서 지불하는 경우 예약조건에 따라 처리하며, 이 금액을 제외한 나머지 금액은 고객이 직접 지불하게 되는데, 대부분 개인 전화요금과 미니바(mini bar) 룸 서비스 또는 사우나 등 부대시설 이용료 등이 있다.

단체는 많은 인원이 동시에 체크아웃을 하며 시간이 많이 걸리기 때문에 미리 여행사 가이드나 인솔자에게 체크아웃 시간을 미리 받아 사전에 준비하도록 한다. 특히 미니바 체크로 인해 출발시간의 지연이나 호텔의 미수금 등이 발생할 수 있으므로 짧은 시간 안에 신속・정확하게 체크아웃해야 한다.

일반적으로 단체고객은 개별고객에 비해 호텔을 재방문할 경우는 적지만, FIT 고객과 마찬가지로 정중하고 친절한 자세로 대함으로써 호텔에 대한 좋은 이미지를 줄 수 있도록 해야 한다.

3. 후불고객 Check-out 업무

FIT 고객 중 회사지불(company pay)고객은 계산서를 출력하여 고객 폴리오(folio)에 회사명・성명・서명을 기록해줄 것을 부탁하고, 확인이 안 될 경우 재경부서에 확인한다. 이때 고객이 숙박기간 동안 사용한 모든 영수증(bill)을 함께 첨부(attached)해야 한다.

후불여행사인 경우 객실수・숙박일수・식사매수 등을 확인한 후 후불 바우처(voucher)를 작성하여 계산서를 첨부해 후불처리(city ledger)하여 재경부로 넘긴다. 또한 바우처(pre-payment voucher) 소지자의 체크아웃은 바우처에 명시된 지불계정(room only, room & meal)을 우선 확인한 후 개인이 지불해야 할 범위를 확인한 후 체크아웃시킨다. 법인회사에서 지불을 하고 세금계산서를 원할 때에는 사업자등록증 사본을 필히 수령하고 세금계산서 발행을 재경부에 의뢰한다.

장기투숙객의 경우 보통 객실료는 미리 선불로 지불하는 경우가 대부분이며, 개인 빌의 경우에는 주(weekly)단위나 월(monthly)단위로 정산을 하게 된다. 또한 그 기간 중이라도 지불금액이 호텔의 규정보다 초과했을 경우 중간정산을 유도하고 있다.

그림 4-8 Group용 영수증(Group Folio)

COSMOS HOTEL

Room No	: 9058	Billing to :	DAEWANG T/A(SO)
No.of Guest	: 0 / 0		
Arrival	: 17/04/24		
Departure	: 18/04/24		SEOUL
Room Rate	:		
Cashier	: FD-KOH		DAEWANG T/A(SO)
Page	: 1		

COSMOS HOTEL Seoul, 17/04/24 13:27:57 INFORMATION COPY ONLY

Date	Time	Description	Reference	Balance
17/04	04:49:17	Room Charge 0522 HASHIMOTO		120,000
17/04	04:49:17	Room Tax 0522 HASHIMOTO	979	12,000
17/04	04:49:19	Room Charge 1130 HIRASAWA		120,000
17/04	04:49:19	Room Tax 1130 HIRASAWA	979	12,000
17/04	04:49:33	Room Charge 0528 KATO		120,000
17/04	04:49:33	Room Tax 0528 KATO	979	12,000
17/04	04:49:39	Room Charge 0514 KUME		120,000
17/04	04:49:39	Room Tax 0514 KUME	979	12,000
17/04	04:49:53	Room Charge 0531 MIZUNO		120,000
17/04	04:49:53	Room Tax 0531 MIZUNO	979	12,000
17/04	04:49:58	Room Charge 0520 NAKASHIMA		120,000
17/04	04:49:59	Room Tax 0520 NAKASHIMA	979	12,000
17/04	04:50:03	Room Charge 0501 OGAWA		120,000
17/04	04:50:03	Room Tax 0501 OGAWA	979	12,000
17/04	04:50:03	Room Charge 0526 OGURI		120,000
17/04	04:50:03	Room Tax 0526 OGURI	979	12,000
17/04	04:50:23	Room Charge 1231 SUZUKI		120,000
17/04	04:50:24	Room Tax 1231 SUZUKI	979	12,000
17/04	04:50:24	Room Charge 0521 TAJIMA		120,000
17/04	04:50:24	Room Tax 0521 TAJIMA	979	12,000
17/04	04:50:24	Room Charge 0614 TAKAGI		120,000
17/04	04:50:25	Room Tax 0614 TAKAGI	979	12,000
17/04	04:50:29	Room Charge 0615 TOBA		120,000
17/04	04:50:29	Room Tax 0615 TOBA	979	12,000
17/04	04:50:29	Room Charge 0529 TOKOKA		120,000
17/04	04:50:29	Room Tax 0529 TOKOKA	979	12,000
17/04	04:50:41	Room Charge 0407 YAMADA		156,364
17/04	04:50:41	Room Tax 0407 YAMADA	979	15,636
17/04	04:50:45	Room Charge 0515 YOSHIDA		120,000
17/04	04:50:46	Room Tax 0515 YOSHIDA	979	12,000
17/04	11:10:56	Bank Credit Card XXXXXXXXXXXX1234 01/15	DKSONG	-2,020,000

Thank you for staying COSMOS HOTEL
We wish you a safe and comfortable journey back home.

V.A.T WILL BE ADDED.
부가세가 별도 가산됩니다.

I AGREE THAT MY VIABILITY FOR THIS BILL IS NOT WAIVED AND AGREE TO BE HELD PERSONALLY LIABLE IN THE EVENT THAT THE INDICATED PERSON, COMPANY OR ASSOCIATION FAILS TO PAY FOR ANY PART OR THE FULL AMOUNT OF THESE CHARGES.

SIGNATURE ______________________

COSMOS HOTEL
185-32, 1-Ga Jamsil-Dong, Songpa-Gu, Seoul, Korea
Tel: (02) 123-4567, Fax: (02) 123-7777
e-mail: daewang@hanmail.net
Daewang Hotel Website: www.daewang.com
Cosmos Website: www.cosmos.com
사업자등록번호 123-45-67890
서울시 송파구 잠실동1가 185-32
(주)대왕사 대표 박성진

V.A.T will be Added. 부가세가 별도 가산됩니다. 税金が加算されます.
I Agree that my viability for this bill is not waived and agree to be held personally liable in the event that the indicated person, company or association fails to pay for Any part or the full amount of these charges.

Signature ______________________

그림 4-9 **후불 리포트**(City Ledger Report)

Page No. 1

COSMOS HOTEL
City Ledger

02/27/24 PM 9:05

Date	Time	Room No.	Guest Name	Dept Code	Description	Debit	Credit	Cash #	User ID
** Cashier 45									
02/27/24	06:34:46	9511	PF-MASSAGE	903	City ledger	0.00	-6,600.00	45	FD-BCKIM
02/27/24	06:51:51	9001	XSU022505C	903	City ledger	0.00	-3,392,954.00	45	FD-BCKIM
02/27/24	07:04:17	9010	XSU022305B	903	City ledger	0.00	-3,761,722.00	45	FD-BCKIM
02/27/24	07:07:15	1131	LI JO YING	903	City ledger	0.00	-165,000.00	45	FD-BCKIM
02/27/24	07:13:03	9021	XJA022505A	903	City ledger	0.00	-943,800.00	45	FD-BCKIM
02/27/24	07:28:59	1705	LEE YOON JAE	903	City ledger	0.00	-154,000.00	45	FD-BCKIM
02/27/24	08:01:01	0702	HONG HYUN SUN	903	City ledger	0.00	-44,000.00	45	FD-BCKIM
02/27/24	08:22:22	1402	KANAZAWA	903	City ledger	0.00	-145,200.00	45	FD-BCKIM
02/27/24	08:24:53	0822	HWANG WOO HYUN	903	City ledger	0.00	-44,000.00	45	FD-BCKIM
02/27/24	08:26:15	0831	NAM BAE HYUN	903	City ledger	0.00	-44,000.00	45	FD-BCKIM
02/27/24	08:28:07	1004	LEE JOON TAE	903	City ledger	0.00	-44,000.00	45	FD-BCKIM
02/27/24	08:29:18	1017	KIM DAE CHUL	903	City ledger	0.00	-44,000.00	45	FD-BCKIM
02/27/24	08:30:21	1102	PARK GI CHUL	903	City ledger	0.00	-44,000.00	45	FD-BCKIM
02/27/24	08:31:30	0410	CHUNG JIN HWANG	903	City ledger	0.00	-44,000.00	45	FD-BCKIM
02/27/24	08:32:47	1115	KIM YOUNG CHUL	903	City ledger	0.00	-44,000.00	45	FD-BCKIM
02/27/24	08:33:55	1420	KWAK YOUNG JIN	903	City ledger	0.00	-44,000.00	45	FD-BCKIM
02/27/24	08:34:57	1430	LEE SEUNG JAE	903	City ledger	0.00	-44,000.00	45	FD-BCKIM
02/27/24	08:35:56	1701	HAN CHOONG WAN	903	City ledger	0.00	-154,000.00	45	FD-BCKIM
02/27/24	08:37:04	1707	SUH WON SEOK	903	City ledger	0.00	-154,000.00	45	FD-BCKIM
02/27/24	08:45:52	0306	KIM YONG SOO	903	City ledger	0.00	-133,100.00	45	FD-BCKIM
02/27/24	08:50:58	0625	KIM YONG SOO	903	City ledger	0.00	-108,900.00	45	FD-BCKIM
02/27/24	08:59:14	1709	KIM HEON	903	City ledger	0.00	-154,000.00	45	FD-BCKIM
02/27/24	09:05:14	9010	XSU022305B	903	City ledger	0.00	3,761,772.00	45	FD-BCKIM
02/27/24	09:05:42	9010	XSU022305B	903	City ledger	0.00	-3,335,576.00	45	FD-BCKIM
02/27/24	09:37:45	9010	XSU022305B	903	City ledger	0.00	-3,761,772.00	45	FD-BCKIM
02/27/24	09:37:55	9010	XSU022305B	903	City ledger	0.00	3,761,722.00	45	FD-BCKIM
02/27/24	09:38:28	9010	XSU022305B	903	City ledger	0.00	3,335,576.00	45	FD-BCKIM
02/27/24	09:38:46	9010	XSU022305B	903	City ledger	0.00	-3,335,526.00	45	FD-BCKIM
02/27/24	09:44:05	1032	EGOROVA	903	City ledger	0.00	-426,196.00	45	FD-BCKIM
02/27/24	09:45:04	9020	LO022505A	903	City ledger	0.00	-3,563,450.00	45	FD-BCKIM
02/27/24	09:46:07	1032	EGOROVA	903	City ledger	0.00	426,196.00	45	FD-BCKIM
02/27/24	09:47:07	1032	EGOROVA	903	City ledger	0.00	-427,123.00	45	FD-BCKIM
** Subtotal **									
						0.00	-13,277,653.00		
** Cashier 44									
02/27/24	10:59:45	1623	OKUMURA	903	City ledger	0.00	-369,050.00	44	BC-HRSUNG
** Subtotal **									
						0.00	-369,050.00		
** Cashier 33									
02/27/24	16:15:14	1730	KIM JAE HAN	903	City ledger	0.00	-157,300.00	33	BC-OYYOO
** Subtotal **									
						0.00	-157,300.00		
** Total **									
						0.00	-13,804,003.00		

후불여행사 고객에게 직불로 받은 사례

보통 여행사를 통해 호텔을 예약한 고객들은 대부분 바우처(voucher)를 소지하고 체크인하는 경우가 대부분이다. 하지만 여러 가지 상황으로 인하여 여행사로 후불청구해야 할 고객을 여행사 계약요금으로 직불로 받아버리는 경우 당연히 여행사로부터 불평(complaint)은 물론, 호텔의 이미지에 아주 나쁜 영향을 끼칠 수 있다.

그 이유는 여행사의 경우 지속적으로 호텔과 거래함으로써 저렴한 가격으로 객실을 확보하여 고객에게 일정 수수료를 챙겨야 하는데, 만약 고객이 여행사가격을 알게 되면 여행사가 많은 피해를 입기 때문에 절대로 후불여행사 고객에게는 객실요금을 알려 주어서는 안 된다.

4. 당일 미체크아웃 고객 처리업무(Due Out Check)

호텔 체크아웃 시간은 일반층의 경우 12시 내외, 이그제큐티브 플로어(EFL)의 경우 14시에서 16시경 사이인데, 이 시간이 지나서도 체크아웃을 하지 않는 고객의 경우 고객에게 정확한 체크아웃 시간을 확인할 수 있어야 한다.

또한 체크아웃 시간이 지났음에도 불구하고 고객으로부터 아무런 연락을 못 받았을 경우

그림 4-10 **당일 체크아웃 예정 리포트**(Expected Departure Guest)

```
                                   COSMOS HOTEL
                               All Departures x Room#

Room R.M Type Guest Name      VIPNo#No#of An_D Status Rate Code      Rate   Account Source/Company  Travel        Group Dept. Hotel Remarks
                                Rms Gst Vst                                 Balance                                         Time
* * Dept Date: 04/19/24
0307ODCS SONG DAE KEUN, Miss     0 1 4 0 04/18  IN  L40      157,300.00          0.00  C:SPRING PACKAGE A:   Party: KOMYUNG15:00
1002KGCS KANG YONG GWAN Mr.      0 1 1 0 04/14  IN  COMP           0.00    450,000.00  C:KNTO                14:00 SEE TRACE, G/A(3N), COMP(2N)
1407KGVN NOMURA, Mr. YUIOHI      0 1 1 0 04/18  IN  CREWZ  71,500.00           0.00  C:JAPAN AIRLINES    XIA041805A
1517KGBN GARCIA, Mr. JUAN RAMON  0 1 1 0 04/16  IN  WEB4   157,300.00    274,845.00 C:HOTEL.CO.KR            15:00 15/050419600(VO)
1712KGBS HAM HYUNG MAN, Mrs.     0 1 1 0 04/18  IN  L40    121,500,000   133,100.00  C:SPRING PACKAGE A:      14:30
1716 KGBS HARA, Mr. SEUI         0 1 1 0 04/18  IN  CREWZ  71,500,000          0.00  C:JAPAN AIRLINES      XIA041805A
* * Subtotal * *
                                     7 13                735,900,000  857,945.00
* * Total * *
                                     7 13                735,900,000  857,945.00
```

표 4-4 **당일 미체크아웃 고객의 처리방법**

체크아웃 날짜변경 요청	고객이 체크아웃 날짜변경을 요청할 경우 먼저 예약상황을 확인하여 객실이 가능한지를 확인해보고, 고객에게 정확한 날짜를 재확인한 후 컴퓨터와 고객등록카드의 기록을 변경해준다. 이 경우 지불관계 및 객실금액은 물론, 연장분에 대한 개런티 등을 재확인해야 한다.
체크아웃 시간연장 요청 시	고객의 개인적 사정에 의해 체크아웃 시간을 연장하길 원할 경우 당일 객실상황에 따라 담당지배인(incharge manager)이 적절히 대처해야 한다.
공실・재실 여부 확인 필요	당일 체크아웃 예정고객의 객실이 전화를 받지 않는 경우 Room Check & Key Check 리포트의 Room Check난에 객실번호를 기입하고 벨 데스크를 통해 객실의 재실 여부를 확인한다.

프런트 데스크 종사원은 당일 체크아웃 예정 리포트(expected departure guest)를 출력하여 체크아웃 날짜의 변경이나 체크아웃 시간의 연장 및 스키퍼(skipper) 등을 조사해야 한다.

우선 체크아웃 예정고객 리포트를 출력한 후 이 리스트의 고객 체크아웃 요청시간을 확인한다. 그다음 OPERA의 'Trace' 내용을 확인하거나 고객의 Late Check-out 요청내용(별도요금 부과 또는 무료연장 등)을 확인한다.

5. 스키퍼 처리업무

스키퍼(skipper)란 투숙객이 정당한 체크아웃 절차를 이행하지 않고 호텔을 떠난 경우를 말하는 것으로서 제공받은 서비스에 대한 요금을 정상적으로 정산하지 않은 고객을 말한다. 따라서 호텔매출에 부정적인 영향을 미치는 결과를 초래하기 때문에 사전에 이러한 사태가 발생되지 않도록 호텔마다 제도적인 장치를 마련하고 있다.

이러한 스키퍼들의 공통적인 특징은 짐이 없거나 매우 적은 경우와 대부분 예약을 하지 않고 숙박하며, 식음료업장 이용 시 비싼 음식과 음료를 주문하는 경우가 많다.

표 4-5 **스키퍼 예방책과 처리방법**

스키퍼 예방책	스키퍼 처리방법
• 예약자인 경우 연락처를 받아 예약확인을 통해 고객의 정확한 정보를 입수한다. • 워크인(walk-in)인 경우 등록카드를 정확히 받도록 하며, 객실요금과 부가서비스 요금을 고려하여 객실요금의 1.5 내지 2배 정도의 현금을 받아두거나, 신용카드의 경우 승인을 받고 카드를 임프린트(imprint)하여 서명을 받아둔다. • High Blance Check를 통해 투숙객의 여신상황을 매일 점검하여 수시로 정산을 하도록 유도한다.	• 고객의 등록카드 정보를 이용하여 전화나 서신으로 신원을 확인하고, 신원이 확실한 경우 지불방법 및 기간을 확인받아 여신부서(credit department)에 통보한다. • 등록카드 정보가 허위로 기재되었을 경우 고객이 사용한 폴리오(folio)를 통해 전화번호를 추적하여 여신부서에 통보한다. • 전혀 고객의 신상파악이 불가능할 경우 여신부서와 협의하여 객실팀장에게 보고하고 총지배인의 결재를 득한 후 결손 처리한다.

그림 4-11 High Balance Check Report

COSMOS HOTEL

Page No. 1

Guest Balances >W1.500.000

17/04/24 PM 1:28

Room	Guest Name	#of Rms	Per	Arrival	Departure	Rate Code	Rate	Revenue	Payment	Total Balance	Agent	Company	Group	Comments
1129	FUKUNAGA	1	1	10/04/20	23/04/20	C08A	136.400	1.616.450	0	1.616.450		TIME WARNEF		11041004
1512	MCGEE	1	1	11/04/20	23/04/20	C07	175.800	1.576.710	0	1.576.710		DOOSAN COF		S2320560,
1515	PETERS	1	1	05/04/20	17/05/20	C06	146.300	5.802.280	0	5.802.280		CJ CHEILJED	Party: STEWA	RB TO CO
1530	VERDEYEN	1	1	12/04/20	22/04/20	C07	175.800	1.646.795	0	1.646.795		UMICORE	Party: BURRE	11041205
1531	DABBOUS	1	1	10/04/20	22/04/20	L01H	177.886	1.550.961	0	1.550.961		SELF RESERV		11041005
1703	LEE HO CHEONG	1	1	12/04/20	19/04/20	C08	201.400	1.591.480	0	1.591.480		HDX CORPOR		11041023
1729	HONG YEON JU	1	1	09/04/20	17/04/20	MICE13	210.000	2.295.700	0	2.295.700		CONTINENTA	IXCA041111A	11040905
1825	FUJII	1	1	06/04/20	20/04/20	MIL	206.500	2.766.390	0	2.766.390		BPA/MMI (M.N		11040623
** Total **		8	8											

High Balance Check

High Balance Check는 투숙 중인 고객 중 일정금액 이상의 후불(room charge)을 기록하고 있는 고객의 리스트를 1일 1회 이상 출력하여 고객이 비정상적으로 많은 금액의 매출을 기록하거나 한꺼번에 많은 금액의 식음료(F & B) 매출을 기록하는 고객을 다시 한 번 확인하여 체크인 시 받아두었던 신용카드 승인한도나 현금예치금보다 많은 경우 중간정산을 유도하여 스키퍼(skipper)나 무전취식 등을 사전에 방지하고자 하는 데 그 목적이 있다.

양식 4-8 Allowance Voucher

ALLOWANCE VOUCHER DATE:			
RM NO.		AMOUNT	
		ROOM	
NAME		F/B	
ACCT NO.		SVC	
		TAC	
LOCATION		TOTAL	
EXPLANATION			
APPROVED SIGN: CASHIER SIGN:		COSMOS HOTEL	

6-890117-57

Allowance

매출이 발생되어 고객의 계정으로 포스팅(posting)된 요금 중 종사원의 실수로 객실요금이 잘못 입력된 경우 또는 미니바나 전화요금 및 Pay TV의 사용에 관한 항의 등의 문제로 요금을 환불(rebate)해주는 경우를 말한다. 당일 매출을 정정할 경우 Correction을 할 수 있지만, 날짜가 지난 경우에는 Allowance 처리해야 한다.

제4절 외국환 환전업무

1. 환전업무

환전업무는 프런트 캐셔(front cashier)의 주요업무 중 하나로, 외국인이 많이 투숙하는 호텔의 특성상 투숙객의 국적에 따라 예상환전자금, 환전시간, 종사원의 수 등에 대한 계획을 세워 호텔의 수입을 올릴 수 있도록 노력해야 한다.

이에 정부에서는 환전(foreign exchange)상이라는 제도를 통하여 외국인 여행자 편의와 외국환의 조기집중 및 외화유출을 방지하기 위해 호텔 내에서도 환전상의 취급업무를 허가해 외국환 환전업무를 수행하고 있고, 현재 우리나라는 변동환율제도를 적용하고 있으며, 대부분의 호텔들은 공휴일을 제외하고 1일 1회 환율고시를 원칙으로 하고 있다. 하지만 IMF 등 특수한 경우 환율변동이 매우 심할 때는 하루에 2번 이상 고시하는 경우도 있었다.

프런트 캐셔의 환전창구

환율(money exchange rate)은 「외국환거래법」 환전상관리규정에 의한 지정외국환에 한하여 고객으로부터 매입할 때 적용한다. 호텔과 주거래하는 은행에서 대고객 전신환매입률의 1/100 이내로 취급수수료를 산출하여 통화의 형태에 따라 공제한 금액이 당일 환전상의 외국환매입률이 되며, 매일 당일의 외국환매입률을 통화형태별로 프런트 캐셔에 게시하고 있다. 우리나라에서 사용되는 외화환전은 약 30여 종이며, 현금(cash)과 여행자수표(traveler's check)로 구분하여 매입하고 있다. 고객이 사용하고 남은 원화를 재환전하고자 할 때에는 외국환은행 또는 공항에 있는 은행에서 호텔에서 발행한 외국환매입증명서에 의해 재환전할 수 있다. 호텔에서는 외화유출 방지를 위해 재환전을 시중은행으로 유도하고 있다.

환전상의 의무

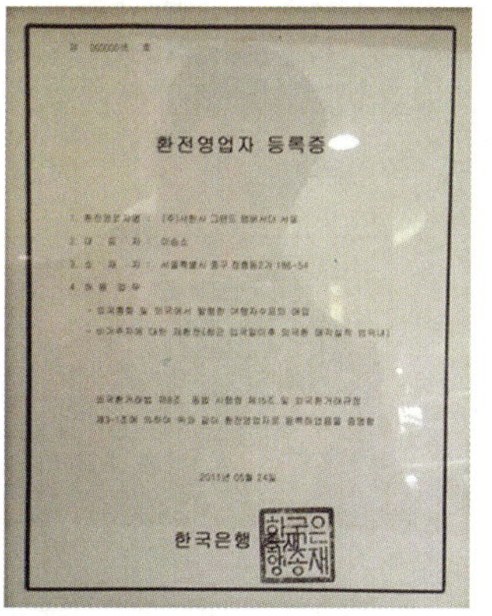

- 환전직원은 외국인과 의사소통이 가능하며, 환전업무 관계법규를 숙지하고 있는 자 2명을 고용하고, 환전업무를 수행할 수 있는 충분한 영업공간을 확보해야 한다.
- 당일의 환전결과 매입액을 통화의 종류별로 합산하여 환전장부에 기장하고 환전직원과 책임자의 날인을 한다.
- 외국환 매입 시에는 금액과 상관없이 반드시 외국환매각신청서를 작성하고, 외국환매각증명서를 교부한다.
- 환전상은 매입외화의 대외국환 은행매각의무를 지켜 매입외화를 불법유출하지 않는다.
- 환전상은 인가증(신고필증)과 국문·영문으로 표시된 환전영업자의 표지 및 외국환매매율 고시판을 게시하고 현금등록기 및 위폐감별기를 설치한다.
- 환전장부 및 관계서류는 사용연도로부터 1년간 보존한다.
- 고객의 요청에 대비하여 충분한 원화를 보유해야 한다.
- 환전영업현황을 매 분기별로 익월 10일까지 지정외국환 거래은행의장에게 제출해야 한다.

프런트 캐셔는 업무종료 직전에 근무시간에 교환한 외국통화를 통화별, 현금, 여행자수표(traveller's check)별로 집계하여 교환보고서(exchange report)에 정리하여 기입하고 외국환매입증명서와 같이 출납과(general cashier)나 금고에 투입한다.

외화는 현금과 여행자수표로 구분되고, 모든 외화는 환전매입증명서와 함께 보관되며, 매입증명서 작성은 [양식 4-9]과 같다.

양식 4-9 외국환매각신청서 · 매입증명서

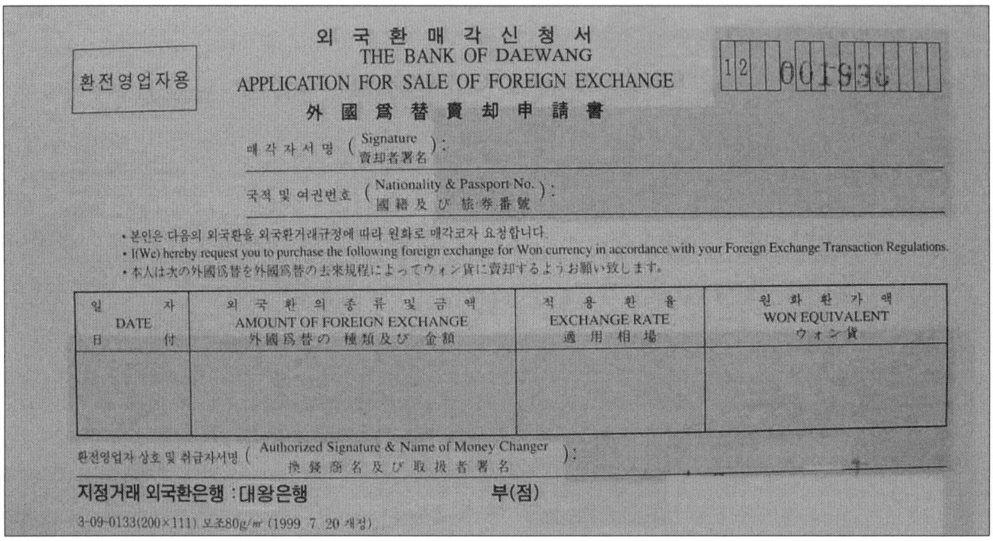

환전영업자용

외 국 환 매 각 신 청 서
THE BANK OF DAEWANG
APPLICATION FOR SALE OF FOREIGN EXCHANGE
外 國 爲 替 賣 却 申 請 書

12 001936

매 각 자 서 명 (Signature 賣却者署名):

국적 및 여권번호 (Nationality & Passport No. 國籍及び旅券番號):

• 본인은 다음의 외국환을 외국환거래규정에 따라 원화로 매각코자 요청합니다.
• I(We) hereby request you to purchase the following foreign exchange for Won currency in accordance with your Foreign Exchange Transaction Regulations.
• 本人は次の外國爲替を外國爲替の去來規程によってウォン貨に賣却するようお願い致します。

일자 DATE 日付	외국환의 종류 및 금액 AMOUNT OF FOREIGN EXCHANGE 外國爲替の種類及び金額	적용환율 EXCHANGE RATE 適用相場	원화환가액 WON EQUIVALENT ウォン貨

환전영업자 상호 및 취급자서명 (Authorized Signature & Name of Money Changer 換錢商名及び取扱者署名):

지정거래 외국환은행 : 대왕은행 부(점)

3-09-0133(200×111) 모조80g/㎡ (1999. 7. 20 개정)

(고객용)

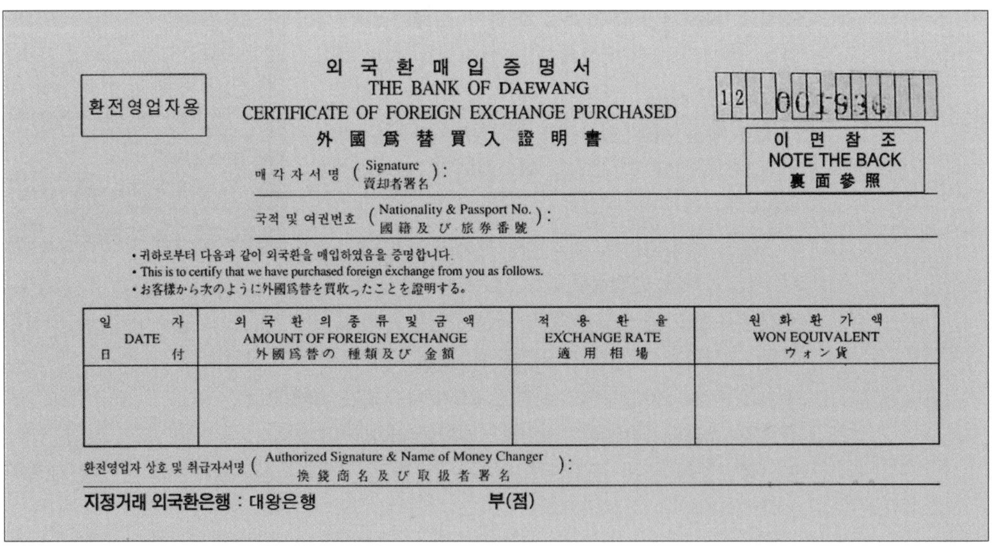

환전영업자용

외 국 환 매 입 증 명 서
THE BANK OF DAEWANG
CERTIFICATE OF FOREIGN EXCHAEGE PURCHASED
外 國 爲 替 買 入 證 明 書

12 001936

이 면 참 조
NOTE THE BACK
裏 面 參 照

매 각 자 서 명 (Signature 賣却者署名):

국적 및 여권번호 (Nationality & Passport No. 國籍及び旅券番號):

• 귀하로부터 다음과 같이 외국환을 매입하였음을 증명합니다.
• This is to certify that we have purchased foreign exchange from you as follows.
• お客樣から次のように外國爲替を買收ったことを證明する。

일자 DATE 日付	외국환의 종류 및 금액 AMOUNT OF FOREIGN EXCHANGE 外國爲替の種類及び金額	적용환율 EXCHANGE RATE 適用相場	원화환가액 WON EQUIVALENT ウォン貨

환전영업자 상호 및 취급자서명 (Authorized Signature & Name of Money Changer 換錢商名及び取扱者署名):

지정거래 외국환은행 : 대왕은행 부(점)

(호텔용)

환전영업자용

8 1 1 1 3 4 - 2 4 - 0 0 0 3 2 1 7

외 국 환 매 각 신 청 서
THE BANK OF HANA
APPLICATION FOR SALE FOREIGN EXCHANGE

매 각 자 서 명(Signature) :

국적 및 여권번호(Nationality & Passport No.) : / XXXXXXX74

성명 및 객실번호(Name & Room No.) : Hiro Takashi / 2523

본인은 다음의 외국환을 외환거래규정에 따라 원화로 매각코자 요청합니다.
I(We) hereby request you to purchase the following foreign exchange for Won currency in accordance with your Foreign Exchange Transaction Regulations.

일 자 DATE	외국환의 종류 및 금액 AMOUNT OF FOREIGN EXCHANGE	적 용 환 율 EXCHANGE RATE	원 화 환 가 액 WON EQUIVALENT
05-06-24	50,000.00 JPY	8.28	413,845KRW

환전영업자 상호 및 취급자서명 :
(Authorized Signature & Name of Money Changer) : 568
지정거래 외국환은행 : KEB하나은행 용산전자상가지점

고객용

8 1 1 1 3 4 - 2 4 - 0 0 0 3 2 1 7

외 국 환 매 각 신 청 서
THE BANK OF HANA
APPLICATION FOR SALE FOREIGN EXCHANGE

매 각 자 서 명(Signature) :

국적 및 여권번호(Nationality & Passport No.) : / XXXXXXX74

성명 및 객실번호(Name & Room No.) : Hiro Takashi / 2523

본인은 다음의 외국환을 외환거래규정에 따라 원화로 매각코자 요청합니다.
I(We) hereby request you to purchase the following foreign exchange for Won currency in accordance with your Foreign Exchange Transaction Regulations.

일 자 DATE	외국환의 종류 및 금액 AMOUNT OF FOREIGN EXCHANGE	적 용 환 율 EXCHANGE RATE	원 화 환 가 액 WON EQUIVALENT
05-06-24	50,000.00 JPY	8.28	413,845KRW

환전영업자 상호 및 취급자서명 :
(Authorized Signature & Name of Money Changer) : 568
지정거래 외국환은행 : KEB하나은행 용산전자상가지점

오페라(OPERA) 프로그램을 이용하여 외국환매각신청서를 출력하여 매각자 서명을 받은 후 고객에게 고객용 외국환매각신청서를 잘라서 현금과 함께 제공한다.

몇몇 호텔들은 로비에 환전을 할 수 있는 기계를 설치하여 운영하기도 하며, 프런트 캐셔가 OPERA 등을 이용하여 환전업무를 수행하기도 한다.

환율게시판

그림 4-12 **환전 처리방법**

환전외화의 종류와 금액을 확인한다.

외국환매입증명서에 외환금액, 환율, 원화금액, 고객의 객실번호, 이름을 기입한다.

고객의 사인을 받는다.
여행자수표의 경우 수표의 사인과 매각증명서의 사인이 동일한지 확인해야 한다.

환전담당자의 사인을 한다.

해당 원화금액과 증명서 2장 중 뒷면을 고객에게 드린다.

외화에 증명서를 첨부하여 데스크에 보관한다.

외국환매각신청서와 외국환매입증명서는 고객이 환전을 증명하는 서류이기 때문에 어떠한 낙서도 해서는 안 되며, 잘못된 금액이나 이름이 기입되면 무효(VOID) 처리하고 증명서를 다시 작성해야 한다. 매각증명서를 분실할 시 이에 대한 사유서가 작성되며, 무효 처리된 외국환매각증명서와 함께 재경부(경리부)로 보내진다. 그리고 같은 종류의 외화라 하더라도 여행자수표와 현금의 환율은 다르며, 위조지폐에 대해서는 항상 유의해야 한다.

위험신호기

호텔의 환전창구에는 강도의 현금강탈 등 위급 상황 발생 시 밖에서 잘 보이지 않는 곳에 스위치를 설치하여 이것을 누르면 사무실이나 경비업체로 연락되어 종사원과 현금을 보호할 수 있다.

위험신호기

외국통화관리

- US $, GBP £, JPN ¥, SGD $, EURO, HK $, CAN $, AUS $ 등을 비롯한 30여 개국 지정영수통화 및 여행자수표(T/C)를 환전한다.
- 각 식음료업장에서는 US $와 JPN ¥화의 Cash 및 T/C 등을 주로 취급한다.
- 외화로 계산 시 잔액은 보유하고 있는 외화로 거슬러 드려도 무방하다.
- 수납된 외화는 임의로 유통해서는 안 되며, 당일 입금해야 한다.
- 외화의 종류를 정확하게 구분하여 접수하도록 한다.
- 외화접수 시 적용환율은 당일 환전상에 고시된 환율을 적용한다.

여행자수표

해외여행자의 현금휴대에 따른 분실·도난 등의 위험을 피하기 위하여 고안된 수표로서 은행으로부터 매입할 시 이미 해당 금액만큼의 현금을 지불하고 발행받은 수표로 현지통화의 현금화 및 물품구입이 용이하며, 분실 및 도난 시에도 재발급을 받을 수 있는 수표이다.

표 4-6 위조 여행자수표의 특징

• 색상이 선명하지 않거나 더 진하다.
• 무늬의 인쇄가 조잡하다.
• 번호의 인쇄상태가 굵거나 투박하다.
• 인쇄가 평판으로 되어 있거나 돌출무늬가 없다.
• 지질이 얇거나 두껍고 미끄럽다.

표 4-7 위조 USD 지폐 식별요령

• 위폐의 경우 종이의 재료는 모조지를 사용한다.
• 진폐는 지질이 강하고 질긴 반면, 위폐는 약하다.
• 진폐의 색조는 연한 하늘색을 띠고 있다.
• 위폐의 색조는 누런색과 흰색을 띠고 있다.
• 위폐의 종류로는 100달러권이 대다수이다.
• 위폐의 경우 인쇄가 전반적으로 복사한 것처럼 조잡하다.
• 진폐는 철성분과 특수잉크 및 철솜털이 배합되어 있다.
• 위폐의 경우 철성분이 없고, 종이 위에 코팅을 한다.
• 1970년대 이전에 발행된 위폐는 철성분이 없는 것이 특징이다.
• 1970년대 이후의 위폐는 철성분이 코팅되어 있어 위폐식별펜이나 기계로도 식별이 어렵다.

표 4-8 **환율표**

EXCHANGE RATE (2024년 6월 14일 기준)								
Country	통화		T/T Buying	Cash Buying	Check Buying	T/T Selling	Cash Selling
미국	달러	USD	1,357.60	1,347.01	1,354.87	1,384.40	1,394.99
일본	엔	JPY	864.03	857.31	863.57	881.13	887.85
유럽	유로	EUR	1,457.73	1,443.15	1,455.44	1,487.17	1,501.75
영국	파운드	GBP	1,731.84	1,714.87	1,728.32	1,766.82	1,783.79
캐나다	달러	CAD	987.56	977.88	985.66	1,007.50	1,017.18
스위스	프랑	CHF	1,518.14	1,503.27	1,516.66	1,548.80	1,563.67
홍콩	달러	HKD	173.78	172.08	173.51	177.28	178.98
스웨덴	크로나	SEK	129.44	123.29	129.23	132.04	135.05
호주	달러	AUD	900.43	891.61	898.84	918.61	927.43
덴마크	크로네	DKK	195.41	186.13	195.11	199.35	203.89
말레이시아	링기트	MYR	288.33	269.69	0.00	0.00	312.79
뉴질랜드	달러	NZD	836.51	828.31	834.78	853.39	861.59
중국	위안	CNY	187.23	179.67	0.00	191.01	198.57
태국	바트	THB	36.92	35.06	36.88	37.66	39.15
인도네시아	루피아	IDR	8.35	7.59	8.34	8.51	9.27
사우디아라비아	리얄	SAR	361.90	340.33	361.10	369.20	388.57
쿠웨이트	디나르	KWD	4,428.35	4,115.24	4,421.18	4,517.81	4,763.83
바레인	디나르	BHD	3,600.34	3,345.77	3,591.86	3,673.06	3,869.44
아랍토후국	디히람	AED	369.53	347.51	369.01	376.99	393.78
노르웨이	크로네	NOK	127.43	121.38	127.20	129.99	132.95
싱가포르	달러	SGD	1,004.59	994.54	1,002.90	1,024.87	1,034.92

2. 현금관리업무

호텔기업은 경영특성 중 하나로 현금(fund)회전이 매우 빠른 기업이라고 할 수 있다. 현금흐름은 거액의 단위뿐만 아니라 영업장별로 소액단위로 빠르게 움직이고 있는 특성을 가지고 있어 호텔 영업활동에서 발생하는 현금을 효율적으로 관리하는 것이 매우 중요하다.

양식 4-10 **캐셔 리포트**

CASH REPORT

Date: ____________________ Cashier: ____________________

Outlet: __________ Shift: __________ Tome: From __________ To __________

Currency	Q.ty	Today's Rate	Amount	Remarks
10,000				
5,000				
1,000				
500				
100				
50				
10				
Check				
Others				
Subtotal for Won				
US $				
T/CUS $				
¥				
T/C ¥				
Coin				
Grand Total				

6-87113044

Overage:

Shortage: Signature: ____________________

프런트 캐셔(front cashier) 금고

호텔 객실부에서 발생하는 현금을 집계·관리하고 원활한 영업활동을 수행할 수 있도록 프런트 데스크 종사원들은 영업준비금(fund)이나 환전준비금을 가지고 현금과 관련된 업무를 수행하게 된다. 특히 환전준비금은 은행이 쉬는 연휴나 특정 행사기간 등의 상황에 따라 예상되는 금액을 재경부로부터 수령받아 환전업무에 차질이 없도록 해야 한다.

제5절 Information 업무

호텔 내외부 고객의 문의사항이나 요청사항 등이 보통 1차적으로 프런트 데스크를 통해 이뤄지기 때문에 호텔 내 모든 정보사항을 숙지해야 하는 것은 기본이며, 정확하고 많은 정보를 가지고 영업업무와 매출증진에 커다란 역할을 하고 있다.

고객에게 정보를 제공하기 위해서는 호텔의 정책·절차·요금·서비스상품 등의 호텔상품에 대하여 철저히 파악하고, 나아가 호텔의 위치적 특성, 교통, 각종 여행상품 및 안내, 관광시설 등에 대한 사전지식을 알고 있어야 한다.

더욱이 호텔에 투숙하고 있는 고객의 편의를 도모하고, 외부로부터 문의가 있을 경우에도 최선을 다하여 적극적으로 필요한 정보를 제공해야 한다. 그러므로 고객이 숙박을 하면 고객이 머무르는 동안 프런트 데스크 종사원은 각종 정보를 제공하는 중심지로서의 역할과 기능을 수행해야 하는데, 이는 고객에게 호텔의 정책이나 요금·서비스·상품 등 고객으로부터 예상되는 질문에 대답할 수 있도록 전반적인 정보를 습득하고 많은 정보를 갖추고 있어야 한다. 이에 프런트 종사원들은 고객들의 질문에 대답하기 위하여 관련정보를 파일이나 책자로 만들어 준비하고 있다.

프런트 데스크의
인포메이션(information) 전경

또한 호텔의 숙박고객뿐만 아니라 외부고객에게 정보제공은 호텔의 상품구매를 유도할 수 있는 기회가 될 수도 있으므로 호텔의 어느 부서보다도 고객에게 많은 정보를 제공해줄 수 있도록 노력해야 한다.

"잘 모르겠습니다"라는 식의 대답은 지양해야 하며, 모르는 질문을 받았을 경우에는 이 사람 저 사람에게 돌려 넘겨 고객으로 하여금 불편을 느끼게 해서는 안 되며, 자료를 찾아보거나 직접 타 부서에 연락을 하는 등의 적극적인 자세를 갖도록 하는 것이 고객에게 호감을 줄 수 있다.

일반적인 호텔의 정보내용은 다음과 같다.

① 호텔 내의 각종 업장의 시설과 행사에 대한 정보

② 교통(shuttle, rent a car, KAL limousine bus, city tour)노선과 시간 및 운영현황 정보

③ 근교 관광지 및 교통에 관한 정보

④ 쇼핑센터와 오락시설에 관한 정보

⑤ 종교(교회 · 성당 · 절 · 사원 등)와 관련된 정보

⑥ 전화(telephone card 종류, 가격, 사용법, 판매장소)에 관한 정보

⑦ 내선전화(house phone)와 군용전화(military phone) 안내정보

⑧ 고객이 가고자 하는 행선지 및 교통편 안내

⑨ 응급치료 요청 시 병원안내 서비스

⑩ 스포츠 행사안내

⑪ 기타 제반 호텔 주변 안내업무

이상의 여러 정보의 제공 이외에도 고객이 요구하는 내용은 다양하여 일률적으로 한정할 수는 없으나 가능한 한 많은 정보를 취득하고 고객에게 편의를 줄 수 있는 정보이어야 한다. 그러므로 끊임없이 새로운 자료를 준비하여 올바른 정보를 제공할 수 있도록 하는 것이 중요하다.

내선전화(house phone)와 군용전화(military phone)

제6절 Front Desk 고객 서비스업무

1. 메시지 전달업무

메시지(message)라 함은 외부인으로부터 투숙객에게 전화로 전해지거나 직접 남겨지는 간단한 메모(memo) 형식의 글을 의미한다. 주로 5성급 호텔의 경우 레터 메시지(letter message)와 음성 메시지(voice message)를 이용하여 고객에게 전달된다.

고객이 투숙 전에 받은 메시지는 고객이 도착하는 즉시 전달되어야 하며, 고객이 외출하여 돌아오는 즉시 전달하도록 한다. 고객끼리 서로 직접 만날 수 없고, 더욱이 중요한 용건을 전하고 싶을 경우 메시지 슬립을 이용한다. 또한 내외부 고객이 메시지를 남길 때는 남기는 사람의 이름과 전화번호, 남긴 날짜와 시간 그리고 내용 등을 적어서 1장은 객실로 올려보내고, 1장은 외부에서 고객이 메시지 유무를 확인할 때 신속하게 알려주기 위하여 키랙(key rack)에 꽂아두거나 PMS에 입력 후 전달자의 이름과 날짜·시간 등을 적어두고, 마지막 1장은 일정한 장소에 보관하여 만일의 사태에 대비해야 한다.

하지만 1990년대부터 5성급 호텔들은 고객 서비스 차원에서 호텔의 전산 시스템을 이용하여 고객 객실의 전화기를 통해 음성사서함인 음성 메시지(VMS: Voice Message System)를 운영하고 있고, 고객이 원하는 응답 메시지 언어를 통해 고객이 부재 시에도 자동으로 메시지가 녹음되며, 메시지가 녹음되었을 시 고객에게 도착한 메시지가 있음을 객실내 전화기의 점등 램프(message light)를 통해 알 수 있다. 또한 외부에서도 고객 본인의 객실에 남겨진 메시지를 청취할 수도 있다.

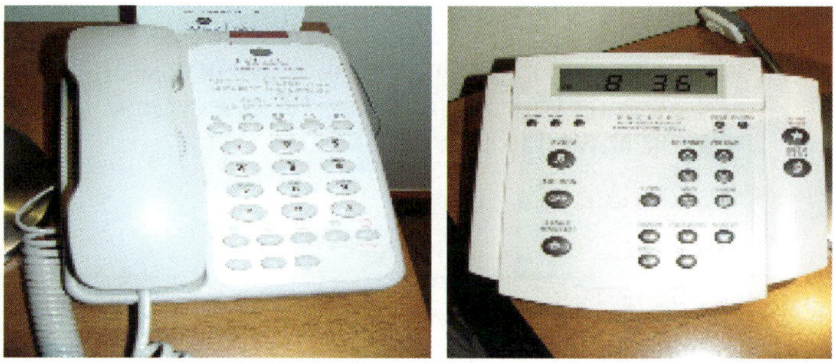

객실 전화기와 컨트롤 박스(control box)

표 4-9 **호텔의 내외부 고객이 남기는 메시지**

외부고객이 남기는 메시지	숙박객이 남기는 메시지
• 외부에서 고객객실을 방문하러 왔다가 고객의 부재 시 메시지를 남기는 경우 • 전화를 걸었으나 부재중으로 메시지를 남기는 경우 • 숙박예정고객에게 남기는 메시지	• 업무상 호텔 외부에 나갔을 경우에 메시지를 남기는 경우 • 호텔 내에 있을 때 외부고객에게 메시지를 남기는 경우

양식 4-11 **행선지 안내 메시지**(Where are you) **용지**

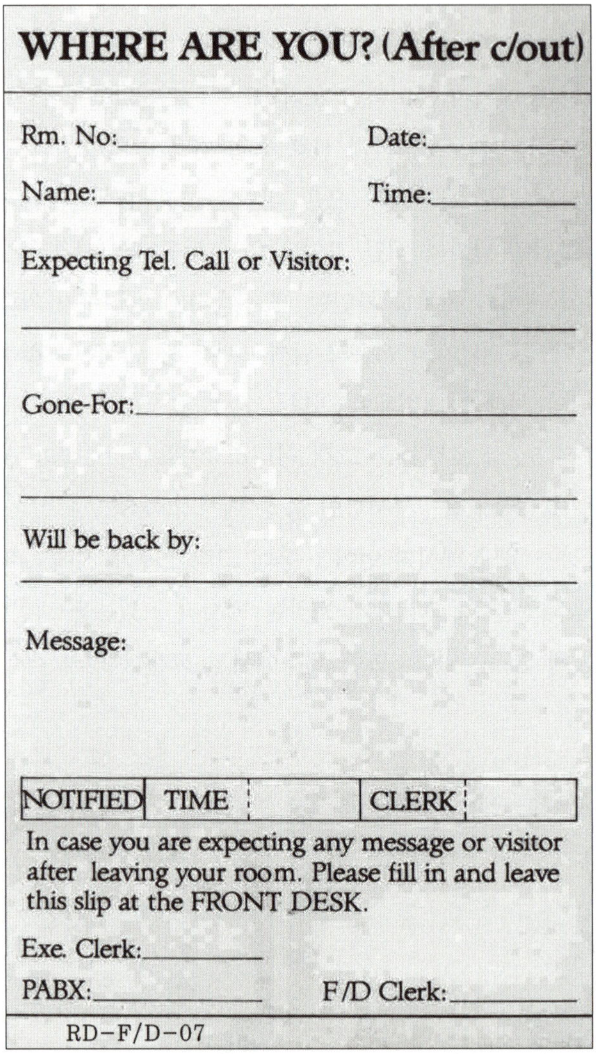

WHERE ARE YOU? (After c/out)

Rm. No:__________ Date:__________

Name:__________ Time:__________

Expecting Tel. Call or Visitor:

____

Gone-For:______________________

____

Will be back by:

____

Message:

NOTIFIED	TIME		CLERK	

In case you are expecting any message or visitor after leaving your room. Please fill in and leave this slip at the FRONT DESK.

Exe. Clerk:__________

PABX:__________ F/D Clerk:__________

RD-F/D-07

양식 4-12 레터 메시지(Letter Message) 용지와 봉투(Envelope)

MESSAGE

Date & Time ....

Room No. ....
號室

To .... 貴下（様）
While you were out.（御 留 守 中）

M ....(様より) From.

Firm ....
会社

Tel ....
電話

☐ Phoned you.
お電話がありました。

☐ Want you call back.
お電話下さい。

☐ Came to see you.
御訪問されました。

☐ Will call again.
後程お電話くださるとのてとです。

☐ No particular message.
別にご伝言はございません。

Message ....

....

....

Thank you

Clerk: ....

COSMOS HOTEL

123-45 1-Ka, Jamsil-Dong Songpa-Gu, Seoul Korea
Tel, (02)733-2465 FAX(02) 733-2000

MESSAGE

お部屋番号 ROOM NO.	701	
お名前 NAME	ソン	様
日 付 DATE	2015/1/25	
時 間 TIME	—	
～より FROM	—	

☐ お電話がございました。 TELEPHONED.
☐ 後ほどお電話いたします。 WILL CALL YOU AGAIN.
☐ お訪ねになりました。 VISITED.
☐ お電話ください。 PLEASE CALL.
TEL ....
☐ 下記の通りご伝言がございました。 LEFT MESSAGE AS FOLLOWS.

おはようございます。
本日のご朝食券でございます。
会場は2階コンベンションホールで
ご準備しております。

担当: フロント

COSMOS HOTEL

123-45, 1-Ga Jamsil-Dong
Songpa-Gu, Seoul 100-200, korea
Tel: 82-2-123-4567
Fax: 82-2-890-0000
e-mail. cosmos@hanmail.net

COSMOS HOTEL

M E S S A G E

ROOM: ....

NAME: ....

그림 4-13 **음성 메시지**(Voice Message) **시스템 안내문**

VOICE MAIL SYSTEM

How to check your messages

From your guestroom

· Lift the telephone receiver
· Dial the access number: 3500
· To listen to your message .... Automatic
· To repeat your message .... Press 2
· To listen to your next message .... Press 6
· To delete your message .... Press 7
· To change your pin number .... Press 83

From outside your guestroom

· Dial Extension #3500 from any location within the hotel.
· Enter your room number*, following by your pin number**

· From outside the hotel or from a mobile phone, dial (02)2270-3500 to connect to the Voice Mail Service. (You can then proceed by entering your room number and pin number.)

*For 3-digit room numbers, add the number 8.
Example:Room 308 ="8308", Room 1001 ="1001"

**Pin number are assigned according to the check-in date.
Example: Check-in January 5 ="0105"

留守番電話機能の使い方

留守番電話を聞くには

ご自分の客室から聞く場合

・受話器をとります.
・3500番を押します.
・メッセージを聞く .... 自動
・繰り返し聞く 2番
・次のメッセージを聞く 6番
・メッセージ削除 7番
・固有番号の変更 83番

ご自分の客室外から聞く場合

・ホテル内から自分の部屋の留守番電話を聞く場合は,内線番号3500を押します.
・*客室番号を押した後, **固有番号を押します.

・ホテルの外部から又は携帯電話から自分の部屋の留守番電話を聞く場合は, (02)2270-3500をダイアルした後, ご自身の部屋番号そして固有番号を押します.

*客室番号が3桁の場合は,8番を最初に押します.
例: 308号室 = '8308', 1001号室 = '1001'

**固有番号はチェックインした日付になります.
例: 1月5日にチェックインした場合 = '0105'

음성 메시지 시스템

음성 메시지 청취 방법

객실에서

· 수화기를 든다.
· 3500번을 누른다.
· 메시지 청취 .... 자동
· 반복 청취 .... 2번을 누른다
· 다음 메시지 청취 .... 6번을 누른다
· 메시지 삭제 .... 7번을 누른다
· 고유 번호 변경 .... 83번을 누른다

객실 외부에서

· 호텔 내부에서 내선번호 3500을 누른다.
· *객실 번호 입력 후, **고유번호를 누른다.

· 호텔 외부나, 휴대폰 사용의 경우에는 (02)2270-3500을 누른 후, 객실 번호와 고유번호를 누른다.

*객실 번호가 세 자리 숫자인 경우, 앞에 8을 입력한다.
예: 308호 = '8308', 1001호 = '1001'

**고유 번호는 체크인 날짜로 지정된다.
예: 1월5일 체크인한 경우 = '0105'

최근에는 객실 내의 TV를 통해 메시지 도착 여부를 확인할 수 있으며, 화면을 통해 메시지 내용을 확인할 수 있는 시스템을 운영하는 호텔들도 있다.

행선지 안내 메시지(where are you)는 고객이 외부인에게 남기는 메시지로서 고객이 어느 곳에 가 있겠다고 하거나 외출하여 지정된 장소에 갈 경우에 남기는 메시지이다. 이때 주의할 점은 유효기간이나 시간을 정확히 기재해야 하며, 교환실에도 통보하여 전화로 문의하는 분에게도 안내하도록 한다. 최근에는 OPERA의 Message에 직접 입력하거나 OPERA의 'Locator' 기능을 활용하기도 한다.

만약 고객이 체크아웃(check-out)할 때 메일 · 팩스 · 메시지 등을 계속 받아 보기 위하여 도착예정지 또는 본인의 주소 및 회사 등의 주소를 남기는 경우 Forwarding Address의 정확한 주소와 전화번호 · 유효기간 등을 받아 관계되는 부서에 정보를 공유하여 업무를 처리하도록 한다.

2. 귀중품 보관업무

호텔에 투숙하고 있는 고객의 귀중품(여권 · 현금 · 귀금속 등)을 안전하게 보관할 수 있는 장소를 제공하는데, 투숙객의 편의와 서비스 측면에서 무료로 대여하고 있다.

호텔에서는 고객의 편의를 위해 귀중품을 보관하는 장소가 보통 객실 내에 설치된 개인금고와 프런트 데스크 안쪽에 설치된 금고가 있다. 그래서 프런트 데스크 금고를 이용하는 단체 고객들의 경우 여권이나 비행기 티켓 등을 보관하고 있다. 대부분의 호텔에서는 고객이 귀중품을 보관하지 않고 도난이나 분실하였을 경우 호텔에서는 책임을 질 수 없다는 점을 숙박약관에 명시하고 있다.

1) 객실 내 금고

최근 호텔 객실 내에 안전금고를 설치하여 현금이나 귀중품을 보관할 수 있도록 하고 있다. 고객 스스로가 사용안내서에 따라 금고에 부착된 버튼을 조작해 비밀번호를 입력하고 금고문을 열거나 닫을 수 있다.

그림 4-14 금고사용안내서

금고 사용법 안내 How to Use the Safe Box 金庫の使い方/保险箱使用方法

금고문을 잠글 때	To lock safe box	金庫の扉をロックする時	锁保险柜时
1. 금고문을 닫습니다. 2. 고객이 원하시는 4자리수 번호를 입력합니다. 3. LOCK버튼을 누르면 자동으로 잠깁니다.	1. Close the door of the safe. 2. Enter four digits of your choice for password. 3. Press LOCK button and the safe will lock automatically.	1.金庫の扉を閉めます。 2.お客様の好きな番号を四桁で入力します。 3.LOCKボタンを押せば、自動的にロックされます。	1. 关闭保险柜门 2. 输入您的4位数密码 3. 按LOCK 键柜门自动关闭
금고문을 열 때	**To open safe box**	**金庫の扉を開く時**	**开保险柜时**
1. 잠글때 입력한 4자리수 번호를 누르면 자동으로 열립니다. 2. 번호를 잘못 입력했을 시는 CLEAR버튼을 누르고 다시 시작하십시오. • 주의사항: 체크 아웃 시 금고문은 열어 놓아 주시기 바랍니다.	1. Enter your four-digit password and the safe will open automatically. 2. In case you enter the wrong digits, press CLEAR button and re-enter your password. • Important: Please make sure the door of the safe box is open when you check out.	1.ロック時に入力した4桁の数字を押すと、自動で開きます。 2.入力ミスした場合は、CLEARボタンを押し、もう一度やり直してください。 • ご注意：チェックアウトの際は、金庫の扉は開けておいてください。	1. 输入您的4位数密码, 柜门便自动开启 2. 如果密码输入错误, 按CLEAR键, 重新出入密码 • 注意: 结帐时, 请开启保险柜门

객실 내 금고

양식 4-13 금고(Safe Deposit Box) 이용용지 (1)

COSMOS HOTEL

SAFE DEPOSIT BOX
TERMS AND CONDITIONS

Box.No.	Date Issued	Time	Guest Name	Room No.

1. The safety deposit box can only be accessed in person by the individual whose signature is on this form, together with the box key
2. If the key is lost or is not returned when the guest checks out, the box will be forcefully opened after 60 days and the contents will be retained or sold to cover the cost involved in opening or replacing the key, as well as any additional charges.
3. The custodian shall not be liable for the acts of the co-depositors. A co-depositor is allowed to surrender and remove any contents from the Box.
4. The custodian assumes no liability for entry into the safety box by unauthorized persons, or for any loss or damage resulting therefrom. It is the depositor's responsibility to ensure the items in the Box does not exceed a $250.00 net worth. Liability of the custodian in all events is limited to a maximum of $250.00.
5. The depositor agrees to notify the custodian immediately when the key is lost. The $________ deposit will be refunded if the key is returned when checking out. ¥________

GUEST SIGNATURE ____________________

CLERK ____________________

DATE	TIME	CONTENTS	SIGNATURE	CLERK

HOLDER OF BOX AND CLERK MUST SIGN THIS CARD EACH TIME BOX IS OPENED

SURRENDER OF BOX

The undersigned hereby surrenders the above numbered box and certifies that all property placed therein has been lawfully withdrawn and is now in the possession of the owners. All claims against and liability of the custodian are hereby released and discharged.

GUEST SIGNATURE ________ DATE ________ TIME ________ CLERK ________

양식 4-14 금고(Safe Deposit Box) 이용용지 (2)

peace of mind

key no. ______ date issued ______

issued by ______ authorized by ______

As a condition on the receipt of such articles I have deposited in this safe-deposit box, I hereby agree that access to this box will be obtainable only through this signature and upon the presentation of this key in person. I hereby also agree that the Westin Chosun Seoul shall not be liable for any loss or damage to the contents as a result of my failure to personally present such key, fire, flood, theft, ordinary or gross negligence, or otherwise, except for loss or damage caused by intentional misconduct on the part of the hotel or its employees. I hereby also agree that, in the event I should not personally surrender this key and remove the contents of this box within ten(10) days after I cease to be a guest of this Hotel, the Westin Chosun Seoul may force entrance to said safe-deposit box and remove the contents thereof, and while retaining the said contents, the Westin Chosun Seoul shall not be liable for any loss or damage to such contents. In the event that the key is lost while in my custody I hereby agree to pay to the Westin Chosun Seoul the sum of KRW 30,000 for the cost of opening the safe-deposit box and the replacement key.

signature ______ room no. ______

home address ______

city ______ state ______ zip code ______

authorized signature	date	time	clerk's initials

I hereby relinquish my key to Box No.____ and certify that all property placed or stored therein has been withdrawn and is now in my full possession. All claims against and liability of the Westin Chosun Seoul are therefore waived accordingly.

signature ______

date ______ clerk's initials ______

WESTIN
HOTELS & RESORTS

2) 안전금고

프런트 캐셔 데스크에 안전금고(safe deposit box)를 설치하여 고객들이 무료로 이용할 수 있는 금고이다. 이 금고를 이용하기 위해서는 별도의 공간에 프런트 데스크 종사원이 버튼을 눌러야만 출입문이 열리고 닫혀 고객을 통제하고 있다. 이 금고는 호텔의 금고 키(master key)와 고객의 금고 키(guest key)를 동시에 넣은 후 돌려야만 금고를 개폐할 수 있다. 프런트 데스크 종사원은 금고기록서에 성명・객실번호・날짜・서명 등을 기록하고 고객에게 서명을 받은 후 금고 키를 건네준다. 중간에 고객이 금고를 열거나 완전히 귀중품을 찾아갈 때에는 본인의 이름과 사인이 일치하는지 확인한 후 내부금고 박스(box)를 꺼내준다. 이때 매번 박스를 열 경우에는 신청서 이면의 서명란에 서명을 받아 본인의 사인 여부를 확인해야 한다. 또한 개폐 시 보관내용물에 대하여 관여 또는 주시하여서는 안 되고, 절대로 고객의 물건에 손을 대지 않도록 주의하며, 고객이 스스로 꺼내갈 수 있도록 한다. 그리고 어떠한 경우에도 제3자가 대여키를 소지하고 박스를 열어달라고 하여도 이에 응해서는 안 된다. 고객이 금고 키를 분실하였을 경

프런트 데스크의 금고(safe deposit box)

우 분실료를 징수하며, 이때는 객실팀장이나 당직지배인(duty manager)의 허가를 득한 후 안전 금고의 그랜드 마스터 키(grand master key)를 이용하여 열어야 한다.

최근에는 메탈 키 대신 번호 키 금고를 이용하는 호텔들이 증가하고 있는 추세이다.

3. Wake-up Call(Morning Call) 업무

대부분 웨이크업 콜은 교환실에서 핸들링하고 있지만, 고객이 직접 프런트 데스크에 전화를 걸어 웨이크업 콜을 원할 시 객실번호와 요청시간을 받아 교환원에게 전달한다. 또한 단체의 웨이크업 콜은 일반적으로 여행사 가이드나 단체인솔자의 요구에 의해 이루어지는데, 프런트

양식 4-15 Wake-up Call Request Form

Date: 20 . . .

Wake-up Call Request		Room No.	Guest Name	Order Taken By	Hand Over to Operator	Remarks
Date	Time					

COSMOS HOTEL

Rooms Division

데스크 종사원은 웨이크업 콜 리스트에 단체명(Q name)과 시간을 기입하여 교환실(PBX)에 통보한다.

제7절 Front Desk 종사원의 부가적 업무

1. 각종 변경(Change)업무

1) 객실 변경

투숙하고 있는 객실을 변경하는 이유는 객실의 고장 등 호텔의 사정으로 인한 경우와 고객의 요청에 의한 경우가 있다. 만약 고객의 요청에 의한 경우는 객실의 여유가 있는 한 최대한으로 고객의 요청에 응해야 하며, 호텔의 사정인 경우에는 고객에게 변경의 이유를 충분히 설명하여 이해시키고 동의를 얻어야 한다. 이런 경우 대부분 객실을 업그레이드(up-grade)하거나 과일 서비스를 해주는 경우가 많다. 투숙객이 숙박 중 여러 가지 이유에 의해서 객실을 옮기게 되었을 경우 프런트 데스크에서는 룸 체인지 슬립(room change slip)을 작성하여 객실을 변경하는 이유를 기입하여 벨 데스크 종사원을 통해 1장은 객실정비와 미니바 체크를 위해 하우스키핑에 보내며, 1장은 등록카드에 첨부(attached)한다. 몇몇 호텔들은 PMS에 내용을 기록하여 룸 체인지 슬립을 작성하여 보관하지 않는 호텔들도 있다.

보통 고객이 부재중일 때 룸 체인지를 하는 경우 고객의 사전 동의를 얻어야 가능하므로 임의적으로 판단해서는 안 된다.

2) 객실요금 변경

고객의 요금은 예약하는 시점과 체크인 시 재확인되어야 하지만, 특별한 경우에 숙박 중일 경우 변경하기도 한다. 이는 종사원이 객실요금을 잘못 적용하였을 때 이를 조정하여 적용하는 경우, 단체나 일반 패키지요금 또는 투숙연장으로 인하여 여행사 지불에서 고객직불로 변경되었을 경우, 고객이 더 좋은 객실로 변경을 요구하는 경우, 인원의 변동 등 객실요금 변경(room rate change)의 상황이 발생될 경우에 변경 슬립(rate change slip)을 작성하여 등록카드에 첨부함은 물론, 파일링하도록 한다. 최근에는 객실요금 변경 시 고객의 사인을 등록카드에 받는 추세이다.

표 4-10 **객실변경**(Room Change) **사유**

원인	사유
고객요구에 따른 객실변경	• 현재 객실보다 싼 가격의 객실을 원할 경우
	• 인원변동으로 인한 객실변경 시
	• 다른 층의 객실을 원할 시
	• 단체고객으로 인한 소음으로 객실변경 시
	• 일행과 같은 층이나 옆객실을 원할 경우
	• 엘리베이터나 비상구의 위치에 따른 객실을 원할 경우
	• 특별한 층이나 객실의 타입을 원할 경우
호텔 사정에 따른 객실변경	• 객실의 냉난방의 문제가 발생 시
	• 객실에서 냄새가 날 경우(담배)
	• TV나 냉장고가 작동이 안 될 경우
	• 욕실의 누수나 변기가 막혔을 경우
	• VIP 등 특별히 사전에 예약한 고객의 객실의 경우

양식 4-16 **체인지 슬립**(Room Change & Rate Change Slip)

CHANGE SLIP

Date: Time:

ITEM	From		To	
Room No.				
Name				
Person(s)				
Room Type.				
Room Rate				
Payment				
Arr. Date				
Dep. Date?				
Late C/O Time	12:00			
Charge	Free	30%	50%	100%

Remark:

Bell	T/C	RSV.	CIK.	Mgr.	In-Put

CC: H/K, DAM, F/C, B/D, PABX

RD-F/D-05 LOTTE HOTEL SEOUL·JAMSIL

CHANGE/LATE CHECK OUT

DATE: TIME:

CHANGE	FROM	TO	
NAME			
ROOM NO.			
ROOM TYPE			
ROOM RATE			
ARRIVAL DATE			
DEPARTURE DATE			
CHECK OUT HOUR:			
L. C. O.	30 %	50 %	FULL / FREE

REASON:

CLERK: APPROVAL:

FRONT 13-911001-66

3) 체크아웃 날짜 변경

고객이 투숙 중 체크아웃 날짜를 변경하고자 할 때 프런트 데스크 종사원은 객실상황(room available)을 반드시 확인한 후 객실을 연장(extension)해준다. 만약 객실이 오버 부킹(over booking)으로 인해 불가능할 경우 고객에게 가능한 날만 승낙을 하고 불가능할 시 대기(waiting)를 올려놓은 후 그날의 상황을 보아 연장 여부를 결정하도록 한다.

2. 객실현황 관리업무

객실관리는 'Occupancy Control' 또는 'Room Control'이라고도 하는데, 호텔에서 효과적인 시스템을 이용하여 판매함으로써 최고의 가격으로 최대의 객실을 판매하기 위한 것이다. 즉 객실현황을 정확히 숙지하고 고객의 요구를 파악하여 객실판매로 인한 매출을 극대화하기 위한 수단이라고 할 수 있다.

이는 당일 예약사항을 점검하며, 체크인 예정고객(expected arrival guest)과 체크아웃 예정고객(expected departure guest) 및 판매가능 객실수(available room) 등을 수시로 확인하여 노쇼(no-show)와 예약취소(cancellation)를 방지하며, 객실예약부서와 수시로 업무를 조율하여 체계적이고 과학적인 방법을 이용한다.

룸 체크(room check)는 주간과 야간에 걸쳐 수행되는 업무로서 고객에게 제공되는 객실의 Vacant와 Occupied 등의 확인작업을 말한다. 이는 컴퓨터상으로 재실이라고 나오지만, 실제로 공실로 판명되는 경우 이를 체크하지 못하면 그날의 객실판매의 기회를 놓치게 되는 경우도 있다.

만실(full house)의 경우에는 노쇼 가능성이 있는 예약을 미리 골라내는 기술이 필요하다. 이 경우는 사전에 예약확인(reconfirm)이 되었는지, 예약중복(duplicated reservation)으로 이미 In-house인지, 비행기 스케줄(flight schedule)을 확인하여 탑승 여부 등을 체크하여 워크인 고객(walk-in guest)이나 대기고객(waiting guest)에게 판매하여 객실을 100% 판매하도록 한다.

노쇼(No-show)
고객이 예약을 하고 예정된 날짜에 아무런 연락도 없이 도착하지 않은 경우를 말한다. 보통 호텔에서는 당일 도착예정고객들의 약 5% 내외를 차지하고 있다.

3. 객실배정업무

1) 객실배정의 목적

고객이 희망하는 유형과 위치 및 가격의 객실을 적절히 지정한다는 것은 아무리 강조해도 지나치지 않다. 객실배정(room assignment)이란 프런트 데스크의 중요한 업무로서 만실이 될 때까지 판매 가능한 객실에 투숙객을 배정하는 절차를 의미하는 것으로서 예약에 의한 당일 도착예정고객에게 객실을 배정하거나 당일 예약된 고객이 도착하기 전에 미리 객실을 배정하는 작업을 말하는데, 이는 객실배정에 따른 시간단축 및 효율적인 업무수행은 물론, 투숙객의 편의를 도모함에 있다.

특히 단체고객의 경우 동시에 많은 고객들이 호텔에 도착하기 때문에 혼잡을 피하기 위해 단체고객을 담당하는 호텔판촉직원이나 여행사 가이드와 긴밀하게 협의하여 도착 전에 도착시간이나 특별한 요구사항 등 가능하면 모든 정보를 사전에 입수하여 효율적인 객실배정이 이루어지도록 해야 한다.

객실예약부서에서 예약을 접수할 때에는 특별한 객실을 제외하고는 객실번호를 지정(pre-assignment)하지 않는다. 따라서 객실배정은 특별한 경우를 제외하고 프런트 데스크에서 객실 종류나 객실수를 고려하여 도착 당일 아침에 실시한다.

2) 객실배정방법

프런트 데스크 종사원은 호텔 전 객실의 형태와 특징을 파악하고 있어야 하며, 특별한 요구사항이 있는 고객의 객실배정(room assignment)의 경우 모든 조건에 알맞도록 적합한 객실을 배정해야 한다. 단체고객일 경우 객실배정 시 객실현황을 파악한 후 가능하면 FIT 고객들과 분리시켜 동일층으로 배정하도록 한다. 일반적으로 특히 일본 및 동남아 지역의 단체의 경우 특별한 지정이 없는 한 원칙적으로 동행들끼리 왕래하는 등 소음이나 혼잡 등의 문제가 발생할 수 있기 때문에 가능하면 동일구역이나 동일층으로 배정한다.

비행기 시간 등으로 인하여 조기도착(early check-in)예정인 고객의 객실은 하우스키핑(house-keeping)에 연락하여 일찍 청소가 이루어질 수 있도록 미리 통보한다. 또한 장애인이나 노약자의 경우 되도록이면 낮은 층이나 엘리베이터와 가까운 쪽으로 배정한다.

표 4-11 객실배정을 하기 전에 확인해야 할 사항

당일 점유율 (today occupancy)	점유율 확인은 객실배정에 앞서서 필요한 가장 기본적인 단계로서 보통 당일 점유율이 80% 이상일 경우에는 객실 타입별 및 등급별 예약이 실제 가능수량과 거의 맞지 않는다.
당일 객실 타입별 · 등급별 현황 (room type & grade)	객실 타입 및 등급별 현황을 파악하여 예약과 비교하여 실제 보유수가 마이너스로 나타나는 경우에는 객실 타입의 변경이 가능한 예약들이 있는지 확인하여 객실 타입을 변경해준다. 이때 타입별 변경이 불가능할 경우 객실의 Up-grade 여부를 결정해야 한다.
Early Check-in 예정고객 예약확인	Early Check-in 요청고객의 경우 정비가 완료된 객실이나 이미 체크아웃이 완료된 객실을 선택하고 고객 체크인 전에 모든 준비를 끝내야 한다.

객실배정의 원칙과 우선순위

객실배정(room assignment)이란 예약에 의한 당일 도착예약고객을 위하여 객실을 할당하여 배정하는 절차로 체크인 시 시간단축 및 효율적인 임무수행을 통해 투숙객의 편의를 도모하기 위하여 실시된다.

▶ 객실배정 시 유의사항

- 호텔 전 객실의 구조와 특징의 정확한 숙지
- 당일 객실 타입별 예약상황의 분석
- 객실수에 따른 우선배정의 원칙
- 금연과 흡연 고객의 분리배정의 원칙
- VIP, Membership, 회원사, 특별고객 우선배정의 원칙
- 체크인 시 발생가능 변수에 대한 교차 검토
- 직원들 간의 의사통일

▶ 객실배정 시 우선순위

객실배정 시 우선순위는 프런트 데스크 종사원의 경험 및 회사가 정한 순위, 일반적인 사항에 따라 객실배정이 이루어진다. 즉 장애인 및 노약자의 경우는 엘리베이터에서 가까우며 낮은 층의 객실, VIP의 경우 조용하며 좀 더 쾌적한 환경의 객실, 특별요청이 있는 경우 해당 조건에 맞는 객실, 단체의 경우 국가별 · 인원별 및 구성원의 특성(가족, 회의 참석자, 수험생, 일반 여행객)에 따른 배정 등 고객유형 및 특성에 맞추어 객실배정이 이루어져야 한다.

객실배정 시 우선순위는 다음과 같다.

- VIP 고객
- Membership 고객
- 장애인 및 노약자
- 특별요청이 있는 경우
- 회원사(계약사)
- 단체고객
- 일반 FIT

3) 객실배정의 변경

객실배정절차에 따라 일단 객실을 배정하고 나면, 될 수 있으면 객실을 변경하지 않도록 해야 한다. 하지만 객실에 전기가 작동하지 않는다든지, 냉난방 장치가 고장났다든지 하는 특별한 경우에는 관련부서나 고객에게 통보된 객실을 변경해야 한다. 이때 예약과 관련된 사항을 파악하여 기존 객실에 꽃이나 과일 및 기타 세팅물이 있을 경우에는 벨맨을 통하여 새로 배정된 객실로 신속히 옮겨지도록 하고, 관련부서에 새로운 객실번호를 통보해야 한다.

4. 추천판매(Up-selling)업무

프런트 데스크 종사원은 호텔 객실에 대한 전반적인 정보를 가지고 고객이 선택할 수 있도록 다양한 상품과 서비스를 제안할 수 있다. 여기서 제안이란 고객이 원하지 않는 것을 이용하도록 강요하는 것이 아니라, 프런트 데스크 종사원이 제공하는 정보를 고객이 판단하여 고객 스스로가 선택하는 것이라고 할 수 있다. 이는 고객이 좀 더 훌륭한 객실을 선택했을 때 고객은 호텔에서 좀 더 즐겁고 편안하게 머무를 수 있는 고객만족뿐만 아니라 호텔의 입장에서는 객실수입을 증가시킬 수 있는 중요한 역할을 한다.

객실판매방법은 크게 3가지로 나눌 수 있는데, 첫 번째로 객실판매 시 우선 고객에게 친근감 있는 접근을 시도하고, 고객이 기꺼이 지불할 수 있을 것이라는 신념을 갖고 높은 값부터 낮은 값(top-down suggestion method)으로 내려가는 방법, 두 번째로 낮은 값부터 높은 값

그림 4-15 Night Front Desk(야간 Clerk) 업무

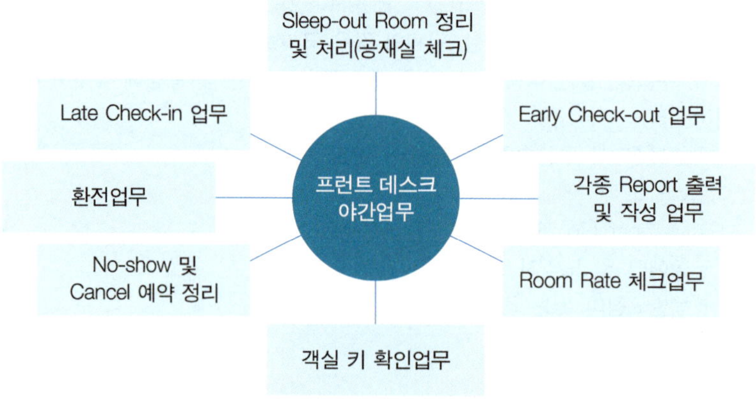

(bottom-up suggestion method)으로 권하는 방법, 마지막으로 객실요금의 중간 공표가격을 제시함으로써 심리적인 자극과 실제적인 이익을 제시하는 방법 등 고객과 호텔에 서로 도움이 되는 판매기법(win-win method)이라 할 수 있다.

5. 만실일 경우 예약한 고객 처리업무

객실이 만실(full house)일 경우 예약한 고객이 호텔에 도착하였을 경우 다른 호텔로 턴 어웨이(turn away, relocation) 해야 한다. 턴 어웨이란 고객이 객실을 예약했음에도 불구하고 초과예약이나 기타 예기치 못한 사정으로 인하여 고객에게 객실을 제공하지 못하고 다른 호텔로 보내는 경우를 말한다. 호텔의 잘못으로 인하여 발생된 문제이므로 호텔에서 전적으로 책임을 져야 한다. 이러한 경우 그 호텔과 비슷하거나 더 높은 수준의 호텔을 알선해주고 객실료와 교통비를 호텔에서 대신 지불해준다. 그리고 공식적인 사과공문을 발송하고 1박 후 원래 예약했던 호텔로 돌아올 수 있도록 한다.

6. 불량고객 처리업무

불량고객 중에는 금전적인 능력이 없거나 객실시설을 상습적으로 망치게 하거나 고성방가 등으로 인하여 다른 고객들에게 피해를 주는 고객을 말한다. 이러한 고객들은 컴퓨터상 불량고객(black list; black consumer)에 입력하며, 이러한 고객의 투숙요구 시에는 비록 빈 객실이 있더라도 여러 가지 이유를 들어 숙박을 거절한다. 또한 피해를 당한 호텔들은 다른 호텔들과 전화상이나 팩스 등 다양한 방법으로 이름 · 인상착의 · 피해금액 등과 같은 정보를 공유하기도 한다.

7. Front Desk 종사원의 자질

프런트 데스크 종사원은 항상 밝은 미소로 고객들을 맞이해야 하고, 외국어에 능통해야 하며, 호텔의 전반적인 정보에 대한 지식을 가지고 있어야 한다. 또한 고객과의 만남을 무엇보다도 소중히 여기는 프로정신을 가지고 근무해야 한다. 그리고 긍정적인 성격을 가지고 고객의 입장에서 생각하고, 고객에게 도움을 줄 수 있는 마음자세와 융통성 있는 업무 처리능력 및 서비스정신을 가져야 한다.

1) 객실상품 지식 및 현황파악

프런트 데스크에서는 항상 호텔의 전 객실에 대한 정확한 판매상황을 인지하고 있어야 한다. 고객이 합리적인 결정을 할 수 있도록 판매 가능한 객실의 형태와 수량을 정확히 파악하여 고객에게 제시할 수 있어야 하고, 할인율과 부가서비스 등 상품에 대한 현황을 숙지하고 있어야 한다.

이용 가능한 객실(available room)에 대하여 객실판매 시에 오류가 발생하면 호텔 객실판매에 있어서의 손실이 크기 때문에 이를 보완하고자 호텔에서는 호텔 전산 시스템(Fidelio, HIS, Opera 등)을 채택하여 운영하고 있다.

2) 단정한 외모와 복장

뛰어난 외모보다는 단정하고 편안함을 전달하는 이미지를 선호하고 있다. 언뜻 많은 사람들이 호텔 프런트 데스크 종사원들은 꼭 뛰어난 용모를 지니고 있을 것이라고 생각한다. 훌륭한 외모보다는 항상 웃고 호감 가는 친근함과 편안함을 전달할 수 있는 이미지를 가지고 있어야 하며, 뛰어난 외모와 뛰어난 학벌보다는 호텔의 이미지 전달에 적합한 능력과 소양을 겸비해야 한다.

표 4-12 **외모와 복장 체크**

<table>
<tr><th>남자 종사원</th><th>여자 종사원</th></tr>
<tr><td>• 검정 구두와 검정 양말을 착용해야 하며, 구두는 항상 윤기가 나도록 한다.
• 얼굴은 매일 면도하여 깨끗한 느낌을 주도록 한다.
• 담배 등의 냄새가 유니폼에 배지 않도록 주의를 한다.
• 향이 강한 화장품은 사용하지 않는다.
• 필기도구는 안쪽 주머니에 넣도록 하고, 바깥 주머니에는 넣지 않는다.</td><td>• 스타킹은 커피색 혹은 살색을 신는다.
• 구두는 장식이 없이 단순한 검정 구두를 선택한다.
• 액세서리나 화장은 너무 화려하지 않도록 한다.
• 향수를 사용할 경우에는 강하지 않은 것으로 사용한다.
• 손톱은 짧게 깎고, 매니큐어의 경우 투명 이외의 색은 사용하지 않는다(요즘은 튀지 않는 색깔을 허용하는 호텔들도 있다).
• 머리가 긴 경우 머리를 묶고 헤어망을 사용하여 단정히 한다(포니테일이 가능한 호텔들도 있다).</td></tr>
<tr><td colspan="2">• 근무 중에는 항상 유니폼과 명찰을 착용해야 한다.
• 자신의 체형에 맞는 유니폼을 입는다.
• 유니폼은 깨끗한지 항상 확인하며, 소매나 칼라 부분에 단추가 떨어지거나 해진 부분이 없어야 한다.
• 앞머리는 눈을 가리지 않고 정돈된 느낌을 준다. 깔끔하게 정돈하기 위해 무스 · 젤 · 왁스 등의 제품을 사용한다. 염색은 원칙적으로 허용되지 않지만 허용하는 호텔들도 있다.
• 손은 항상 깨끗하게 관리하고, 손톱은 짧게 깎는다.
• 근무 중에는 휴대폰을 바지 주머니에 넣거나 받지 않는다.</td></tr>
</table>

3) 외국어능력

프런트 데스크는 내·외국인 고객과의 응대 외에 객실뿐만 아니라 업장에서 일어나는 모든 일을 해결해야 하기 때문에 중앙통제소의 역할을 하고 있다. 프런트 데스크 근무자로서 필요한 것은 어학실력은 기본이며, 영어 이외에 일본어·중국어 등 제2외국어도 가능하면 더 좋은 위치에서 근무할 수 있다.

4) 서비스 마인드

호텔에서 무엇보다 중요한 것은 서비스 마인드이다. 이는 훈련과 교육으로 평소에 자기관리가 필요한 부분이다. 때로는 지치거나 힘들지만 친절한 미소와 진심에서 우러나오는 서비스만이 고객을 감동시킬 수 있다. 고객을 때로는 친구처럼, 때로는 자기 집을 방문하는 손님처럼 대할 수 있도록 변하지 않는 서비스 마인드를 갖고 있어야 한다. 서구화된 세련된 매너와 한국식의 정중한 예절을 갖추고, 무엇보다 중요한 것은 서비스맨으로서 마음에서 우러나오는 웃음과 자세이다. 자신의 친근함이 고객에게 100배 어필할 수 있을 때가 가장 좋은 서비스정신이 발휘되는 것이다. 그렇게 하기 위해서는 항상 준비된 서비스맨으로서의 자질을 길러야 호텔에 대한 고객신뢰도가 생긴다고 할 수 있다.

고객들이 있기 때문에 내가 있는 것이라고 생각하며 적극적인 서비스를 제공해야 하고, 더불어 고객의 입장에서 생각할 줄 아는 차별화된 독특한 서비스 마인드를 갖추고 항상 역지사지(易地思之)할 수 있는 서비스자세가 필요하다고 하겠다.

5) 대인관계

프런트 데스크 종사원은 인간관계가 좋아야 한다. 혼자만 잘한다고 호텔 서비스가 높이 평가받는 것이 아니고 좋은 인간관계를 통한 팀워크를 발휘할 때만 고객으로부터 진정한 서비스를 평가받을 수 있기 때문이다. 고객 컴플레인(complaint)이 발생할 경우에도 기본적인 인간소양을 갖추고 있어야 문제를 원만히 해결할 수 있다.

6) 호텔리어로서의 책임감

호텔 프런트 종사원들의 가장 중요한 것은 업무에 대한 책임감이라고 할 수 있다. 고객에 대한 책임감과 업무에 대한 책임감 없이는 다양한 사람을 접하게 되는 호텔의 얼굴인 프런트 데스크에서는 일하기가 힘들다. 그래서 호텔에서 근무하고자 하는 사람들은 호텔의 화려함만을 보지 말고 본인의 업무에 대한 자긍심과 단정함 · 친절함 · 민첩성 그리고 봉사와 희생정신을 갖추고 있어야 한다.

그림 4-16 **Front Desk 종사원의 자질**

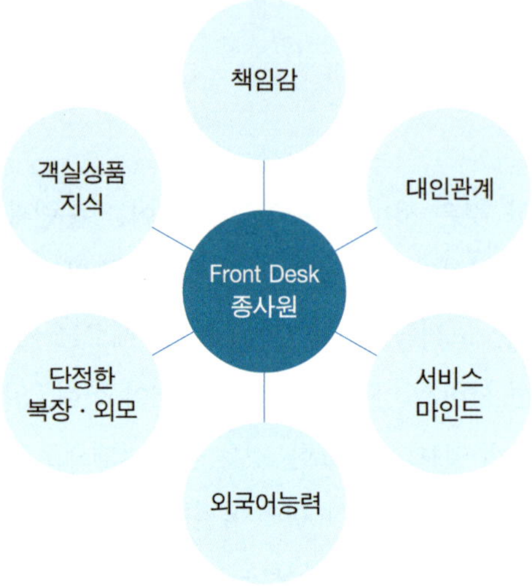

CHAPTER 5.

Executive Floor 서비스실무

제1절 Executive Floor의 일반적 개요

비즈니스(business) 호텔을 표방하는 호텔에 있어 Executive Floor는 빼놓을 수 없는 부서로서 비즈니스를 위해 숙박하는 고객들을 위한 전용층이라고 할 수 있다.

1980년대 이후 한국은 국제 비즈니스의 중심지로 각광받고 있으며, 시대가 변할수록 고객의 욕구도 다양화 · 개별화 되고 있다. 이러한 고객들은 대체로 단기체재보다 장기체재 투숙객들로서 이들을 통한 구전의 홍보는 호텔의 평판에 큰 영향을 미치고 있다. 따라서 5성급 호텔에서는 이들 비즈니스 고객들을 유치하기 위하여 이른바 Executive Floor(EFL)라고 하는 비즈니스층을 운영하여 고객에게 특별한 서비스를 제공하고 있다.

Executive Floor 종사원의 근무 모습

1980년도에 우리나라 최초로 하얏트 리젠시 서울에서 리젠시 클럽이라는 이름으로 4개 층을 운영하였으며, 이후 1985년에 힐튼 호텔과 신라 호텔이, 1987년에는 롯데호텔이 Executive Floor를 운영하기 시작했다. 그 후 대부분의 5성급 호텔들이 Executive Floor를 운영하고 있으며, 지속적으로 객실수를 늘리고 있는 실정이다.

Executive Floor는 항공기의 비즈니스 클래스(business class)와 비슷한 등급의 객실로 이해될 수 있으며, 호텔마다 '귀빈층,' '이그제큐티브 게스트 오피스,' '비즈니스 플로어,' '호텔 클럽층,' '클럽 라운지' 등으로 불리고 있다. 호텔의 경영정책 관점에서 비즈니스 여행자는 성수기와 비수기에 상관없이 가장 고정적이고 확실한 고객이며, 일반 관광객에 비해 상대적으로 소비활동에서 경제적인 부담을 적게 느끼는 비즈니스 고객에 대한 판매전략은 호텔 경영수익의 실현과 성장이라는 측면에서 매우 중요하다고 할 수 있다.

호텔의 운영관리는 호텔의 시설 및 서비스가 고객의 다양한 요구나 욕구에 부응하고 아무런 불편이 없도록 모든 서비스를 제공해야 한다. Executive Floor는 이러한 기본개념을 바탕으로 목표고객을 비즈니스 여행자로 하고 그들에게 필요한 서비스를 집중적으로 제공할 수 있는

Executive Floor Lounge 전경

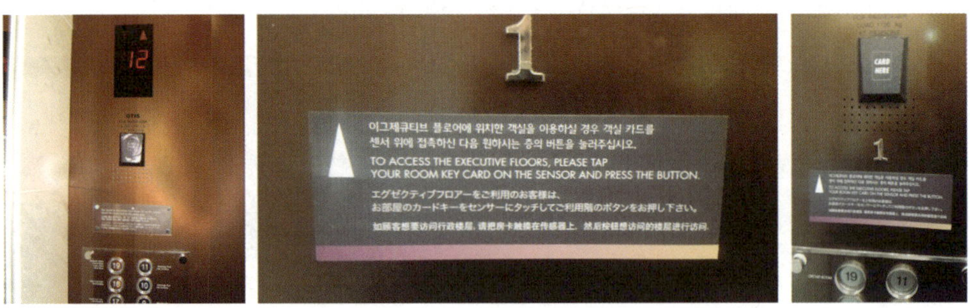

엘리베이터 내 Executive Floor 접근 시스템

Executive Floor 객실 내부

호텔 내의 특별층이라고 할 수 있다. 즉 Executive Floor란 특정 객실층으로 호텔 내의 작은 호텔(a small hotel within a hotel)로서의 기능을 갖추고 빠르고 복잡한 업무에 시달리는 현대 비즈니스 고객들을 위하여 보다 편리하고 안락한 객실과 부대시설 및 식음료 서비스를 제공하여 일반 객실과 차별화된 최고급의 서비스를 제공하는 특별한 층을 의미한다.

우리나라 5성급 호텔의 고객구성비는 Group에서 FIT 고객으로 점유율이 점차 증가하고 있어 이들 FIT 고객시장의 관리가 중요 마케팅전략으로 집중되고 있다.

이러한 Executive Floor의 운영상의 특성을 살펴보면, 일반 객실보다 가격이 높게 책정되어 있으며, 이러한 요금은 호텔 특유의 서비스 차별화전략의 차원에서 시작된 부서이기 때문에 호텔마다 조금씩 차이가 있지만 휴식과 업무를 병행할 수 있도록 라운지(lounge)와 회의실(meeting room)을 무료로 이용할 수 있고, 개인비서 역할을 하는 종사원들이 항상 대기하고 있다. 이곳에서 근무하는 종사원들을 플로어 매니저(floor manager) 또는 컨시어지(concierge)라고 부르는 호텔들도 있다. 몇몇 호텔에서는 Executive Floor Lounge에서 식음료를 서브하는 종사원을 버틀러(butler)라고도 부른다.

Executive Floor는 본질적으로 고객층의 특수성으로 인하여 객실의 디자인과 배치 면에서 일반 객실과는 다른 독특한 특성을 가지고 있다. 비즈니스 여행자를 중심으로 경영하므로 고객의 요구와 업무의 편의성을 동시에 고려해야 한다. 이는 궁극적으로 호텔의 수익증대라는 경영정책적 맥락에서 상품과 서비스가 제공될 수 있어야 함을 의미한다. 따라서 호텔 Executive Floor는 경영정책적 관점과 고객만족의 관점에서 운영하는 특별한 층으로 최고급 호텔시설과 인적 서비스를 제공함으로써 고객이 호텔 밖에서 서비스를 받을 필요가 없을 만큼 철저한 서비스를 제공하고 있다.

제2절 Executive Floor의 특징

Executive Floor는 일반 객실과는 차별화된 퍼스널 VIP 서비스를 제공한다. 편안한 휴식과 최고의 만족을 이끌어내기 위해 전망이 좋은 호텔 일부 층에 일반 객실보다 인테리어·가구 등을 고급스럽게 꾸미고, 가장 큰 특징 중의 하나는 해당 층에 수십 명을 수용할 수 있는 전용 라운지(lounge)가 있다는 특징을 가지고 있다. 이곳에서는 국내외의 정기 간행물과 신문·TV 등이 비치되어 각종 정보를 접할 수 있을 뿐만 아니라, EFL 고객전용 라운지는 일반 고객(normal guest)들이 이용하지 못하기 때문에 혼잡하지 않고 비즈니스 미팅도 할 수 있도록

그림 5-1 Executive Floor의 운영방침

꾸며져 있다. 더욱이 전용 라운지에서 호텔 내의 일반 레스토랑에 가지 않더라도 아침식사 · 음료 · 칵테일 등을 무료로 제공받을 수 있다.

그리고 고객 서비스 차원으로 아침부터 커피 · 차 · 음료 제공 및 해피 아워(happy hour) 동안 칵테일 · 주류 등 무료 서비스 제공과 더불어 호텔의 피트니스센터(fitness center)를 무료로 이용할 수 있는 특혜가 주어진다. 또한 많은 호텔에서는 Executive Floor 고객만을 위한 엘리베이터 키카드를 제공하여 일반층 고객과의 차별화를 두고 있다.

이러한 Executive Floor의 제반 여건은 일반 객실과 큰 차이를 보이고 있는데, Executive Floor 고객의 대부분은 전문직이나 관리직 종사자이고, 일반 관광객에 비해 까다로운 성향을 가지고 있어 일반 관광객들로부터 격리되어 휴식을 취하고 업무를 처리할 수 있는 공간이 필요하며, 주변의 사람들로부터 존경과 인정을 받기를 원하는 고객들이기 때문이다. 그리고 일반 객실을 이용하는 고객들보다 호텔 이용경험이 많고, 비교적 수준이 높다. Executive Floor는 호텔 내의 매력적인 곳으로 여겨지고 있는 추세이므로 특성을 최대한 살려 호텔 매출증진에 일익을 담당해야만 한다.

이러한 Executive Floor의 기본적인 운영방침은 다음과 같은 측면을 가지고 있다.

① Executive Floor 고객을 위해서 보다 개인화(personalized) · 차별화(discriminated)된 서비스를 제공한다.

② 투숙하는 Executive Floor 고객을 위해 보다 나은 서비스를 제공하기 위한 각종 편의시설을 확보 · 개발한다.

③ Executive Floor는 단기적인 이익창출이 아닌 보다 거시적이고 장기적인 관점에서 부가가치를 창출하는 호텔 내에서 하나의 상품화된 단위로서 존재한다.

④ Executive Floor는 전사적 차원에서 호텔 이미지 향상(image-up)에 기여한다.

제3절 Executive Floor 서비스 내용과 업무

Executive Floor 종사원은 호텔의 가장 고급 고객을 응대한다는 자부심과 호텔 서비스맨이라는 책임감을 갖고 고객의 편의제공은 물론, 가족과 같은 분위기를 만들어줄 수 있도록 노력해야 한다. 세심한 서비스와 비서업무의 특성상 Executive Floor의 모든 분위기를 조성한다는 점에서 여직원이 근무하는 데 적합하다고 할 수 있으며, 외국어실력이 뛰어나고 호텔 내의 다른 부서에서 근무한 경험이 많은 직원들이 대부분이다. 이와 같은 역할을 수행하기 위하여 주요 업무내용을 숙지하고 숙련된 호텔리어가 될 수 있도록 노력해야 한다.

우리나라에서는 Executive Floor에서 식음료를 서브하는 종사원을 버틀러(butler)라고 하는데, 버틀러 서비스(butler service)는 섬세하고 정성 어린 호텔 서비스의 한 가지 방법으로 호텔에 따라 운용되는 내용이 조금씩 상이하다. 국제금융전문지 『인스티튜셔널 인베스터』가 10년간 세계에서 가장 서비스가 좋은 호텔로 선정한 방콕에 위치한 오리엔탈 호텔의 차별화된 서비스기법이 바로 이 버틀러 서비스이다.

현재 호텔에서 고객에게 운영 및 제공되고 있는 서비스를 살펴보면 다음과 같으며, Executive Floor 종사원은 고객에게 다음과 같은 사항들에 대하여 서비스 및 정보를 제공한다.

Executive Floor 객실 전경

1. 전용 데스크에서 신속한 Check-in과 Check-out 서비스

고객이 호텔에 도착하면 프런트 데스크를 거치지 않고 곧바로 Executive Floor로 안내되어 별도의 데스크가 설치되어 있는 전용 라운지에서 빠르고 편리한 체크인 서비스를 받을 수 있으며, 퇴숙 시에는 라운지에서 커피나 차 등을 즐기면서 신속한 체크아웃(express check-out)

을 할 수 있다.

체크인(check-in) 시 프런트 데스크(front desk)나 벨 데스크(bell desk)로부터 전화로 EFL 고객의 도착을 통보받으면 바로 등록카드, 볼펜, 환영편지(welcome letter), 객실 키를 준비하여 테이블 위에 놓고 고객이 도착할 엘리베이터 앞에서 환영준비를 한다. 고객의 이름을 미리 암기하여 미소 띤 얼굴로 고객의 성함을 불러주면서 고객을 맞이한다.

체크아웃 타임의 경우도 보통 일반 객실은 오전 11~12시경 내외인 반면, EFL 고객은 오후 2시 내외까지 체크아웃 연장이 가능하다.

Executive Floor Express Check-in / out

2. 전용 라운지에서의 식음료(Food & Beverage) 서비스

보통 오전 6시경부터 10시까지 Executive Floor 라운지에서 아침식사를 무료로 제공하며, Executive Floor 종사원은 수시로 부족한 음식이나 음료 및 체이핑 디시(chafing dish)를 데우는 알코올의 화력상태, 특히 커피의 양 등을 주방과 협조하여 보충해야 한다. 보통 오전 10시 정도가 되면 세팅(setting)된 기물을 수거하여 깨끗이 정리정돈하고, 당일 사용된 품목 및 기물들을 원위치시키며, 부족한 것을 채워 넣고, 라운지에 점심과 저녁(lunch & dinner) 시간에 제공될 스낵류 서비스에 필요한 기물을 세팅한다.

Executive Floor Lounge 전경

낮시간(올데이 스낵, 11 : 30~16 : 00, 애프터눈 티타임, 15 : 00~17 : 00)에는 커피나 차 · 음료 · 과일 · 쿠키 · 초콜릿 등을 제공하며, 저녁에 일정한 시간(happy hour) 동안에 여러 종류의 술과 음료, 칵테일, 마른 안주와 스낵류 등을 바 왜건(bar wagon)에 셋업하여 고객에게 제공한다. 이러한 서비스는 EFL 라운지 내에서만 가능하고, 객실로의 서비스는 절대 불가능하다.

Executive Floor 종사원들은 근무 중에는 수시로 라운지 내를 체크하고 스낵류 및 커피와 차(tea) 등이 충분한지 확인하고, 부족할 시에는 보충하고 정돈하여 고객이 언제든지 이용할 수 있게 해야 한다.

표 5-1 Executive Floor Happy Hour 품목

품목	내용
맥주(beer)류	Hite, Cass, Bud, Carls, Ice, Kirin 등
와인(wine)류	Majuang, Red, White 등
양주류	J. Walker, J & B, Jimbeam, Beefeater Gin, Vodka, Rum, Campari 등
Soft Drink류	Coke, Cider, Tonic, Soda, Callins 등

보통 오후 6시부터 9시경 사이에 해피 아워(happy hour) 서비스를 제공하는데, 와인 · 맥주 · 위스키 · 칵테일 및 간단한 스낵류를 제공하는 서비스이다. 보통 해피 아워는 주류가 제공되기 때문에 만 18세 이상만 이용 가능하다.

해피 아워가 끝나면 바 왜건을 철수하여 각종 주류를 원위치하고, 당일 사용된 식음료에 대한 재고조사(inventory)를 실시한다.

다음은 서울시내 5성급 호텔의 Executive Floor 운영방법으로서, 호텔에 따라 서비스의 내용과 시설은 약간씩 다르겠지만 운영형태에 있어서는 서로 비슷하다고 할 수 있다.

표 5-2 Executive Floor 조식 메뉴(Breakfast Menu)

품목	내용
요구르트(yogurt)류	Fruit, Plain
시리얼(cereal)류	Corn Flake, Almond, Corn Frust, Chocolate Rice Crisp, Honey Bowl
계란(egg)요리	Scramble, Boiled
샐러드(salad)	각종 야채 샐러드, 통조림 과일 샐러드, 드레싱(dressing), 삶은 콩, 익힌 토마토
햄(ham)류	Sausage, Bacon
죽	전복죽(abalone porridge)
연어(salmon)	Somked Salmon
각종 과일	사과(apple), 배(pear), 바나나(banana), Fruit Cocktail
음료(beverage)	커피와 티(coffee & tea), 우유(milk), 주스(juice: orange, tomato, apple, grape)
빵과 케이크 (bread & cake)류	Croissants, French Baquette, Toast Bread, Wheat Bread, Soft Roll, Doughnunt, Hard Roll, Rye Bread
	꿀(honey 1회용), 잼(jam) 버터(butter)
치즈(cheese)	Emmental, Gruyere
밥(rice)	볶은 밥

자료: 저자 작성.

Executive Floor 식음료 라운지 전경

3. 관광안내 및 각종 예약 및 확인 업무

Executive Floor 고객의 요구가 있을 시에는 관광안내 및 호텔・비행기・식당・극장・공연장 등 각종 예약과 확인・변경・취소 등을 대행하며 다양한 쇼핑과 관광정보를 제공한다. 특히 관광예약 문의 시 어떠한 관광에 관심이 있는지 호텔 내에 비치되어 있는 브로슈어를 보여주며 안내한다. 고객이 원하는 관광의 종류를 확인한 후 즉시 여행사에 연락한 후 고객에 Pick-up 시간을 알려드린다. 또한 로그북(log book)에 고객의 성함과 객실번호・인원수・시간・여행사이름 및 Pick-up 시간 등을 기록하여 다음 근무자가 알 수 있도록 한다. 최근에는 OPERA의 'Trace'를 활용하여 운영하고 있다.

4. 팩스 발송 및 전달 업무

Executive Floor에는 보통 오전 6시부터 오후 10시까지 종사원이 상주하면서 Executive Floor 고객의 비즈니스를 도와주는 업무 중 팩스(fax)를 보내주거나 외부에서 들어온 팩스를

COSMOS HOTEL

팩스 사용법 / 복사 방법
ファクスの送り方 / コピ−の仕方

팩스 사용법

보낼 원고를 뒤집어 넣습니다. → 원고의 크기에 따라 가이드를 조절합니다. → 9번을 누른 후 상대 팩스 번호를 누릅니다. → 시작 버튼을 누릅니다. → 송신이 끝나면 삐 소리가 길게 납니다.

※국내, 국제 팩스 전송 시 사용료가 부가됩니다.

복사 방법

복사할 원고를 뒤집어 넣습니다. → 복사 버튼을 누릅니다. → 매수를 입력합니다. → 다시 복사 버튼을 누릅니다.

ファクスの送り方

送る面を下にして入れます。→ 原稿の大きさを調節します。→ 9番を押してから相手のファクス番号を押します。→ グリーンボタンを押します。→ 送信が終わったらピーという音がします。

※ファクスをご利用の場合, 別途料金が附加されます。

コピーの仕方

コピーする面を下にして入れます。→ ブラウンボタンを押します。→ 枚數を入力します。→ もう一度ブラウンボタンを押します。

COSMOS HOTEL

COSMOS HOTEL

Facsimile Operation & Copying

Facsimile Operation

1. Place your documents facing down in the tray.
2. Adjust guide according to the size of documents.
3. Press fax number.
   For local: press 9 + number
   For international: press 9 + 001 + country code + number
4. Press green button to transmit.
5. You will hear a beep when transmission is completed.

※ Please note : Phone charges for local and international transmission will apply.

Making Copies

1. Place your documents facing down in the tray.
2. Press brown button.
3. Indicate number of copies.
4. Press brown button again.

COSMOS HOTEL

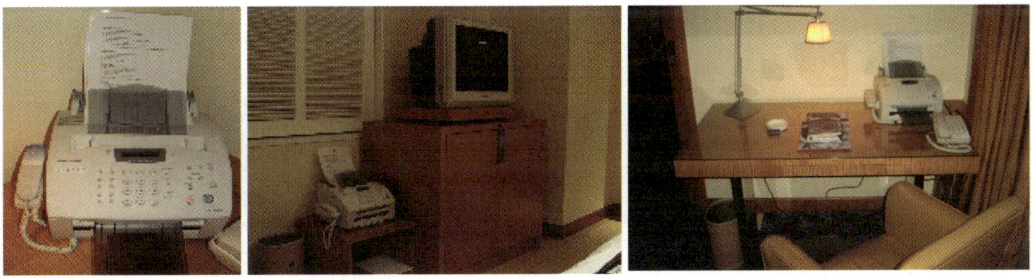

객실 내의 팩스기

고객에게 전달하는 업무를 하고 있다. 하지만 대부분 Executive Floor 객실 내에 개별번호가 부여된 전용 팩스기(복사 · 프린터 겸용 팩스기)가 설치되어 있어 고객이 직접 팩스를 송 · 수신하고 있다.

5. 메시지의 접수 및 전달

대부분의 Executive Floor 고객들은 프런트 데스크를 들르지 않고 바로 Executive Floor 라운지로 가게 되는데, 이곳에서 메시지(message)를 남기거나 전달받을 수 있다.

6. 정기 간행물 제공 서비스

Executive Floor Lounge가 운영되는 시간에 국내신문, 국외신문, 국내발행 영자신문, 국외발행 영자신문, 잡지 등을 제공한다.

라운지 내 정기 간행물과 신문비치대

표 5-3 Executive Floor Lounge 라운지 정기 간행물 종류

종류	이름
국내신문	조선, 중앙, 동아, 한국, 매일경제, 스포츠관련 신문
영자신문	The Asian Wall Street Journal
	International Herald Tribune
	Time
	USA Today
	Korea Herald, Korea Times
일본신문	아사히신문(朝日新聞)
	일본경제신문(日本經濟新聞)
	Nikkei Business 잡지
잡지	Newsweek(English)
	Newsweek(Japanese)
	Review
	Asian Business, Usa Today
	亞洲週刊(중문)

자료: 저자 작성.

Executive Floor Lounge 서재

7. EFL 전용 회의실 제공 및 관리 업무

사업상 그 밖의 환담을 할 수 있는 장소로 작은 회의실(conference room)이 일정시간 동안 무료로 제공된다. 비즈니스센터의 회의실은 일반 고객들이 이용하지만 Executive Floor 회의실

Executive Floor 회의실 전경

은 EFL 고객만이 사용할 수 있는 회의실이다.

회의실 안에는 회의용 테이블 및 의자 등은 물론, 팩시밀리, 복사기, 개인 컴퓨터(personal computer), 영업회의에 사용할 수 있는 화상회의 시스템 등과 같은 각종 기기 등을 구비하여 비즈니스맨이 사업활동을 하는 데 조금도 불편하지 않도록 시설을 갖추고 이를 이용케 하며 편익을 제공한다.

8. 피트니스센터 이용 서비스

대부분의 호텔들은 사우나(sauna) · 수영장 · 체력단련장 등을 회원제로 이용하거나 객실고객은 사우나 등을 유료로 이용하게 하고 있으나, Executive Floor 고객의 경우 이러한 피트니스센터 내의 시설들 중 일부 시설을 제외한 대부분의 시설을 무료 또는 할인요금으로 이용할 수 있다.

슈샤인(Shoeshine) 서비스(구두광택 서비스)

몇몇 호텔의 경우 슈즈 바스켓(shoes basket)에 본인의 구두를 넣어 자정경에 객실 문 앞에 놓아두면 그다음 날 아침에 닦인 구두를 신었지만, 근래에는 비즈니스층 내의 슈즈 박스(shoes box) 안에 구두를 넣어두고 슬리퍼로 갈아 신은 후 자물쇠로 문을 잠그면 야간에 구두를 수거(pick-up)하여 6시 이전에 깨끗이 닦아 제자리에 넣어두어 다음 날 아침 고객이 다시 열어 구두를 꺼내서 신을 수 있는 서비스를 제공한다.

슈즈 박스(shoes box)

표 5-4　Executive Floor 종사원 시간대별 업무

오전 근무조	시간	오후 근무조
• 출근 및 Breakfast Setting	6 : 00~7 : 00	
• Breakfast Service • Daily Report 작성 • 당일 도착고객 Room Assignment • Guest Check-out	7 : 00~10 : 00	
• Breakfast Set-out 및 정리정돈	10 : 00~10 : 30	
• Guest History에 의한 Registration Card 작성 • Guest Check-out	10 : 30~11 : 00	
• 점심식사	11 : 00~12 : 00	
• Guest 요구사항 Service • Room Key 준비 • Check-out Room Check • 올데이 스낵 Setting	12 : 00~13 : 00	
• 오후조 출근 및 중요업무 인계	13 : 00~13 : 30	• 오후조 출근 및 중요업무 인수
• EFL Meeting 및 교육 • 오전 근무조 퇴근	13 : 30~15 : 00	[Meeting 없을 시] • 청소 실시 • 필요물품 수령 및 Service 제반 사항 준비
	15 : 00~17 : 00	• 고객 Service 및 Guest Check-in • 애프터눈 티 Setting
	17 : 00~18 : 00	• 저녁식사
	18 : 00~19 : 30	• Happy Hour Service 및 Guest Check-in
	19 : 30~21 : 30	• F & B Inventory 실시 • 고객의 요구사항 서비스 • Guest Check-in
	21 : 30~22 : 00	• 익일 Breakfast 기본 Setting • 업무마감 • 오후 근무조 퇴근

자료: 저자 작성.

표 5-5 서울시내 5성급 호텔의 Executive Floor 서비스내용

그랜드 하얏트 서울 호텔	그랜드 클럽층	• '호텔 안의 호텔'이라고 정의되는 그랜드 클럽은 출장 중인 비즈니스맨을 위한 각종 시설과 서비스를 제공하는 특별층 • 15층부터 19층까지 총 5개 클럽층으로 구성하고, 고객들에게 체크인 시 별도의 엘리베이터 열쇠를 제공함으로써 다른 층과의 차별을 둠. 15층과 17층에 위치한 그랜드 클럽 라운지에서는 전담 컨시어지의 신속한 체크인 · 체크아웃 서비스를 비롯하여 관광정보 안내, 항공권 확인, 통역 등 고객의 비즈니스 업무를 도와줌 • 조식(유럽식 조찬), 해피 아워(칵테일, 소프트 드링크 및 스낵류 제공), 커피 · 홍차 · 과일 서비스, 클럽 라운지에서의 컴퓨터와 인터넷 이용(유료 서비스), 16~17층에 위치한 회의실 2시간 무료이용, 컨시어지 서비스, 항공권 예약 및 확인, 레스토랑 예약, 관광예약, 복사 · 팩스 등의 비서업무, 클럽 올림퍼스 내 체육관, 실내 · 외 수영장, 사우나 무료이용(테니스 · 스쿼시 이용은 유료), 그랜드 클럽 서고에 있는 책들과 CD 및 비디오 테이프 무료이용, 컨시어지는 클럽 라운지에서 오전 7시부터 오후 10시까지 상주하면서 고객들의 요청사항을 바로 도와줌
웨스틴 조선 호텔	이그제큐티브 플로어	• 수준 높은 서비스와 고객의 프라이버시를 보장하는 귀빈층 • 9층과 17층에 위치, 전용 라운지 운영, 다양하고 품위 있는 서비스의 제공, 헤븐리 베드(heavenly bed)에서 천상에서와 같은 안락함을 제공. 900개의 코일이 받쳐주는 매트리스와 겹겹의 순면 시트, 거위털 이불 및 베개가 세팅 • 오전 7시부터 10시까지 조식 무료, 오후 5시 30분부터 8시까지 칵테일 해피 아워, 바 무료이용, 경제신문 · 잡지 · 책 열람, 소프트 드링크와 스낵 서비스, 한 그룹당 비즈니스 센터 2시간 무료이용 • 오전 7시부터 저녁 10시까지 비서 서비스를 포함한 컨시어지 이용 • 객실 내 팩스 · 복사 설비, 헤븐리 베드, 귀빈층만을 위한 엘리베이터 키카드, 무료 티 · 커피 · 생수, 피트니스센터 · 수영장 · 사우나 무료이용, 국내 일간지 및 외국신문 선택, 업그레이드된 욕실용품, 구두닦기 무료
그랜드 워커힐 호텔	더글라스 이그제큐티브 플로어	• 한강이 내려다보이는 아름다운 숲속에 유럽풍의 우아함과 안락함을 절묘하게 조화시킨 격조 높은 시설의 더글라스는 무료로 제공되는 전용 라운지와 조용하고 아늑한 회의장 등 비즈니스맨을 위한 전용층, 'Guest Entertainment Room'을 마련하여 편안한 휴식을 제공 • 공항 → 호텔 교통편 제공 • Douglas Lounge에서 무료 아침식사 제공, Guest Entertainment Room 이용 • Douglas Lounge의 Happy Hour(6 : 00 pm~8 : 00 pm)에 주류 및 스낵 무료제공 • 신문제공, 턴다운 서비스(turn-down service), 헬스클럽 무료이용, 미팅 룸 무료이용(사전 예약 시)
신라 호텔	비즈니스 전용층	• 비즈니스맨을 위한 전용층인 이그제큐티브 플로어(executive floor)를 11층에서 22층까지 운영. EFL은 비즈니스센터의 일부 기능을 객실에도 적용한 것으로 고객들이 바쁘게 돌아가는 비즈니스 업무를 보다 원활히 볼 수 있도록 하는 다양한 고급 서비스 제공 • EFL 라운지에는 각종 해외 유명 신문과 잡지류는 물론, 안락한 쇼파, 데스크, TV, VCR, 오디오 시스템 등이 구비되어 개인의 응접실과 같은 편안함을 주며, 비즈니스 상담장소로도 활용 • 각 층에는 외국어가 능통한 플로어 매니저가 상주하여 비즈니스 미팅이나 개인적인 모임의 주선, 메시지 전달, 텔렉스와 팩시밀리 서비스, 항공편 예약, 변경확인 등 통역 및 비서역할을 충실히 수행해 고객을 지원

신라 호텔	비즈니스 전용층	• 신속한 체크인 · 체크아웃 서비스, 층별 담당매니저와 웨이터 · 바텐더 인력 배치, 오후 3시까지 체크아웃 시간 연장, 하루 2시간 동안 미팅룸(8~10인 수용룸) 무료사용 • 피트니스센터 · 수영장 · 사우나 무료이용, 휴대폰 무료대여(사용요금 별도), 저소음의 팩시밀리와 보이스 메일 서비스, 매일 한 병의 미네랄 워터와 티 제공, 객실 내 금고 사용 • 운영시간: 주중 오전 6시 30분~저녁 10시, 주말 오전 6시 30분~저녁 10시 30분, 무료 조식제공: 오전 7시~9시 30분 • 해피 아워 운영: 오후 6시~10시(와인 · 맥주 · 위스키 · 칵테일 · 샐러드 · 스낵 제공, 티 · 커피 및 소프트 드링크 종일 서비스), 노트북 이용 인터넷 검색 • 비즈니스센터 미팅 룸 1일 2시간 무료이용, 경제신문 · 잡지 · 책 비치 • 23층의 이그제큐티브 라운지는 전망이 매우 좋으며, 총면적 843m^2(243평)로 국내 최대 규모를 자랑
그랜드 인터 컨티넨탈 호텔	클럽 인터 컨티넨탈	• 클럽 인터컨티넨탈은 출장이 잦은 비즈니스 여행객을 위한 귀빈층으로 한층 더 고급스러운 객실과 차별화된 최상의 서비스를 제공 • 3가지 유형의 객실을 제공: 클럽 딜럭스 룸(12평), 클럽 주니어 스위트(18평), 클럽 레지던스(25평)
	클럽 라운지	• 26층부터 33층까지 Club Floor에 투숙하는 고객들의 편의를 위하여 만든 특별한 공간으로 아침식사부터 저녁식사까지 음식과 음료가 제공되며, 프런트 데스크의 고유업무인 체크인과 체크아웃까지 가능한 원스톱 서비스 공간 • 전체 150평 규모로 한국의 5성급 호텔 중에서는 가장 큰 규모이고, 흡연실과 비흡연실에는 프로젝트 텔레비전을 배치하며, 텔레비전 시청을 원하는 고객들을 위하여 그 앞에는 아주 편한 소파를 배치 • 고객들의 편의를 위하여 12인까지 수용 가능한 미팅 룸 공간을 따로 만들었고, 최신기기를 구비하여 미팅에 필요할 시 대여. 미팅 룸에 구비되어 있는 장비들도 최신장비로 마련되어 있으며, 무선 인터넷 안테나 설치로 고객들이 자리를 옮길 필요 없이 인터넷을 할 수 있다는 것 또한 차별화된 장점 • 프런트 데스크 고유업무인 체크인과 체크아웃이 가능하고, 보통 5성급 호텔 로비에서 제공되는 서비스, 즉 비행기 예약의 재확인, 투어, 공연 안내 및 예약, 꽃배달 서비스, 식당예약 등 모든 종류의 서비스 제공, 룸 서비스에서 아침식사와 해피 아워, 주방장도 시시각각으로 음식을 체크하며 전문적인 서비스를 제공 • 전용층의 최고급 객실, 클럽 라운지에서 무료로 제공하는 음료와 스낵 • 사우나를 포함한 피트니스클럽 무료이용, 하루 한 벌 무료 다림질 • 무료 구두광택 서비스, 신속한 체크인 · 체크아웃 • 객실 키가 있어야만 전용 객실층에 도달, 비즈니스센터 회의실 2시간 무료이용 • 무선전화 무료대여, 매일 비디오 무료대여, 국내외 신문 무료제공 • 개인금고, 컴퓨터 · 팩스 연결장치, 특별선물 선택, 개인음성사서함, 비디오 • 클럽 라운지에서의 무료 아침식사, 샤워 부스가 있는 넓은 욕실과 개인소모품 • 이용가능시간: 6 : 30 am~10 : 00 am 아침식사, 10 : 00 am~4 : 00 pm 다과시간, 4 : 00 pm~6 : 00 pm 오후 티타임(샌드위치 제공), 6 : 00 pm~8 : 30 pm 해피 아워(와인 · 맥주 · 칵테일 · 안주), 8 : 30 pm~10 : 00 pm 저녁 다과시간
롯데호텔 서울	클럽 플로어	• 롯데호텔 서울 본관 클럽 플로어는 27층부터 34층까지 총 156개의 객실과 31층의 클럽 라운지로 구성된 국내 최대 규모의 비즈니스 전용층 • 최첨단 화상회의 시스템과 편리한 회의시설 및 서비스를 갖춘 다양한 크기의 콘퍼런스 룸(6~22인실), 인터넷과 네트워크 업무를 지원하는 워크스테이션, 비즈니스의 피로를 풀 수 있는 리프레싱 룸, 각종 전문서적 및 세계 각국의 잡지와 신문이 구비된 라이브러리

롯데호텔 서울	클럽 플로어	를 갖추고 있음 • 클럽 라운지 무료이용(06 : 30~22 : 00): 조식뷔페, 애프터눈 티, 칵테일 서비스 • 호텔 내 레스토랑 및 바 이용 시 20% 할인 • 세탁물 10% 할인 • 회의실 2시간 무료이용 및 통 · 번역 서비스 제공 • 피트니스클럽(수영장 포함) 무료이용 • 객실 내 DVD 플레이어 비치 및 DVD 타이틀 무료대여 • 생수 1일 2병 무료제공 • 보이스 메일 서비스 • Turn Down Service(요청 시)
그랜드 앰배서더 서울	이그 제큐티브 플로어	• 16~18층을 리노베이션(renovation) 해 비즈니스 고객 및 귀빈 전용층인 '이크제큐티브 플로어'와 '클럽 플로어'로 운영 • 럭셔리 호텔 브랜드의 고급스러운 분위기와 '앰배서더' 특유의 우아한 전통이 결합된 3개의 로열층이 고객의 높은 안목을 만족시켜 줌 • 투숙객은 16층에 마련된 '클럽 라운지'에서 가장 특별한 서비스와 혜택을 누림 • 무료 아침 뷔페(평일 6 : 30~10 : 00, 주말 · 공휴일 6 : 30~11 : 00), 다과 제공, '해피 아워' 무료 칵테일(평일 18 : 00~20 : 30, 주말 · 공휴일 17 : 00~19 : 30), 웰컴 기프트(초콜릿 · 쿠키) 제공, 개인 체크인 · 체크아웃 서비스, 개인비서 및 관리인 서비스, 슈샤인, 체크아웃(check-out) 시간 연장, 회의실 2시간 무료이용, 무료생수 2병 • 15층은 금연층으로 비흡연자들을 위하여 특별히 배려한 층 • 객실 내 에스프레소 커피 머신을 이용한 커피 제공(캡슐 2개 / 1박) • 웹사이트를 통해 예약할 경우 객실요금에 한하여 5% 할인혜택 • 이태원과 동대문 등 서울시내 무료 셔틀버스 운행 서비스

자료: 각 호텔 홈페이지와 자료를 참고하여 저자 작성.

앞서 언급한 신속한 체크인과 체크아웃 서비스, 아침식사 무료제공, 관광안내 및 각종 예약 및 확인, 회의실 무료제공, 피트니스센터 무료이용, 슈샤인 서비스, 해피 아워 무료이용, 라운지 식음료 서비스, 귀빈층만을 위한 엘리베이터 키 시스템, 체크아웃 시간 연장 등 비즈니스 고객들을 위한 서비스를 대부분 5성급 호텔에서 공통적으로 제공하고 있으며, 몇몇 호텔에서는 클럽서고에 있는 책들과 CD 무료대여 서비스, 휴대폰 렌털 서비스(대여료 무료), 공항과 호텔 간의 교통편 제공 서비스, 무료세탁 및 양복 한 벌 다림질 서비스, 고객이름이 인쇄된 문구류 및 명함 제공 서비스, 모닝 콜 시 커피 및 일간신문 배달, 웰컴 기프트 제공, 저녁식사 제공 서비스, 비즈니스센터 이용요금 할인 등 각 호텔마다 차별화된 Executive Floor 서비스를 제공하고 있다.

이처럼 Executive Floor에서 고객들에게 제공되는 각종 서비스는 호텔마다 조금씩 차이는 있으나 호텔이 추구하는 서비스 전문화 · 고급화는 앞으로 끊임없이 발전될 것이다.

웨스틴 이그제큐티브 클럽 특별 혜택

웨스틴 이그제큐티브 클럽 무료 이용(20층)

6:00AM - 10:00PM

- 조식 서비스 6:00AM -10:00AM
  (일요일 & 공휴일 6:30AM - 11:00AM)
  - 8:30AM 이후 이용 시 대기가 발생할 수 있습니다.
- 애프터눈 스낵 서비스 11:00AM - 5:00PM
  (토요일 11:00AM - 4:00PM
  일요일 & 공휴일 12:00PM - 5:00PM)
- 칵테일 아워 6:00PM - 8:00PM
  (토요일 1부 5:00PM - 7:00PM
  2부 7:00PM - 9:00PM)
  - 2부는 7:00PM 이후부터 대기 및 입장이 가능합니다.
- 8세 이상 입장 가능(조식, 애프터눈 스낵 서비스)
  - 애프터눈 스낵 서비스 종료 후, 14세 미만 고객은 입장이 제한됩니다.

• 상기 운영 시간은 상황에 따라 변동될 수 있습니다.

웨스틴 이그제큐티브 서비스

- 체크인 / 체크아웃 / 컨시어즈 서비스
- 라운지 내 회의실 2시간 무료 이용 (사전 예약 필수)

이그제큐티브 라운지 내 이용 지침을 준수해 주시기 바랍니다.

- 슬리퍼 착용을 삼가해 주시기 바랍니다.
- 제공되는 음식물은 웨스틴 이그제큐티브 클럽 라운지 내에서만 이용 가능합니다.
- 투숙객 외 외부 고객 동반 시, 추가 요금이 부과됩니다.

시티 애슬레틱 클럽 무료 이용(3층)

6:00AM - 10:00PM

- 체련장 및 사우나는 16세 이상 이용 가능
- 수영장 무료 이용 가능
  (36개월 미만은 자쿠지만 가능)

• 전 객실 금연입니다.
(흡연 시 20만원의 환경 정비료가 부과됩니다.)

• 무료 인터넷 서비스

Benefits of the Westin Executive Club

Westin Executive Club Lounge (20th floor)

- Hours of Operation 6:00AM - 10:00PM
- Breakfast 6:00AM - 10:00AM
  (Sun & Holidays 6:30AM - 11:00AM)
  - Short waits might occur after 8:30AM
- Afternoon Snack 11:00AM - 5:00PM
  (Sat 11:00AM - 4:00PM
  Sun & Holidays 12:00PM – 5:00PM)
- Cocktail Hour 6:00PM - 8:00PM
  (Sat 1st Seating 5:00PM - 7:00PM
  2nd Seating 7:00PM - 9:00PM)
  - Operation hours are subject to change.
- 7 years old and above are allowed at the Executive Club for Breakfast and Afternoon Snack Service. Guests 13 years old and above are only allowed thereafter in the club.

Westin Executive Club

- Check-in/out & Concierge Services
- Complimentary Executive Club meeting room for two hours (Subject to availability)
  - Please kindly consume all food and beverage items within the Westin Executive Club area.
  - For non-registered guests, extra charges apply.
  - Slippers are not permitted in the Westin Executive Club.

City Athletic Club (3rd floor)

- Hours of Operation 6:00AM - 10:00PM
- Children under the age of 16 are not allowed in the gym and sauna.
- Children under 36 months are only allowed to use the Jacuzzi in the pool.

• Smoking in guest rooms will be charged with a cleaning fee of KRW 200,000.

エグゼクティブラウンジのスペシャルオファ

ウェスティンエグゼクティブクラブ (20階)

・営業時間 6:00AM - 10:00PM
・朝食-無料-:月~土 6:00AM - 10:00AM
日曜日&祝日 6:30AM - 11:00AM
•8:30AM 以前にご利用いただくと楽に食事することができます。
・アフタヌーンスナック
月~金曜日 11:00AM - 5:00PM
土曜日11:00AM - 4:00PM
日曜日&祝日 12:00PM - 5:00PM
・カクテルアワーサービス
月~金 & 日曜日 6:00PM - 8:00PM
土 1部 5:00PM - 7:00PM
2部 7:00PM - 9:00PM
・7歳以上のお客様のみご利用いただけます
(ただ,アフタヌンスナックサービスの終了以降からは13歳以上だけ利用できます。)

ウェスティンエグゼクティブクラブ サービス

・チェックインとチェックアウトサービス, コンシェルジュサービス
・エグゼクティブラウンジ内の会議室2時間無料
• お子様の朝食は、追加料金をいただきます。
• スリッパ着用でのラウンジのご利用はできませんので、ご了承ください。

フィットネスクラブ (3階)

・サウナ・プール・WestinWORKOUT®(フィットネスセンタ)ー無料利用 : 6:00AM -10:00PM
・ジム、サウナは16歳以上利用可能·プール無料利用可能
・36ヶ月未満の乳児にはジャグジーのみ利用可能

全客室禁煙
客室で喫煙いたことが判明した場合、その客室を禁煙室に戻すためのディープクリニング 代20万(ウオン) を請求させていただきます。

CHAPTER 6.

교환실 서비스실무

제1절 교환실의 일반적 개요

교환실(PBX: Private Branch Exchange, operator)은 호텔에서 중요한 부서로서 호텔 내외부와의 연결 및 통화하려는 사람과의 매개역할을 하는 부서이다. 몇몇 호텔에서는 교환실을 GSC (Guest Service Center)라는 명칭으로 운영하기도 한다.

교환실은 객실부 소속으로서 객실부장 아래 교환실장이 업무를 관장하며, 호텔 내외의 의사전달의 중심이 되고, 24시간 365일 모든 전화의 송 · 수신 업무를 처리하고 있다. 교환실 종사원은 호텔의 보이지 않는 얼굴이며, 고객은 목소리를 듣고 호텔의 인상을 결정한다.

보통 전화교환실(telephone operator)을 스위치 보드(switch bored) 또는 PBX(Private Branch

그림 6-1 **호텔 내 전화**

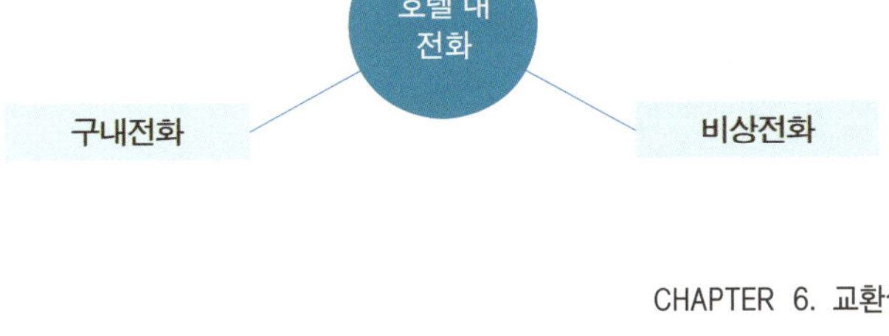

Exchange), PABX(Private Automatic Branch Exchange)라고도 하며, 몇몇 호텔에서는 커뮤니케이션(communication)부서라고도 불린다. 이곳에서 근무하는 종사원을 오퍼레이터(operator)라고 하며, 대부분 국가가 인정하는 소정의 자격증을 소지하고 있고, 호텔 서비스의 블랙박스 또는 호텔의 통신매개체로서 안내센터이자 호텔통신의 심장부라고도 한다. 즉 단순한 전화교환업무에서 고객정보센터로 변신하고 있다.

1. 원스톱 서비스업무

최근 5성급 호텔들은 날로 심화되어 가는 서비스경쟁에서 살아남기 위하여 많은 노력을 기울이고 있다. 이러한 노력들 중의 하나가 바로 고객의 편의 위주의 경영방법이라 할 수 있다.

최근 들어 하우스키핑, 룸 서비스, 벨 데스크, 교환실, 예약실, 비즈니스센터 등의 일부 업무들을 하나의 부서에서 통합하여 운영함으로써 효율적인 고객 서비스와 업무의 효율성을 증가시킴으로써 생긴 새로운 형태의 고객 서비스부서라 할 수 있다.

익스프레스 서비스(express service)는 고객들이 요구사항을 신속·정확하게 처리하기 위해서 생긴 부서로, 전화를 하나로 통합하여 보다 나은 서비스를 제공하기 위한 원스톱(one-stop) 서비스이다.

하우스키핑, 세탁(laundry) 오더 테이커, 룸 서비스(room service) 오더, 객실과 식음료 및 연회 예약업무 등 호텔에 걸려오는 전화를 여기저기 돌리지 않고 원스톱으로 제공하는 추세이다.

호텔교환이라는 것이 과거에는 단순히 전화만을 연결하는 업무가 주를 이뤘지만, 현재는 일반 서비스직으로서 교환업무는 물론, 서비스 익스프레스(service express) 기능으로서 호텔의 전반적인 모든 업무를 수행하는 직종으로 변화하고 있다. 이러한 변화는 거의 모든 5성급 호텔에서 일어나고 있으며, 이제는 대부분 호텔에서 고객이 전화를 걸면 한 번에 모든 서비스를 제공받을 수 있는 부서로서의 기능을 하고 있다.

2. 세일즈맨 서비스업무

고객의 얼굴을 볼 수 없을뿐더러 음성으로만 업무가 이루어지기 때문에 교환원의 안내와 음성에 따라 호텔의 이미지가 크게 좌우되며, 따뜻하고 명랑한 음성을 통해 고급스러운 호텔 서비스를 전달하고 있다. 이처럼 고객과 호텔의 첫 대면은 전화를 통한 목소리부터 시작되기 때문에 전화의 중요성은 점차 커지고 있으며, 단순한 교환 서비스보다 적극적인 세일즈맨 정신으로 고객유치에 노력하고 있다.

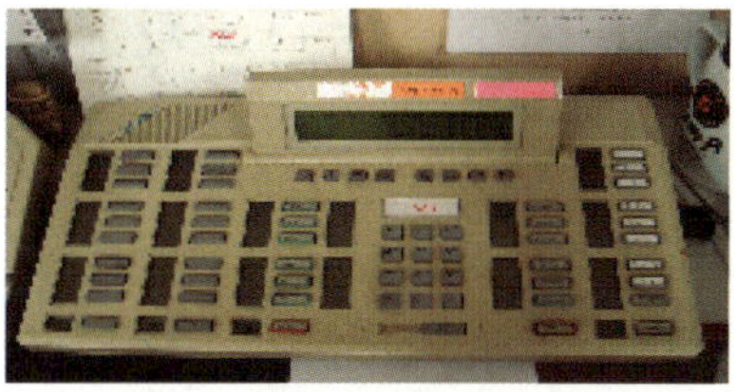

교환실 스위치 보드(switch board)

신속 · 정확한 연결과 각종 안내가 가장 중요하고, 내외 고객의 모든 문의에 대답할 수 있어야 하며, 전화교환업무 수행을 비롯해 정보접수, 웨이크업 콜(wake-up call), 시외 및 국제 전화업무, 그리고 외부의 문의에 대한 안내업무까지 교환실을 통해 수많은 일들이 이루어지고 있으므로 다양한 호텔상품에 대한 지식과 상식을 겸비해야 한다.

호텔은 광고를 통해 고객을 유치하기도 하지만, 상당수는 전화를 통해 문의를 한 후 호텔을 찾게 되는데, 만약 교환원이 고객의 문의에 소홀하게 답했을 경우 그 고객은 다른 호텔로 발길을 돌릴 것이며, 최악의 경우 영원히 찾지 않을 수도 있다. 이처럼 교환원의 서비스는 어떤 면에서는 호텔 내부의 서비스보다 더 중요하다고 할 수 있다.

호텔 이미지에 큰 영향을 미치는 교환원들은 우선적으로 서비스정신(service mind)에 프로정신을 가미한 근무자세가 필요하며, 호텔의 최일선에서 정보를 제공하는 교환원들의 사고도 프로세일즈맨 정신을 갖춰야 한다.

5성급 호텔 수준에 맞는 교양과 인격을 갖춰야 함은 기본이고, 목소리만으로 고객과 응대하기 때문에 표준어를 사용하며, 무엇보다 고객 우선주의에 입각해 보이지 않는 고객에 대한 서비스맨으로서의 마음가짐과 품위가 중요하다. 호텔의 인력난은 어제오늘의 일이 아니다. 하지만 교환실의 경우 여성의 전문직종으로 유망하고, 장래가 보장되어 결혼 후에도 지속적인 근무가 가능하다.

제2절 교환실 서비스 내용과 업무

교환실 종사원

호텔의 커뮤니케이션센터이며 객실부에 소속되어 걸려오고 나가는 모든 전화를 24시간 처리하는 곳으로 대부분의 경우 고객이 접촉하는 최초의 호텔 종사원이다. 전화교환원은 전화벨이 3번 울리기 전에 받아야 하며, 항상 일반정보와 호텔의 행사를 숙지하고 있어야 한다. 또한 표준어를 사용해야 하며, 정중하고 다정한 목소리로 항시 고객을 도울 수 있도록 노력을 기울여야 한다.

1. 호텔 내 · 외 안내 서비스

안내 서비스의 기능이 곧 호텔경쟁력이라는 이념 아래 단순한 전화교환업무에서 종합안내 서비스기능을 수행하는 부서로 비중이 커지면서 교환원들의 서비스역할이 점차 확대되고 있다.

호텔 교환업무는 고객의 요청에 의한 응대와 전반적인 호텔안내를 하는 역할로 호텔의 관문이기도 하다. 고객들은 호텔 내부뿐만 아니라 호텔 주변의 식당이나 관공서, 극장이나 공연장, 면세점, 이벤트, 관광지 주변에 유명한 식당, 맛있는 음식 등 고객에게 일상정보를 제공하기도 한다. 현재 운영되고 있는 114안내는 전화번호만 나오지만, 호텔교환을 이용할 경우에는 정확한 위치와 전화번호는 물론, 약도까지 자세하게 서비스하기 때문이다.

이 외에도 호텔 내의 상품들, 다시 말해 결혼식, 비즈니스 플로어(EFL) 라운지 활용, 호텔 멤버십 카드의 종류와 내용, 패키지(package)상품, 비즈니스센터(business center) 이용, 사우나(sauna) 및 미용실 운영시간 및 요금, 각 영업장별 운영시간 등을 암기하고 있어야 한다.

1) 호텔의 당일행사 안내

교환은 일반적인 정보와 호텔 내의 각종 행사나 이벤트 등을 항상 숙지하고 언제나 도움을 줄 수 있는 친절하고 상냥한 태도를 지녀야 한다. 특히 연회행사 안내의 경우 연회부서에서 제공된 행사안내서에 의해 행사이름 · 시간 · 장소 등을 안내한다.

2) 호텔의 위치안내

공항이나 터미널에서 숙박예정인 고객이나 연회행사 참여예정인으로부터 호텔의 위치에 대한 문의 시 빠르고 안전한 교통수단을 안내하는데, 공항의 경우 대부분 5성급 호텔을 경유하는 리무진 버스 이용을 권유하며, 자가용을 이용하는 내국인들에게도 가장 이해하기 쉽게 호텔의 위치를 안내한다.

2. 내 · 외부 전화 처리업무

호텔의 교환실은 업무의 특성상 거는 전화(outgoing calls)보다는 받는 전화(incoming calls)업무의 비중이 훨씬 크다. 따라서 받는 전화의 처리(handling)를 원활히 하기 위해 모든 교환실 종사원은 대고객 서비스 차원에서 친절하고 신속한 통신업무를 수행해야 한다. 하루 24시간 내내 호텔 내의 구내전화와 외부전화 혹은 외부로부터의 전화 안내 등을 취급하고 있으며, 구내전화번호 암기 및 안내, 객실고객의 객실번호 확인 후 정확한 조치를 취한다. 고객의 이름으로 객실을 찾아 연결할 경우 반드시 정확한 성명을 확인한 후 연결해준다.

간혹 투숙객 중 전화받기를 원하지 않는 경우(no-inform & no-call)에는 절대로 연결하지 않도록 주의한다. 또한 전화상태가 좋지 않은 경우에는 송화자에게 다시 걸어줄 것을 친절히 당부한다.

표 6-1 **호텔 전화의 종류**

구분	종류	
Incoming Call	• 시내전화(domestic call) • 국제전화(international call)	• 시외전화(long distance call) • 구내전화(house phone)
Outgoing Call	• 시내전화(domestic call) • 대화자 지명통화(person to person call) • 수화자 요금지불통화(collect call)	• 해외전화(overseas call) • 전화번호 지정통화(station to station call) • 신청자 요금지불통화(paid call)

No-inform & No-call

투숙객이 투숙사실을 외부에게 알리고 싶지 않을 때 요청하는 것으로 전화연결이나 기타 모든 고객의 정보를 알려 주어서는 안 된다. 또한 신혼부부가 요청할 경우 특정인에게만 전화를 받겠다는 의미도 포함하고 있다. 이런 경우 프런트 데스크에서는 컴퓨터상 고객의 이름 옆에 No-inform이나 No-call과 같은 표시를 하거나 착신거부기능을 사용하여 교환실과 상호 협조를 한다.

3. Wake-up Call 서비스

어디가 이상한지 모를 정도로 너무나 자연스럽게 사용되고 있는 모닝 콜은 콩글리시로 웨이크업 콜이 정확한 영어표현이다. 그래서 외국에서 '나 모닝 콜 좀 해주세요'라고 부탁하면 무슨 말인지 못 알아들어 당황스러울 수 있다. 교환원의 중요한 업무 중의 하나로 컴퓨터 시스템을 이용해 웨이크업 콜(wake-up call) 시간을 입력하면 자동으로 신호가 울리도록 되어 있다.

투숙객 자신이 직접 전화기를 이용해 웨이크업 콜을 할 수 있지만, 투숙객은 객실 내에 자동 웨이크업 콜 시스템이 설치되어 있음에도 불구하고 교환을 통해 웨이크업 콜을 신청하는데, 그 이유는 책임감 있고 확실하기 때문에 교환원에게 부탁한다.

웨이크업 콜을 소홀히 취급했다가 고객의 출발이 늦어 열차나 항공기 시간에 늦게 되거나 사업상 약속을 지키지 못했을 경우 호텔의 이미지 손상은 물론, 경우에 따라서는 고액을 변상해야 하는 상황이 발생하기도 한다. 그러므로 교환실 종사원은 그때그때 상황을 파악하여 다시 잠들 것 같은 고객은 몇 분 후에 재웨이크업 콜을 하도록 한다. 이처럼 웨이크업 콜의 업무는 교환원의 가장 중요한 업무가 되고 있다.

그림 6-2 **웨이크업 콜 시스템**

모닝콜

1) 전화기에서 모닝콜 셋팅 방법
▷ * 버튼과 1번을 누른 후, 네자리 숫자의 알람 시간을 누른다.
예 : 오전 7시 알람= * 10700, 오후 3시 알람= * 11500
▷ 취소시에는 * 버튼을 누른 후 2번을 누른다.

2)컨트롤 박스 셋팅 방법
▷ 왼쪽 상단의 "알람" 버튼을 누른 후, "HOUR" 버튼과 "MIN" 버튼을 차례로 눌러 모닝콜 세팅을 완료한다.
모닝콜이 세팅되면 화면에 종 표시가 보임.
▷ 취소시에는 "알람" 버튼을 한 번 더 누르면 종 표시가 5번 깜빡인 후에 취소가 완료 됨.

モーニングコール

1) 電話の場合
▷ 設定の方法:
'＊1' を押し、ご希望の起床時間(4桁)を押します。
例)午前7時の設定の場合 : ＊ 1 0700
午後3時の設定の場合 : ＊ 1 1500
▷ キャンセルの方法: '＊2' を押します。

2) コントロールボックスの場合
▷ 設定の方法:
"Alarm" ボタンを、押します。
"Hour" ボタンと "Min" ボタンを其々押して、時間を設定します。
"Alarm" ボタンを、押します。モニターに 'ベルの絵' が確認できたら、設定完了です。
▷ キャンセルの方法:
"Alarm" ボタンを、もう一度 押します。
モニターに 'ベルの絵' が、5回点滅した後 消えたのを確認できたら、キャンセル完了です。

WAKE UP CALL

1) From the telephone
▷ To set up
Press *1, followed by 4 digit wake-up time
Example: Set 7 a.m.=*10700,
Set 3 p.m.=*11500
▷ To cancel
Press *2

2) From the control box
▷ To set up
Press "Alarm" button on the left side,
press "Hour" & "Min", and then press "Alarm" button to complete set up.
" (bell sign) will appear on the screen.
▷ To cancel
Press "Alarm" button once

웨이크업 콜의 종류에는 크게 개인과 단체로 나눌 수 있다. 개인의 경우 객실 고객으로부터 웨이크업 콜 신청을 받으면 객실번호와 시간을 확인하고 용지에 시간을 정확히 기재하며, 국적도 확인해 영어 · 일본어 · 한국어로 표시하여 고객이 원하는 시간에 정확하게 웨이크업 콜이 될 수 있도록 해야 한다.

단체고객은 동시에 일어나야 일정에 차질이 없으므로 주로 가이드나 인솔자가 프런트 데스크에 부탁하여 단체객실번호와 시간이 기재된 리스트(group list)를 보고 정해진 시간에 웨이크업 콜을 할 수 있도록 컴퓨터에 입력시킨다.

그림 6-3 Wake-up Call의 종류

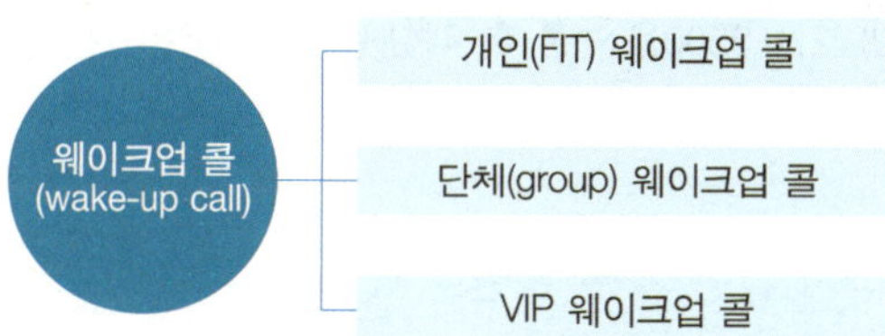

객실 내 전화기

그랜드 인터컨티넨탈 서울의 '모닝 콜 서비스'

향긋한 커피와 함께 기분 좋은 아침을 열어 드립니다.

그랜드 인터컨티넨탈 서울에서는 클럽층을 이용하는 고객을 대상으로 매일 아침 직원의 상냥한 목소리로 전하는 모닝 콜과 함께 갓 뽑은 향긋한 커피와 차를 즐길 수 있는 무료 서비스를 제공합니다.

모닝 콜 신청은 클럽층 고객에 한하며, 원하는 시각에 상냥한 종사원의 목소리를 통해 잠을 깰 수 있을 뿐 아니라 객실 문 앞에 향긋한 커피 또는 차와 신문이 배달됩니다.

자료: www.seoul.intercontinental.com.

음성 메시지 시스템

음성 메시지 청취 방법

1) 객실에서

· 수화기를 든다. 3500번을 누른다.

· 반복 청취(2번) · 다음 메시지 청취(6번)

· 메시지 삭제(7번) · 고유 번호 변경(83번)

2) 호텔 내부에서

· 호텔 내부에서 내선번호 3500을 누른다.

▷ 1차: 객실 번호 입력(네자리 숫자)
객실 번호가 세자리 숫자인 경우에는 앞에 8을 추가한다.

▷ 2차: 고유번호를 누른다. 고유번호는 체크인 날짜
예) 1월 5일 체크인 한 경우 = '0105'

3) 호텔 외부 또는 휴대폰 사용

· (02)2270-3500을 누른 후, 객실 번호와 고유번호를 누른다.

아침에 웨이크업 콜을 받지 않는 경우 프런트 데스크 또는 PMS로 체크아웃 여부를 확인한 후 이상이 있으면 벨맨을 보내서 즉시 확인하도록 한다. 이런 경우 고객이 만취된 상태이거나 피곤한 상태여서 웨이크업 콜을 듣지 못하는 경우 또는 이미 일어나 객실을 비운 경우가 대부분이다.

4. 국제전화 접수 및 연결 서비스

거는 전화(outgoing call)는 특별한 경우가 없는 한 고객이 직접 전화를 걸면 중앙 컴퓨터(main computer)에 자동적으로 요금이 부과된다. 하지만 여행사 단체나 특별한 고객의 요구, 특히 언어문제로 인한 요구가 있을 경우에는 신속·정확하게 전화가 연결되도록 최선을 다해야 한다. 그러므로 국가코드나 지역번호, 시차, 시내 유명호텔 및 항공사의 전화번호 등을 숙지하고 있어야 한다.

그림 6-4 Country Codes(WORLDWIDE)

COUNTRY CODES (WORLDWIDE)

Australia	61	Bangladesh	880
Belgium	32	Brazil	55
Brunei	673	Cambodia	855
Canada	1	China	86
Denmark	45	Egypt	20
France	33	Germany	49
Guam	1+671	Hawaii	1+808
Hong Kong	852	India	91
Indonesia	62	Italy	39
Japan	81	Malaysia	60
Mexico	52	Netherlands	31
New Zealand	64	Norway	47
Philippines	63	Poland	48
Russia	7	Saipan	670
Saudi Arabia	966	Singapore	65
South Africa	27	Spain	34
Switzerland	41	Taiwon	886
Thailand	66	Turkey	90
U.K.	44	U.S.A.	1
Vietnam	84		

그림 6-5 전화이용 안내문

ROOM TO ROOM CALLS

객실 간 전화 客室から客室へかける場合

Dial 8 then the Room Number

8번을 누른 후, 상대방 객실 번호를 누릅니다.

8番を押した後, 相手の部屋番号を押します.

LOCAL CALLS 외부 전화 国内電話

Local Calls (Seoul city and cellular phone) 9 + Tel. No
Long Distance Calls (cities in Korea) 9 + Area Code + Tel. No

시내 전화와 휴대폰 연결: 9번을 누른 후, 전화번호를 누릅니다.
시외 전화: 9번을 누른 후, 해당 지역번호와 전화번호를 차례로 누릅니다.

市内電話及び携帯電話は9番を押した後, 電話番号を押します.
市外電話は9番を押した後, 市外局番と電話番号を押します.

INTERNATIONAL CALLS 국제 전화 国際電話

Overseas Calls 9+001+Country Code+Area Code+Tel. No
9+002+Country Code+Area Code+Tel. No

For Collect Calls and Calling Card Use
An Access Service Charge of Won 2,000 per call, will be automatically added to your bill.

9번을 누른 후 001혹은 002, 해당국가번호, 지역번호, 전화번호를 차례로 누릅니다.

수신자 부담 전화와 선불 전화 카드 사용
한 통화 당 2,000원의 연결 수수료가 자동적으로 부과됩니다.

9番を押した後,001又は002,そして国番号, 市外局番, 電話番号の順に押します.

コレクトコール及び電話カードを使ってかける場合
1通話当たり2,000ウォンの手数料が自動的に加算されます.

표 6-2 호텔 국제전화요금

대역	나라	가격(/min)	대역	나라	가격(/min)
1대역	일본	3,480(+)	6대역	싱가폴	3,912(+)
2대역	중국	3,960(+)	7대역	대만(타이완)	3,840(+)
3대역	베트남	4,420(+)	8대역	인도네시아	3,620(+)
4대역	미얀마(버마)	4,200(+)	9대역	필리핀	3,760(+)
5대역	홍콩	3,912(+)	10대역	말레이시아	4,128(+)

표 6-3 **호텔 시내외 휴대폰 요금**

객실전화 요금표		
Mobile	700/min+	
시외전화	600/min+	
시내전화	200/min+	
Calling Cards(Domestic)	600/min+	
Calling Cards	4,000+	Connetion Fee
AT & T	4,000+	Connetion Fee
Toll Free(USA)	4,000+	Connetion Fee

5. 비상연락망 관리업무

화재발생 · 홍수 · 지진 · 태풍뿐만 아니라 도난 · 강도 · 상해나 긴급환자 발생 등 호텔의 비상사태 처리에 있어 관련자에게 비상연락(emergency procedure)을 취하여 적절한 절차를 수행한다.

6. 비서업무 서비스

비서업무는 투숙객들을 위해서 메시지 접수와 전달이나 연락대행업무를 제공하며, 또한 외국어 소통이 불가능한 고객을 위해서는 제3자 통화를 이용해 간단한 통역 서비스도 해주고 있다. 고객문의의 적절한 조치를 취하며, 투숙객의 정보를 누출하지 않도록 해야 한다.

제3절 교환실 종사원의 직무자세

전화교환은 음성으로 서비스하는 것이므로 좋은 목소리를 가진 사람이 적임자이다. 그러므로 전화응답의 목소리는 항상 명랑 · 쾌활해야 하며, 처진 목소리는 금물이다. 또한 개인의 감정을 전화응답에 절대 노출해서는 안 되며, 신속 · 정확 · 친절한 서비스로 고객의 호감을 살 수 있도록 해야 한다. 고객의 불평 발생 시 그 원인과 과정을 상사에게 자세히 보고하여 해결하도록 한다. 이때 불평을 말하기 위하여 총지배인이나 사장을 불러달라는 통화는 직접 연결시키지 않고 불평내용의 사안에 따라 해당 부서장이나 지배인에게 연락하여 신속히 처리하도록 한다.

그리고 최고수준의 예의 바른 존경어와 정확하고 부드러운 화법을 구사할 수 있는 능력 등 국제인으로서의 매너와 에티켓을 가지고 영어, 일본어, 중국어 등 외국어를 습득해야 한다.

교환실 종사원의 직무자세

- 상냥하고 예의 바른 전화응대
- 전화응대 시 표준어 사용
- 객실 고객의 전화응대 시 투숙객의 이름을 호칭
- 능숙하고 효율적인 전화기 사용방법 숙지
- 고객의 신상에 관한 정보 외부누설 금지
- 교환원으로서 매너와 에티켓 함양
- 전화응대에 필요한 어학능력 향상

Wake-up Call 실수로 인한 불평 사례

원래 예약한 날보다 하루 일찍 체크아웃할 예정으로 고객이 직접 프런트 데스크로 연락하면서 다음 날 아침 5시에 Wake-up Call을 요청했다.

다음 날 고객이 8시경 눈을 떠보니 벌써 비행기가 떠나버린 늦은 시간이었으며, 중요한 회의에 참석해야 하는데 어떻게 하느냐고 강하게 불평했다. 확인결과 프런트 데스크에서는 곧바로 교환실에 Wake-up Call 시간을 알렸다고 하나, 교환실에서는 받은 적이 없다고 했다. 하지만 결국 호텔 종사원의 실수라는 것은 명백한 사실이다.

즉시 가능한 항공기를 수배한 후 수십만 원의 추가비용을 지불하였으며, 호텔의 이미지를 실추시킨 경우이다. 종사원들의 작은 실수로 인해 몇 만 달러의 비즈니스 비용까지 물어줄 뻔 한 사례로 재교육이 절실히 필요하다.

Fitness Center 서비스실무

CHAPTER 7.

제1절 Fitness Center의 일반적 개요

모든 사람들은 건강한 삶을 누리기 위해 다양한 시설과 장비 그리고 고급 서비스를 제공해 주는 곳을 찾아다닌다. 그중 한 곳이 호텔의 부대시설 중의 하나로 고객들의 스트레스와 피로를 풀어줄 수 있는 피트니스센터(fitness center)이다. 이전의 피트니스센터는 단순히 체력단련의 측면에 중점을 두었지만, 최근에는 건강증진뿐만 아니라 여가시간 증대에 따른 여가선용과 사교목적 등을 위한 웰빙(welll-being: 참살이)공간으로 인식되고 있다.

피트니스센터는 법률적으로 1989년 「체육시설 설치 · 이용에 관한 법률」과 '시행령'에서 "실내 수영장을 포함한 2종 이상의 체육시설(체련장 · 에어로빅장 등)을 동일인이 한 장소에 설

그림 7-1 **피트니스센터의 기능**

치하여 하나의 단위체육시설로 경영하는 업"으로 규정하고 있다.

호텔의 피트니스센터는 호텔의 마케팅 측면에서 보면 단골고객의 확보와 호텔홍보 및 호텔의 수익증대 등의 기능을 한다. 또한 회원과 호텔 투숙객에게 건강과 레크리에이션 시설을 제공하여 건강증진과 복지향상을 도모하는 역할을 한다.

피트니스센터의 시설은 호텔마다 각각 다르지만, 기본적으로 체력단련장(gym; exercise room)과 사우나(sauna) 및 수영장(swimming pool) 등을 갖추고 있으며, 골프연습장, 조깅코스, 테니스장, 스쿼시(squash) 코트, 라켓볼장, 에어로빅장, 암벽 등반시설, 스쿠버 다이빙 풀 등 다양한 시설을 갖추고 각자의 호텔 특성 및 여건 등을 고려하여 운영하고 있다. 몇몇 호텔들은 건강상담은 물론, 정밀신체검사・운동부하검사 등 종합체력검진 결과를 토대로 회원 개개인의 운동 프로그램을 작성해 개인 스케줄에 맞추어 지도한다.

이러한 피트니스센터는 별도의 부서로 존재하기도 하나, 체인호텔의 증가로 인해 많은 호텔에서는 객실부 소속으로 운영되고 있다.

1. 체력단련장

체력단련장과 에어로빅장 전경

체력단련장(gymnasium) 또는 체련장(exercise room)은 건강하고 균형 잡힌 강한 체격과 체력을 갖기 위한 일련의 운동을 할 수 있는 공간으로서 최첨단 장비와 시설을 갖추어 종합적인 운동을 할 수 있는 곳이다. 몇몇 호텔에서는 헬스장으로 부르며, GYM, PT Studio, GX Studio 등으로 운영하고 있다.

이곳에는 유산소 운동장비와 근력운동을 위한 기구 등 다양한 기능의 첨단운동기구들이 설치되어 있고, 전문 트레이너가 체력측정 및 운동을 함으로써 얻을 수 있는 효과 등을 이해하기 쉽게 설명하며, 초보자에게는 체형에 맞는 운동 프로그램을 설정하여 개개인의 특성에 맞는 운동 프로그램을 제공해준다. 또한 운동기구의 이용 시 정확한 동작과 사용법을 회원에게 알려준다.

일부 호텔에서는 만 16세 이상 등 나이제한을 두는 호텔도 있으며, 요가 · 스트레칭 · 댄스 등 그룹 클래스와 1 : 1 개인레슨이 가능하기도 하다.

에어로빅장(PT studio; GX studio)에서는 전문 에어로빅 강사의 지도를 받을 수 있으며, 강습시간 외에는 자유롭게 이용이 가능하다.

2. 수영장

수영은 스포츠 · 레저활동의 기본적인 운동으로 누구나 할 수 있는 가장 기본적이고 적합한 운동이다. 또한 전신운동이며, 지구력과 신체기능의 조화를 촉진하고, 심장과 폐를 활발히 하며, 전신의 산소순환을 촉진하고, 부력으로 몸의 부담을 최소화하는 운동이다.

수영장(swimming pool)의 수온은 보통 27~29℃ 정도로 유지해야 하며, 잔류염소량은 0.2~0.4ppm, 수소이온농도는 6.8~7.3ph를 유지하며, 자동정수를 위한 여과기와 수질관리 시스템인 오존살균처리시설을 갖추고 있다. 또한 자연채광 및 실내 수영장의 경우 자동 온도조절이 가능하도록 되어 있다.

야외수영장의 경우 주로 여름철에만 운영하며 다수의 선덱(sundeck) 시설을 갖추고 있으며, 겨울철에는 아이스링크로 운영하기도 한다. 몇몇 5성급 호텔은 어린이전용 야외수영장을 구비하고 있다. 수영 개인레슨(800,000원/월 10회) 등을 통해 호텔 수입을 올리기도 한다.

보통 만 16세 미만 어린이는 보호자와 동반하에 입장이 가능하고, 구명조끼 · 암튜브를 제외한 일반 튜브 등의 부력기구와 장난감은 반입이 금지된다. 수영장에 근무하는 종사원은 항상 회원들을 주시하고 잘 보이는 곳에 서 있어 안전을 위해 최선을 다해야 한다.

호텔 실내외 수영장 전경

3. 테라피(스파, SPA)

테라피(therapy)는 유럽 등 여러 선진국들에서 이미 오래전부터 보급된 건강관리의 한 방법으로서 스파는 물의 다양한 물리적·화학적 성질을 이용한 건강관리 시스템으로 스트레스로 인한 질병예방 및 치료방법이다. 현재 서울시내 몇몇 5성급 호텔에서는 피트니스클럽 내에 최첨단 전문장비와 전문직원인 테라피스트에 의하여 운영되고 있다. 일부 호텔에서는 바디 트리트먼트와 페이셜 트리트먼트 그리고 태닝 룸 내에 인공 선탠 머신을 설치한 곳도 있다. 대부분의 호텔들은 사전에 예약을 해야만 이용이 가능하다.

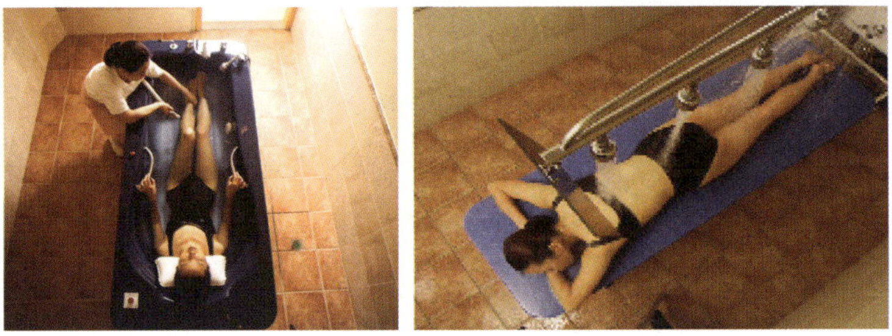

테라피(therapy)

표 7-1 **테라피의 분류**

Item	Contents
Hydrotherapy (하이드로테라피)	• Harmonie(전신욕법): 강한 압력의 물 마사지를 전신근육에 적용하여 근육을 이완시키고 순환을 촉진시켜 비만한 부위의 노폐물 및 셀룰라이트 제거에 매우 효과적인 관리법
	• Oxymer(전신욕법): 음이온과 함께 특수한 목적을 가진 여러 가지 향료가 혼합된 버블욕과 함께 부드러운 물 마사지를 이용한 관리법
	• Affusion(관주요법): 신체 위로 떨어지는 부드러운 관주 샤워는 사용온도에 따라 세포조직을 활성화시켜 일반적인 신체의 긴장을 완화시키는 관리법
	• Douche Autonome(분사요법): 거리를 두고 강한 물분사를 전신에 적용하여 강한 수압과 온도에 의해 신체의 탄력을 강화시키는 관리법
Algotherapy (알고테라피)	• Algo(전신해초팩요법): 따뜻하게 데워진 해초팩을 전신에 바른 후 해초성분에 포함된 각종 영양물질들의 피부흡수를 도와 신체 이온 밸런스를 맞추는 관리법
Massage(마사지)	• Massage(전신마사지요법)

자료: 'G'호텔 Fitness Club 업무 매뉴얼.

4. 골프장

5성급 호텔의 경우 실내 골프연습장(indoor golf)과 실외 골프연습장(outdoor golf)을 설치하여 운영하고 있다. 실내 골프장의 경우 최신식 자동 골프 서빙기(오토 티업)와 스윙 분석기, 골프 클럽 · 휴게실 및 로커 룸 등이 갖추어져 있으며, 골프장 내에 전문코치가 컴퓨터 시스템을 이용하여 회원들의 연습을 도와준다. 일부 호텔에서는 첨단 스크린골프와 9홀 또는 18홀의 실외 골프장을 함께 운영하고 있다. 호텔마다 시간당 요금과 1박스당 골프연습장 이용요금을 받기도 한다.

실내 골프연습장 전경과 골프채

5. 사우나

「공중목욕탕법」에는 일반목욕장과 특수목욕장 및 수영장으로 구분하고 있는데, 호텔의 사우나(sauna)는 현행 「공중목욕탕법」상 특수목욕장의 한증탕에 속한다. 사우나는 휴게실과 여가실을 갖추고 국민위생 및 건강증진을 도모하는 업장으로서 보통 온탕(warm bath), 열탕(hot bath), 냉탕(cold bath), 샤워 마사지 부스, 그리고 80~100℃ 정도의 사우나 독(sauna dock: 건식 · 습식 사우나)을 갖추고 있다. 부대시설로 휴게실과 (온돌)수면실, 바둑실, 피부 및 헤어를 관리해

사우나 전경

표 7-2 **탕과 독**(Bath & Dock)

종류	특징
온탕 (warm bath)	수중 안마기 및 거품탕의 온도는 40°C가 적당하며, 요통 · 신경통 · 근육통 등에 좋은 효과를 가져온다.
열탕 (hot bath)	45~46°C가 적당하며, 몸 주위나 심장 및 기타 질병을 앓고 있는 사람 등 이용조건에 맞지 않는 고객은 이용을 제한한다.
냉탕 (cold bath)	18°C 정도가 적당하며, 갑자기 탕 안으로 들어가면 심장마비의 우려가 있으므로 충분히 운동을 한 다음 들어가는 것이 좋다.
사우나 독 (sauna dock)	대부분 간접열원방식을 채택한 핀란드식 사우나법을 사용하며, 90~100°C 정도가 적당하다.
한방 사우나	한방약재를 사용하여 그 증기를 쏘임으로써 피부의 건강과 체내의 혈액순환 촉진 및 신진대사의 원활을 기할 수 있다. 욕조에 잠기는 목욕에 비하여 온도에 의한 혈압의 급격한 변화나 피로감을 주는 일이 없는 특징이 있다.
안개 사우나	40°C가 적당하며, 천장에 수십 개의 구멍에서 아주 미세한 안개형태의 물줄기를 분사하여 온몸을 감싸듯 피부를 촉촉하게 하여 피로를 감소시켜 준다.

구분		요금	
		회원	비회원
사우나 입장료		투숙객(50% 할인 적용가): 22,000원	회원동반객: 22,000원
바디클린		30,000원	35,000원
바디오일 마사지	남	60,000원	70,000원
	여	60,000원	70,000원
헤어컷		40,000원	40,000원
구두광택 서비스		3,000원	4,000원

자료: 'G'호텔 피트니스센터 이용요금.

주는 이 · 미용실, 개인사물함, 화장용품이 구비된 파우더 룸, 다양한 메뉴의 식사와 음료를 먹을 수 있는 스낵 바 등을 갖추고 있다.

제2절 Fitness Center의 운영방식

호텔의 피트니스 회원으로 가입할 시 일정의 보증금과 연회비를 받고 회원카드를 발급하며, 휴회나 탈퇴 · 양도 등 회원관리를 한다. 주로 5성급 호텔 피트니스클럽 회원권은 회원권 거래소를 통하여 기존회원의 회원권을 구입하는 방식으로 가입을 한다.

피트니스센터는 특히 겨울철에 고객들이 많이 이용하고, 운영은 경영형태에 따라 멤버십(membership)제도와 퍼블릭(public)제도 그리고 세미퍼블릭(semi-public)제도가 있으며, 호텔은 일반적으로 멤버십제도와 세미퍼블릭제도를 중심으로 운영되고 있다.

이러한 피트니스센터의 수익은 대부분 회원이 납부하는 입회비와 연회비 수입에서 발생하는데, 대부분 평생회원을 채택·운영하는 호텔에서는 연회비와 보증금의 이자수익으로 발생되며, 단기회원은 월회비에서 발생된다. 그리고 부수적으로 명의변경 수수료, 사물함 대여료, 동반객 입장료, 식음료매출, 강습지도비 등에서도 수익이 발생한다.

1. 멤버십제도

회원제인 멤버십은 시설을 다수가 공동으로 소유하는 형식의 '공유제 방식'과 발행하는 주식·증권을 취득함으로써 회원권을 취득하는 '주식회원제,' 입회금·예탁금을 지불함으로써 회원권을 취득하는 '예탁금제'가 있다.

회원권의 종류는 개인회원·부부회원·가족회원·법인회원으로 구분할 수 있다.

표 7-3 **회원권의 종류**

종류	회원의 자격
개인회원	21세 이상의 남녀 개인
부부회원	주민등록상의 부부
가족회원	부부와 18세 이상 20세 미만의 미혼자녀(21세 이상 되면 개인의 재등록)
법인회원	한 직장의 2인 이상 4인 이하의 기명직원으로 구성

피트니스센터 회원권 가격 사례

세계에서 가장 럭셔리한 호텔 체인 중 하나인 포시즌스 호텔은 2015년 광화문에 오픈하였다. 오픈과 동시에 모집한 1억 원짜리 피트니스 회원권 120장이 일주일도 안 되어 모두 판매되었다고 한다. 2차 회원권은 1억 1천만 원, 3차 회원권은 1억 3천만 원이었고, 이는 회원권 보증금이며, 매년 348만 원에 달하는 연회비를 매년 납부해야 된다. 연회비만 내고 연회원이 되는 방법이 있지만 1인기준 개인회원권 1년은 700만 원, 6개월권은 455만 원이다.

포시즌스 호텔의 피트니스클럽의 면적은 1,700여 평에 달하는 매우 넓은 공간을 자랑하고 있고, 장비들도 모두 최신식이며, 유명한 브랜드 장비를 갖추고 있다. 또한 운동복과 운동용 양말, 나이키 러닝화를 대여해주는 서비스를 제공하고 있다.

그림 7-2 Fitness Club 회비내역

SDC FITNESS CLUB

SDC FITNESS CLUB INFORMATION FOR MEMBERSHIP

SDC FITNESS CLUB 회원 가입 안내서

모든 회원가입신청자는 입회심사위원회의 심사과정을 거쳐야 하며, 심사를 통과한 경우 입회 승인에 대한 통지를 받게 됩니다.
입회승인통지를 받은 후 입회신청자는 회사가 지정하는 은행계좌로 입회금을 송금하여야 하며, 이와 동시에 입회계약서를 작성해야 합니다.

All membership applicants will be reviewed by the Admission Committee, and upon acceptance, a letter of confirmation will be sent to the applicant. After the letter of Confirmation is received, The applicant shall remit the Deposit to the bank account designated by the club and complete The membership subscription agreement.

Membership Deposit & Annual Fee 입회 보증금 및 연회비

(V.A.T 포함)

Membership Type 회원권 유형		Membership Deposit 입회 보증금	Annual Fee 연회비
Individual/Corporate Member 개인/법인 회원	1 Person 1인	40,000,000원	3,190,000원
Family/Corporate Member 가족/법인 회원	2 Persons 2인	55,000,000원	5,907,000원
Corporate Member 법인 회원	Designated 1 person 기명 1인 Non-designated 1 person 무기명 1인	65,000,000원	7,656,000원

Foreigner Membership & Annual Fee

(Included V.A.T)

Membership Type		Membership Deposit	Annual Fee
Foreigner Member	1 Person	-	KRW 4,785,000

Terms of Subscription

1. Corp. Contact with Hotel of special authorization by General Mangers.
2. Proof of employment, a copy of passport and registration must be submitted.

Bank Account 입금 계좌

Name of Bank 은행명	Account Number 계좌번호	Account Holder 예금주
Shinhan Bank 신한은행	Deposit 보증금: 140-011-845879	(주)서부티엔디
Shinhan Bank 신한은행	Annual Fee 연회비: 140-011-845936	(주)서부티엔디

(앞면)

Preparatory Documents 준비 서류

Private Member 개인 회원		Corporate Member 법인 회원	
회원가입 신청서	Membership Application Form	회원가입 신청서	Membership Application Form
반명함판 컬러사진 2매 (3cm X 4cm)	2 color photos (3cm X 4cm)	반명함판 컬러사진 2매 (3cm X 4cm)	2 color photos (3cm X 4cm)
주민등록등본 1통 (외국인등록증사본 1통, 여권사본 1통)	1 copy of resident registration, (1 copy of alien registration card, 1 copy of passport)	재직증명서 1통 (등기임원이 아닌 경우)	Certificate of Employment (if not registered)
가족관계증명서 1통 (가족회원의 경우)	1 copy of family relations certificate	법인인감증명서 1부	1 copy of corporate seal certificate
-	-	법인등기부 등본 1부	1 copy of corporate registration
-	-	사업자등록증 사본	1 copy of business registration certificate

Member Benefit 회원 혜택

Room 객실	Fitness Member Rate 제공	매년 변동 가능성 있음
Restaurant 레스토랑	10 ~ 20% (주류 포함, 인원수 제한 있음)	excluding room service, mini bar, retail items 룸서비스, 미니 바, 리테일 상품 제외
Banquet 연회장	10%	Excepting beverage, alcoholic drinks 음료 및 주류 제외
Birthday 생일	생일 당일 Restaurant 30%	30% off for food on the date of birthday 생일 당일 30% 할인 (음료 및 주류 제외)
Fitness Club Complimentary Voucher 피트니스 클럽 이용권	5매	5 vouchers (annually per account) 매 년 구좌당 5매 제공
Parking 주차	4시간	4 hours
Golf Range & Table Tennis 골프 레인지 & 탁구	50분 (매일)	50 minutes (1 day)
Screen Golf & Screen Baseball 스크린 골프 & 스크린 야구	50%	

95 CHEONGPA-RO 20-GIL, YONGSAN-GU, SEOUL 04372
T. +82 2 2223 7800 | SeoulDragonCity.com | sdcfitnessclub1@seouldragoncity.com

(뒷면)

그림 7-3 Fitness Club 운영안내

COSMOS HOTEL

휘트니스 클럽 운영 안내

휘트니스클럽 안내데스크 (02) 111-2222

	Section	COSMOS HOTEL
회원 연회비	개 인	₩1,650,000(부가세 포함)
	부 부	₩3,300,000(부가세 포함)
	법 인	₩4,950,000(부가세 포함)
휘트니스 클럽	운영시간	AM 6:00 ~ PM 10:00
	동반객 입장료	18,000 원 (세금 포함)
	8 ~ 14 세 동반시	수영장만 이용 11,000 원(세금 포함)
	7 세 이하 동반시	수영장만 이용- 무료
	휴관일	매월 첫째 수요일
락카 사용료	사우나 개인 락카	55,000 원 / 1 년
	골프락카 – 개인	110,000 원 / 1 년
	골프락카 – 부부	165,000 원 / 1 년
에 어 로 빅	강습일	월, 화, 목, 금
	강습시간	AM 10:00 ~ 10:50 PM 03:00 ~ 03:50
수 영	강습일	월, 화, 수, 목, 금
	강습시간	PM 7:00 ~ 7:50
골 프	강습료	₩200,000 / 1 개월
	강습일	월, 화, 목, 금, 토
	강습시간	AM 11:00 ~ PM 9:00

(운동시설 이용관련 협조사항)

1. 골프장과 체련장을 이용하실 때에는 반드시 운동화와 양말을 착용하여 주십시오.
2. 수영복과 수경은 비치된 품목이 아니오니 본인이 준비하여야 합니다.
3. 수영장에서는 튜브나 기타 놀이기구를 사용 하실 수 없습니다.
4. 수영장, 잭슨욕조, 사우나와 탕을 이용하실 때에는 반드시 샤워를 하신 후 이용하시기 바랍니다.

2. 퍼블릭제도

Fitness Center의 이용자격에 제한이 없으며, 누구나 일정금액을 지불하면 자유롭게 이용할 수 있는 형태의 운영방식이다.

3. 세미퍼블릭제도

Fitness Center의 시설을 예탁금 또는 입회비를 지불한 회원들과 이용할 때마다 요금을 지불하는 일반 이용객들이 공용으로 이용하는 형태의 운영방식이다.

표 7-4 **서울시내 호텔의 Fitness Center의 시설과 특징**

호텔명 · 피트니스클럽명	시설과 특징
JW 메리어트 '마르퀴스 더말 스파 & 피트니스 클럽' (Marquis Thermal Spa & Fitness Club)	2000년도에 오픈하였고, 회원제로 운영되며, 국내 최초로 태양광 실내 전달 시스템을 도입하여 인체에 유익한 자연광만을 실내로 끌어와 사계절 내내 선탠을 즐길 수 있게 했다. 지하 6백 미터에서 용출되는 최상의 온천수가 공급되며, 지하 2층에서 지하 4층까지 4,200여 평의 초대형 시설을 갖추고 있다. 여기에는 150여 대가 넘는 유명 체련기구가 배치된 국내 최대의 404평 체련장, 온천수영장, 하이드로테라피 등 미용과 건강, 그리고 치료를 위한 마르퀴스테라피, 일본에서 직접 설계 · 시공한 히노키탕과 한국전통의 황토방 사우나, 23개 타석의 골프연습장, 국내 호텔 유일의 암벽 등반시설(높이 12m) 등의 시설을 갖추고 있다. 이 밖에도 스쿼시, 체력측정실, 에어로빅 룸, 다목적체육관, 레스토랑 및 멤버십 바, 수면실, 미팅 룸, 미용실, 조깅 트랙(100m) 등 다양한 시설을 갖추고 있다.
웨스틴 조선 '시티 애스래틱 클럽'	회원과 객실 고객이 이용 가능하며, 체련장, 수영장, 에어로빅 스튜디오, 스파 & 사우나, 실내수영장 등을 갖추고 있다. 고객 개개인의 건강상태를 점검하여 운동 프로그램을 처방하는 체련장과 최첨단 운동기구를 전문 트레이너의 지도하에 도심을 내려다보며 즐길 수 있다. 국제규격(25×7.5m)의 실내수영장과 습식 · 건식 사우나와 냉 · 온탕, 자쿠지, 파우더 룸과 휴게실을 구비하고 있으며, 여성전용 전신 마사지 룸과 야외 일광욕장을 갖추고 있다.
그랜드 하얏트 서울 '클럽 올림퍼스'	회원제로 운영되고 있고, 계절에 따른 이벤트를 통해 회원 간의 친목을 도모하고 있으며, 스팀 · 드라이 사우나를 갖춘 남녀 사우나, 최신식 포이틸루수 운동 및 측정기구가 있는 체육관, 에어로빅 룸, 실내 · 외 수영장, 어린이수영장, 3개의 테니스 코트, 2개의 스쿼시 코트, 겨울철 야외 아이스 스케이팅 링크가 있다.
신라 호텔 서울	1,000여 평이 넘는 실내 규모를 자랑하며, 야외수영장과 65종의 운동기구를 갖춘 체육관, 에어로빅실, 조깅 트랙, 실내 골프연습장, 사우나, 길이 25m와 넓이 8m의 풀을 갖추고 있는 실내수영장을 갖추고 있다. 자체적으로 요가교실, 어린이 수영교실, 남산 달리기, 댄스 스포츠, 다이어트 행사, 골프대회, 의료 세미나 등 정기적인 이벤트를 기획 · 운영하고 있다.

그랜드 인터컨티넨탈 호텔 '메트로폴리탄 피트니스 클럽'	세계적 권위의 헬스전문가인 '클라크 해치'가 개발한 헬스 프로그램과 최신 운동시설, 과학적인 전문지도, 컴퓨터에 의한 회원 건강관리 시스템을 통해 개인 체력관리를 하고 있다. 이곳에는 인체공학적 첨단 헬스기구들과 선탠 룸, 남녀 사우나, 남녀 휴게실과 수면실, 남녀 마사지실, 회원전용 비즈니스 룸을 갖추고 있다. 또한 25m 길이의 실내수영장과 에어로빅 연습실 및 10타석 실내 골프연습장을 이용할 수 있다.
코엑스 인터컨티넨탈 호텔 '코스모폴리탄 피트니스 클럽'	3층 전체를 이용하여 모든 회원에게 전문 개인 트레이너가 직접 프로그램을 제공하며, 골퍼들을 위한 레슨, 요가, 스트레칭, 모던 · 라틴 스포츠 댄스, 에어로빅 등을 진행한다. 또한 간호사가 상주해 있어 회원의 혈당과 혈압 및 콜레스테롤 수치를 측정해주고, 개인별 체성분 분석 및 운동처방이 가능하다. 프로골퍼가 상주하여 레슨을 받을 수 있는 실내 골프연습장과 25m 실내수영장, 건식 · 습식 사우나와 스파, 냉 · 온탕, 이용실과 미용실, 마사지 서비스, 바와 레스토랑 등 편의시설이 갖추어져 있다.
롯데호텔 서울 '피트니스 클럽'	8×14m 크기로 천장에 자동개폐식 창문이 있어 신선한 공기와 일광욕을 즐길 수 있으며, 특수 필터 여과시설에 의한 깨끗한 수질, 온몸을 마사지하듯이 떨어지는 폭포 마사지, 산소실, 자외선룸 등을 갖춘 수영장과 정밀신체검사와 체력검진 결과를 토대로 운동전문가가 회원 개개인의 운동 프로그램을 작성하여 개인 스케줄에 맞추어 지도해주는 실내 체련장 그리고 250여 평의 넓이에 6개의 타석, 거리 35m, 자동 골프 서빙기, 골프클럽 등이 마련되어 있는 실내 골프장을 갖추고 있다.
그랜드 워커힐 호텔 '헬스 클럽'	65m의 조깅트랙과 러닝머신 등 30여 종의 최신 운동기구를 갖춘 헬스클럽은 체련장 외에 실내수영장 시설을 보유하고 있으며, 전문 트레이너가 상주하여 체력증진을 위한 각종 프로그램을 제공한다. 또한 6개의 아차산 조깅 코스와 국제규격의 테니스 코드 그리고 도심에 자리 잡은 연습장과는 달리 산기슭에 3개 층 67타석을 설치하여 실제 필드에 나온 듯한 자연 속의 골프 연습장을 갖추고 있다.
그랜드 앰배서더 서울 '피트니스 클럽'	지하 1 · 2층 복층에 총면적 3,050평방미터의 넓고 쾌적한 공간 안에 마련된 피트니스 클럽은 실내수영장과 10타석 드라이빙 레인지를 갖춘 골프연습장에서 프로골퍼의 체계적이고 전문적인 개인레슨을 받을 수 있다. 또한 체련장, 에어로빅 룸, 남녀 사우나(건식 · 한방 · 안개사우나), 프랑스식 테라피 등 초현대적 시설을 갖추고 있다.

자료: 월간 호텔 · 레스토랑, 2005. 4: 217~219와 각 호텔 홈페이지를 참고로 저자 재구성.

제3절 Fitness Center 종사원의 요건과 업무

Fitness Center 종사원이 갖추어야 할 요건은 여러 가지 많겠지만, 그중에서도 자신의 직업관을 확립하고 올바른 정신자세를 갖고 접객업무를 성실히 수행하도록 하는 데 역점을 두어야 한다. 따라서 훌륭한 직업인이 되기 위해서는 올바른 정신자세와 행동이 항상 일치해야 하며, 맡은 바 임무에 차질이 없도록 부단한 노력을 해야 한다.

1. 기본적 요건

① 고객에게 먼저 인사하며, 밝고 상냥하고 미소 띤 표정으로 경쾌하게 대한다.
② 처음 온 고객에게는 이용안내에 대해 전반적으로 차분히 설명한다.
③ 회원의 얼굴을 암기하도록 노력해야 한다.
④ 고객과 있을 때는 겸손한 태도와 올바른 자세를 갖추고 명랑하고 정확한 용어와 적절한 화법으로 대화한다.
⑤ 항상 회원들을 주시하며 잘 보이는 곳에 서 있는다.
⑥ 안전을 최우선하며, 호텔을 대표한다는 마음가짐으로 응대한다.
⑦ 복장은 항상 깨끗이 하고 단정하게 유지하여 고객에게 호감을 주도록 한다.

2. 회원관리 및 예약업무

피트니스센터를 운영하여 얻는 호텔수익은 대부분 회원이 납부하는 보증금과 연회비 그리고 사물함 대여료, 강습료, 동반객 입장료, 식음료매출 등에서 발생하게 된다.

회원관리절차는 우선 개인이나 부부 또는 법인을 대상으로 회원가입신청서를 작성하게 한 후 보증금을 납부하면 회원카드를 발급한다. 이후 사물함과 로커를 배정하고 회원들에게 피트니스센터에 대한 전반적인 안내 등과 같은 업무를 수행한다.

예약은 고객이 계획하고 있는 일들을 차질 없이 진행하기 위하여 약속하는 것이므로 예약담당자는 고객의 요구사항을 정확히 접수하여 철저한 사전 준비와 효율적인 서비스로 고객에게 즐거움과 만족을 주도록 최선을 다해야 한다.

그림 7-4 피트니스센터의 회원가입관리 절차

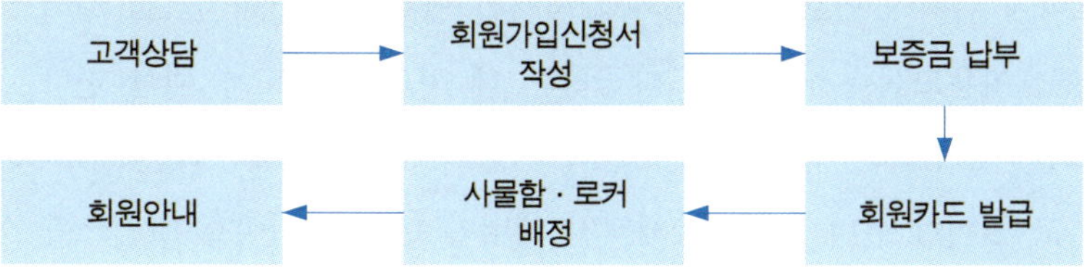

CHAPTER 8.

Business Center 서비스실무

제1절 Business Center의 일반적 개요

전 세계의 국제적 교류가 빈번해짐에 따라 호텔의 기능도 다양화 · 전문화되고 있다. 이 가운데 비즈니스 호텔을 표방하는 호텔에 있어 그 중추기능을 담당하는 곳이 비즈니스센터(business center)이다.

비즈니스센터는 "사무실을 떠난 사무실"(Office Away From Office) 개념을 도입하여 비즈니스 고객의 업무편의를 도모하고 효율적이고 원활한 비즈니스를 위한 제반 시설과 최신장비 및 서비스를 제공하는 부서이다. 또한 비즈니스 숙박 고객뿐만 아니라 일반 고객들에게도 각종 정보 제공이나 예약 등의 업무도 하고 있어 비즈니스센터는 호텔의 필수적인 부서라고 할 수 있다. 대부분 로비에 위치해 있으며, 고객과 개별적인 업무가 이루어지므로 서비스에 만전을 기해야 함은 물론, 이용고객에게 편의를 제공하는 데 차질이 없도록 해야 한다.

비즈니스센터에 근무하는 종사원은 호텔의 시설이나 서비스를 정확히 숙지하고 다방면의 지식을 습득하고 있어야 한다. 또한 국제적인 매너와 투철한 서비스 마인드를 소유한 객실부서의 호텔리어로서 상용고객을 대상으로 고객에게 다양한 정보와 수준 높은 서비스를 제공하여 호텔의 이미지 제고와 판매증진 및 호텔홍보에 기여할 수 있는 부서라 할 수 있다.

Business Center 내 · 외부 전경

제2절 Business Center 서비스 내용과 업무

비즈니스센터(business center)는 FAX, PC, Copy Machine, Beam Project & Screen, Meeting Room 등의 시설과 장비를 갖추고 호텔 고객이 각종 비즈니스 업무를 수행하는 데 필요한 여러 가지 서비스를 제공하는 업무를 담당한다.

1. 항공권관련 업무

고객의 항공이용과 관련된 예약 및 변경사항을 처리하며, 고객의 입장에서는 매우 중요하고 민감한 사항이므로 친절하게 끝까지 책임지고 서비스한다.

1) 예약확인

보통 비즈니스 고객일 경우 출발하기 하루나 며칠 전에 자신이 예약한 비행기 티켓의 예약확인(flight confirmation)을 원하는 경우가 대부분이다. 이때 비즈니스센터 종사원은 다음과 같은 요령으로 처리(handling)한다.

① 고객의 영문이름(가능한 full name, spelling), 객실번호, 예약날짜, 항공기 번호와 시간(flight no & time), 출발지와 도착지 등을 정확하게 파악한 후 해당 항공사로 전화를 걸어 예약을 확인한다(항공권상에 PNR<항공사 예약번호>이 기재되어 있을 경우 그 번호만으로 재확인이 가능하다). 만약 항공사의 업무시간 이외에 예약확인의 접수 시에는 항공권을 복사한 후 고객에게 원본을 드린 후 다음 날 항공사 업무시간에 연락하여 예약확인을 한다.

② 예약확인이 끝난 후에는 반드시 예약 재확인번호를 받아서 고객에게 재확인이 되었음과 동시에 PNR(Passenger Name Record) 번호도 알려준다.

③ 1등석(first class)은 좌석지정예약도 가능하므로 고객이 원할 경우는 예약확인과 함께 한다.

④ 기내식 요청은 어느 좌석에도 적용되므로 고객이 원할 때는 예약 재확인과 함께 한다. 유아 또는 어린이를 동반하는 경우 영아식(infant meal: 12개월 미만 – 액상분유, 아기용 주스)과 유아식(baby meal: 12개월 이상 24개월 미만 – 이유식, 아기용 주스) 및 아동식(child meal: 스파게티 · 햄버거 · 오므라이스 · 핫도그 · 돈가스 · 샌드위치 · 김밥 등)으로, 채식주의자 · 힌두교 · 회교도 · 유대교일 경우 특별식으로 요청해야 한다.

⑤ 예약 재확인이 끝나면 로그북(log book)에 시간과 내용을 적은 후 다음과 같은 내용의 메시지를 객실로 전달한다.

예 12 : 00 * FLIGHT CONFIRMATION
(R) 1500 MR. GILDONG HONG
24 / JUN KE651 SEL TO BKK 0900
PNR: CQ7020

⑥ JAL이나 CX인 경우는 재확인(reconfirmation)이 필요 없으며, 단체고객의 경우(대한항공과 아시아나항공) 일일이 확인할 경우 시간이 많이 걸리므로 해당 항공사에 명단을 팩스(fax)로 보내면 항공사로부터 전화확인이 가능하다.

2) 항공권 예약

항공권 예약(flight reservation)은 영문성명(full name)과 날짜 · 출발지 · 도착지 · 항공사 · 시간 등을 확인한 후에 항공사에 예약을 한다. 당일 예약일 경우에는 재확인까지 함께 하고 예약번호를 받는데, 이 경우에는 예약번호와 재확인번호가 같을 수도 있다. 대한항공은 현재 'e-Ticket 서비스'라는 제도를 도입하여 예전에는 항공편을 예약했더라도 일정한 기한 내에 가까운 여행사나 항공사의 지점을 찾아가 항공권을 구입하였지만, 이 서비스는 고객이 예약을 하고 공항에서 예약번호와 여권만 제시하면 탑승권을 받을 수 있을뿐더러 여정변경도 전화 한 통으로 간단하게 바꿀 수 있는 서비스를 제공하고 있다.

3) 항공권 변경

항공권 변경(flight change)은 먼저 항공권을 복사하여 해당 항공사에 팩스(fax)를 보내어 변경이 가능한 티켓인지를 확인하고, 변경하고 싶은 날짜와 시간 · 좌석이 있는지의 여부를 체크한 후, 가능한 경우라면 변경을 하며, PNR 번호를 받아서 고객에게 알린 후 로그북(log book)에 기재한다. 특히 여정을 변경하고자 할 때는 티켓(ticket)상의 ENDORSEMENT난을 반드시 먼저 체크하고 항공사에 연락해야 한다.

예 12 : 00 * FLIGHT CHANGE
(R) 1500 MR. GILDONG HONG
24 / JUN KE651 SEL TO BKK 0900 TO
25 / JUN KE651 SEL TO BKK 2000
PNR: CK4520

로그북(Log Book)

로그북이란 상황별로 다양한 형태의 업무지침이나 업무변동 등 종사원들에게 공지해야 할 사항 등이 수시로 발생하고 소멸하는 경우, 이를 체계화하고 매뉴얼화하기에는 시간적으로 어렵기 때문에 이를 일별로, 각 조별로 인수 · 인계사항이나 호텔의 공시 및 지시사항 · 전달사항 · 호텔상황 등을 적어 종사원들에게 회람시켜 정보를 공유하는 업무일지를 말한다. 몇몇 호텔은 단체 '카톡방'을 만들어 종사원들이 실시간으로 정보를 공유하고 있는 경우도 있다.

컴퓨터를 이용한 로그북

일반적인 로그북

모든 종사원들은 근무하기 전에 반드시 로그북을 읽고 서명(sign)을 하여 이를 숙지하고 업무를 시작한다.

그림 8-1 항공사용 e-Ticket

KOREAN AIR

1446 / 22JAN

e-Ticket Itinerary/Receipt

인쇄

승객성명 Passenger Name BAE/SUNHEEMS (KE BL0070****)
e-티켓번호 e-Ticket number 1802301458935

여정 Itinerary **예약번호 Booking Reference 9839**

KE 901 Operated by KE - KOREAN AIR. 경유 Via : -

출발 Departure	서울 (ICN)	23JAN07	13:55 Local Time	Terminal NO.: -
도착 Arrival	파리 (CDG)	23JAN07	17:50 Local Time	Terminal NO.: 2F

예약클래스 Class 일반석 (K) 예약상태 Status OK (확약) 운임 Fare Basis KLEE6M
무료 수하물 허용량 Free Baggage Allowance 20 KG
항공권 유효기간 Not Valid Before - After 23JUL07

AF2300 Operated by AF - AIR FRANCE. 경유 Via : -

출발 Departure	파리 (CDG)	23JAN07	20:10 Local Time	Terminal NO.: 2F
도착 Arrival	마드리드 (MAD)	23JAN07	22:10 Local Time	Terminal NO.: 1

예약클래스 Class 일반석 (Q) 예약상태 Status OK (확약) 운임 Fare Basis KLEE6M
무료 수하물 허용량 Free Baggage Allowance 20 KG
항공권 유효기간 Not Valid Before - After 23JUL07

AF2301 Operated by AF - AIR FRANCE. 경유 Via : -

출발 Departure	마드리드 (MAD)	16FEB07	08:00 Local Time	Terminal NO.: 1
도착 Arrival	파리 (CDG)	16FEB07	10:05 Local Time	Terminal NO.: 2F

예약클래스 Class 일반석 (Q) 예약상태 Status OK (확약) 운임 Fare Basis KLEE6M
무료 수하물 허용량 Free Baggage Allowance 20 KG
항공권 유효기간 Not Valid Before 27JAN07 After 23JUL07

KE 902 Operated by KE - KOREAN AIR. 경유 Via : -

출발 Departure	파리 (CDG)	16FEB07	20:55 Local Time	Terminal NO.: 2F
도착 Arrival	서울 (ICN)	17FEB07	15:50 Local Time	Terminal NO.: -

예약클래스 Class 일반석 (K) 예약상태 Status OK (확약) 운임 Fare Basis KLEE6M
무료 수하물 허용량 Free Baggage Allowance 20 KG
항공권 유효기간 Not Valid Before 27JAN07 After 23JUL07

그림 8-2 여행사용 e-Ticket

오케이투어

e-Ticket Itinerary & Receipt

3704-2282 , fax 738-5196

email

0948/16JAN09 POWERED BY TOPAS

승객성명	**Passenger Name**	CHANG/BYUNGMANMR
예약번호	**Booking Reference**	181-1044
항공권번호	**Ticket Number**	1803507028589

여정 Itinerary

KE 37 (예약번호:ETBEY7) **경유 Via : -**

출발 Departure	서울(ICN)	22JAN09	11:40 Local Time	Terminal No. : -
도착 Arrival	시카고(ORD)	22JAN09	09:10 Local Time	Terminal No. : 5

예약클래스	Class	E (ECONOMY)	항공권 유효기간	Not Valid Before	22JAN
예약상태	Status	OK (확약)		Not Valid After	22FEB
운임	Fare Basis	ELXAP1M	무료 수하물 허용량	Free Baggage Allowance	2PC
			좌석번호	Seat No.	

KE 38 (예약번호:ETBEY7) **경유 Via : -**

출발 Departure	시카고(ORD)	05FEB09	11:20 Local Time	Terminal No. : 5
도착 Arrival	서울(ICN)	06FEB09	16:20 Local Time	Terminal No. : -

예약클래스	Class	E (ECONOMY)	항공권 유효기간	Not Valid Before	25JAN
예약상태	Status	OK (확약)		Not Valid After	22FEB
운임	Fare Basis	ELXAP1M	무료 수하물 허용량	Free Baggage Allowance	2PC
			좌석번호	Seat No.	

*모든 정보는 항공사나 공항 사정에 의해서 변경될 수 있습니다.

항공사 직원을 위한 e-티켓 정보입니다. For Airline Staff

Restriction	E/NON ENDORSABLE.REBKG ONCE ONLY AFT DEPT.NON REFUNDABLE A%FT DEPT.RFND PNTY BEFORE DEADLINE-PCT10.RFND PNTY AFT DEADLINE-PCT25.R% EISSUE ONCE ONLY AFT DEPT-KRW89000.NO MILE UPGRADE.
Conj.Ticket No.	-
Fare Calculation	K*SEL KE CHI Q41.00 552.37KE SEL Q41.00 552.37 NUC1186.74%END ROE1447.110000
Fare Amount	KRW 1717400
Equiv. Fare Paid	-
TAX	KRW 28000BP 22100US 6900XA 9600XY 7600YC 3500AY 22100US 6200XF 2600YQ ORD4.50
Total Amount	KRW 1826000
Form of Payment	CASH. AGT. 8SDQIANA.
e-Ticket Issue Date/Place	15JAN09 / 17310484 / 3704-2282

상기 운임정보는 공시운임으로 실제 지불 금액과 다를 수 있습니다.

- 본 e-티켓 확인증과 함께 제공된 법적 고지문을 반드시 참고하여 주시기 바랍니다.
- e-티켓 확인증은 탑승수속시, 입출국/세관 통과시 제시하도록 요구될 수 있으므로 반드시 전 여행 기간 동안 소지하시기 바랍니다. e-티켓 확인증의 이름과 여권상의 이름은 반드시 일치해야 합니다. 대부분의 공항에서 **탑승 수속 마감 시간은 해당 항공편 출발 40분 전**(미주, 유럽 출발편은 1시간 전)으로 되어 있으니, 해당 항공편 출발 예정시각 최소 2시간 전에는 공항에 도착하시기 바랍니다. 단, 일부 공동 운항편의 경우 탑승 수속은 운항 항공사의 카운터에서 이루어지며, 운항항공사의 규정에 따라 탑승 수속 마감시간이 다를 수 있습니다.
- 항공사가 제공하는 운송 및 기타 서비스는 운송 약관에 준하며, 필요시 참조하실 수 있습니다. 이 약관은 발행 항공사를 통해 확인하실 수 있습니다.
- 본 e-티켓 확인증은 e-Ticket의 정보 등을 확인하기 위하여 제공되는 서면에 불과하고 소지인에게 당해 운송 관련 어떠한 법적 권리를 부여하지 않습니다. 본 e-티켓 확인증을 임의로 수정 및 사용시 대한항공은 책임을 지지 않습니다.

2. 여행관련 업무

고객이 여행관련 정보(city tour reservation)를 문의할 시 호텔 내에 구비 중인 브로슈어(팸플릿)를 보여주고 간단히 설명한 후 고객이 예약을 원할 때 관광을 원하는 날짜와 관광의 종류 등을 파악하여 해당 관광회사나 여행사에 전화를 걸어 예약한다.

그리고 고객에게 여행사 가이드로부터 픽업(pick-up) 시간과 장소 및 관광비용 지불방법 등을 알려드린 후 로그북(log book)에 객실번호 · 인원 · 여행사이름 등 제반 기록을 남겨 다음 근무자에게 인수 · 인계한다. 대부분 여행요금은 고객이 직접 신용카드나 현금으로 여행사 가이드에게 지불하도록 권한다. 일부 호텔에서는 여행사로부터 알선수수료를 받아 잡수입(MISC)으로 프런트 데스크에 입금시키기도 한다.

이러한 비즈니스센터의 여행관련 업무는 Executive Floor 종사원의 서비스업무와 동일하다.

여행정보 데스크

그림 8-3 여행사 팸플릿

D.M.Z
Panmunjom Tour
Licensed company by UNC
CAMP BONIFA
JSA 경비대
Joongang Express Tour
(K.V.A)
Korean Veterans Association
http://www.jsatour.com E-mail:info@joongangtour.com
Tel 02)2266-3350 Fax 02)2253-8478
www.facebook.com/jsajoongangtour

SKI TOUR
WINTER
Seoul City Tour
- Gangchon Elysian Resort - Nami Island - Jisan Resort
- Yongpyong Resort - Phoenix Park Resort
24 Hours Reservation
Tel 02 774 3345
Free Pick-up Service Available at Most Hotels
English, 日本語 : 010-4082-7451
中 国 语 预 定 : 010-5617-9039
Seoul,Korea : 82-2-774-8222
www.seoulcitytour.net
www.koreatourinformation.com
E-mail : mail@seoulcitytour.net
Seoul City Tour

TOUR 1

MORNING SEOUL TOUR 1

Daily 09:00~12:30, Min. 1pax/1人から
₩ 28,000p/p

Pass by Blue House-Gyeongbokgung Palace (Deoksugung Palace on Tue)-National Folklore Museum (Royal Museum on Tue)-Jogyesa Temple-Ginseng Center-Itaewon Shopping Area

青瓦台(大統領官邸ー車窓観光)ー景福宮(キョンボックン)[火曜日は徳寿宮観光]ー国立民俗博物館[火曜日は徳寿宮内の宮中博物館]ー曹渓寺(チョケサ)ー人蔘センターー梨泰院(イテウォン)

Site Tips!

Gyeongbokgung Palace

Gyeongbokgung Palace is the primary residence for the royal family of Josun Dynasty. As the most beautiful palace in Seoul, It has impressive throne hall and elegant pavilions in there.

景福宮

景福宮は朝鮮時代王室の居所である。ソウルにある最も立波な宮で景福宮には印象的な正殿と優雅な亭子などがある。

National Folklore Museum

It is located beside Gyeongbokgung Palace and keeps and exhibits the legacies of Korean culture and history such as the religious rituals, household tools and social dynamics etc.

国立博物館

景福宮の隣に位置してある国立博物館は 宗教的遺物、社会的遺物など 韓国の文化と歴史の遺物を所蔵、展示してある。

TOUR 2

MORNING SEOUL TOUR 2

Daily 09:00~12:30, Min. 2pax/2人から
₩ 35,000p/p

City hall-2002 FIFA World Cup Seoul Stadium-Ginseng Center-Seoul Tower

市庁ー2002ワールドカップスタジアムー人蔘センターーソウルタワー

Site Tips!

Seoul World Cup Stadium

Seoul World Cup Stadium is shaped like a gigantic rectangular shield; a traditional Korean kite. As one of the state-of-the-art stadium, it will be a new attraction of Seoul, which reflects the hope of the Korean people for a successful national unification as well as world peace.

ソウルワールドカップスタジアム

ソウルワールドカップスタジアムは主競技場は韓国の凧を連想される大きな盾ににっている。この芸術的な競技場は成功的統一と世界平和を念願する韓国人の心を表してある。

Seoul Tower

Seoul Tower, which stands on the Mt. Namsan's summit, is one of the highest tower (240m) in the world. The panoramic view of Seoul seen from the 2nd and 3rd observation floors and the revolving observation platform on the 5th floor is especially excellent at night.

ソウルタワー

南山の頂上に立てあるソウルタワーは世界の高いタワーの中の一つである。2階と3階の展望台から見られるソウルの全景は幻想的で、5階の夜景はもっと素晴らしい。

Tour-2+Lunch+Tour-3 ₩ 71,000p/p
Tour-2+Lunch+Tour-4 ₩ 85,000p/p

브로슈어 내 여행상품

3. 일반 예약관련 업무

1) 공연 및 행사예약

보통 오페라나 난타 등과 같은 공연뿐만 아니라 한국무용을 볼 수 있는 행사(한국의 집: Korea House) 등 고객이 원하는 공연이나 행사를 찾아 시간과 장소 및 공연가격 등을 설명한다. 예약을 원할 때는 전화상으로 예약을 대행한다.

그림 8-4 공연행사 안내 팸플릿

2) 렌터카 예약

렌터카를 예약하고자 하는 고객은 우선 우리나라에서 사용할 수 있는 국제운전면허증을 갖고 있는지 확인한 후, 렌터카회사(AVIS · Hertz 등)에 전화를 걸어 고객이 원하는 차종이나 차량이 있는지를 확인 후 가격을 알려드린다. 고객이 예약을 원할 시 차량인도장소를 받아서 고객께 알려드린다. 몇몇 호텔의 경우 호텔 자체 내에 렌터카 회사가 입점되어 있어 고객들이 신속하고 편리하게 이용할 수 있도록 안내하고 있다.

4. 복사 서비스업무

복사기(copy machine)

고객들의 원활한 비즈니스를 위해 약정된 요금을 받고 복사 서비스(photo copy)를 제공한다. 컬러 · 흑백 · OHP 등의 복사 등을 위해 최신장비를 갖추고 있어 고객에게 자동분류 복사 서비스를 제공한다. 또한 고객들의 문서를 출력할 수 있는 최신 프린터와 제본기(바인딩 서비스) · 분쇄기 등을 갖추고 있다. 약정된 요금표에 의해 룸 차지(room charge)나 현금으로 받아 비즈니스센터 마감 시 프런트 캐셔(Front cashier)에 입금시킨다.

복사용지는 A3 · A4 · B4 · B5 등의 종류가 있으며, 정확한 용지를 고객에게 확인하여 처리한다. 또한 약정된 요금표에 의하여 산출된 요금은 프런트 캐셔에 입금시킨 후 영수증을 고객에게 전달한다. 일반적으로 객실로 계산하는 룸 차지(room charge) 시 고객이름과 객실번호를 확인한 후 빌(bill)을 작성하여 프런트 캐셔에게 전달한다.

5. 팩스 서비스업무

팩스 송수신은 상용고객이 주로 요청하는 가장 많은 업무 중의 하나이다. 고객이 팩스(fax)를 보내거나 받을 때 다음과 같은 서비스를 제공한다.

1) 송신 팩스

송신 팩스(outgoing fax)는 고객이 외부로 송신하는 팩스를 말한다. Fax용지(fax transmittal sheet)에 전체 매수를 기록하고 고객의 객실번호와 상대방의 팩스번호를 받아 곧바로 보내어 발송확인서(confirmation paper)를 확인한 다음, 송신결과(results)가 Error가 아닌 OK인지 확인 후 송신시간과 지역을 확인하고 요금을 부과한다. 이때 고객이 기록한 팩스번호가 틀린 경우나 계속적인 통화 중일 경우에는 고객에게 즉시 연락하여 조치를 취한다.

그림 8-5 **팩스요금**(Fax Charge)

FAX CHARGE (INTERNATIONAL)

ZONE1 : SOUTH EASTR ASIA, INDIA ADD. 860 + 86 =946				ZONE 2 : NORTH AMERICA, OCEANIA ADD. 1130 + 113 =1243				ZONE 3 : EUROPE, MIDDLE-EAST EAST-WEST ASIA ADD. 1330 + 133 = 1463				ZONE 4 : ENGLAND ADD. 1110 + 111 = 1221			
MIN	COST	TAX	TOTAL	MIN	COST	TAX	TOTAL	MIN	COST	TAX	TOTAL	MIN	COST	TAX	TOTAL
2M	3238	324	3562	2M	4225	423	4648	2M	4975	498	5473	2M	4163	416	4579
3M	4313	431	4744	3M	5638	564	6202	3M	6638	664	7302	3M	5550	555	6105
4M	5388	539	5927	4M	7050	705	7755	4M	8300	830	9130	4M	6938	694	7632
5M	6463	646	7109	5M	8463	846	9309	5M	9963	996	10959	5M	8325	833	9158
6M	7538	754	8292	6M	9875	988	10863	6M	11625	1163	12788	6M	9713	971	10684
7M	8613	861	9474	7M	11288	1129	12417	7M	13288	1329	14617	7M	11100	1110	12210
8M	9688	969	10657	8M	12700	1270	13970	8M	14950	1495	16445	8M	12488	1249	13737
9M	10763	1076	11839	9M	14113	1411	15524	9M	16613	1661	18274	9M	13875	1388	15263
10M	11838	1184	13022	10M	15525	1553	17078	10M	18275	1828	20103	10M	15263	1526	16789
11M	12913	1291	14204	11M	16938	1694	18632	11M	19938	1994	21932	11M	16650	1665	18315
12M	13988	1399	15387	12M	18350	1835	20185	12M	21600	2160	23760	12M	18038	1804	19842
13M	15063	1506	16569	13M	19763	1976	21739	13M	23263	2326	25589	13M	19425	1943	21368
14M	16138	1614	17752	14M	21175	2118	23293	14M	24925	2493	27418	14M	20813	2081	22894
15M	17213	1721	18934	15M	22588	2259	24847	15M	26588	2659	29247	15M	22200	2220	24420
16M	18288	1829	20117	16M	24000	2400	26400	16M	28250	2825	31075	16M	23588	2359	25947
17M	19363	1936	21299	17M	25413	2541	27954	17M	29913	2991	32904	17M	24975	2498	27473
18M	20438	2044	22482	18M	26825	2683	29508	18M	31575	3158	34733	18M	26363	2636	28999
19M	21513	2151	23664	19M	28238	2824	31062	19M	33238	3324	36562	19M	27750	2775	30525
20M	22588	2259	24847	20M	29650	2965	32615	20M	34900	3490	38390	20M	29138	2914	32052
21M	23663	2366	26029	21M	31063	3106	34169	21M	36563	3656	40219	21M	30525	3053	33578
22M	24738	2474	27212	22M	32475	3248	35723	22M	38225	3823	42048	22M	31913	3191	35104
23M	25813	2581	28394	23M	33888	3389	37277	23M	39888	3989	43877	23M	33300	3330	36630
24M	26888	2689	29577	24M	35300	3530	38830	24M	41550	4155	45705	24M	34688	3469	38157
25M	27799	2780	30579	25M	36713	3671	40384	25M	43213	4321	47534	25M	36075	3608	39683

FAX CHARGE (KOREA)

ZONE1 : 서울,고양,광명,광주,구리,군포 남양주,동두천,미금,안산,안양 원당,인천,의왕,의정부,일산,성남 ADD. 200 + 20 =220				ZONE 2 : 강화,원주,용평,홍천,송탄,온양 청평,당진,양평,수원,이천,용인 평택,문산,춘천,천안,음성,철원 ADD. 1130 + 113 =1243				ZONE 3: 부산,대구,광주,대전,제주,청주 충주,공주,논산,유성,조치원,경주 김천,상주,목포,포항,김해,마산 ADD. 1330 + 133 = 1463			
MIN	COST	TAX	TOTAL	MIN	COST	TAX	TOTAL	MIN	COST	TAX	TOTAL
3M	875	88	963	3M	1250	125	1375	3M	1500	150	1650
4M	1125	113	1238	4M	1625	163	1788	4M	2000	200	2200
5M	1375	138	1513	5M	2036	204	2240	5M	2500	250	2750
6M	1625	163	1788	6M	2375	238	2613	6M	3000	300	3300
7M	1875	188	2063	7M	2750	275	3025	7M	3500	350	3850
8M	2125	213	2338	8M	3125	313	3438	8M	4000	400	4400
9M	2375	238	2613	9M	3500	350	3850	9M	4500	450	4950
10M	2625	263	2888	10M	3875	388	4263	10M	5000	500	5500
11M	2875	288	3163	11M	4250	425	4675	11M	5500	550	6050
12M	3125	313	3438	12M	4625	463	5088	12M	6000	600	6600
13M	3375	338	3713	13M	5000	500	5500	13M	6500	650	7150
14M	3625	363	3988	14M	5375	538	5913	14M	7000	700	7700
15M	3875	388	4263	15M	5750	575	6325	15M	7500	750	8250
16M	4125	413	4538	16M	6125	613	6738	16M	8000	800	8800
17M	4375	438	4813	17M	6500	650	7150	17M	8500	850	9350
18M	4625	463	5088	18M	6875	688	7563	18M	9000	900	9900
19M	4875	488	5363	19M	7250	725	7975	19M	9500	950	10450
20M	5125	513	5638	20M	7625	763	8388	20M	9836	984	10820
21M	5375	538	5913	21M	8000	800	8800	21M	10500	1050	11550
22M	5625	563	6188	22M	8375	838	9213	22M	11000	1100	12100
23M	5875	588	6463	23M	8750	875	9625	23M	11500	1150	12650
24M	6125	613	6738	24M	9125	913	10038	24M	12000	1200	13200
25M	6375	638	7013	25M	9500	950	10450	25M	12500	1250	13750

양식 8-1 팩스 발송확인서(Fax Confirmation Paper)

MESSAGE CONFIRMATION		01-16 03:44 SAT FAX NUMBER : NAME :
FAX NUMBER :	0317202297	
PAGE :	01	
ELAPSED TIME :	01'15''	
MODE :	G3 STD	
RESULTS :	O.K	

2) 수신 팩스

외부로부터 수신되는 팩스를 받으면 팩스장부(fax file)에 반드시 날짜 · 시간 · 객실번호 · 성명과 전체 페이지수 및 보낸 사람의 팩스번호 등을 기재한 후 벨맨을 통하여 전달할 수 있도록 하며, 벨맨의 이름과 시간을 기입하고, 당일 체크아웃 예정인 고객의 팩스 등과 같이 급한(urgent) 경우는 빠르게 전달할 수 있도록 알려준다.

또한 투숙객 외의 고객이 수신 팩스(incoming fax)를 받고자 할 때는 유료로 서비스를 제공하기도 한다. 그리고 이미 체크아웃(check-out)한 고객의 팩스가 도착했을 때는 장부에 기록하고 발신번호로 재송신한 후 원본은 비즈니스센터에 일정기간 보관한다.

양식 8-2 Outgoing · Incoming FAX Envelope

COSMOS HOTEL

INCOMING FAX ☐ OUTGOING FAX ☐

Date :

Room :

Name :

Page :

양식 8-3 Fax 용지(Fax Transmittal Sheet)

COSMOS HOTEL

FACSIMILE TRANSMITTAL SHEET

TO:	FROM:
COMPANY:	DATE:
FAX NUMBER:	TOTAL NO. OF PAGES INCLUDING COVER:
PHONE NUMBER:	SENDER'S REFERENCE NUMEBER:
RE:	YOUR REFERENCE NUMBER:

☐URGENT ☐FOR REVIEW ☐PLEASE COMMENT ☐PLEASE REPLY ☐PLEASE RECYCLE

NOTES/COMMENTS:

COSMOS HOTEL

6. 대여 서비스업무

1) 회의실 대여 서비스

호텔에서 비즈니스 고객들이 관계자들과 회의를 개최하는 경우나 업무를 위해 회의실(meeting room)을 임대하는 경우가 늘어나고 있다. 따라서 비즈니스센터는 6인실 · 8인실 · 10인실 등 소규모 회의실에 회의나 기타 업무에 필요한 장비를 설치하여 고객에게 대여해주고 있고, 이에 필요한 컴퓨터, OHP, LCD 프로젝터, 비디오, 스캐너, 디지털 카메라, CD 리라이터, DVD 플레이어, 콘퍼런스(3자 통화) 전화 등 관련장비 등을 대여해주며, 임대요금(rental charge)은 종일(all day), 반일(half day), 시간당(pre hour)을 기준으로 부과한다. 대여료는 약정된 요금표에 의해서 대개 룸 차지(room charge)로 하나, 현금으로 직접 지불하는 경우도 있다.

몇몇 호텔들의 회의실은 보안을 위해 방음과 방청시설을 갖추고 있으며, 회의실 내 간단한 다과와 식음료를 주문할 수 있는 호텔도 있다. 회의실은 항상 정돈된 상태로 청결을 유지해야 하며, 항상 예약제로 운영하도록 한다.

비즈니스센터 직원은 회의실 대여예약을 받을 시 사전에 사용날짜, 사용시간, 인원수, 빔 프로젝터 등 관련장비의 사용 여부를 확인하여 회의실 대여 준비에 차질이 없도록 해야 한다. 미팅 룸 사용 시 식음료를 주문할 경우 룸 서비스에 연락하여 고객에게 편의를 제공한다.

비즈니스센터 회의실

2) 컴퓨터 대여 서비스

컴퓨터(computer, internet) 대여 서비스는 인터넷 사용을 원하는 고객에게 호텔에서 인터넷 서비스를 제공하는 것으로, 고객의 업무에 도움을 주는 서비스이다. 고객의 요청이나 대여(rental)시간에 따라 요금(charge)을 다르게 적용하는데, 보통 인터넷을 사용하는 고객들(desk top)과 노트북(laptop)을 대여하는 고객으로 구분할 수 있다. 대부분의 5성급 호텔들은 고객들이 가지고 다니는 노트북을 이용할 수 있도록 객실뿐만 아니라 식음료업장에서 무선(wireless) 인터넷 서비스를 제공하고 있다.

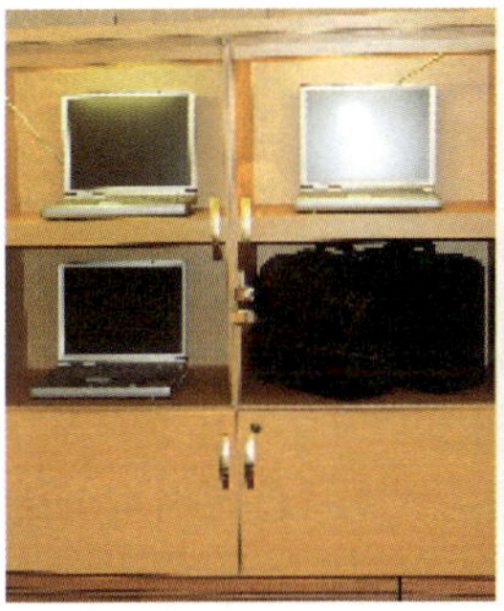

대여 노트북(laptop)

비즈니스센터 내 인터넷시설

3) 휴대폰 대여 서비스

휴대폰(cell phone; mobile phone) 대여 서비스는 고객들에게 임대용 휴대폰을 빌려주는 서비스로서 렌털계약서를 작성한 후 사용방법 · 렌털요금 등을 설명한 후 휴대폰을 제공한다. 고객이 렌털폰을 반납할 시 가입회사에 연락하여 전화요금과 렌털요금을 정산하여 고객에게 확인 후 결제한다. 몇몇 5성급 호텔들은 객실 내에 휴대폰을 비치해 무료대여 서비스를 제공하여 운영하는 호텔도 있다.

7. 우편물관련 업무

1) 특수우편물(해외우편물) 취급

특수우편물 취급(courier service)은 고객이 서류나 화물 등을 외국으로 배달하기 원할 경우 특급우편물(DHL, FEDERAL EXPRESS〈FedEx〉, UPS, 우체국택배〈EMS〉 등)의 접수 즉시 저울로 무게를 잰 후 취급업체에 연락하여 가져가도록 하고, 고객에게는 발송요금을 받아 두었다가 업체직원에게 전달한다. 이때 고객이 보내고자 하는 서류나 화물의 내용물을 확인하고 발송이 불가능한 물건(현금, 귀금속, 깨지기 쉬운 물건, 인화성 물질 등)인지 확인하고 포장(packing)하며, 고객이 원하는 업체가 있으면 해당 업체에 연락하도록 한다.

표 8-1 **우편물 취급방법**

구분	취급방법
회사	• 일반서류: 신청서를 기재한다(수신자 전화번호를 꼭 기재). • 샘플인 경우: 신청서 · 사유서 · Invoice를 기재한다(여권복사본 필요).
개인	• 해당 회사로 연락을 하여 필요한 것들을 고객으로부터 받고 접수를 한 후 DHL과 FedEx 및 UPS에 전화를 하여 신청하고, 무게를 재어 가격을 물어본다. 경우에 따라서 그 내용물에 따라 운송이 불가한 것도 있어 취급 여부를 확인한다.

고객의 우편물 분실 사례

장기투숙하는 고객이 가족으로부터 작은 수첩 하나가 우체국 등기로 호텔에 도착할 예정이니 잘 보관하여 달라고 부탁했다. 그 수첩은 투숙객의 중요한 바이어의 모든 연락처가 기재되어 있는 중요한 수첩이라고 했다. 며칠 후 그 수첩이 호텔 우편물 담당부서로 도착하였으나 우편물관리대장에 기록을 하지 않고 담당직원이 객실부 직원에게 전달하였다고 하나 그 수첩이 어디 있는지 확인되지 않아 잃어버렸다. 결국 찾지 못하고 총지배인(GM)이 고객에게 정중히 사과하고 고액을 보상했다.

2) 우표관리

원칙적으로 우체국에서 우편물을 접수 · 발송해야 하나, 보통 호텔 내의 비즈니스센터에서 우표를 별도로 판매하고 있으므로 사전에 우편물의 내용이나 무게 · 요금 등을 숙지하고 있어야 한다. 이는 객실 내에 비치된 엽서(post card)나 편지 등의 발송을 위해 고객들의 편의와 서비스 차원에서 우표를 판매한다.

그리고 등기우편의 경우는 호텔에서 취급하지 않으므로 주의해야 한다. 근무교대를 하기 전에 우표 잔여금액과 판매금액을 확인하여 정확히 인수 · 인계한다.

우편함(mail box)

그림 8-6 Business Center Services & Rates

COSMOS HOTEL

BUSINESS CENTER TARIFFS

PHOTOCOPY	Korean Won/ Subject to 10% VAT
A4/ Letter - Black & White	W300/page
B4/ A3 – Black & White	W600/page
A4/ Letter – Color	W3,000/page
B4/ A3 - Color	W5,000/page

PRINTING	
A4/ Letter – Black & White	W1,000/page
B4/ A3 – Black & White	W2,000/page
A4/ Letter – Color	W3,000/page
B4/ A3 – Color	W5,000/page

FACSIMILE	
Incoming	Complimentary for In-house Guest
Outgoing	Depends on Destination & No of Pages

SCANNING	
JPG / PDF	W3,000/page

BUSINESS CARD PRINTING SERVICE	
Business Card	Cost + 20% Handling Charge
Temporary Business Card	W15,000/initial 10 cards W5,000/additional 10 cards

INTERPRETATION & TRANSLATION	
Interpretation	Cost + 20% Handling Charge
Translation	Cost + 20% Handling Charge

EQUIPMENT RENATL		
Laptop Computer	W20,000/hour	W80,000/day
LAN Card	W5,000/hour	W15,000/day
Beam Projector	W50,000/hour	W200,000/day
Flip Chart		W30,000/pack
Speaker Phone	W10,000/hour	W50,000/day
DVD Player	W10,000/hour	W50,000/day
Mobile Phone (CDMA)		W13,000/day
Mobile Phone (SIM Card)		W20,000/day

INTERNET ACCESS		
Private PC booth in Business Center		W4,000/15min W8,000/30min W15,000/1 hour
Wire & Wireless Internet in Guest Room	W5,000/hour	W15,000/day

MEETING ROOM RENTAL	
Executive Board Room (14F)	W80,000/hour W500,000/day

TYPING SERVICE	
A4 (Korean & English)	W15,000/page

Courier & Messenger Service	
Express & General Courier Service	Cost + W10,000/case
Messenger Service	Cost + W10,000/case

COSMOS HOTEL

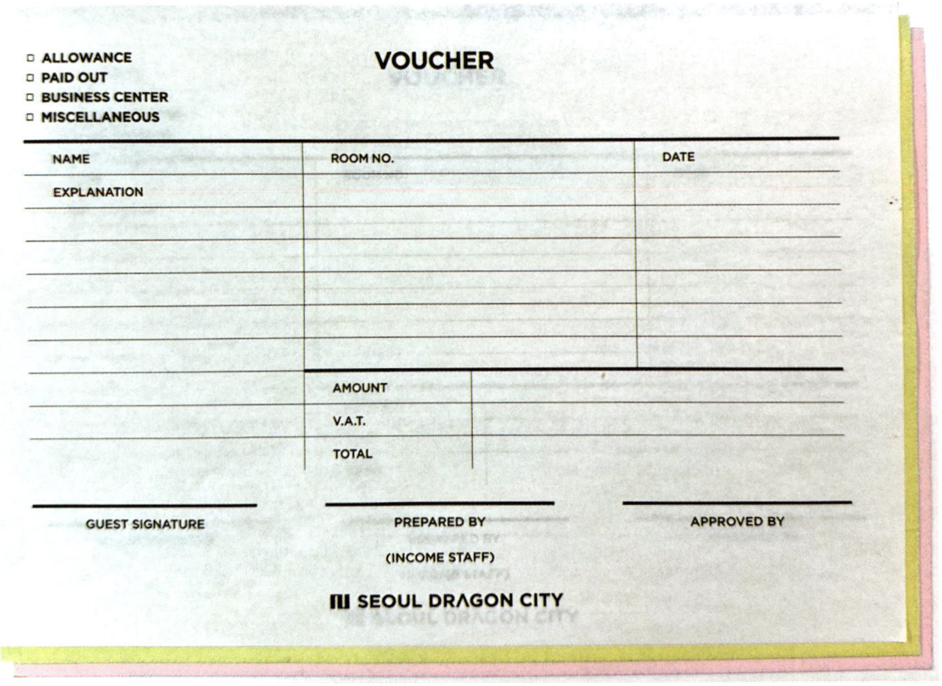

□ ALLOWANCE
□ PAID OUT
□ BUSINESS CENTER
□ MISCELLANEOUS

VOUCHER

NAME	ROOM NO.	DATE
EXPLANATION		
	AMOUNT	
	V.A.T.	
	TOTAL	

GUEST SIGNATURE

PREPARED BY
(INCOME STAFF)

APPROVED BY

SEOUL DRAGON CITY

8. 기타 서비스업무

1) 통역 · 번역 서비스

고객의 효과적인 업무진행을 위해 간단한 통역 · 번역(interpretation) 서비스를 제공한다. 하지만 대부분 이러한 통역 · 번역 서비스는 전문 서비스업체에 의뢰하며, 수수료(commission)를 받아 호텔규정에 따라 입금한다.

2) 명함제작 서비스

고객이 비즈니스상 필요한 명함(business card)을 주문 · 제작하는 것이다. 고객이 명함을 갖고 있는 경우 먼저 명함을 복사하여 인쇄소로 보내어 가격 및 완성날짜와 매수(보통 100매를 기준)를 알아본 후 고객이 원하는 시간에 배달되도록 한다. 하지만 고객이 명함이 없고 새로운 형식의 명함을 의뢰할 경우 고객이 원하는 양식을 알아본 후, 고객의 요청에 따라 컴퓨터로 새로운 형식에 맞게 만들어서 고객의 요구대로 인쇄가 잘 되었는지 확인하고 인쇄소로 팩스(fax)를 보내거나 연락하여 처리한다.

9. 이용현황 작성 및 입금

당일 비즈니스센터를 이용한 고객들에 대한 성명 · 객실번호 · 서비스내역과 이용시간대별 · 요일별 · 국적별 등의 통계자료를 기록한다. 또한 이용고객을 투숙고객과 외부고객으로 구분하여 기록한다. 그리고 비즈니스센터는 각종 서비스를 제공하고 고객의 편의를 도모하면서 호텔 수익의 일부분을 담당한다. 따라서 당일 발생된 매출에 대한 내역을 정확히 작성하여 현금의 경우 프런트 캐셔(front cashier)에 입금해야 한다.

특히 비즈니스센터에서는 고객과 개별적으로 업무가 이루어지므로 서비스에 만전을 기해야 함은 물론, 모든 고객에게 편의를 제공하는 데 차질이 없도록 유의해야 하며, 또한 요금을 정산하고 리포트를 작성하는 것도 중요한 업무이다.

PART 3

PRACTICAL HOTEL ROOM DIVISION SERVICE OPERATION

유니폼 서비스업무

Door Desk 서비스실무

CHAPTER 9.

호텔은 다양한 사회계층의 고객이 현관을 통해 출입하므로 이곳에 근무하는 종사원들에 의한 호텔의 이미지는 매우 크게 영향을 미친다. 유니폼 서비스부서들은 주로 현관지역(lobby area)에 위치한 부서들로서 고객의 요구에 적극적으로 대응하며 다양한 종류의 서비스를 제공하는 종사원들이라 할 수 있다.

현관 유니폼 서비스(uniformed service)란 고객에게 다양한 종류의 서비스를 제공하는데, 원래 현관 서비스는 이 부문에 종사하는 소집단이 제복의 집단(uniformed group)인 데 연유하여 유니폼 서비스라고 한다. 주로 도어맨 · 벨맨 · 포터 등을 지칭하는데, 통일된 고유 업무의 유니폼을 입고 고객들을 제일 먼저 맞이하는 곳으로서 고객들의 편의를 위한 시설 및 이용객들의 안내, 부대시설 이용안내 등 고객이 편안히 머무를 수 있도록 최대한의 서비스를 제공하는 부서이다.

캐노피(canopy) 전경

제1절 Door Desk의 일반적 개요

국내외 어느 곳에 가든 누구나 첫인상(first impression)에 대한 기억은 오래도록 남는다. 고객에게 제공되는 서비스와 예의는 호텔의 이미지 형성에 매우 크게 작용하며, 좋은 사람의 인상착의나 인상 깊은 장소에 대한 느낌은 시간이 지날수록 더욱더 생각나기 마련이다. 따라서 도어맨(door man) 또는 도어 어텐던트(door attendant)는 호텔의 최일선에서 근무하면서 호텔에 도착하는 고객들을 맞이하는 최초의 종사원임과 동시에, 마지막으로 호텔을 떠나는 고객을 환송하는 접객 서비스 종사원이다. 그래서 호텔의 얼굴이라고도 할 수 있는 도어맨은 언제나 품위 있고 절도 있는 행동을 해야 한다. 다시 말해 호텔의 첫인상을 결정짓기 때문에 항상 웃으면서 고객에게 편안한 서비스를 제공해야 하고, 투철한 직업의식이 없이는 근무할 수 없으며, 여름의 더위와 겨울의 추위 속에서도 고객을 먼저 배려하며 언제나 고객의 입장에서 생각하고 행동하는 철칙이 몸에 배어 있어야 한다.

도어맨은 사람 대 사람으로 이루어지는 업무특성상 많은 사람들과 다양한 내용의 대화를 하게 되는데, 고객이 친절한 미소로 인사에 회답해 주거나, 따뜻한 말 한마디 건네주거나, 제공한 정보에 대해 감사의 인사를 받았을 때 도어맨으로서 긍지와 자부심을 느낄 수 있다.

도어 데스크 전경

도어맨(door man)

호텔의 객실부에서는 반드시 유니폼 서비스를 거쳐 호텔 일을 배워나가는 것이 호텔리어로서 성장하는 데 큰 도움이 될 수 있다.

제2절 Door Desk 서비스 내용과 업무

1. 고객영접업무

도어맨은 승용차나 택시 · 셔틀버스 등으로 도착하는 고객을 영접하기 위하여 현관의 2~3m 전방에서 차량이 정차할 수 있는 위치를 수신호로 알려준 후, 차량이 완전히 정지하면 왼손으로 문을 열고, 오른손은 고객의 머리를 보호하며, 정중한 환영의 인사와 미소로 고객의 하차를 도와주고, 고객이 완전히 하차한 후 차량의 문을 닫아주는 일을 한다. 이때 차량의 문을 닫을 때는 조용히 닫고, 가능한 한 신속하게 차량을 이동시키도록 안내한다. 또한 수하물 등 고객의 소지품을 받아주고, 가볍게 들고 갈 수 있는 수하물일지라도 고객의 수하물 운반을 도와주며, 특히 택시 · 버스 등 자동차 안을 다시 확인하여 고객의 분실물 유무와 수하물의 숫자 및 특이사항을 확인하여 벨맨에게 인계한다.

보통 숙련된 도어맨의 경우 멀리 호텔 입구에서부터 자동차가 들어서는 것만 보아도 호텔을 찾은 고객의 차량번호나 인상착의 등을 기억해 두었다가 미리 불러주고 알아줌으로써 고객이 특별한 서비스를 받고 있다는 느낌을 갖도록 하는 것이 도어맨의 노하우라고 할 수 있다. 또한 도어맨의 고객영접 서비스는 고객의 외모나 고객의 차량을 통해 고객을 차별하지 않고 모든 고객을 정중하게 맞이하는 자세가 필요하다.

고객영접

표 9-1 고객에 따른 영접방법

고객분류	영접방법
객실 고객	차량의 정차장소를 지정 · 유도해 완전히 정차한 후 차량의 문을 열고, 고객하차 시 영접하며 거수경례를 한다. 고객의 수하물 숫자를 고객에게 확인한 후 대기하고 있는 벨맨에게 수하물을 인도한다. 벨맨이 보이지 않을 경우 현관 안쪽까지 수하물을 운반하여 놓는다.
연회참석 고객	그날의 연회행사를 숙지하고 시간 · 장소 등의 내용을 파악하고 안내한다. 결혼식 등 대형 연회의 경우 현관 앞 도로의 공간문제를 생각하여 미리 대처토록 한다.
VIP 고객	미리 통보된 VIP 고객인 경우 도착시간과 신분을 숙지하고 대기하며, 도착 시 대기하고 있는 영접자에게 영접을 인도한다. 그리고 차량은 특별히 편리한 장소에 주차할 수 있도록 배려한다.

경차우대(?)사건 사례

어느 5성급 호텔의 도어 데스크에서 일어난 사건이다. 호텔에서 세미나가 있어 참석하기 위하여 검소한 노교수가 경차를 몰고 왔다가 호텔의 도어맨으로부터 언짢은 언어와 태도로 호텔의 신뢰와 명성을 떨어뜨리는 일이 발생되었다. 사건은 호텔 도어맨이 경차를 보고 문을 열어 주기는커녕 신경질적으로 빨리 차를 빼라고 하는 제스처와 함께 "무슨 일로 오셨어요?"라고 묻는다. 노교수는 "내가 무엇을 잘못했을까?" 하는 생각이 들었다.

"만약 외국의 유명한 차량이라면 이 도어맨은 똑같은 행동을 했을까?"

호텔 도어맨뿐만 아니라 모든 부서의 호텔 종사원들은 국적과 나이 · 성별 및 지위고하에 따라 고객을 절대 차별해서는 안 된다.

2. 정보제공 및 안내업무

도어 데스크는 호텔을 방문하는 고객이 첫 번째로 만나는 부서이기 때문에 호텔 내의 각종 행사나 서비스에 대한 문의가 수시로 발생한다. 이때 고객에게 호텔 내부의 관련장소에 친절히 안내하고, 만약 고객이 행사에 대한 내용을 문의하였을 경우 구체적인 행사의 내용을 함께 안내하도록 해야 한다. 따라서 도어 데스크 종사원은 항상 당일 예정되어 있는 각종 행사(daily function sheet)의 내용을 숙지하고 있어야 한다. 또한 고객이 호텔 내의 정보뿐만 아니라 중요한 공공건물의 위치, 극장, 공연장, 접근도로, 시내 지리, 관광지, 교통상황 및 날씨에 대한 정보 등과 관련된 필요한 정보를 요구하면 호텔리어로서의 친절한 설명과 안내를 잊지 말아야 한다.

그림 9-1 Daily Function Forecast

DATE	ORGANIZATION	TIME	Menu	VENUE	C/T	G.T.D	E.P.D	PRICE	FOOD	BEV.	Misc	TOTAL	CONTACT
2024-2-26	Ryu Da-Hyun's 1st B-Day Party	12:00	EWB-2	Orchid+Lotus	C	100		40,000	4,000,000	400,000		4,400,000	Woo M.J
(SAT)	Lee Hyun-Seok's 1st B-Day Party	12:00	EWB-2	Chardonnay	C	70		40,000	2,800,000	280,000		3,080,000	Moon S.Y
	Doo Yoo-Hyun's 1st B-Day Party	12:00	EWB-4	Doraji	C	50		48,000	2,400,000	240,000		2,640,000	Woo M.J
	Cho Ho-Kyun, Lee In-Sun Wedding	12:00	Violet	GBR	C	400	470	45,000	18,000,000	1,800,000		19,800,000	Kang J.H
	Kim Eui-Soo, Kim Ji-Soo Wedding	15:00	Calla	GBR	C	500	550	43,200	21,600,000	2,160,000		23,760,000	Park S.I
	Park Ji-Hoon, Kim Min-Ji Wedding	18:00	Violet	GBR	C	400	470	45,000	18,000,000	1,800,000		19,800,000	Park S.I
	Kim Yoo-Joon's 1st B-Day Party	18:00	EWB-2	Orchid+Lotus	C	60		40,000	2,400,000	240,000		2,640,000	Woo M.J
	Joo Jung-Hwa's Birthday Party	18:00	C-1	Chardonnay	C	20		50,000	1,000,000	100,000		1,100,000	Woo M.J
	Hyundai Capital Skywalkers Volleyball Team	18:30	Chef's Menu	VIP	C	23		35,000	805,000			805,000	Lee H.S
	9					**1,623**			**71,005,000**	**7,020,000**		**78,025,000**	
2024-2-27	Hyundai Capital Skywalkers Volleyball Team	10:30	Chef's Menu	VIP	C	22		27,000	594,000			594,000	Lee H.S
(SUN)	Kim Tae-Young, Cho Eun-Na Wedding	12:00	Violet	GBR	C	400	470	45,000	18,000,000	1,800,000		19,800,000	Moon S.Y
	Lee Hak-Hee, Bang Ji-Eun Wedding	15:00	Calla	GBR	C	350	450	43,200	15,120,000	1,512,000		16,632,000	Park S.I
	Park Jung-Kyu, Lee Ye-Ran Wedding	18:00	Lily	GBR	C	250	350	38,700	9,675,000	967,500		10,642,500	Woo M.J
	4					**1,022**			**43,389,000**	**4,279,500**		**47,668,500**	
2024-2-28	Ambassador Group Value Training	All Day	CTB	Doraji	C	26		H/C				0	Jeong H.J
(MON)	Ocean Culture Foundation	11:00	W-3	VIP	C	14		49,500	693,000	69,300		762,300	Jeong H.J
	Dongguk Univ.	17:00	W-3	Orchid+Lotus	C	85		49,500	4,207,500	420,750		4,628,250	Kang J.H
	Int'l Lions 354-A The 9th Area Join Meeting	18:30	L/C-1	GBR	C	200		35,000	7,000,000	700,000		7,700,000	Kang J.H
	4					**325**			**11,900,500**	**1,190,050**		**13,090,550**	
2024-3-1	Jungkwang Lighting Co., Ltd	11:30	W-4	Doraji	C	45		60,000	2,700,000	270,000		2,970,000	Choi M.S
(TUE)	Han Yool's 1st B-Day Party	12:00	EWB-2	Chardonnay	C	50		40,000	2,000,000	200,000		2,200,000	Woo M.J
	Jeong Moon-Soo, Lee Young-Eon Wedding	12:00	Violet	GBR	C	350	450	45,000	15,750,000	1,575,000		17,325,000	Park S.I
	Kim Jae-Hong, Kim Jae-Heun Wedding	15:00	Violet	GBR	C	350	400	47,500	16,625,000	1,662,500		18,287,500	Moon S.Y
	Myung Ji-Hoon, Kim Ga-Yeon Wedding	18:00	Violet	GBR+Orchid	C	550	600	45,000	24,750,000	2,475,000		27,225,000	Park S.I
	5					**1,345**			**61,825,000**	**6,182,500**		**68,007,500**	
2024	Kangbook Rotary Club	7:30	ABK	Chardonnay	C	14		24,300	340,200			340,200	Jeong H.J
(WED)	Dongguk Univ.	12:00	C-5	VIP	C	12		63,000	756,000	75,600		831,600	Kang J.H
	Dongguk Univ. Prof. Lee Jin-Goo's Retirement Party	18:00	EWB-2	GBR	C	230		45,000	10,350,000	1,035,000		11,385,000	Kang J.H
	Boryung Pharm.	18:30	Afterward	VIP	C	12		40,500	486,000			486,000	Jeong H.J
	Int'l Lions 354-D Meeting	19:30	L/C-1	Doraji	C	20		34,000	680,000	68,000		748,000	Kang J.H
	5					**288**			**12,612,200**	**1,261,220**		**13,873,420**	
2024-3-3	Ingang Lotary Club	7:30	Afterward	VIP	C	15		27,000	405,000			405,000	Jeong H.J
(THU)	Jongro CBMC Breakfast Meeting	7:00	KBK-1	Orchid+Lotus	C	23		23,000	529,000			529,000	Jeong H.J
	Shilla CBMC Breakfast Meeting	7:00	JBK-1	Doraji	C	12		23,000	276,000			276,000	Jeong H.J
	Korea Lions Academy	11:30~16:00	L/C-2	Doraji	C	25		37,000	925,000			925,000	Kang J.H
	Int'l Lions Asso. 354-A area Meeting	18:30	L/C-1	GBR	C	170		34,000	5,780,000			5,780,000	Kang J.H
	Federation of Korea Artist & Musician	17:00	EWB-2	Orchid+Lotus	C	60		45,000	2,700,000	270,000		2,970,000	Jeong H.J
	Traveler's Club	18:30	Afterward	VIP	C	10		31,818	318,180	31,818		349,998	Jeong H.J
	7					**315**			**10,933,180**	**1,093,318**		**12,026,498**	
2024-3-4	K.B.F	7:30	JBK-1	VIP	C	12		23,636	283,632			283,632	Jeong H.J
(FRI)	A/Touch Party	All Day	W-2	Chardonnay	C	20		160,000	3,200,000			3,200,000	Kim Y.T
	Dongguk Univ.	11:00	Afterward	Orchid+Lotus	C	50		45,000	5,400,000			5,400,000	Kang J.H
	Daelim Civil Engineer's Gathering	18:00	C-3	Orchid+Lotus	C	60		60,000	7,200,000	720,000		7,920,000	Woo M.J
	Dongguk Univ.	16:30	C-1	Doraji	C	35		45,900	5,508,000			5,508,000	Jeong H.J
	Lee Ki-Hyuvk, Kim Hee Eun Wedding	19:00	Violet	GBR	C	400	470	47,500	5,700,000	570,000		6,270,000	Park S.I
	6					**577**			**27,291,632**	**1,290,000**		**28,581,632**	
2024-3-5	Yoo Ji-Hyo's 1st B-day Party	12:00	EWB-1	Chardonnay	C	50		42,300	2,115,000	211,500		2,326,500	Woo M.J
(SAT)	Park Won-Moo, Jeong So-Young Wedding	12:00	Jasmine	GBR+Doraji	C	500	550	45,000	22,500,000	2,250,000		24,750,000	Jeong H.J
	Sim Eui-Jun, Park Jin-Hyung Wedding	15:00	Afterward	All Rooms	C	600	700	45,000	27,000,000	2,700,000		29,700,000	Jeong H.J
	Kim Jeong-Wook, Kim Bo-Young Wedding	18:00	Afterward	GBR	C	400	470	45,000	18,000,000	1,800,000		19,800,000	Park S.I
	4					**1,550**			**69,615,000**	**6,961,500**		**76,576,500**	
2024-3-6	Kim Seon-Woo, Jeon Hye-Jung Wedding	12:00	Afterward	GBR	C	300	350	38,700	11,610,000	1,161,000		12,771,000	Park S.I
(SUN)	**1**					**300**			**11,610,000**	**1,161,000**		**12,771,000**	
<Remark>													

3. 주차질서유지 및 교통정리업무

현관에 도착하고 출발하는 차량의 안내와 주차관리로서 연회・세미나・행사 등으로 일시에 많은 차량이 붐빌 때는 사전 계획을 세워 차량흐름에 방해가 없도록 해야 한다. 그리고 도어맨은 어떤 차량이라도 일정한 시간 이상 정문 앞에 주차하는 행위를 허용해서는 안 되며, 항상 뒤에 진입할 차량의 편의를 위해 차량흐름을 원활하게 통제해야 한다. 또한 택시들의 주정차로 인하여 호텔을 이용하는 고객들의 불편이 없도록 택시정류장 주변의 교통정리를 하며, 고객이 택시를 이용할 경우 호텔 입구에 대기시키고 고객이 승차할 수 있도록 택시 도어를 열어준다.

4. 호텔 출입문 개폐관리업무

대부분의 5성급 호텔의 경우 자동문이 설치되어 있어 고객들은 그 출입문의 성질을 잘 모르기 때문에 자칫 잘못 여닫다 보면 고객이 부상을 당할 우려가 있다. 이 점을 감안하여 도어맨은 항상 고객의 출입을 관찰하고 문을 여닫는 데 신경을 써서 도와주어야 하며, 특히 어린이와 노약자가 문에 끼는 일이 없도록 항상 주의해야 한다.

우천 시에는 호텔용 우산을 준비하여 고객을 안내하며, 수하물이 비에 젖지 않도록 유의한다. 또한 로비의 청결을 위하여 도어의 출입구 앞에 우산에서 흘러내리는 빗물을 받기 위한 비닐봉지를 준비하고, 우산을 휴대하고 있는 고객에게 반드시 사용하도록 권유한다.

호텔 출입문과 현관 전경

5. 분실물 관리업무

호텔고객이 현관에서 택시나 리무진 버스 등의 교통수단을 이용하여 호텔 출발 시 빠뜨리고 가는 귀중품 · 가방 등의 물품을 습득하였을 때는 지체 없이 이를 상부에 보고한 후 고객에게 전달될 수 있도록 현관 사무실에 인계한다.

6. 차량 호출 · 수배업무

주로 운전기사와 동행한 고객의 요구에 따라 차량을 현관 앞으로 대기시키기 위해 차량 페이징(paging) 서비스를 제공하는데, 마이크를 이용하여 2회 이상 "0152 현관 앞으로"라고 차량을 호출하여 호텔 앞에 대기시킨다. 몇몇 호텔은 컴퓨터로 입력된 음성녹음기를 이용하기도 한다.

주차대행 서비스(valet parking)를 했던 고객이 차량을 원할 경우 고객이 소지하고 있는 티켓을 확인한 후 도어맨은 안전하고 신속하게 현관입구로 대기시킨다. 또한 수배 서비스는 택시·버스 등 차량을 필요로 하는 고객에게 차량에 대한 정확한 정보를 제공한다. 특히 여러 명의 단체외국인의 경우 9인승 택시(점보택시)나 콜밴택시를 요구하는 경우가 많이 있으며, 이른 아침 체크아웃하는 고객이 택시(일반·모범)를 예약하고자 할 때 차량을 예약해주는 경우도 있다.

7. 고객환송업무

고객이 출발하고자 호텔 정문을 나서면 정중히 인사하고, 기사가 있는 경우에는 차량호출을 서비스하며, 자동차 키를 주며 현관에 대기시켜 달라는 자가운전자의 경우는 신속하게 정문에 대기시켜 주어 친절한 서비스를 제공해야 한다. 출발 시 고객의 차문을 닫을 때는 세게 닫아 고객이 불쾌하지 않도록 조심성 있게 닫아주어야 한다.

표 9-2 **고객에 따른 환송방법**

고객분류	환송방법
객실 고객	벨맨으로부터 짐을 인계받은 후 차량을 호출한다. 수하물의 숫자를 확인한 후 차량에 싣는다. 차량이 없을 경우 택시를 이용토록 하는데, 만약의 문제발생에 대비하여 차량번호를 기록하여 둔다.
연회참석 고객	출발이 거의 동시에 이루어지므로 차량의 원활한 소통을 위하여 효율적으로 대처토록 하며, 대형 버스를 이용할 경우에는 미리 정차장소를 숙지하여 고객에게 안내한다.
VIP 고객	차량을 미리 현관 앞에 대기시켜 놓은 후 전송 시 최대의 경의를 표하며, 다른 차량보다 우선하여 나갈 수 있도록 조치한다.

8. 호텔 출입통제업무

호텔을 출입하는 고객의 안전을 위하여 도어 데스크 종사원은 취객이나 부랑자·정신이상자 등과 같이 호텔의 정숙과 품위를 손상시키는 사람들을 통제하며, 수상한 언동을 하는 고객이나 걸인 또는 노숙자·잡상인·판매원 등 고객으로서의 방문자가 아니라고 판단하면 출입을 통제하고, 즉시 경비부서(security)에 연락하여 적절한 조치를 취해야 한다.

9. Valet Parking 업무

Valet Parking은 고객편의를 위한 주차대행 서비스로 고객의 요구가 있을 경우 고객을 대신해서 주차를 대행하는 업무이다. 자가운전자, 특히 여성 고객들은 대부분 도착 즉시 주차대행 서비스를 요구하는 경우가 많으므로 운전을 능숙하게 할 수 있는 도어맨이 항시 대기하고 있어야 한다. 이러한 주차대행 서비스는 고객에게 편의성을 제공해줄 뿐만 아니라 호텔 서비스의 고급스러운 이미지를 강화시켜줄 수 있다. 더불어 대부분 5성급 호텔들은 주차대행 서비스요금을 받아 호텔의 또 다른 수입원으로 매출을 올린다. 요즘은 몇몇 5성급 호텔과 신용카드회사가 서로 제휴하여 호텔에서 무료로 Valet Parking 서비스를 제공하고 있다. 이는 신용카드를 일정금액 이상 사용한 카드고객들에게 무료로 Valet Parking 서비스를 제공하고 서비스요금은 신용카드회사에서 지불하는 방식으로 호텔의 매출에 영향을 미치고 있다. 그날의 마지막 근무자가 당일 수입을 모아서 프런트 데스크에 Valet Parking 매출로 회계처리하기 위해 입금한다.

1) 차량인수 시

운전석 옆문으로 다가가 왼손으로 문을 열고 눈인사(eye contact)를 하며, 밝은 표정으로 인사말과 함께 주차 티켓(parking tag)을 발부한 후 차량의 외부상태를 확인한다. 이때 차량 내 귀중품 유무를 고객에게 확인하고, 차량 내의 귀중품은 소지하도록 권하며, 차량이상의 발견 시 고객에게 확인하고 여의치 않을 시는 주차 티켓에 이상 여부를 기록한다. 차량을 주차시킨 후 주차티켓에 주차위치 · 시간 · 차량번호 · 주차근무자이름을 기록하여 자동차 키와 함께 묶어서 보관한다.

2) 차량인계 시

항상 밝고 명랑하게 고객을 대하며, 인사말과 함께 주차 티켓을 인수받아 확인하고 신속하게 고객 앞 1m 내에 차량을 정차시켜 차량의 인계 후 환송 서비스요령에 의거하여 환송한다. 하지만 제3자가 차량을 찾으러 올 경우 세심한 주의가 요구되는데, 차량을 맡긴 고객과 확인이 되지 않으면 차량을 인계해서는 안 된다. 반드시 발레 티켓(valet ticket)을 가지고 온 고객에게 차량을 인계해야 하며, 발레 티켓을 분실하였다고 할 경우 신분증과 연락처 등을 받아두어 차후에 생길 문제에 대비해야 한다.

그림 9-2 Valet Parking Ticket

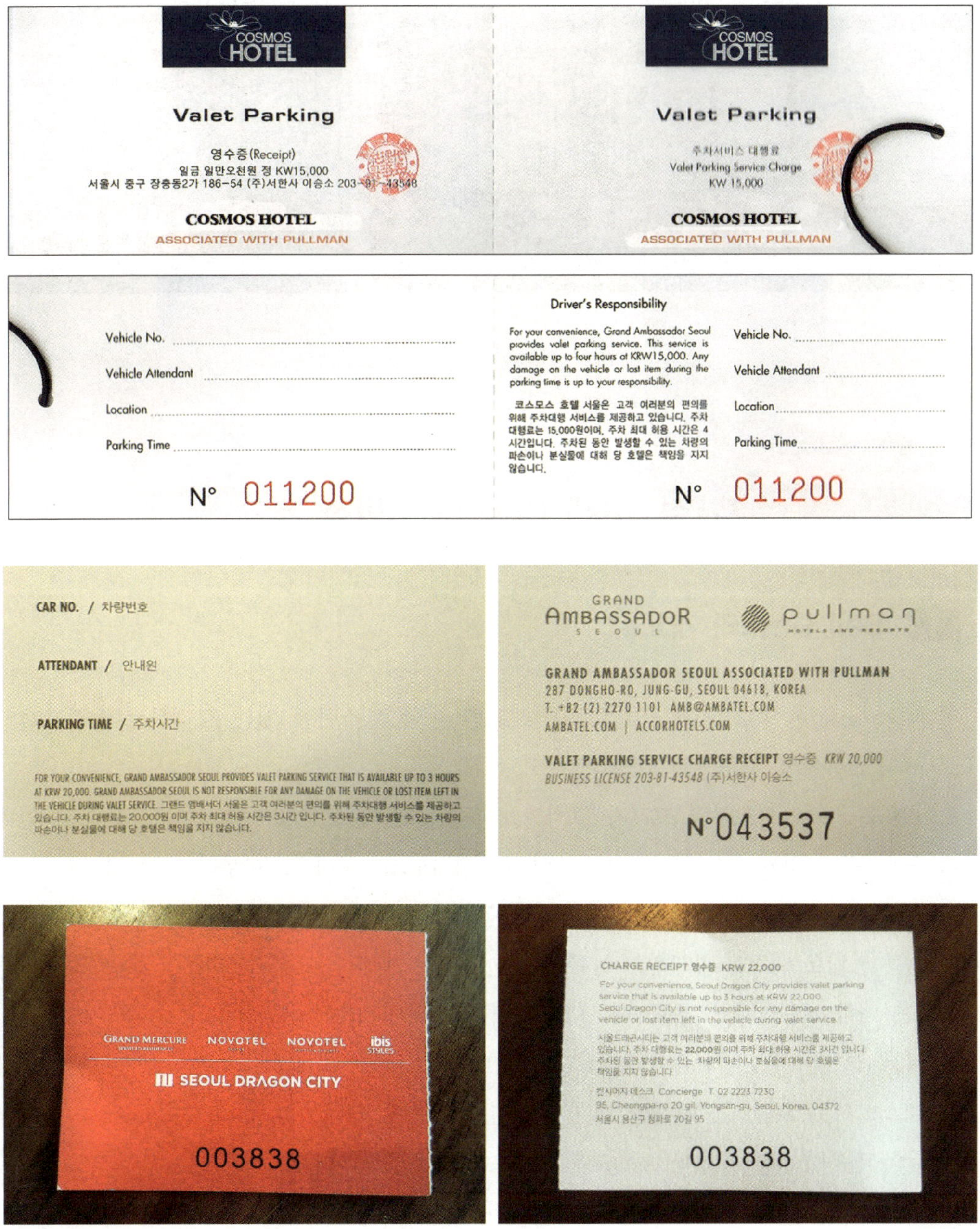

CHAPTER 10.

Bell Desk 서비스실무

제1절 Bell Desk의 일반적 개요

1. Bell Desk의 개요

벨맨(bell man)은 1829년에 근대호텔의 시조인 미국 보스턴에 있는 트레몬트 하우스(The Tremont House)에서 처음으로 도입되었다고 한다.

도어맨(door man)으로부터 고객과 고객의 짐을 인계받아 프런트 데스크(front desk)로 안내하여 숙박등록을 하게 하고, 등록이 끝나면 프런트 데스크 종사원으로부터 객실 키(room key)를 받아 고객을 객실까지 안내하는 업무를 담당한다. 벨 어텐던트(bell attendant) 또는 벨맨이란 용어는 프런트 데스크 종사원이 등록이 끝난 고객에게 짐을 객실로 안내하도록 벨맨을 부를 때 프런트 데스크 위에 있는 벨을 쳐서 신호를 알린 데서 유래되었다고 한다.

벨 데스크(bell desk) 전경

벨 데스크의 주요업무는 고객을 객실까지 안내할 뿐만 아니라 고객의 짐운반(delivery & pick-up)과 고객수하물의 호텔 내로의 반입 · 반출 · 보관(stock), 신문배달, 로비지역관리, 페이

그림 10-1 **벨맨의 업무내용도**

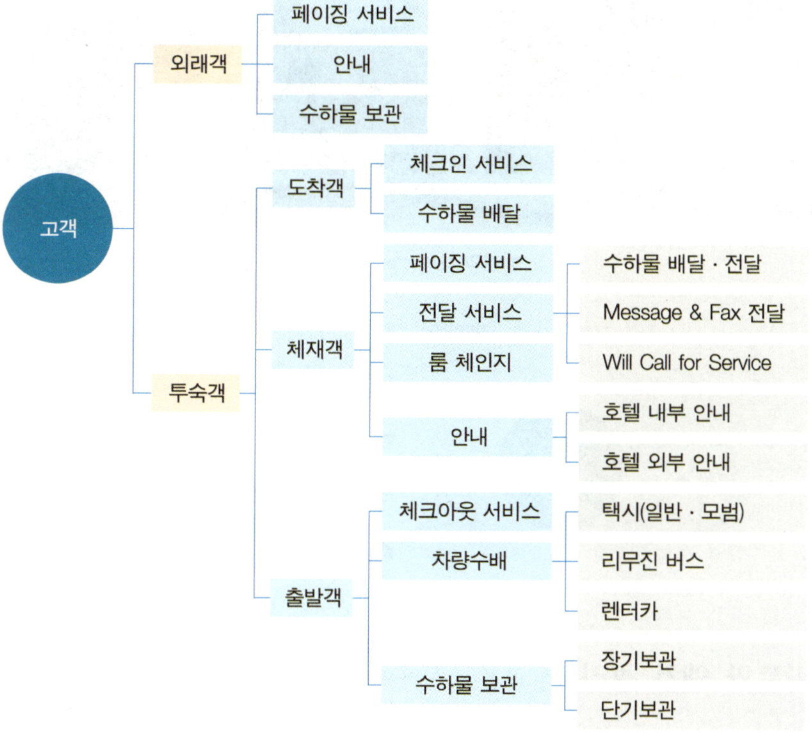

징(paging) 서비스, 객실변경(room change), 차량수배, 호텔정보 제공, 우편 · 소포 · 메시지 전달, 객실 도어 오픈(door open) 등의 다양한 업무를 수행한다.

벨 데스크는 프런트 데스크에서 잘 보이는 로비에 위치하며, 모든 벨 데스크 종사원은 고객이 환영을 받고 있다고 느끼게 해야 하므로 신속하고 예의 바르며 정확 · 정직함은 물론, 조직적인 서비스를 고객에게 제공하기 위해 호텔의 정보 · 필요사항 · 정책 · 절차를 숙지해야 하고, 당일 객실투숙(occupancy) 현황과 판매 현황 및 각종 행사진행 상태를 파악해야 한다. 로비 내 정해진 위치에서 밝은 표정으로 미소 지으며, 양발을 30cm 벌리고, 두 손은 벨트 부분에 포개어 허리를 곱게 편 바른 대기자세로 서서 고객과 시선이 마주치면 밝은 표정으로 목례한다.

고객의 안내요청 시에는 질문받은 위치에서 코너 부분까지 안내하며, 고객이 직접 짐을 갖고 있는 경우에는 고객의 의향을 묻고 들어드린다.

벨맨의 대기(stand-by)자세

그림 10-2 **벨맨의 대기**(Stand-by) **위치**

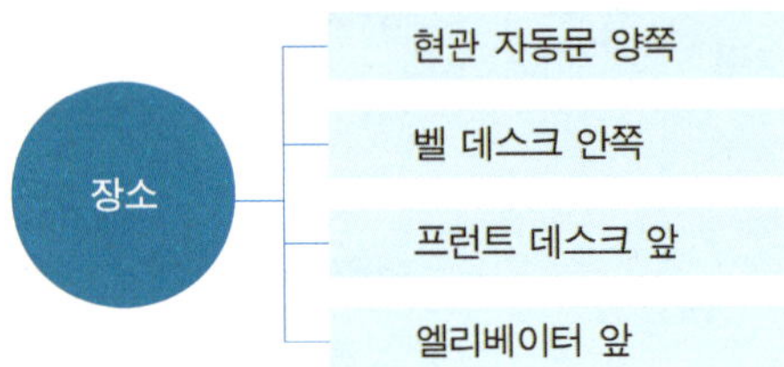

2. 카트와 왜건 관리(L자 왜건 & 크라운 왜건)

카트와 왜건(wagon)은 호텔의 품격을 상징하는 도구의 일부이므로 매일 닦아 항상 청결하게 관리해야 하고, 로비나 객실 복도에서 소음이 발생하지 않도록 하며, 고객의 안전사고에 유의해야 한다.

고객의 수하물 운반요령은 무겁고 크거나 겉이 딱딱하고 네모난 트렁크는 가방재질이 단단하여 내용물의 손상 우려가 적으므로 카트 아랫부분에 실으며, 한꺼번에 무리하게 높이 쌓지 말아야 한다. 의류나 파손위험이 있는 물건은 위 또는 고리에 걸고, 전방을 응시하고 벽과 약 10cm가량 거리를 둔 뒤, 특히 고객의 신체와 벽에 부딪히지 않도록 운행해야 한다.

벨맨의 직무수행은 미래에 호텔 경영진에 진출할 수 있고, 스스로 경영자의 소질을 닦는 계기가 된다고 해도 좋을 것이다. 우리가 익히 알고 있는 호텔의 아버지라고 불리는 스타틀러(E.M. Statler)도 벨맨부터 시작하여 호텔 경영자가 된 사례가 이를 입증하고 있다. 그리고 벨데스크 종사원은 과거에 남자만의 직종으로 여겼으나, 최근에는 많은 호텔들이 서비스의 부드러운 면을 부가하기 위하여 여성 종사원의 수가 늘어나고 있다.

카트와 왜건

제2절 Bell Desk 서비스 내용과 업무

1. Check-in 서비스

1) FIT 고객 체크인 서비스

FIT 체크인 서비스는 현관 입구 안쪽에서 대기하고 있다가 고객이 현관문을 통과할 때 고객에게 정중히 인사하고, 고객의 짐 유무와 수량 및 특이사항을 확인하고 프런트 데스크로 안내한다.

그림 10-3 **투숙고객 안내절차**

현관 앞 영접	프런트 데스크로 안내	안내 대기	엘리베이터 안내 승 · 하차	객실 내 서비스 안내	벨 데스크로 복귀

(1) 현관에서 프런트 데스크까지의 서비스업무

벨 데스크 종사원은 근무위치에서 바른 자세로 대기하고 있다가 고객이 도착하였을 경우 고객에게 다가가 차량 내 잔여물품의 유무를 확인한다. 이때 깨지기 쉬운 물품 등에 각별히 주의를 기울이며 특이한 사항을 적는다. 많은 수하물을 소유하고 있을 시 카트(baggage cart)나

그림 10-4 Baggage Tag

왜건(wagon)에 적재해야 하며, 이때 벨맨은 고객을 호텔 안으로 먼저 들어가게 한 후 신속히 수하물을 카트에 싣고 들어간다. 택시로 온 고객은, 혹시 고객이 택시에 수하물을 놓고 내린 경우 수하물의 수배를 위하여 자동차번호를 메모지에 적어둔다. 이때 내・외국인 및 남녀 고객을 차별하거나 수하물을 고객이 직접 들고 오도록 해서는 안 된다. 고객의 수하물을 받아 들고 고객의 2~3m 전방에서 고객의 걸음걸이 속도에 맞추어 프런트 데스크로 안내한다. 고객이 프런트 데스크에서 등록하는 동안 고객의 2~3보 정도 뒤에 수하물을 놓고 각 수하물표(baggage tag)를 달고 체크인 절차가 끝날 때까지 바른 자세로 대기한다.

(2) 프런트 데스크에서 객실까지의 서비스업무

등록절차가 끝나면 고객이나 프런트 데스크 종사원으로부터 객실 키(room key)를 받아 고객을 엘리베이터 쪽으로 안내한다. 이때 투숙객의 이름을 암기하여 고객으로 하여금 더욱 친밀감을 느끼게 한다.

수하물을 들고 2보 정도 앞에서 적당한 걸음으로 엘리베이터로 안내한 후, 엘리베이터가 도착하면 고객을 먼저 탑승하게 하고, 그 뒤에 수하물을 들고 탑승한다. 수하물이 많은 경우 종사원 엘리베이터나 서비스 엘리베이터를 이용하여 신속히 고객의 수하물을 운반하도록 한다. 엘리베이터 탑승 시 손으로 엘리베이터의 안전 센서를 누른 다음, 고객이 먼저 탑승하면 마지막에 벨맨이 탄 후 객실이 위치한 층수를 누른다.

수하물을 한쪽 구석에 놓고 침묵만 지키지 말고 호텔 부대시설의 안내나 고객의 프라이버

표 10-1 **체크인 시 수하물 배달요령**

카트나 왜건의 사용이 필요한 체크인	객실수와 수하물의 개수가 많을 때에는 고객에게 수하물을 확인시킨 후 수하물표(baggage tag)에 객실번호를 기입하여 혼란이 없도록 한다. 고객과 함께 엘리베이터에 동승하거나 수하물이 많을 경우 고객을 고객용 엘리베이터로 먼저 객실에 올라가게 한 다음 종사원 엘리베이터로 수하물을 운반하도록 한다.
고객이 동행하지 않을 때	고객이 등록을 마치고 곧바로 객실에 가지 않고 수하물만 객실에 넣어달라고 할 때 프런트 데스크에서 고객의 성명과 객실번호를 확인한 후 객실 내에 투입하고 수하물 투입현황용지(baggage in & out record)에 기록한다.

시를 침해하지 않는 한도 내에서 호텔의 안내나 날씨 및 여행에 관한 가벼운 대화 등 유쾌한 분위기가 되도록 노력해야 한다. 이때 정치나 종교 등과 같은 민감한 부분에 대하여 고객의 의향을 물어보는 것은 절대 금물이다.

해당 층에 엘리베이터가 멈추면 고객을 먼저 내리게 한 후, 벨맨은 수하물을 가지고 고객의 2~3보 앞에서 적당한 걸음으로 걸으면서 비상구 위치를 설명하고 객실로 안내한다.

(3) 객실 내에서의 서비스업무

객실에 들어가기 전에 벨을 두 번 정도 눌러 확인한 다음 객실문을 열어 키 센서에 키를 꽂아 객실 내의 전원과 조명을 작동시킨 다음 벨맨이 먼저 객실을 확인토록 한다. 그 이유는 간혹 프런트 데스크에서 객실 키를 잘못 주어 다른 고객이 숙박하고 있는 경우와 하우스키핑의

표 10-2 **벨맨(Bell Man)의 객실 내에서의 일반적인 안내사항**

- 객실 키 사용법
- TV 스위치와 유료 채널 안내
- 화재 시 비상구의 위치와 비상용품 사용방법 안내
- 냉난방 스위치(thermostat switch) 작동법과 온도 조절방법
- 전등사용법
- 전화사용법
- 미니바 위치와 이용방법
- 욕실사용법
- 전화 메시지 시스템 안내
- 개인금고(safe deposit box) 사용법
- 자동커튼 사용방법

객실 내 옷장

객실 내 수하물 스탠드(baggage stand)

벨맨의 객실시설(TV) 설명

객실 내 자동 커튼 센서

실수로 청소가 제대로 안 된(dirty room) 경우가 종종 발생하기 때문이다.

이상이 없을 경우 벨맨은 먼저 커튼을 열어드린 후 고객의 수하물은 수하물 스탠드(baggage stand)에 가지런히 올려놓고, 옷은 옷장(closet)에 걸어놓는다. 그리고 전화사용법, 욕실(bath room) 사용법, 호텔안내책자(stationary book), 도어의 자동잠김(auto lock)의 주지, 냉장고(mini-bar)의 사용설명 등 각종 시설 · 비품의 작동 여부와 사용법을 설명한다. 특히 처음 투숙한 고객에게 무시당하고 있는 생각이 들지 않게끔 객실 내의 모든 시설물에 대해서 공손하고 친절하게 설명한다. 그러나 자주 오는 고객(repeat guest)에게는 역효과가 날 염려가 있으니 주의해야 한다.

설명이 끝난 후 고객이 기분 좋게 쉴 수 있도록 인사를 하고, 문의사항이나 불편한 점이 있을 시 연락해 달라는 말과 함께 조용히 문을 닫고 나온다.

2) Group 고객 체크인 서비스

FIT 고객 이외에 적게는 10명 내외에서 많게는 수백 명의 단체고객을 맞이하는 경우가 있다. 이러한 경우 벨맨으로서 수하물 처리 및 현관에서의 안전사고 등에 주의를 기울여야 한다.

FIT 고객의 경우 고객과 함께 수하물이 도착하지만, 고객의 수가 많은 단체일 경우 대개 고객의 수하물이 화물차로 먼저 도착하게 되므로 로비의 일정한 장소에 단체고객의 수하물을 모아놓을 수 있는 공간을 확보해야 한다. 또한 차터(charter)나 행사를 위해 단체로 호텔에 투숙할 경우는 고객 서비스를 위해 그룹 데스크(group desk)를 설치하는 경우가 있는데, 여행사나 가이드의 요청대로 일정한 장소에 데스크를 설치한다.

다음은 단체고객의 수하물을 운반하는 요령이다.

① 버스나 화물차에서 조심스럽게 짐을 내려 줄을 지어놓은 다음 수하물의 수를 확인하고 단체책임자에게 재확인 후 단체용 수하물표(baggage tag)를 각 짐에 붙인다.

② 미리 준비된 단체 리스트(group list)에 기록된 성명과 객실번호를 수하물에 붙어 있는 이름표(name tag)와 대조하면서 단체용 수하물표에 객실번호를 기록한다.

③ 객실번호(room number)의 기록이 끝나면 같은 층이나 구역별로 구분하여 서비스 엘리베이터로 신속히 운반한다.

④ 수하물을 각각의 객실로 운반하면서 단체용 수하물 기록용지에 수하물의 개수를 기록한다.

⑤ 수하물을 고객에게 확인하고, 고객이 부재중일 경우 마스터 키(master key)로 수하물을

객실에 들여다 놓고 기록용지에 표시한다.

⑥ 기입한 기록용지를 벨 캡틴에게 제출하여 인수한 수하물의 개수와 배달한 수하물의 개수가 일치하는가를 점검한다. 만일 수하물의 수량이 일치하지 않을 경우 일치할 때까지 찾아야 한다.

항공사 승무원 체크인

대부분의 5성급 호텔들은 항공사와 계약을 맺고 승무원(airline crew)들을 호텔에 숙박시키고 있다. 이러한 항공사 승무원들은 비수기에도 객실을 채울 수 있는 장점을 지니고 있어 각 호텔들은 치열한 경쟁을 벌이고 있다. 보통 항공기 1대당 15~20여 명의 승무원들이 각각 1개의 객실을 사용하므로 호텔의 입장에서는 커다란 고객이라고 할 수 있다. 그래서 벨 데스크에서는 항공사로부터 통보받은 해당 항공기의 스케줄(편명과 인원)을 확인한 후 항공기 도착 전에 호텔차량이 배차되었는지 확인하고, 승무원들이 도착하면 정중히 인사하고 버스에서 가방과 유니폼을 내리는 것을 도와드린다.

2. Check-out 서비스

체크아웃(check-out)이란 고객이 객실을 비우고 객실 키를 반환하여 회계처리를 끝내는 것을 말한다. 즉 퇴숙절차를 마치고 호텔을 나가는 것을 말한다.

벨 데스크에서는 당일 체크아웃 예정고객(expected departure guest)을 파악하고 필요한 적정 종사원을 배치한다. 체크아웃 시간은 주로 오전 12시 이전, 특히 오전 7시에서 10시 사이에 가장 많이 이루어지므로 필요한 종사원을 집중 배치한다.

벨 데스크의 체크아웃 시 주요업무는 고객의 수하물 운반(baggage down)이 주를 이루며, 특히 귀빈(VIP)이나 단체 체크아웃인 경우 벨 데스크에서 고객의 수하물이나 현관 안내업무를 신중하게 처리하도록 한다.

1) FIT 고객 체크아웃 서비스

① 고객으로부터 객실에서의 전화 또는 직접 수하물 운반 요청이 있으면 벨 데스크 종사원은 객실번호와 수하물의 개수 등을 확인한 후 수하물의 개수에 따라 카트나 왜건을 가지고 서비스 엘리베이터를 타고 신속히 객실로 올라간다.

② 객실번호를 확인하고 벨을 2~3번 정도 누른 후 문이 열리면 공손히 인사하고 수하물의 개수를 파악하여 카트나 왜건에 실은 후 고객이 빠뜨리기 쉬운 서랍·옷장·냉장고·개인금고 등을 점검한다. 고객에게 호텔 출발시간을 물어 시간 및 필요사항을 적어 절취

선 밑부분을 고객에게 드리고, 수하물의 인도는 벨 데스크에서 취급함을 알려드린다.

③ 프런트 데스크에서 체크아웃 절차를 끝내고 고객이 수하물을 찾으러 왔을 경우 고객을 현관 밖으로 안내하여 버스나 차량에 수하물을 싣고 고객에게 반드시 수하물의 내용을 확인시키고 친절히 전송한다.

④ 고객이 출발하면 카트를 정위치에 정돈하고 자기가 맡은 근무위치에서 대기(stand-by)한다.

2) Group 고객 체크아웃 서비스

(1) 수하물 취합(Baggage Collection)

보통 단체고객의 인솔자나 여행사 가이드의 요구에 의해 사전에 접수해 고객들이 직접 객실 문 앞에 내놓은 수하물들을 단체 리스트(group list)에 의거하여 객실번호와 개수를 기록용지에 기입하고 수하물을 왜건에 차례로 싣는다. 서비스 엘리베이터로 신속히 내려와 기록용지에 수하물 운반시간, 수하물의 총수량, 여행사나 단체이름, 담당벨맨의 이름을 기록해 놓는다. 벨 데스크 부근의 적당한 곳에 정돈하여 모아놓고 소정의 안내판에 단체명, 수하물의 수량, 안내원(가이드)이름 등을 적고 그물망(baggage net)을 씌워 다른 고객의 수하물과 섞이지 않도록 한다.

양식 10-1 수하물 투입현황 기록표

Baggage In & Out Record

Date: 2022. . . COSMOS HOTEL

Room No	Time		Pieces of Baggage		Nationality	Bellman	Remarks
	In	Out	Large	Middle			

(2) 수하물의 운반

단체고객의 수하물은 개수도 많고, 무게가 무겁고, 단시간에 많은 수하물을 처리해야 하기 때문에 세심한 주의가 필요하며, 반드시 수량을 확인하고 수하물을 고객이나 가이드와 함께 확인한 다음, 버스나 화물차가 도착하면 실어 주고 전송한다.

3. 수하물보관 서비스

수하물 보관장소

투숙객이나 외부인의 수하물을 보관하는 서비스로 장기보관과 단기(일시적)보관으로 구분하며, 이는 고객의 사정으로 인하여 퇴숙하였다가 1일 이상 지나서 다시 호텔로 돌아와 투숙(recheck-in)할 경우와 투숙객이나 외부인이 잠시 보관하는 경우가 있다. 수하물표(baggage tag)에 수하물을 맡기는 고객의 이름, 맡긴 날짜, 객실번호, 벨맨이름, 수하물의 개수 등 상세히 기록하여 상·하단에 기입하고, 수하물이 2개 이상일 경우는 각 수하물에다 수하물표를 부착하는데, 상단은 수하물에 잘 보이도록 부착하고, 하단은 고객에게 드린 후 장부에 기록한다. 그물망(baggage net)이나 노끈(리본끈)을 사용하여 다른 수하물과 섞이지 않도록 한다. 보관 받을 때 얼마 동안 맡길 것인가를 여쭤보고 맡기는 기간에 따라 보관장소를 구별하도록 한다. 특히 귀중품의 경우 적절한 보관장소에 보관하며, 부패성의 보관품은 냉장고·냉동고에 보관함으로써 서비스의 질을 향상시키도록 한다.

그림 10-5 **수하물 보관장소**

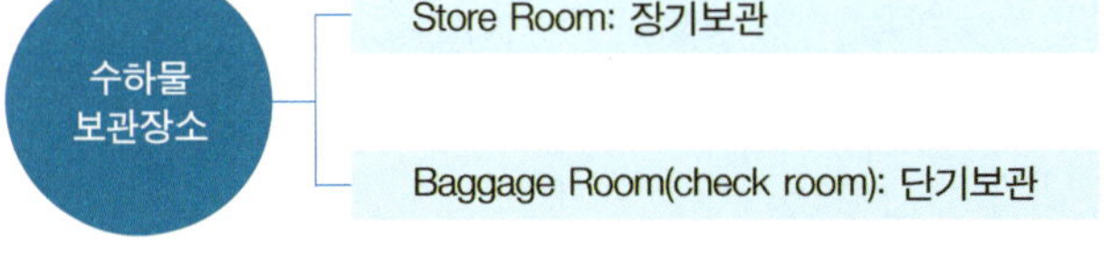

- Single Tag: 주로 객실로 올려주어야 할 짐이나 물건을 벨 데스크 종사원이 알아볼 수 있게 표시하기 위해 사용한다.
- Double Tag: 고객이 맡긴 짐에 대한 보관증으로 위쪽과 아래쪽의 내용을 동일하게 기재 후 아래쪽을 뜯어서 고객에 전달한다(일련번호가 동일). 몇몇 호텔들은 윗면만 기록하면 아래쪽이 동일하게 작성되어 윗면을 고객께 드리고 아래쪽은 수하물에 부착하기도 한다.

Single Tag

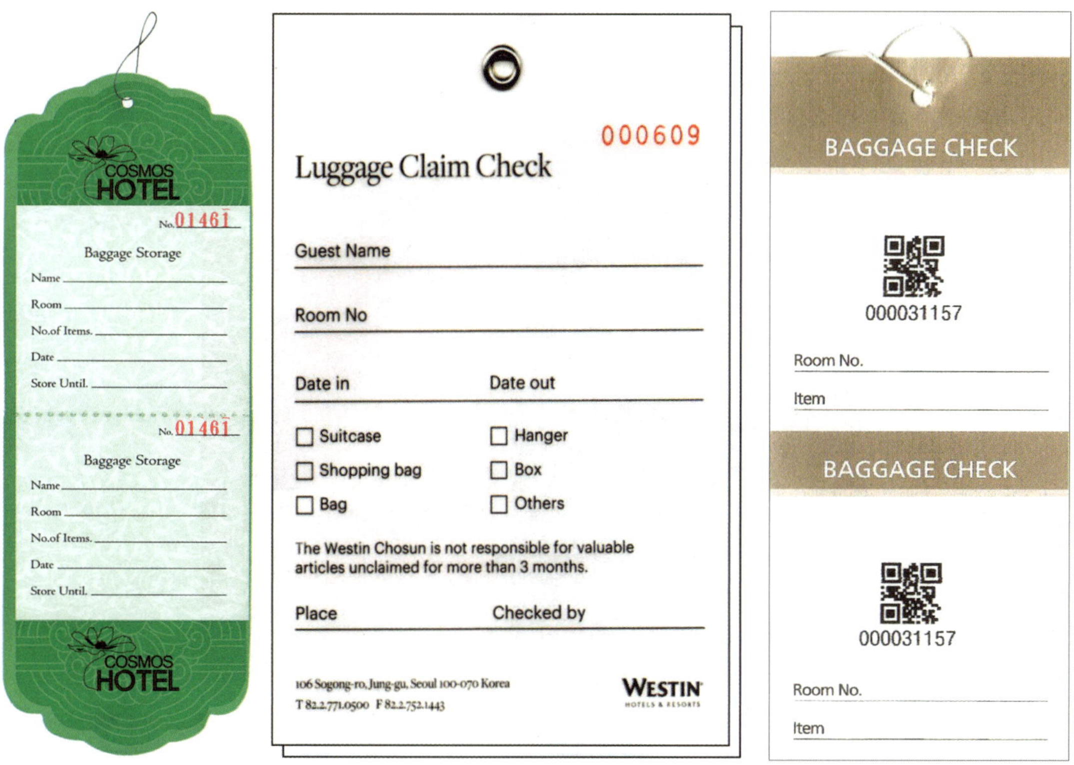

Double Tag

그물망(baggage net)과 수하물표(baggage tag) 부착

1) 장기보관

(1) 접수 및 보관

고객의 성명, 객실번호, 수하물의 종류, 재투숙할 날짜, 접수자, 연락처 등을 정확하게 기록한다. 특히 수량에 관해서는 항상 최대의 관심을 갖는다. 외국인의 성명기입에 있어서 철자(spelling) 등이 틀릴 경우 실례가 되기 때문에 오자가 없도록 주의하고, 경칭(Mr, Mrs, Dr 등)을 잊지 않도록 한다.

수하물표(baggage tag)에 짐을 찾아갈 예정날짜를 기입하며, 깨질 물건이나 주류를 보관할 경우에는 에어 쿠션(air cushion)을 넣어 물건의 파손을 방지하며, 또한 외부에 Fragile 스티커를 붙이거나 경우에 따라서 매직으로 표시하는 등의 세심한 주의가 필요하다.

그림 10-6 Fragile 스티커

스토어 룸(store room)

수하물을 보관하는 스토어 룸(store room)은 항상 관리에 주의하고, 키(store room key)의 관리에도 주의한다. 이 스토어 룸은 선반식으로 되어 있으며, 각각 분류·구분하여 큰 수하물을 외측에, 작은 수하물(깨지는 물건)을 내측에 넣고 보관한다.

(2) 이동

스토어 룸에 보관예정인 수하물은 업무가 바쁘지 않는 한 바로 스토어 룸으로 이동한다. 바쁜 시간에는 가까운 체크 룸(check room; baggage room)에 임시로 보관하고, 한가한 시간을 택하여 스토어 룸으로 운반한다. 벨맨일지(baggage record book)에는 매일 스토어 룸에 보관되어 있는 재고량을 파악·기록하며, 스토어 룸에 운반이 불가능한 다량의 수하물일 경우 다시 찾아갈 때까지 체크 룸에 수하물 네트(baggage net: 짐분실방지용 그물)를 씌워 왜건째 보관하는 경우도 있다. 이 경우는 스토어 번호(store no.)를 쓴 메모를 화물에 붙이고 그 내역을 쓴 메모를 벨 데스크에 첨부한다.

(3) 인도

수하물을 인수하러 온 고객의 경우 수하물표를 받고 수하물의 위치와 수량을 확인한 후 고객이 지정하는 장소로 운반한다. 객실로 운반할 때는 프런트 데스크에서 객실번호가 결정나는 대로 객실로 운반한다. 스토어 룸에 있는 수하물을 내주는 벨맨은 분류번호를 확인한 다음 보관되어 있는 스토어 룸으로부터 수하물을 꺼내어 고객이 원하는 곳으로 운반한다. 불출(baggage out)이 완료된 경우 출고월일·취급자·완료표시를 기입하고 벨 데스크의 소정의 파일에 보관한다.

수하물표를 분실하고 수하물을 찾으러 온 고객에게는 우선 고객의 신상을 파악하고 수하물의 특징·종류 등을 문의한 후 동일한 물품이라고 판단되었을 경우에만 불출한다. 이때 고객의 신분증이나 여권 등으로 신상을 확인하고, 반드시 서명과 연락처를 받도록 한다.

2) 단기보관

스토어 룸에 보관할 수 없는 큰 화물 또는 객실에서 체크아웃하는 고객이 수하물을 잠시 체크 룸에 보관하는 것을 일시보관이라고 한다. 원칙적으로 귀중품이나 인화성 물질, 부패하기 쉬운 상품 등은 보관하지 않는다.

3) 미도착고객의 수하물보관

투숙예정고객(expected arrival guest)의 수하물이 고객보다 먼저 호텔에 도착한 경우 고객의 예약을 확인한 후 성명이나 예약번호·수량·품목 등을 기재한 후 체크 룸에 보관하고 고객이 호텔에 도착하면 즉시 전달할 수 있도록 객실예약실이나 프런트 데스크에 메모를 남긴다. 경우에 따라서 당일 투숙예정인 고객인 경우 곧바로 체크인 예정인 객실로 짐을 넣어놓는 경우도 있다. 하지만 프런트 데스크에서 짐이 들어 있는 객실을 변경(room change)할 경우 반드시 변경된 객실로 짐을 함께 옮겨야 한다.

4. 객실변경업무

객실변경은 고객의 요구나 호텔 측의 사정으로 인하여 사용하고 있는 객실을 다른 객실로 옮기는 것이다.

1) 재실 중의 객실변경

프런트 데스크로부터 객실변경 요청을 받으면 새로 옮길 객실의 키와 수하물 카트(baggage cart)를 가지고 객실로 올라가 고객의 수하물과 소지품을 싣고 새로운 객실로 옮긴다. 이때 욕실이나 옷장 및 책상서랍 속 등을 점검하여 빠진 물건이 없도록 하며, 최대한 고객의 프라이버시를 존중해야 한다.

2) 부재중(외출고객)의 객실변경

고객이 부재중일 경우 객실을 변경할 때는 오해의 소지가 많으므로 고객의 소지품이나 수하물 등을 신중하게 다루어야 한다. 고객이 부재중일 경우에는 대부분 프런트 데스크에서 고객에게 사전 허락을 받은 상태이기 때문에 가방이나 소지품 등이 싸여(packing) 있다. 가장 먼저 금고가 잠겨 있는지 확인하고, 기존객실에 잊은 물건이 없도록 욕실·서랍·옷장 등을 주의 깊게 체크해야 한다.

5. 전달 서비스업무

벨맨은 자기가 실행한 업무내용을 업무일지(log book)나 기록일지(record book)에 철저히 기록해야 한다. 투숙객의 요구나 외부에서 투숙객에게 전달을 요청받은 물품을 객실에 전달하는 서비스이며, 요청자에 따라 다음과 같이 구분한다.

1) 프런트 데스크로부터의 전달물

팩스(fax), 우편(mail), 서류, 메시지(message), 귀빈(VIP)용 과일, 꽃, 소포 등을 지정된 곳에 전달한다. 지정된 방에 'Do Not Disturb'(D & D) 카드나 램프가 켜져 있을 경우 급하지 않은 메시지 등은 문 밑으로 넣는다.

2) 투숙객의 요청에 의한 전달물

체크인을 마친 고객들이 바로 객실로 가지 않고 식당이나 외부에 먼저 가고자 할 경우나 고객으로부터 물건을 객실에 넣어줄 것을 요청받았을 때에는 물건의 수량과 고객성명·객실

최근에는 호텔들이 AI를 도입하여 호텔 로비에 Delivery 로봇을 비치하여 미니바 품목과 같은 상품을 고객이 오더를 하면 객실로 가져다주고, 그 외에도 수건이나 생수 등 간단한 품목들을 객실로 전달해주는 서비스를 제공하고 있다.

번호를 정확히 받아서 컴퓨터(CRT)로 고객성명과 객실번호가 일치하는지 확인한 다음 객실 키를 받아서 지정된 객실에 넣어둔 다음 수하물기록장부(delivery record book)에 기록한다.

3) 외부인의 요청에 의한 전달물

외부에서 고객 앞으로 과일과 꽃, 기타 선물 등을 전달해 달라는 요청을 받았을 때에는 객실번호와 성명을 확인하고 수하물기록장부에 기록하고 프런트 데스크에서 마스터 키(master key)를 수령하여 객실로 물건을 넣도록 한다. 여러 전달물을 동시에 의뢰받았을 경우에는 급한 순으로(urgent fax & message) 전달한다.

① 꽃이나 과일을 전달하고자 할 때에는 객실에서 가장 잘 눈에 띄는 곳, 즉 회의용 테이블(business table)의 전등 옆 또는 탁자 위에 꽃이나 과일의 앞뒤를 잘 살펴보고 놓는다. 이때 명함은 꽃이나 과일의 중간 정도에 이름을 정면에서 볼 수 있도록 놓는다.

② 과일 전달 시 과일식기(접시 · 나이프 · 포크) 등에 대한 요청이 있을 경우에는 룸 서비스(room service)로 의뢰하도록 한다.

③ 꽃을 전달할 때 화병(flower vase)의 물이 엘리베이터나 복도 등에 흘러넘치지 않도록 조심하고, 물이 없거나 너무 적을 때에는 물을 넣어서 놓는다. 그리고 꽃다발이 화병에 들어 있지 않을 경우에는 고객의 요청에 따라 화병을 제공한다.

④ 프런트 데스크로부터 여러 개의 꽃이나 과일바구니를 의뢰받았을 때에는 왜건(wagon)에 실어 전달하며, 객실번호와 명함이 일치하는지 확실히 확인하면서 넣어야 한다. 이때 아무리 사소한 물건일지라도 전달요청을 받은 경우에는 반드시 물건을 가져온 사람의 성명과 시간 및 연락처 등을 받아둔다.

양식 10-2 수하물전달기록장부(Delivery Record Book)

수하물 투입 현황

Date: 20 . . . COSMOS HOTEL

Date	Time	Room No	Type of Baggage	Bellman	Guest Signature	Remarks

양식 10-3 Delivery & Request Slip

DELIVERY & REQUEST SLIP

<table>
<tr><td rowspan="2">DELIVERY</td><td>Date</td><td>Time</td><td rowspan="2"></td></tr>
<tr><td colspan="2">G-Name</td></tr>
<tr><td>ITEM</td><td>Room No. /</td><td>QTY</td><td>ITEM</td></tr>
<tr><td>Fax</td><td colspan="2"></td><td></td></tr>
<tr><td>Telex</td><td colspan="2"></td><td>Door Open</td></tr>
<tr><td>Letter</td><td colspan="2"></td><td>Dbl. Lock</td></tr>
<tr><td>Parcel</td><td colspan="2"></td><td>W / Up Call</td></tr>
<tr><td>Document</td><td colspan="2"></td><td>Check-out</td></tr>
<tr><td>Fruit</td><td colspan="2"></td><td>Extra Bed</td></tr>
<tr><td>Flower</td><td colspan="2"></td><td>Rm prep.</td></tr>
<tr><td>Baggage</td><td colspan="2"></td><td>Key Check</td></tr>
<tr><td></td><td colspan="2"></td><td>Rm Check</td></tr>
<tr><td></td><td colspan="2"></td><td></td></tr>
<tr><td></td><td colspan="2"></td><td></td></tr>
</table>

<table>
<tr><td colspan="6">From:</td></tr>
<tr><td colspan="6">Remark:</td></tr>
<tr><td>Bell</td><td>T/C</td><td>RSV.</td><td>CLK.</td><td>Mgr.</td><td>In-put</td></tr>
<tr><td></td><td></td><td></td><td></td><td></td><td></td></tr>
<tr><td colspan="6">CC H/K, DAM, F/C, B/D, PABX</td></tr>
</table>

날씨안내 메시지

Newspaper Bag

6. Will Call For 서비스

Out-going 서비스라고도 하며, 숙박하고 있는 고객 또는 퇴숙(check-out)예정인 고객이 외부사람에게 물품을 전달하고자 할 경우의 보관을 말한다. 벨 데스크에 준비되어 있는 소정의 용지에 필요한 사항(수취인, 전화번호, 연락처, 물품의뢰인, 객실번호, 출발일)을 기입한다. 체크 룸의 정해진 장소에 소정의 용지를 첨부하고 안전하게 보관한다. Will Call For의 보관은 의뢰인과 수취인이 다르기 때문에 물품의 확인이 불가능하므로 충분한 주의가 필요하며, 외부에서 물품을 가지러 왔을 때 의뢰인의 성명과 수취인의 성명・연락처 등을 반드시 기록하여 물품이 확실하게 전해지도록 한다.

7. 페이징 서비스

페이징 서비스(paging service)는 투숙객 또는 외부고객의 요청 시 로비지역에 있는 고객을 찾아주거나 메시지를 전달하는 서비스이며, 접수자는 찾고자 하는 고객의 성명 · 성별 · 연령대 · 인상착의를 접수해 메모한 후 페이징 보드(paging board)에 고객명을 정자로 크게 기록한다. 이때 고객의 프라이버시를 위해서 객실번호와 고객명은 함께 쓰지 않는다. 페이징 보드는 오른손 어깨와 동일선상에 주먹 3개 정도의 거리를 둬 바르게 들고, 방울 소리가 요란하게 나지 않도록 하여 바른 자세로 로비지역을 순회하며 확인한다. 일부 호텔에서는 자동 페이징 시스템을 도입하여 컴퓨터 녹음장치를 이용하기도 하며, 또한 고객의 눈에 잘 띄는 곳에 전자전광판을 설치하여 페이징 역할을 수행하기도 한다.

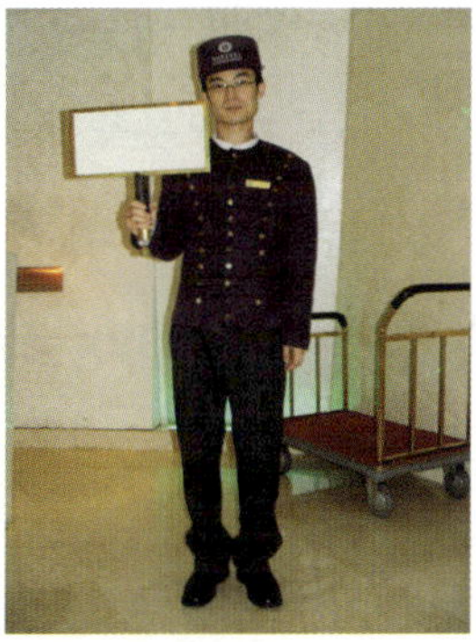

벨맨의 페이징 서비스 자세

8. 만국기 관리업무

대부분의 호텔에서는 연중 만국기를 게양하여 호텔을 이용하는 외국인 고객의 호감을 사고 있다. 그러나 최근에는 특별한 경우가 아닌 경우 태극기와 호텔기 및 귀빈의 국적기만을 게양하기도 한다. 따라서 벨 데스크에는 각국의 국기를 제작하여 보관하고 있어야 한다.

① 경축일 및 평일의 게양방법은 깃봉과 깃면의 사이를 떼지 아니한다.

② 조의를 표하는 현충일 · 국장기간 · 국민장 등의 날에는 깃봉과 깃변의 사이를 깃면 너비만큼 내려 단다.

③ 태극기와 외국기를 함께 게양할 시에는 태극기를 최우선 위치에 게양하는 것을 원칙으로 한다. 우선 태극기와 외국기를 하나씩만 게양할 때에는 좌우에 나란히 게양하거나 교차시킨다. 나란히 게양할 때는 태극기를 단상을 향해 왼쪽에, 외국기를 오른쪽에 각각 세운다. 교차시킬 때는 태극기의 기폭을 단상을 향하여 왼쪽(문 안에서 보아 오른쪽)에 오

호텔 현관의 만국기

도록 하며, 바깥쪽으로 가도록 한다. 태극기와 외국기를 차량에 게양할 때에는 차량 안에서 보아 오른쪽에 태극기, 왼쪽에 외국기가 오도록 한다.

9. 고객대여물품 관리업무

객실 투숙객 및 식음료영업장 이용고객들에게 유모차나 휠체어(wheel chair) 및 우산 등을 대여해주는 서비스로서, 대여 시 장부에 기록한 후 반납 받을 수 있도록 관리한다. 고객이 대여물품을 분실할 시 일정금액을 변상받기도 한다.

Sofitel Ambssador Seoul

소피텔 자전거 '벨로'(Vélo)를 투숙객 전용으로 하루 최대 2시간까지 무료로 대여해주어 호텔 인근 조깅코스 및 산책로를 이용할 수 있는 서비스를 제공하고 있다.

10. 셔틀버스 관리업무

호텔에서 운영하고 있는 셔틀버스(shuttle bus)는 주로 이태원이나 동대문 · 남대문 등 주요 관광지나 쇼핑센터를 경유하는 버스와 대한항공에서 인천이나 김포공항을 왕복하는 리무진 버스(KAL limousine bus)를 말하며, 하루에 수차례에서 수십 차례 운행하는 버스이다. 그래서 벨맨은 셔틀버스의 운행시간을 숙지하고 투숙객 위주로 예약을 받아 정확한 위치에서 탑승하도록 도와드린다.

그림 10-7 셔틀버스 운행시간표

COSMOS HOTEL

シャトルバス時刻表（明洞）- ホテル ↔ 明洞 / 片道 10分!

				→		
1	グランドアンバサダーソウル（出発）	8:00	9:00	→	21:00	22:00
2	明洞（ミリオレ・ファッションビル）	8:10	9:10	シャトルバスは、午前8時から午後10時まで1時間おきに運行しております。	21:10	22:10
3	イビスアンバサダー明洞 / ロッテ百貨店	8:15	9:15		21:15	22:15
4	グランドアンバサダーソウル（到着）	8:30	9:30		21:30	22:30

※交通状況（渋滞等）により、到着時間が遅れる場合がございます。

☎ コンシェルジュ: (02) 2270-3571

SHUTTLE BUS TIME TABLE (Myeong-Dong)

Just 10 Minutes from/to Myeong-Dong!

1	Grand Ambassador (Departure)	8:00	9:00	→	21:00	22:00
2	Myeong-Dong (Migliore)	8:10	9:10	Shuttle bus leaves Every Hour On The Hour starting at 8:00 a.m. The last shuttle leaves from the hotel at 10:00 p.m.	21:10	22:10
3	ibis Myeong-Dong (Lotte Dept. Store)	8:15	9:15		21:15	22:15
4	Grand Ambassador (Arrival)	8:30	9:30		21:30	22:30

※ *Due to traffic condition, pick up times may be delayed.*

☎ Concierge: (02) 2270-3571

COSMOS HOTEL

이 고객을 코스모스 서울 호텔로 모셔 주십시오.

(코스모스 서울은 지하철 3호선 동대입구역 부근,
동국대학교 정문쪽 언덕에 위치하고 있습니다.)

Please take me to COSMOS Hotel.

私をグランドアンバサダーソウルまでお願いします。

서울시 중구 장충동 2가 186-54 (우)100-855
186-54, 2-Ga Jangchung-Dong, Joong-Gu, Seoul 100-855, Korea
T. (82-2) 2275 1101 F. (82-2) 2272 0773
www.ambatel.com www.pullmanhotels.com

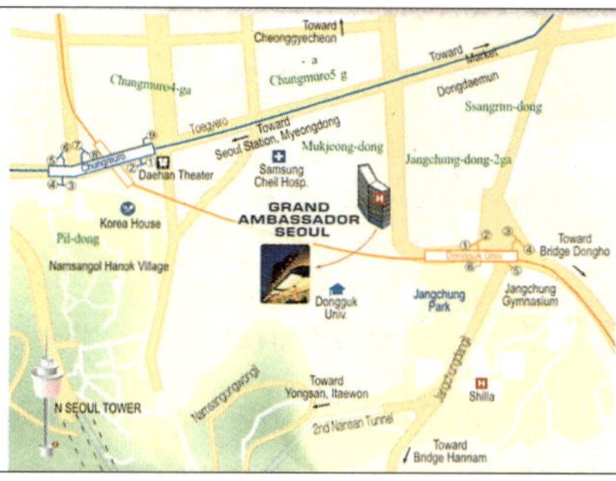

* Taxi No (タクシー番号) :

WESTIN

Taxi Card

This taxi card is provided for your information and use in case you need it for future reference.

Please keep this card to record any irregularities or misconduct of taxi drivers. If you need assistance, please contact The Westin Chosun Seoul at 02.771.0500.

Time: Taxi number:

Time: Taxi number:

THE WESTIN CHOSUN SEOUL
106 Sogong-ro, Jung-gu, Seoul 04533, Korea T 82 2.771.0500

WESTIN

Taxi Card

기사님, 이 손님을 중구 소공로 106
서울 웨스틴조선호텔로 안내해 주시기
바랍니다. 감사합니다.

Please take me to
The Westin Chosun Seoul.

절취선

절취선 아랫부분에 시간과 택시번호를 기입하여 뜯은 후 보관하고 있다가 문제 발생 시 해결할 수 있도록 한다.

하얏트 호텔 → 인천공항
Grand Hyatt Seoul　Incheon Airport

Hour	Min.	Hour	Min.
4	26	12	13 43
5	06 41	13	23
6	21	14	03 38
7	01 46	15	08 43
8	21	16	18
9	06 51	17	03 48
10	43	18	28
11	28	19	13 48

본 시간표는 도로 상황에 따라 예고없이 변동될 수 있습니다.

Airport Limousine 6702(남산/동대문)

인천공항 → 하얏트 호텔
Incheon Airport　Grand Hyatt Seoul

Hour	Min.		Hour	Min.	
	T2	T1		T2	T1
5	45		15	10 45	30
6	25	05 45	16	30	05 50
7	15 55	35	17	05 35	25 55
8	40	15	18	10 50	30
9	25	00 45	19	35	10 55
10	00 40	20	20	15 55	35
11	25 55	00 45	21	40	15
12	30	15 50	22	15 45	00 35
13	05 45	25	23		05
14	25	05 45			

본 시간표는 도로 상황에 따라 예고없이 변동될 수 있습니다.

24.1

Airport Limousine 6702(남산/동대문)

그랜드 하얏트 서울 호텔 K-Bus

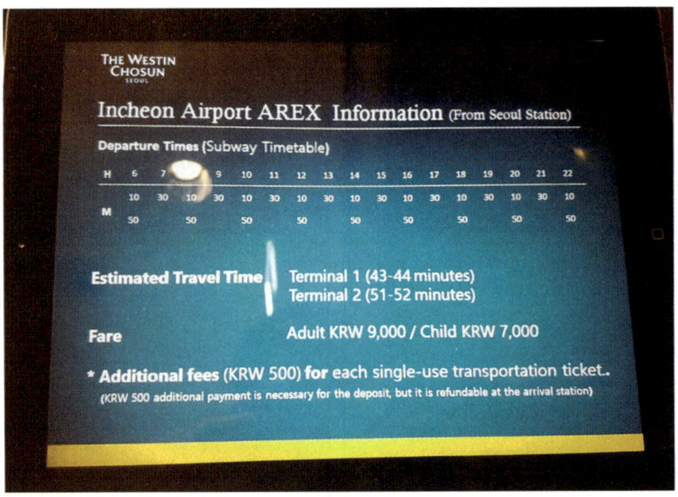

11. 로비관리업무

필기도구를 지참하고 일정지점을 중심으로 근무시작 전과 퇴근 전, 또는 매 시간 단위로 순찰하고, 이상 발견 시는 선 조치 후 차상급자에게 보고한다.

1) 정리정돈 시 점검 포인트

① 소파 및 의자의 정돈
② 더럽혀진 현관유리 및 도어 점검
③ 공중전화(public phone) 및 구내전화(house phone)대의 정리정돈
④ 분실물(lost & found)의 접수
⑤ 불이 들어오지 않는 전구 점검 및 연락조치
⑥ 엘리베이터의 청소 및 작동상태 점검
⑦ 로비 · 화장실 점검
⑧ 신문판매대 및 팸플릿(brochure) 비치대의 정리정돈
⑨ 로비 바닥의 이물질 및 휴지 제거

2) 질서유지를 위한 점검 포인트

① 잠옷이나 슬리퍼를 착용하고 로비를 배회하는 행위
② 로비로 음식물을 들고 와서 먹는 행위
③ 로비에서 개인휴대용 기기로 인한 소음행위
④ 로비에서의 상품판매행위
⑤ 로비 소파에서 잠자는 행위
⑥ 장화나 골프화를 신고 로비에 들어오는 행위
⑦ 비에 젖은 우산을 들고 들어오는 행위
⑧ 어린 아이들이 로비에서 뛰어다니는 행위
⑨ 큰 소리로 떠드는 행위
⑩ 복장이나 언행이 다른 고객에게 혐오감을 주는 행위
⑪ 정신질환자 · 전염병자 출입행위

CHAPTER 11.

공항 서비스실무

제1절 공항 서비스

5성급 호텔 중 일부 호텔에서는 공항에서 고객에 대한 친절한 서비스를 제공함으로써 처음과 끝을 하나의 선으로 연결하여 고객에 대한 끊임없는 서비스정신을 표현하여 마지막 인상을 강하게 심을 수 있는 호텔종사원이 근무하고 있다. 이 호텔종사원을 공항 렙(Airport Rep: Representive)이라고 하며, 호텔로 출·퇴근하는 종사원이 아니고, 공항으로 출·퇴근하는 공항담당 호텔직원을 말한다.

제2절 공항 서비스업무

고객들은 낯선 공항에 도착하여 다소 두려움을 느낄 수 있는데, 호텔 종사원이 호텔로 안내하여 고객을 안심시키는 업무도 병행하고 있다. 또한 공항에 상주하고 있는 항공사, 공항관계자, 공항주재 수사기관 등과 긴밀한 관계를 유지하여 유사시 문제를 해결할 수 있도록 교두보를 확보하여 호텔의 매출과 이미지 향상에 공헌하는 대인관계를 유지한다.

공항근무자는 세일즈맨(sales man)으로서의 역할도 담당하며, Lay Over 등과 같은 업무를 공항에서 처리한다. 다시 말해 호텔 고객의 영접 및 배웅 등 고객의 편의를 도모하는 호텔리어로, 호텔을 방문하는 VIP 고객이나 단골고객(repeating guest) 등 호텔의 특별고객을 대상으로 리무진 서비스와 Pick-up 서비스를 제공하며, 고객이 공항을 나와 호텔에 도착하기까지 최대한의 서비스를 담당하는 공항담당 직원이다.

주요업무로는 VIP 영접·환송 서비스와 호텔 객실 판매유치 등을 담당한다. 보통 서울시내 5성급 호텔의 경우 프런트 데스크 종사원이나 컨시어지 및 벨데스크 종사원이 일정기간(1년 내지 2년 정도) 돌아가면서 공항 렙으로 근무한다.

그림 11-1 **공항 영접·환송 흐름도**(Flow Chart)

공항 영접	공항 환송
VIP List 접수 및 Welcome Paper 작성	Check-out VIP 정보 접수 (비행기 편명, 시간, 차량번호)
비행기 편명, 도착시간, 탑승 게이트 확인	해당 항공사 사전 확인
VIP 차량 확인 및 Escort, 행선지 파악	도착시간 전 출국장 대기
비행기 도착	차량 도착
입국장 Gate 앞에서 Welcome Paper 들고 Stand-by	VIP 고객 영접
VIP고객 영접	수하물 확인 및 항공사 카운터 안내
수하물 확인 및 차량으로 안내	탑승수속 후 출국장 안내
환송	환송
VIP 차량번호 및 출발시간, Escort 탑승 여부를 호텔에 통보	출발 여부를 호텔에 통보
상황 종료	상황 종료

양식 11-1 공항 Pick-up 서비스 Slip

ARRIVAL
DEPARTURE **AIRPORT PICK UP SERVICE**

Arr. Date ____________________

Dpt. Date ____________________

New	
Modf.	
CXL	

Guest Name	Mr : Ms :			
	Mr : Ms :			
	Mr : Ms :			
	Mr : Ms :			
Arrival Flt. No.				
Depature Flt. No.				
Private Car P/Up		O/W		R/T
Remarks				
R/Q Clerk Issued Date				

Airport Rep. :

COSMOS HOTEL

공항 렙의 업무사례(Case Study)

어느 날 호텔 직원(벨 데스크)의 실수로 남의 가방을 공항으로 향하는 인천공항 리무진 버스에 싣게 되었다. 잠시 후 그 가방의 주인이 와서 자기가 맡겨놓았던 짐을 찾았다. 하지만 그 짐은 이미 공항 리무진 버스에 실려 인천공항으로 가고 있었다. 이런 난감한 상황에서 공항 근무자의 도움을 청하게 된다. 호텔에서 공항 렙에게 전화를 하여 호텔에서 출발한 리무진 버스의 시간을 알려주어 리무진 버스가 공항에 도착하게 되면 그 가방을 찾아달라고 연락했다. 연락을 받은 공항 렙은 그 가방을 찾아서 보관하고 있다가 원래 주인이 인천공항으로 왔을 때 전해준 사례가 있다.

CHAPTER 12.

Concierge & Duty 서비스실무

컨시어지 서비스(concierge service)는 고객들이 편리하게 호텔을 이용하게 할 수 있는 고객 안내의 역할, 즉 관련부서와의 협조체재를 통한 고객 서비스를 수행한다.

당직 서비스(duty service)는 고객의 불편사항과 안전관리 그리고 호텔의 전반적인 중요사항을 접수하여 총지배인 또는 대표이사의 업무보좌의 역할을 하고 있다.

제1절 Concierge & Duty의 일반적 개요

최상의 서비스와 고객만족이라는 모토로 무엇보다 고객에 대한 서비스를 우선시하는 곳이 바로 호텔이다. 호텔은 관광객뿐만 아니라 비즈니스 고객 등 호텔을 이용하는 모든 고객들에게 최고의 서비스를 제공함으로써 고객만족을 실현하는 서비스기업이다. 이러한 고객들뿐만 아니라 VIP 고객들에게 문제가 되지 않는 범위 내에서 고객을 위해 가능한 모든 서비스를 제공하는 호텔의 종사원이 바로 컨시어지(concierge)다.

컨시어지는 중세시대 성(castles)의 방을 밝히는 초(candle)를 관리하는 사람(촛불관리자)을 일컫는 'le Comte des Cierges'라는 프랑스어에 그 어원을 두고 있는데, 영어로 'Keeper of Candles'라는 뜻으로 고객의 편의를 위한 총괄 서비스를 담당하는 집사와 같은 의미로 쓰이고 있다.

19세기 유럽 호텔산업이 발전하면서 고객을 맞이하고 객실 키를 관리하는 업무를 담당했던 사람이 바로 컨시어지이다. 몇몇 호텔의 컨시어지의 유니폼에는 금색 열쇠 모양의 배지를 달고 있는데, 이는 최고의 컨시어지에게 부여되는 국제적인 인증배지이다. 세계컨시어지협회에서 수여하는 황금열쇠 배지는 프랑스어로 '레 클레 도르'(Les Clefs d'Or)라고 하고, 영어로는 '골든 키'(Golden Key)라고 부른다. 세계컨시어지협회의 좌우명인 '우정을 통한 서비스'(service through friendship)에서 나타나듯 글로벌시대에 맞게 고객의 욕구를 충족시켜 주고 호텔을 대표하는 민간외교사절이라는 자부심을 갖고 근무하고 있다.

컨시어지

대규모 호텔에서는 호텔 내·외부의 안내업무를 호텔 현관 근처에 별도의 컨시어지 데스크(concierge desk)를 설치하여 운영하고 있다. 컨시어지의 사전적 의미를 살펴보면, '문지기'·'수위'·'관리인'이라는 뜻으로서 미국에서 주로 GRO(Guest Relation Officer) 또는 CRO(Customer Relation Officer)라고 불리는 일명 고객 서비스를 총괄하는 부서로서 유럽에서는 컨시어지라고 불리고 있다. 몇몇 호텔에서는 GRO는 오직(only) VIP 고객을 대상으로 업무를 수행하는 반면에, 컨시어지는 일반 고객(normal guest)까지 모두 포함하여 업무를 수행하는 호텔들도 있다.

컨시어지 데스크

그림 12-1 **컨시어지 구성도**

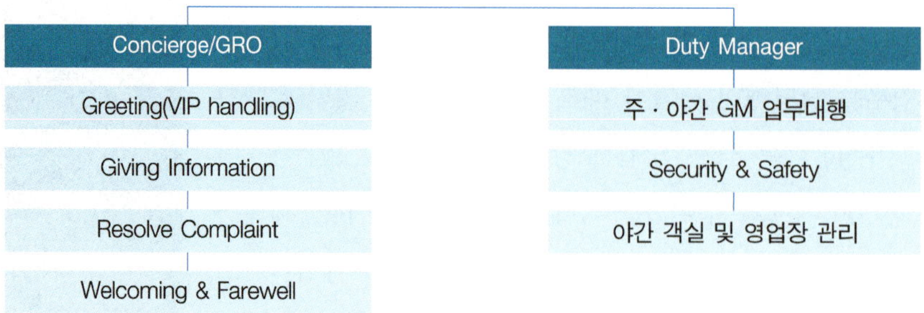

이러한 컨시어지의 주업무를 살펴보면, 주로 로비에서 근무하며, VIP 고객의 안내와 영접 및 환송, 수하물 관리, 메시지와 우편물 전달, 체크인과 체크아웃의 보조, 관광정보 안내, 로비지역의 관리 · 점검, 리무진 서비스 등 고객에게 차별화된 고부가가치 서비스를 제공하는 업무를 수행하는 만능종사원이다.

또한 고객에게 보다 신속하고 정확한 서비스를 제공하기 위해서 각 관련부서와 긴밀하고 원만한 대인관계를 유지하며, 호텔 내 각 부서의 특징적인 업무와 전 영업장의 업무시간 · 이용시설 · 특별행사 등을 항상 숙지하고 있어야 한다. 또한 호텔의 이미지를 위하여 깔끔하고 단정한 자세와 마음가짐을 가지고 항상 고객들에게 주목하고 도움을 필요로 하는 고객에게 적극적인 자세로 다가가도록 한다.

당직지배인(duty manager)은 호텔의 모든 부서를 대상으로 고객업무처리 · 불평처리 · 안전관리 · 재산관리 등 호텔의 당직업무를 수행하는 종사원으로서, 대규모 호텔의 경우 4~5명의 당직지배인이 주 · 야간 3교대로 근무하기도 하고, 중소규모의 호텔의 경우 1~2명의 당직지배인이 야간근무만 담당하기도 한다.

야간 당직지배인(night duty mananger)은 호텔의 총지배인이나 부총지배인이 퇴근하여 다음날 출근할 때까지 야간의 총지배인으로서 총지배인의 직무와 권한을 대행하는 호텔의 간부직원을 말한다.

호텔의 당직 데스크는 프런트 데스크와 벨 데스크 등이 잘 보이고, 현관종사원들의 업무수행 활동과 고객의 움직임 등이 시각적으로 한눈에 쉽게 들어올 수 있는 로비에 위치하고 있다.

당직지배인의 업무는 고객의 불평과 불만을 신속하게 처리하며, 호텔의 맨 위층부터 로비층까지, 시설부 · 식음료업장 · 조리부서 등 전체 호텔건물을 주기적으로 순시하고 체크한다. 그리고 야간근무자들을 지휘 · 감독하며, 긴급한 상황이 발생했을 때 신속하게 처리하는 업무도

수행한다. 마지막으로 근무가 끝날 때 당직일지를 작성하는데, 업무사항을 시간대별로 정확하게 기록하여 총지배인에게 보고해야 한다.

(사)한국컨시어지협회(The Socierty of Gonden Keys Korea)

(사)한국컨시어지협회는 문화체육관광부 산하의 비영리 단체로서 1994년 당시 신라 호텔의 Chief Concierge James Forester에 의해 설립됐으며, 2005년 문화체육관광부에 정식 등록됐다. 또한 2006년 세계컨시어지협회 UICH(Union International Concierge d'Hotel)의 39번째 독립국가로 인정받아 국내외 5성급 호텔 컨시어지들과 네트워크를 형성하고 정보를 교류함은 물론 전문성 향상을 위해 지속적으로 노력하고 있다.
자료: (사)한국컨시어지협회 홈페이지.

제2절 Concierge 서비스 내용과 업무

컨시어지(concierge)의 업무영역은 매우 넓다. 광범위한 네트워크를 구축하여 정보를 제공하고, 다른 호텔이나 관광지 등 고객이 자주 찾는 정보를 사전에 숙지하여 고객의 욕구를 해결해주며, 특히 고객의 불평(complaint)에 대해 신속하고 정확하게 대처하여 고객만족을 창출하는 업무를 담당하고 있다.

1. VIP 고객의 영접 및 환송업무

호텔의 명성이 한층 업그레이드될 수 있도록 VIP 고객에 맞는 철저한 사전 준비와 정중하고 격식 있는 영접 및 환송이 이루어질 수 있도록 해야 한다. 이는 VIP 고객이 내 집처럼 편안히 쉴 수 있도록 고객의 취향까지 확인하여 그에 맞는 서비스를 제공한다.

또한 외래고객을 위한 Room Show와 항공사 승무원(crew)의 체크인을 도와주며, 주로 VIP 고객을 에스코트(escort)하는데, 다음과 같은 순서로 한다.

VIP 룸 과일 Set-up

① 당일 VIP 리스트를 보고 항공편을 확인한 후 해당 항공사에 전화를 걸어 고객의 탑승 유무를 확인한 다음, 도착시간을 확인하고 호텔 도착시간에 맞추어 대기한다. 대부분 5성급 호텔의 경우 공항에서 근무하는 종사원(Rep: Representative)이 미리 환송업무를 수행한다. 차량이 준비된 고객은 공항담당으로부터 도착시간을 받고 대기한다.

② 사전에 객실을 점검(room inspection)하여 청소 상태, 냉난방이나 과일・와인・초콜릿 서비스 등 미비점이 없는지 점검하며, 등록카드를 사전 준비한다.

③ 공항의 호텔 영접담당직원(Rep)과 협조하여 고객의 공항 출발시간과 차량번호를 확인한 후 도어맨에게 알려주어 신속한 서비스가 이루어질 수 있도록 한다.

④ 고객이 호텔에 도착하면 반갑게 인사하고, 곧바로 객실로 안내한다.

⑤ 객실 내에서 간단한 등록절차를 마친 후 호텔 시설물의 안내 후 인사를 하고 나온다.

⑥ 예약 파일과 등록카드 등을 정리한 후 객실부서와 모든 영업장 등 관련부서에 연락을 하여 VIP가 투숙하였음을 알려준다.

표 12-1 **코스모스호텔 객실 Treatment Sample**

구분		Flower	Fruit	Wine	기타
Repeat Guest	3회 이하	-	15,000		환영편지
	3~5회	10,000	15,000		환영편지
	6~10회	15,000	30,000	○	환영편지
Special	VIP1	15,000	20,000		환영편지
	VIP2	20,000	30,000	○	환영편지
	VIP3	25,000	40,000	○	환영편지
Long Term	7~14일	10,000	15,000		환영편지
	15일 이상	15,000	20,000	○	차량 제공
Honey Moon	Silver	10,000	15,000		환영편지
	Gold	15,000	20,000	○	환영편지
	Diamond	20,000	25,000	○	환영편지

그림 12-2 **호텔 환영카드**(Welcome Card)**와 봉투**(Envelope)

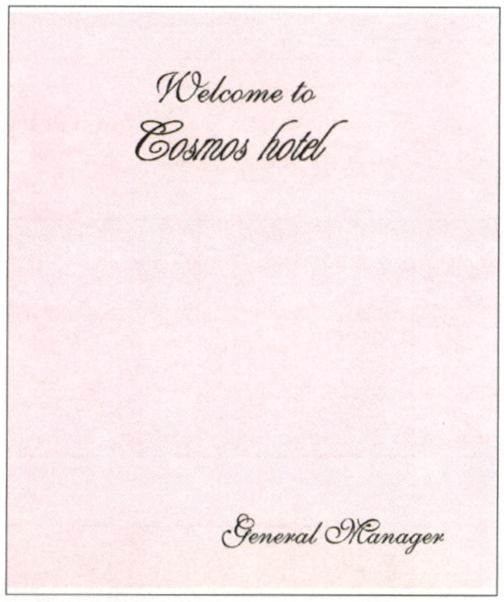

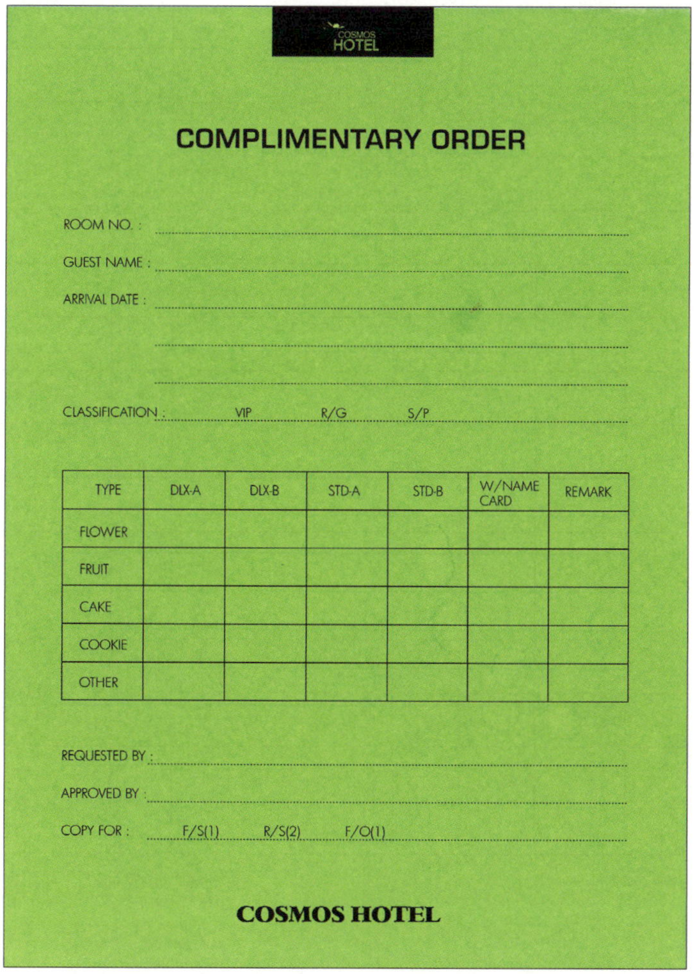
COSMOS HOTEL

COMPLIMENTARY ORDER

ROOM NO. :

GUEST NAME :

ARRIVAL DATE :

CLASSIFICATION : VIP R/G S/P

TYPE	DLX-A	DLX-B	STD-A	STD-B	W/NAME CARD	REMARK
FLOWER						
FRUIT						
CAKE						
COOKIE						
OTHER						

REQUESTED BY :

APPROVED BY :

COPY FOR : F/S(1) R/S(2) F/O(1)

COSMOS HOTEL

요즘은 호텔 전산 시스템 내에서 전자결재화하고 있는 추세이다.

양식 12-1 VIP Courtesy 슬립

VIP COURTESY

Date:

NAME	RM.NO.	DURATION	ARR-TIME	CATEGORY	RM CHECK	GRE-ETING	HOUSEKEEPING (FLOWER)				D-TIME	FOOD & BEVERAGE				REMARKS
							DLX	STD	OTHERS	NAME CARD		DLX	STD	OTHERS	NAME CARD	

RM-FD(A)-10

1) FLAG HOISTING
2) RED CARPET
3) NAMING MACHINE
4) COURTESY OUTSIDE

Prepared by: Approved by:

그림 12-3 VIP 체크인 예정고객 리스트

Page No. 8

Room No #	Room Type	Arr. Date	Dep Time	No of Night	Guest Name	VIP	Rpt Gst	#of Vst	Res Typ	Company Name Job Title	Pers	Rate Code	Room Rate	Arr Flgt	Company/Travel /Source	Special Codes	Hotel Remarks
** Arrival Date: 2024-05-05																	
1509	KGAS	05/05		8	ALETCHEREDJI, ISSAKA Mr.	13		0	2		1	RAC	275,000		C:SELF RESERVATION S:TARS	SF,VP2,UPG	
1628	KGBS	05/05		2	DEMIZU, MAMORU Mr.	18	Y	65	1	KMC KOREA	1	CO5	171,600		C:KMC KOREA	SF,VP2	
	KGBN	05/05		3	LEVY, TAL Mr.	18	Y	21	1	DONG JI	1	CO6	164,450		C:DONG JI INTER-TEC Co.	SF,NS	
0731	TWDS	05/05		2	MIYATA, MINORU Mr.	18	Y	27	1	JINYANG REFLEX. LTD	1	CO3	143,000	1400	C:JINYANG ISC	VP1	
1410	KGAN	05/05		5	TOJYO, EIJI Mr.	18	Y	24	1	BUMMA TRADING	1	CO9	167,750	1500	C:BUMMA Trading	SF,NS,VP2	
** Subtotal **											5						
** Total **											42						

고객관리업무

고객관리업무는 고객에 대한 기록을 중시하여 작은 부분까지 체크해서 다음에 오실 경우 혹은 이번에 체크인을 하실 경우를 대비하여 관리해 나가는 것이다. 특히 고객정보를 이용하여 단골고객을 만들어 나감으로써 경쟁력이 쌓이고 향후 마케팅 활동에도 도움을 주는 활동이다.

- 서신업무
  - VIP 고객과 단골고객에게 환영편지(타이핑)를 쓴다.
  - 고객의견에 대한 감사편지 및 사과편지를 관리한다.
- 정보업무
  - 고객 History를 관리한다.
  - 단골고객 · VIP 등 주요고객의 기록을 관리한다.
  - 영업장에 필요한 고객정보를 제공하여 고객 서비스를 향상시킨다.

2. VIP 고객의 메시지 및 수하물 처리업무

호텔에 도착한 우편물(편지 · 메시지 · 엽서) 등을 고객에게 전달해주고, 미도착고객(expected arrival guest)의 우편물의 보관과 전달, 체크아웃(check-out)한 고객에게는 추송해주는 일을 한다. 이러한 서비스는 신속 · 정확하지 않으면 중대한 문제가 발생할 수 있으므로 세심한 주의가 요구된다.

또한 메시지를 찾는 고객에게 담당부서나 종사원에게 문의하라고 하지 말고 직접 해결하도록 한다. 그리고 고객이 호텔에 여권이나 항공권을 두고 체크아웃하였을 경우 모든 방법을 동원하여 고객에게 전달되도록 노력한다.

양식 12-2 메시지

COSMOS HOTEL
M E S S A G E
メ ッ セ ー ジ

ROOM NO.:
NAME

Status:

DATE: TIME: MESSAGE TAKEN BY:

3. 정보 제공업무

컨시어지는 고객들에게 맞춤 정보와 서비스를 제공하는 역할을 하는 호텔리어이다. 고객의 정보요청 시 정보를 제공하고, 여행객들이 필요로 하는 관광정보·행사·종교·식당·쇼핑·교통정보를 제공하며, 국내 또는 호텔 주변의 지도를 준비하여 고객이 원하는 상세한 설명과 정보를 제공한다. 만약 정보부재 시 다른 부서와의 유기적인 업무협조로 짧은 시간 내에 고객이 만족할 만한 정보를 제공하여 고객편의를 위해 최선을 다한다. 또한 각 여행사나 호텔 홍보책자(브로슈어)를 로비 비치 스탠드에 잘 보일 수 있도록 비치한다.

컨시어지는 고객이 필요로 하는 정보를 카테고리별로 사전에 준비하여 즉시 활용할 수 있도록 숙지하여야 하며, 인터넷이나 신문·잡지 등을 이용하여 최신정보를 수집해야 한다.

베이비 시팅(Baby Sitting)

베이비 시팅은 호텔에 투숙한 고객들의 아이(child)나 아기(baby, infant)를 돌보는 서비스를 말한다. 주로 가족과 함께 투숙한 고객들의 행사나 회의 참석을 위해 호텔에 남은 아이를 돌봐주는데, 이는 아이에 대한 건강과 안전을 위해 보호할 목적으로 운영한다. 대부분 호텔들은 외부의 전문적인 베이비 시팅 회사와 계약을 맺어 운영하고 있으며, 몇몇 호텔들은 호텔의 룸 어텐던트가 베이비 시팅을 담당하기도 한다. 이러한 베이비 시팅은 최소 하루 전에 예약을 해야만 하며, 시간과 인원수에 따라 고객이 요금을 지불해야 한다.

4. 차량수배 및 배차관리업무

일반 투숙객이 렌터카나 다른 교통수단을 이용하기 원할 시 고객이 원하는 차량을 수배하여 준다. 또한 VIP 고객의 경우 대부분 호텔 측에서 차량을 수배하여 배차시키는 경우가 많은

양식 12-3 차량 픽업과 센딩(Pick-up & Sending) 서비스 Slip

COSMOS HOTEL

LIMOUSINE REQUEST

DATE . . 2020

SOURCE OF RESERVATION 예약처	COMPANY NAME 회사명		TEL No.	
	NAME 예약자명		FAX No.	

LIMOUSINE SCHEDULE	ORIGINAL	1ST MODIFICATION	2ND MODIFICATION
DATE 날짜			
FLIGHT(TIME) 비행편(시간)	(:)	(:)	(:)
FROM 출발장소			
TO 도착장소			
PICK-UP TIME			
PAYMENT METHOD 지불방법	☐ HOTEL ☐ GUEST(W)	☐ HOTEL ☐ GUEST(W)	☐ HOTEL ☐ GUEST(W)

NAME OF GUEST 고객성명	RM No. 객실번호	GUEST SIGNATURE 고객서명
MR/MS MRS		
MR/MS MRS		
MR/MS MRS		

OFFICE USE ONLY

Reservation Received by	License Plate Number	Name of Driver/Signature	Confirmed by(Duty Mgr.) DATE

HOTEL

양식 12-4 **차량신청서**

車輛 申請書

日字

客室番號				
姓 名				
日 時				
行先地				
車輛番號				
技士名				
料 金				
確 認	F/D		B/D	
REMARKS				

CC: F/D, B/D, RENTACAR

HOTEL LOTTE WORLD
CHAMSHIL SEOUL KOREA

데, 이때 차량은 고객이 출발시간 약 30분 전에 호텔이나 공항에 도착하였는지 꼭 확인해야 한다. 보통 서울시내 5성급 호텔의 경우 국내 · 외 최고급 승용차를 의전용으로 사용하는데, 신라호텔의 경우 2014년 공항 리무진 서비스용 세단차량을 벤츠 S500 시리즈로 교체하였다.

5. 공공지역 관리업무

고객이 이용하는 공공지역(public area)을 수시로 순시하며, 호텔 현관 자동문이나 엘리베이터 · 에스컬레이터 등 현관지역(lobby area)에서 일어날 수 있는 각종 안전사고를 예방한다. 보통 로비 곳곳에 꽃을 놓아두는데, 항상 신선한 상태로 유지하도록 하고, 꽃이 시들어 있을 경우에는 곧바로 Flower Shop에 연락하여 교체하도록 한다. 또한 로비에서 흘러나오는 배경음악(BGM: Back Ground Music)의 볼륨을 조절하고 분위기에 맞는 음악이 나오도록 음향실에 연락한다.

양식 12-5 Flower Requisition Slip

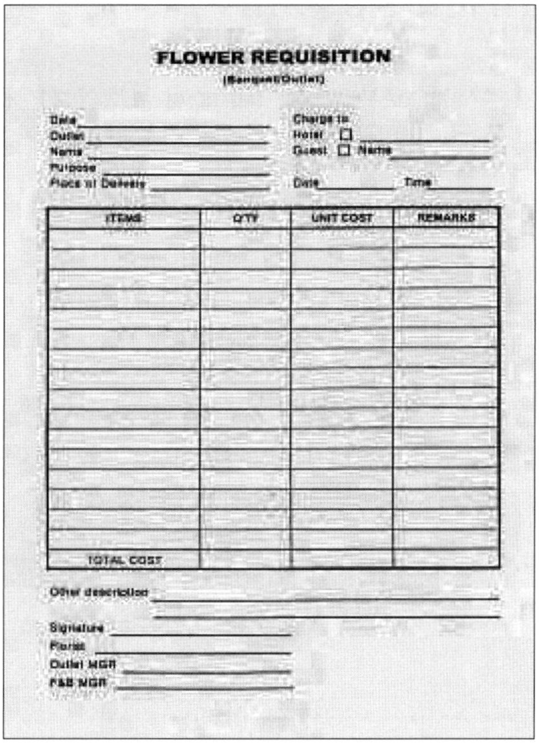

FLOWER REQUISITION
(Banquet/Outlet)

Date ____________ Charge to
Outlet ____________ Hotel ☐
Name ____________ Guest ☐ Name ____________
Purpose ____________
Place of Delivery ____________ Date ________ Time ________

ITEMS	Q'TY	UNIT COST	REMARKS
TOTAL COST			

Other description ____________

Signature ____________
Florist ____________
Outlet MGR ____________
F&B MGR ____________

6. 응급환자 응대업무

고객들이 필요로 하는 간단한 의약품을 구비하여 제공하는 업무로서 법에 저촉되지 않는 범위 내에서 의약품을 고객에게 제공한다. 만약 고객이 불의의 사고나 중대한 질병이 발생할 경우 의사의 왕진연락 또는 가까운 병원이나 119에 연락하여 환자를 신속하게 이송토록 한다. 그리고 고객과 관련 있는 가족이나 기업의 담당자와 연락하여 추후의 문제에 대하여 대비해야 한다. 경우에 따라서 외국인 고객의 경우 언어소통과 지불문제로 인하여 컨시어지가 동승하는 경우도 있다.

당일 근무시간에 일어나는 모든 사건과 사고는 자세하게 로그북(log book)이나 일지에 작성하여 보고한다.

7. 고객의 불만접수 및 불평 처리업무

Guest Comment Box

고객들은 자신이 호텔 종사원으로부터 받은 서비스나 호텔의 시설물 등에 대한 불평(complaint)에 대해서 이야기하는 경우가 많기 때문에 컨시어지는 고객으로부터의 불평을 원만하게 처리할 수 있는 테크닉을 갖고 있어야 한다.

특히 호텔을 이용하는 고객의 불편사항을 가장 가까이에서 접하기 때문에 고객의 요구와 기대하고 있는 서비스수준을 파악하여 고객의 불편을 가장 능숙하고 신속하게 처리한다. 그래서 호텔의 경영과 모든 고객서비스를 조정하는 중간적인 연락소 역할을 한다. 그러므로 컨시어지는 고객의 요구와 기대하고 있는 서비스수준을 파악하여 고객의 불평을 능숙하게 처리하여 호텔의 고객관계관리(CRM: Custom Relation Marketing)를 강화하도록 노력해야 한다.

고객불평의 유형

- 시설물에 대한 불평: 온도조절, 조명, 미니바, 커피 포트, 객실 키, TV, 승강기
- 호텔 종사원 태도에 대한 불평: 무례함, 불친절
- 서비스에 대한 불평: 오래 기다림, 수하물 서비스, 객실의 불결함, 음식에 대한 불만
- 특별한 불평: 골프장 부재, 교통수단의 불편함, 영업장 운영시간

그림 12-4 **제안엽서**

그림 12-5 고객평가용지

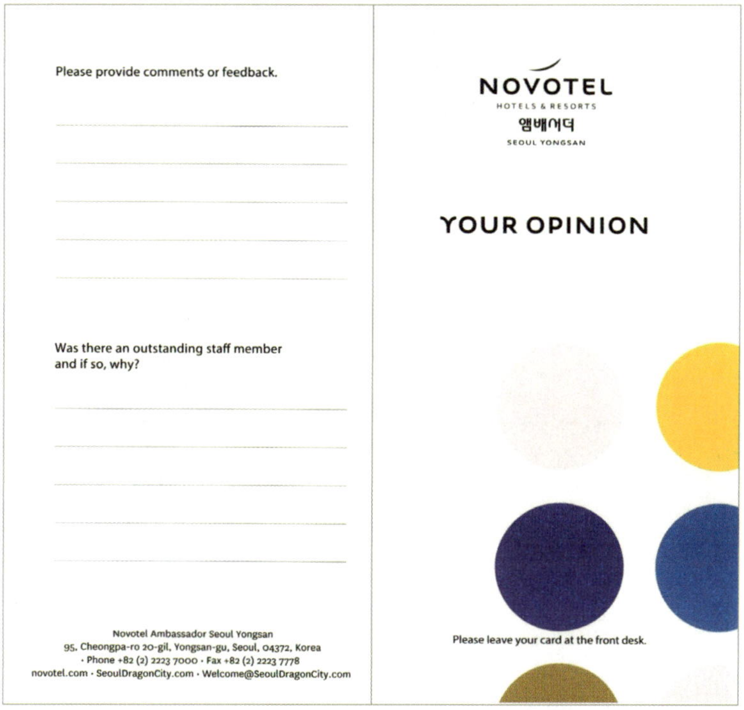

Please provide comments or feedback.

Was there an outstanding staff member and if so, why?

Novotel Ambassador Seoul Yongsan
95, Cheongpa-ro 20-gil, Yongsan-gu, Seoul, 04372, Korea
· Phone +82 (2) 2223 7000 · Fax +82 (2) 2223 7778
novotel.com · SeoulDragonCity.com · Welcome@SeoulDragonCity.com

NOVOTEL
HOTELS & RESORTS
앰배서더
SEOUL YONGSAN

YOUR OPINION

Please leave your card at the front desk.

(앞면)

DATE OF YOUR VISIT

ROOM NO.

NAME

TEL.

EMAIL

Are you a Le Club AccorHotels member?

- ☐ No
- ☐ Yes, I have Platinum status
- ☐ Yes, I have Gold status
- ☐ Yes, I have Silver status
- ☐ Yes, I have Classic status

RECEPTION EXPERIENCE

How would you rate your check-in experience?
1 2 3 4 5 6 7 8 9 10

The efficiency of check-in (easiness, speed, etc)?
1 2 3 4 5 6 7 8 9 10

The overall sense of warmth and sincere appreciation during your departure?
1 2 3 4 5 6 7 8 9 10

GENERAL EXPERIENCE

During your stay how satisfied were you with:
The overall quality of service?
1 2 3 4 5 6 7 8 9 10

The friendliness and attentiveness of our staff?
1 2 3 4 5 6 7 8 9 10

The overall quality of accommodation?
1 2 3 4 5 6 7 8 9 10

Would you stay at this hotel again, if you were to return to this area?
1 2 3 4 5 6 7 8 9 10

Did you "feel welcome" during your stay?
1 2 3 4 5 6 7 8 9 10

ROOM EXPERIENCE

The cleanliness of your room and bathroom?
1 2 3 4 5 6 7 8 9 10

How would you rate your overall wifi experience?
1 2 3 4 5 6 7 8 9 10

(뒷면)

KOREA
TOURISM
ORGANIZATION
한국관광공사

POSTCARD
관광불편신고(의견)엽서
Tourist Complaint (Feedback) Report
旅游投诉(意见)卡 / 觀光申訴(意見)卡
観光苦情申告(ご意見)用ハガキ

우편요금
수취인후납부담
발송유효기간
무 기 한
원주우체국승인
제40120호

From :

성명/Name
姓名/お名前

국가/Country
国籍/國籍

전화번호/Tel
电话/電話

주소/Address
地址/住所
E-mail

To : 강원도 원주시 세계로 10
한국관광공사 관광불편신고센터

Tourist Complaint Center
Korea Tourism Organization
旅游投诉中心
觀光申訴中心
観光苦情申告センター

2 6 4 6 4

(앞면)

발생일자(시간) Date of Occurrence (time)
发生日期(时间)
発生日付(時間)

신고대상/전화번호 Name of establishment / Contact number
申告的對象/电话号码
申告の対象/電話番号

여행불편사항과 건의내용을 구체적으로 작성해주십시오. Please give as much information as you can.
希望具体而正确地告诉我们申告的对象(职种, 商号名, 的士车牌号等), 发生日期, 场所等等
希望具體而正確地告訴我們申告的對象(職業, 商號名, 計程車車牌號等), 發生日期, 場所等等
申告の対象(店名、タクシー番号など)、場所などについて、具体的にご記入お願い申しあげます。

TEL 1330
tourcom@knto.or.kr
www.touristcomplaint.or.kr

(뒷면)

NAME/성명/氏名

ROOM NO./객실 번호/客室番号

ARRIVAL DATE/도착일/到着日

PRIVILEGED GUEST CARD NO./특전고객 카드번호/エクスクルーシブカード番号

ADDRESS/주소/住所

POSTAL CODE/우편번호/郵便番号 CITY/시/市

COUNTRY/국가/国 PHONE/전화번호/電話番号

E-MAIL ADDRESS/이메일 주소/Eメール住所

YOUR REMARKS AND SUGGESTIONS/기타 의견 및 제안/その他の意見及び提案

YOUR OVERALL RATING OF THIS HOTEL...

호텔 전반에 관한 평가는 어떻습니까? ホテル全般についてどう思いますか?

EXCELLENT/매우 만족/大變滿足 SATISFACTORY/만족/滿足 UNSATISFACTORY/불만족/不满

HOW WOULD YOU RATE THIS HOTEL REGARDING...

저희 호텔에 대하여 느끼신 대로 답해 주십시오. 当ホテルについて感じた通りにお答え下さい.

	EXCELLENT 매우 만족/大變滿足	SATISFACTORY 만족/滿足	UNSATISFACTORY 불만족/不满
WELCOME AND FRIENDLINESS/친절도/親切さ			
EFFICIENCY/신속성/對應の早さ			
ROOM AND BATHROOM/객실과 욕실 상태/客室及びバスルーム			
ROOM SERVICE/룸서비스/ルームサービス			
TELEPHONE SERVICE/전화 서비스/電話サービス			
HOUSEKEEPER'S SERVICE/하우스키핑 서비스/ハウスキーピングサービス			
SOFITEL FLOOR LOUNGE/소피텔 클럽 라운지/ソフィテルラウンジークラブーラウンジ			
GUEST RELATIONS OFFICERS/고객 서비스 지배인/顧客サービス支配人			
BUSINESS CENTER/비즈니스 센터/ビジネスセンター			
FITNESS CLUB/휘트니스 클럽/フィットネスクラブ			
BALNEO THERAPY (HYDROMASSAGE)/발네오 떼라피(수중 마사지)/バルネオテラピー(水中マッサージ)			
BREAKFAST AT THE BUFFET RESTAURANT 'KING'S'/조식 뷔페(뷔페 레스토랑 '킹스') ブレックファストビュッフェ(ビュッフェレストラン「キング』)			
'KING'S' BUFFET RESTAURANT/뷔페 레스토랑 '킹스'/ビュッフェレストラン「キング」			
'CAFÉ DE CHEF' RESTAURANT/레스토랑 '카페 드 셰프' レストラン「カフィドシェフ」			
'GRAN·A' PUB-AURANT/펍 레스토랑 '그랑·아'/パブレストラン「グラン・ア」			
'CAFÉ DE CHEF' DELI/델리 '카페 드 셰프'/デリ「カフィドシェフ」			
'TA-KE' JAPANESE RESTAURANT/일식당 '다케'/日本料理レストラン「竹」			
'HONG BO GAK' CHINESE RESTAURANT/중식당 '홍보각'/中華料理レストラン「紅寶閣」			
BANQUETING, MEETING AND CONFERENCE/연회시설/宴会施設			

자료: 'G'호텔 고객평가용지.

김건 지배인께,

제가 머무는 동안 약을 다려준 당신의 친절한 배려와 따뜻한 보살핌에 감사를 드립니다.

저희로 인해 많이 불편하셨을 텐데 그럼에도 불구하고 항상 큰 도움을 주셨습니다.

당신과 여러 직원들에게 감사의 마음을 전하고자 사탕을 준비했습니다.

다시 한 번 당신과 Ms.Clare (정미선) 에게 감사 드립니다.

Dear Mr. Kim,

We write to thank for your kind consideration and warm support in medicine handling during our stay in our hotel. Although we had caused you a lot of inconvenience, you still gave us a great support.

In order to show our great appreciation to you & your colleagues we bought you a bottle of candies to thank you all.

At last, we have to say many thanks again to you and Ms. Clare.

Best wishes to all of you. Thank you.

Yours sincerely,

2010년 4월 9일

Bennie & Grace (408, 416호 투숙객)

Recommended ambassador:
Ms. Lee, Jong-Sook (Room Maid)

各国の5っ星Ｈｏｔｅｌも何々所か泊まってますが、こちらのＨｏｔｅｌの様なＳＴＡＦＦ全員のとても感じのよい心地よい所は初めてです。
挨拶，笑顔，部屋の清潔，どこを取っても「お客さまの立場になって…」と言う言葉かビックリで、滞在日数が大変短かくＨｏｔｅｌ ｌｉfeをもっと楽しみたい…と残念です。再た、ゆっくりとこの Ｈｏｔｅｌに宿泊させて頂きたいと心から思います。ソウルには何度も旅してますが、今回の旅にご縁ができたことに感謝し、楽しい旅になれた事にも感謝します。
ありがとうございました！

각국의 5성 호텔의 여기저기에 숙박해 봤지만 이 호텔의 전 직원이 느낌이 좋고, 마음이 좋은 곳은 처음입니다. 인사, 미소, 객실의 청결 상태, 어디를 가도 "고객님의 입장이 되어…"라는 말에 놀랐고, 체재일수가 대단히 짧아 호텔생활을 더 즐기고 싶은데 유감스럽습니다.

다시 여유있게 이 호텔에 숙박하고 싶습니다. 서울에 몇 번이나 여행을 했습니다만, 이번 여행에 인연을 만들 수 있었던 것에 감사 드리고, 즐거운 여행이 된 것에 감사 드립니다. 감사했습니다.

From Okamoto Mieko (Jan, 13th, 2010)

8. 컨시어지 종사원의 직무자세

① 고객에게 제일 중요한 것은 컨시어지의 첫인상일 것이다. 항상 웃는 얼굴과 서비스정신을 가지고 근무에 임해야 한다.

② 다양한 업무를 처리해야 하는 컨시어지는 고객들의 불편을 최소화하기 위하여 기본적으로 영어 이외에 중국어・일본어 등 제2외국어 공부에 많은 시간과 노력을 들여야 한다. 또한 컨시어지는 자신은 물론, 호텔의 이미지를 나타내기 때문에 유니폼과 몸가짐을 단정하게 하고 근무해야 한다.

③ 고객에 대한 업무를 완벽하고 책임 있게 처리하려고 하는 적극적인 마인드를 가지고 근무해야 한다.

제3절 Duty 서비스 내용과 업무

1. Duty 서비스의 개요와 업무

당직 데스크는 보통 호텔 현관 입구나 프런트 데스크 근처에 위치해 있으며, 고객의 불평불만 처리와 비상사태 및 총지배인 부재 시 직무대리 등의 업무를 수행하며, 일반적으로 오후 늦은 시간대부터 그다음 날 오전까지 근무를 한다.

당직지배인의 수칙은 다음과 같다.

① 당일의 VIP 확인
② 당일의 단체투숙상황 확인
③ 고객 불평불만의 신속한 처리
④ 공공지역의 청결상태 유지
⑤ 매 시간 호텔 전관의 순시
⑥ 야간근무자의 지휘 및 감독
⑦ 긴급사태의 신속한 처리
⑧ 철저한 당직일지 기록

당직지배인은 호텔 전반에 걸쳐 고객의견 수렴, 불만 해결, 전체 영업장 대행관리 등 야간에는 총지배인을 대신하여 모든 업무를 총괄하는 직무를 수행한다.

24시간 대고객 업무처리를 위해 교대근무 혹은 프런트 데스크 지배인이 겸임하기도 한다. 특히 야간근무 시 긴급상황이 발생하면 즉시 총지배인이나 해당 부서장에게 보고하고, 고객들이 편안히 쉴 수 있도록 업무에 충실해야 한다. 호텔은 24시간 영업이 이루어지며, 그에 따른 고객서비스에 대한 책임과 권한을 가진 당직지배인은 고객과 서비스 인카운터상에 있는 종사원의 중재역할을 하는 것으로 총지배인의 직속하에 소속되어 있고, 총지배인의 지시 및 당직지배인의 업무지침에 의하여 업무를 수행하며, 총지배인 및 각 부서장 부재 시 총지배인의 업무를 대행하는 역할을 한다.

또한 호텔 내 전체 영업장을 대상으로 고객관련 업무처리, 불평 및 제안사항 접수 및 처리, 고객 및 호텔의 안전관리, 종사원의 관리감독 등 당직지배인 직무지침에 의한 업무를 수행하는 관리자이며, 호텔운영의 전반적인 면에서 운영상 필요한 업무수행을 위하여 행정 및 인원관리의 미흡한 점을 지적·개선토록 하고 지속적인 인적·물적 서비스의 향상을 도모하는 역할을 한다.

2. 업무내용

1) 각종 보고서 작성업무

야간 당직지배인은 전일 매출액 및 각종 당직일지를 작성하여 다음 날 아침에 수석 당직지배인, 총지배인, 사장에게 보고하고 사건이나 사고가 발생한 경우에는 반드시 사건·사고 보고서를 작성하여 보고한다.

다음은 당직에서 작성하는 보고서이다.

① 당직 영업보고서: 전일 총매출액(객실+식음료매출액), VIP 투숙현황, 야간순찰현황, 기타 주요사항 및 익일 객실 투숙률 및 연회현황 등을 기록한 보고서이다.

② 체크 리스트: 각 시간대별로 당직지배인의 주요업무를 표로 분류한 보고서로, 다음과 같은 사항에 대해 체크를 한다.

ⓐ Lobby 지역 및 공동 화장실 청소 상태는 양호한가?

ⓑ 객실 및 각 영업장, 공공지역의 냉난방 상태는 양호한가?

ⓒ 로비의 배경음악(back ground music) 상태는 정상인가?

ⓓ VIP Check-in/out 현황은 잘 파악하고 있는가?

ⓔ 종사원의 복장 · 두발 · 명찰 · 손톱 등은 단정하고 청결한가?

ⓕ 호텔 공공이용 시설물(엘리베이터 · 회전문 · 자동문 · 공중전화 등)의 운행상태는 정상인가?

ⓖ VIP, 계약사 및 일반고객의 등록업무는 잘 되고 있는가?

ⓗ 엘리베이터, 전등, 히팅(heating) 등 주 · 야간에 따른 에너지 절약업무는 효율적으로 되고 있는가?

ⓘ 주차장 및 호텔 셔틀버스 관리 상태는 양호한가?

ⓙ 호텔 외부(현관, 호텔 주변)의 청소 상태는 양호한가?

ⓚ 야간근무자 및 야간 작업사항(대리석 광택, 왁스, 소독 등 기타 시설의 보수 및 점검) 현황은 파악하였는가?

ⓛ 호텔 전체(전관) 순찰은 잘하고 있는가?

ⓜ 화재, 위생, 건강 및 안전관리와 관련된 호텔규정의 준수는 잘하고 있는가?

2) Key 관리업무

당직지배인은 객실 그랜드 마스터 키(room grand master key) 및 각종 비상 Key 등을 보관, 취급하며 긴급상황에 신속히 대처하여 인명과 재산을 보호하는 데 목적이 있다. 객실 그랜드 마스터 키를 사용한 경우에는 사용기록부에 기록해야 한다.

3) 정보 및 기밀 유지업무

새로운 정보 및 변경된 정보에 대하여 정통한 정보를 입수하여 정확한 사항을 파악하여 최고경영진의 경영관리 판단에 도움이 되도록 보고하고, 항상 경영진 및 총지배인에게 보고하며, 맡은 바 직무를 동적으로 임하도록 노력하고, 회사기밀이 대내 · 외로 나가지 않도록 최선을 다해야 한다. 또한 총지배인의 허락 없이는 어떠한 경우라도 호텔에 대한 문제점이 신문기사화되지 않도록 유의해야 한다.

Big Animal(?)

Duty Manager로 근무하고 있을 때 여성 고객이 객실에 'Big Animal'이 나타났다고 난리가 났다. 즉시 그 객실로 올라가보니 정말로 손바닥만 한 어떤 벌레(?)가 날아다니고 있었다. 즉시 하우스키핑에 연락하여 살충제를 뿌려 잡고 보니 외국산 바퀴벌레였다. 고객에게는 정중히 사과하고, 다른 객실로 Room Change 해드리고 과일 서비스와 아침식사를 무료로 제공하기로 약속한 후 고객이 어느 정도 안정을 찾은 뒤 웃으면서 농담을 주고받았다.

"우리나라 바퀴벌레는 매우 조그맣고 귀여우며(?) 날지도 못하지만, 외국손님들의 가방에 섞여서 들어온 수입산(imported) 바퀴벌레는 나도 너무 무섭다고……."

Duty Manager? Dirty Manager?

호텔의 24시간을 지키는 호텔리어로 '호텔의 마당쇠' 당직지배인이다.

총지배인과 부총지배인이 대외적으로 호텔을 대표하는 사람이라면, 당직지배인은 위두 사람의 부재 시 호텔 내에서 일어나는 모든 일을 책임지는 실질적인 대표자라고 할 수 있다.

VIP 고객의 영접이나 환송뿐만 아니라 고객의 불평이나 사건·사고까지도 맡아 처리하는 업무를 담당한다.

일반적으로 호텔경력 10년 이상으로 근무경험이 풍부한 호텔리어가 당직지배인으로 채용되지만, 최근에는 객실과 식음료부서의 경험을 가지고 있는 젊은 당직지배인도 등장하고 있다.

당직지배인의 근무시간은 주·야간으로 보통 3교대 근무하는데, 야간에 근무하는 당직지배인이 가장 궂은 일을 많이 겪는다.

2002년 한·일 월드컵 당시 모 5성급 호텔에 숙박하고 있는 세네갈 선수들이 프랑스를 상대로 승리하는 이변을 일으켰다. 세네갈 선수들이 호텔로 돌아와 기쁨을 발산하기 위하여 호텔 로비에서 전통악기를 치기 시작했다. 남들에게는 소음으로 들릴지 모르겠지만, 그들에게는 정말 기분 좋은 날이었다. 당직지배인은 축하의 말과 박수를 건넸는데, 이내 선수단이 손을 끌어 거절하지 못하고 1시간 동안 처음 만져보는 세네갈 전통악기를 두드려야만 했다.

이러한 호텔에서 일어나는 수많은 일들을 처리하다 보면 'Duty Manager'가 아니고 'Dirty Manager'라고 애칭하기도 하지만, 호텔의 지식과 경험이 풍부한 호텔리어로서 바쁘고 힘들 때도 있으나, 즐겁고 보람된 직업이기도 하다.

PART 4

PRACTICAL HOTEL ROOM
DIVISION SERVICE OPERATION

하우스키핑 서비스업무

CHAPTER 13.

Housekeeping 서비스실무

제1절 Housekeeping의 일반적 개요

1. Housekeeping의 개념

하우스키핑(housekeeping)이란 사전적 의미로 "The Housekeeping of the House"라고 되어 있는데, 이는 '가사,' '가정,' 즉 "집을 수리하고 관리하는 일"이라고 정의하고 있으며, 오늘날 호텔이나 대규모 건물 등의 재산과 시설물을 유지하고 안전과 청결 그리고 관리하는 부서로서의 의미로 쓰이고 있다.

호텔에 투숙하는 고객들은 마음속에 항상 호텔은 깨끗하고 안락한 분위기를 가지고 있다고 생각하며, 또한 고가의 객실료를 지불함으로써 더욱더 깨끗한 객실을 요구하고 있다. 완벽하지 못한 객실정비는 상품으로서의 가치를 잃을뿐더러 호텔 전체에 대한 부정적인 영향을 미쳐 호텔수익에 막대한 지장을 초래할 수 있다. 고객이 호텔을 선택하는 데 있어 고려하는 중요한 사항 중의 하나인 청결함과 쾌적한 분위기에 대한 욕구를 충족시켜 주는 부서가 바로 하우스키핑 부서이다. 이는 호텔의 좋은 이미지를 상승시킬 뿐만 아니라 고객들의 재구매 의도에 영향을 미친다고 할 수 있다.

그림 13-1 Housekeeping의 역할

호텔에서 '객실정비부' 또는 '객실관리부'라고 불리는 하우스키핑 부서는 객실의 청소와 객실 시설 및 관리뿐만 아니라 호텔 내의 식음료업장 · 회의실 · 복도 · 현관 · 화장실 · 주방 · 정원 · 조경물 등의 공공시설의 정비와 리넨(linen)류인 종사원 유니폼의 보급 · 수선 그리고 고객의 세탁물 서비스에 이르기까지 많은 업무를 담당하고 있는 부서로서 업무범위가 상당히 넓다고 할 수 있다.

이러한 하우스키핑은 호텔의 총괄적인 영업이 부드럽고 효과적으로 운영될 수 있도록 하기 위해 많은 종사원과 세심한 기능을 조직적으로 갖춘 부서라고 할 수 있다.

생산공장에 비유하면 호텔부서 중 객실예약과 객실판촉 그리고 프런트 데스크는 객실을 판매하는 부서이며, 하우스키핑은 객실을 생산하는 부서라고 할 수 있다. 그러므로 좋은 상품을 생산해서 효과적으로 판매하려면 이 부서들이 유기적으로 협조해야 하므로 항상 긴밀한 협조가 필요하다.

이러한 하우스키핑의 개념을 간략하게 요약해보면, 호텔의 객실뿐만 아니라 식음료(F & B) 업장, 연회장(banquet room), 부대시설 등 호텔 내 · 외부 시설을 유지 · 관리하는 부서이며, 고객들에게 청결하고 안락한 객실을 제공하여 고객만족과 호텔 이미지를 향상시키는 부서라고 할 수 있다. 이러한 목적을 달성하기 위하여 객실 내의 침대 및 가구류 정돈, 청소 상태, 각종 전등 상태, TV · 미니바 · 전화기 상태, 각종 안내문 및 인쇄물 상태, 냉난방 상태, 욕실 상태 등 이외에도 많은 업무들을 매일 점검뿐만 아니라 공공장소 · 부대시설 등의 청소 및 관리도 담당한다.

2. Housekeeping의 기능

객실상품을 생산하는 부서인 Housekeeping은 잘 정비된 객실을 고객들에게 판매해야 한다. 하우스키핑 부서는 단순한 객실청소라는 측면에서 탈피하여 최고급의 객실상품을 생산한다는 마음가짐으로 업무에 임해야 하기 때문에 이 부서에 근무하는 종사원들은 지속적인 교육과 훈련을 통하여 보다 차원 높은 객실상품을 생산할 수 있는 능력을 배양해야 한다.

그림 13-2 **하우스키핑의 주요업무**

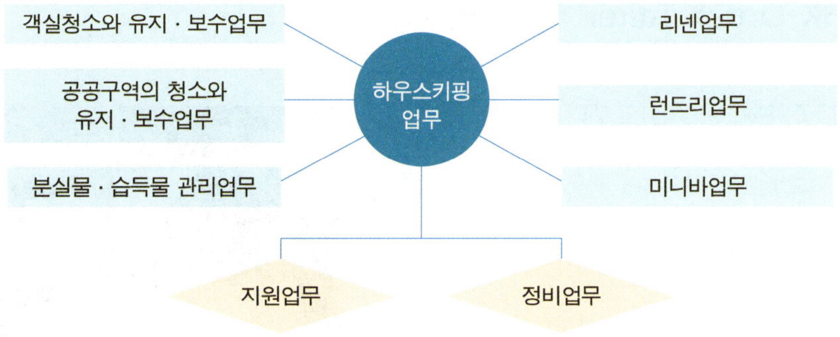

하우스키핑은 바로 우리가 살아가고 있는 이 넓은 사회를 객실이라는 작은 범위로 축소하여 그 속에서 발생되는 각종 일들을 신속하고 기능 있게 관리함으로써 고객에게 쾌적하고 안락한 휴식처가 될 수 있도록 하고, 많은 인원과 장비를 운영하므로 이에 대한 경비절감과 재산 · 시설물을 항상 완벽한 상태로 유지될 수 있도록 관리하여 호텔의 경쟁력을 확보하는 중요한 임무를 맡고 있다.

객실 하나하나에 담긴 하우스키핑의 정성과 잘 정돈된 고급 시설물의 유지는 고객으로 하여금 그 호텔을 오래도록 기억할 수 있게 할 것이며, 또한 그들은 반드시 다시 찾아오고 싶어하게 될 것이다. 그럼으로써 그 호텔은 계속해서 재방문고객과 새로운 고객들에 의하여 새로운 비즈니스를 창출하게 될 것이다.

하우스키핑 책임자(executive housekeeper)는 일과표에 의한 주간 청소계획표를 작성하여 당일의 업무를 지시 · 감독하며, 객실정비표에 의해서 매일 객실의 이상 유무를 조사한다. 다시 말해서 호텔의 가장 큰 업장인 객실을 상품으로 준비함에 있어서 객실상품과 연관된 모든 분야(시설, 청결, 우수한 인적 서비스, 각종 재산관리 등)의 업무흐름을 정확하게 파악하고 있어야 하는데, 이는 곧 막대한 고정자산의 올바른 관리와 고부가가치가 있는 객실의 상품들을 합리적으로 운영할 수 있게 해주는 것이다.

제2절 Housekeeping 지원업무

하우스키핑에서 수행되는 지원업무는 주로 행정업무로서 고객관련 업무, 부서장과 종사원의 행정보조업무, 분실물 · 습득물 관리업무 등 다양한 업무를 수행한다.

1. HK Order Taker 서비스업무

고객이나 종사원 등 객실로부터의 각종 전화 오더(order)를 접수해 오더별 처리가 신속하게 진행될 수 있도록 정리하며, 하우스키핑 사무실과 객실층 그리고 다른 부서와의 원활한 업무협조가 이루어질 수 있도록 하기 위하여 종합적이고 체계적인 업무 지식을 갖추고 있어야 한다.

오더 테이커 근무 사진

서비스 익스프레스(service express)를 추진하는 호텔의 경우 고객이나 여러 부서에서 오는 오더를 하나의 부서에서 통합하여 접수해 객실관리와 관련된 오더를 하우스키핑에 통보하여 처리하는데, 대부분의 호텔은 고객이 직접 객실관리부서에 오더를 하게 된다.

오더 테이커(order taker)는 크게 오더 접수 및 처리 그리고 각종 전표와 리포트(report) 정리 등 행정적인 업무를 담당하며, 일반적인 업무를 살펴보면 다음과 같다.

1) Order 접수 및 처리

① 고객과 객실관련 종사원 및 퍼블릭 에어리어(public area)로부터 접수한 모든 오더를 오더 리스트에 순서대로 기록하여 각각 업무에 해당되는 담당종사원에게 오더를 전달한 후 그 결과를 반드시 확인한 후 기록 · 정리한다.

② 객실(고객이나 룸 어텐던트)로부터 런드리(laundry) 서비스 오더를 접수해 기록대장에 기록한 후 즉시 런드리 종사원에게 알려준다.

③ 고객으로부터의 각종 불평(complaint)을 정확히 접수해 신속한 조치가 이루어질 수 있도록 한다.

④ 고객으로부터 마사지(massage) 서비스 오더를 접수해 기록대장에 기록한 후 즉시 마사지사에게 통보한다.

⑤ 휴대폰(mobile phone)을 사용하여 모든 하우스키핑 종사원들과 신속한 업무연결이 이루어지도록 한다.

⑥ 당일 처리하지 못한 각종 오더는 종류별로 분류하여 이월 처리토록 하며, 모든 오더는 그

양식 13-1 **하우스키핑 오더 리스트**(Housekeeping Order List)

H/K OREDR LIST							
DATE	PLACE	TIME	FROM	DESCRIPION	RECEIVED BY	ORDERED TO	CONF

결과가 나올 때까지 계속해서 정리하도록 한다.

이때 일반 행정업무보다 고객의 요청이나 요구사항이 먼저 선행되어야 함을 숙지해야 한다.

2) 각종 전표와 리포트 정리

고객으로부터 각종 오더를 접수·처리하는 것이 주된 업무이지만 부수적으로 행정사무 면에서 작업 리포트 정리업무, 소모품 관련업무, 각종 재고조사 관련업무, 리넨관련 업무, 각종 키관련 업무, 보고서 작성업무 등 다양한 업무를 수행한다.

① 각 담당층에서 보내온 작업전표를 정리하고, 날짜별로 일괄 보관한다.

② 리넨과 관련된 전표를 정리하여 리넨과로 보낸다.

③ 룸 어텐던트 리포트(room attendant report)와 객실점검보고서(daily room inspection report)를 취합하여 하우스키핑 지배인에게 보고한다.

④ 각종 키(floor master key, mini bar 창고 key 등)와 휴대폰(mobile phone) 등의 반납사항을 확인·점검한다.

⑤ 월말보고서를 작성하여 하우스키핑 부서장에게 제출한다.

양식 13-2 **작업 · 보수 · 시설의뢰서**

COSMOS HOTEL

MAINTENANCE ORDER
작업 / 보수 / 시설의뢰서

Order Date 의뢰날짜:

Required by 의뢰부서	Dept. 부서: Section 팀:
Description 의뢰내용 ☐ Room 객실 ☐ Back of House 백오피스 ☐ Outlet 업장 ☐ Others 기타	

Type of Repair 보수타입 ☐ Minor Repair 부수적수리 ☐ Major Repair 주요수리	Describe Repair Detail 상세내용:
Others 비고	

Expected Expenses 예산		Work Done 작업완료	Date 일자	Name 보수자

※ Distribution: Original & 2nd Copy Engineering Dept. 3rd Requesting Dept.
원본과 두번째 카피본은 시설부용 / 세번째 카피본은 의뢰부서용

2. Houseman 서비스업무

하우스맨(house man) 또는 하우스퍼슨(house person; HK Coordinator)은 하우스키핑 매니저와 오더 테이커로부터 받은 고객의 요구사항을 즉시 수행하고, 룸 어텐던트의 업무를 보조하는 역할과 고객 서비스를 원활하게 수행할 수 있도록 직·간접적으로 지원하는 업무를 담당한다. 주로 소모품 및 비품을 관리하며 원활한 객실정비 업무 및 서비스를 제공하며, 엑스트라 베드(extra bed) 투입 및 철수업무를 담당한다. 또한 상황에 따라서 리넨실 업무를 보조하기도 한다.

그림 13-3 **하우스맨의 업무**

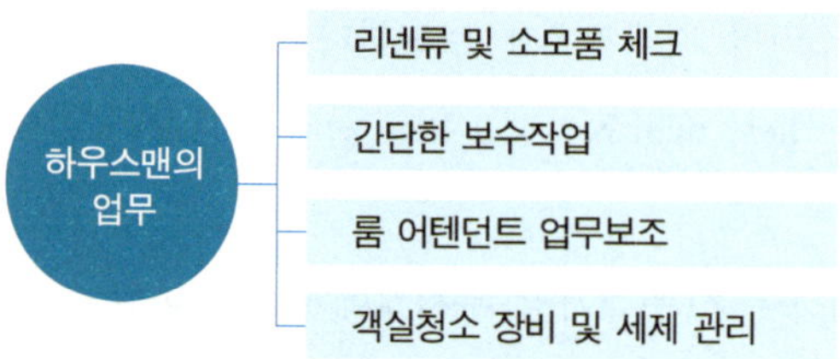

3. Mini Bar 서비스업무

미니바(mini bar)는 객실 내의 소형 냉장고에 간단한 음료·주류·스낵 등을 갖추어 진열하고, 고객이 셀프 서비스로 이용하는 음료 서비스 중 하나이다. 고객들이 객실 내에서 음료를 마시고 싶어 할 때는 룸 서비스(room service)에 직접 주문하여 마실 수 있지만, 주문하는 번거로움과 기다림 및 프라이버시 침해 그리고 봉사료(service charge) 등에 대한 부담감을 느낄 수 있다. 하지만 미니바의 경우 고객이 원하는 음료를 시간에 구애받지 않고 언제든지 즉시 이용할 수 있기 때문에 많은 고객들이 이용하고 있다.

미니바의 근본적인 운영목적은 객실 내에서 간단한 주류·음료·안주류를 진열 판매하여 고객이 후불형식으로 편리하게 이용함과 동시에, 호텔의 매출을 올릴 수 있기 때문이다. 호텔에 따라 미니바를 룸 서비스에서 관리하기도 하지만, 대부분의 호텔들은 효율적인 업무와 관리를 위하여 하우스키핑에서 운영하는 경우가 대부분이다. 이는 미니바매출은 식음료(F & B)부서에 속하지만, 객실 내에 설치된 관계로 미니바관리가 효율적이기 때문에 하우스키핑에서 담당한다. 5성급 호텔에서의 미니바상품의 판매가격이 상당히 비싸서 고객들로부터 가끔 불평을 받기도 하지만, 영업이익 측면에서는 매우 높다고 할 수 있다.

보통 음료뿐만 아니라 작은 양주(미니어처)와 안주류 등이 함께 구비되어 있으며, 칫솔·치약·스타킹 등과 같은 품목들도 구비하고 있다. 미니바품목은 50리터 내외의 작은 냉장고에

그림 13-4 **미니바 업무**

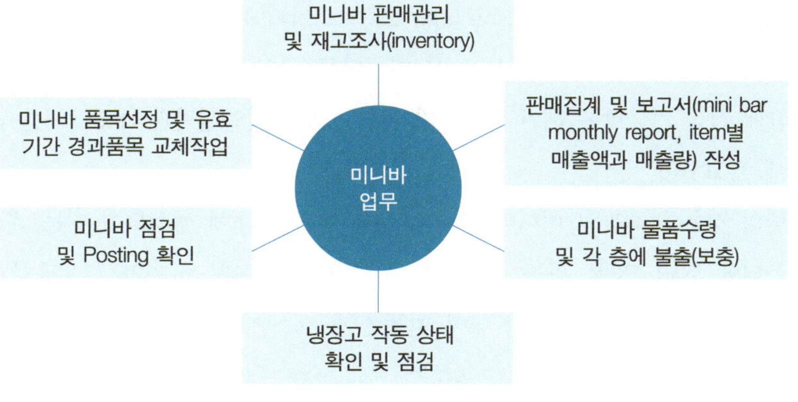

미니바(mini bar)

넣는 관계로 품목수도 많지 않고, 그 크기도 조그마하다. 특히 주류 · 음료 · 안주류는 유효기간이 지나기 전에 교체해야 하고, 최소한 6개월마다 고객의 욕구에 맞는 품목으로 재조정해야 하며, 항상 새로운 품목(items)을 꾸준히 개발해야 한다. 또한 매출결과를 분석하여 판매가 상승하는 품목은 비치(set-up)량을 늘리거나, 판매가 줄어드는 품목은 적절한 시기에 철수하거나 재고(stock)량을 줄인다. 요즘에는 미니바의 품목도 다양하고, 독특하게 디스플레이(display)하여 고객의 구매력을 증가시키고 있다.

그러나 미니바를 사용한 고객들 중 일부는 이용사실을 부인하기도 하여 손실 처리할 수밖에 없는 경우가 있다. 이런 경우 로스트(lost) 또는 스키퍼(skipper)라고 하여 이러한 손실을 최소화하기 위하여 고객의 체크아웃 시 즉시 미니바를 확인하여 프런트 캐셔에게 알려주어 객실요금과 함께 계산 가능토록 해야 한다. 미니바는 매월 영업실적과 재고조사를 하여 그 결과를 경영진에 보고한다.

몇몇 호텔의 경우 고객들의 미니바 사용 여부를 냉장고 내에 설치되어 있는 센서를 통해 자동으로 컴퓨터에 입력되도록 하는 시스템을 운영하기도 한다. 하지만 고객과의 오해 소지로 호텔의 이미지를 악화시키는 경우가 많아 자동전산 시스템보다는 미니바 종사원이 직접 체크하는 것이 훨씬 더 현실적이라 할 수 있다.

양식 13-3 미니바 업무일지

냉 장 고 일 보

20 년 월 일 ( ) 층 ( ) 구역 번호 ( ) 성명 ( )

순위	정수	품목															합계
1	2	맥콜															
2	2	진생업															
3	2	진생토닉															
4	4	콜라															
5	2	세븐업															
6	2	산수															
7	3	오비라거															
8	2	버드와이저															
9	2	하이네켄															
10	3	하이트맥주															
11	1	마주앙															
12	1	소오다(석수)															
13	1	토닉															
14	1	까무스(대)															
15	1	시바스리갈(대)															
16	1	죠니워커(대)															
17	1	썸씽스페샬(대)															
18	1	패스포트(대)															
19	1	골드(대)															
20	1	블랙스톤(대)															
21	1	버드															
22	1	패스포드															
23	1	베리9 골드															
24	1	킹															
25	1	브이아이피															
26	1	썸씽스페샬															
27	1	럼															
28	2	비피터진															
29	2	보드카															
30	2	코인트루															
31	2	헤네시															
32	2	잭다니엘															
33	2	J & B															
34	2	죠니워커															
35	2	화이트호스															
36	2	인삼넥타															
37	2	오렌지															
38	2	포카리스웨트															
39	2	델몬트															
40	1	아몬드															
41	1	엠엠땅콩															
42	1	엠엠쵸코															
43	1	브랑코 쵸코렛															
44	1	피스타치쵸코렛															
45	1	비프저키															
46	1	육포															
47	1	믹스넛															
48	2	인삼강정															

H/K MINI BAR REPORT											
DATE	SORT	FORECAST	ACTUAL	AVERAGE	일목표대비	월목표대비	MINI BAR ACTUAL	CASHIER ACTUAL	LOST	%	REMARK
	TDY										
	MTD										
	YTD										
	TDY										
	MTD										
	YTD										
	TDY										
	MTD										
	YTD										
	TDY										
	MTD										
	YTO										
	TDY										
	MTD										
	YTO										

양식 13-4 미니바 Lost & Skipper Report

DAILY LOST & SKIPPER REPORT 20 . . .				
ROOM NO	GUEST NAME	DESCRIPTION	AMOUNT	REASON

미니바상품을 크게 몇 가지로 분류하면, 양주류, 맥주류, 미네랄 워터, 믹스 드링크류(소다, 토닉 워터, 진저에일), 각종 주스류, 스포츠음료, 건강음료, 초콜릿, 사탕, 안주류(건과류나 육포), 생필품(일회용 카메라, 치약, 칫솔, 양말, 스타킹) 등으로 크게 나눌 수 있다. 근래에는 유명 커피 회사의 커피를 비롯한 다양한 음료를 구비하고 있다.

양식 13-5 미니바 빌(Mini Bar Bill)

WESTIN

Refresh + Refuel

객실 안 리프레쉬 센터에서 스낵, 음료 등을 이용하실 수 있습니다. 이용하신 스낵, 음료 등은 객실 비용과 함께 부과되며 체크아웃 전날 저녁이나 체크아웃 당일에 이용하신 품목이 있으시면 이 카드를 작성하시어 체크아웃 시 프론트 데스크에 제출해 주시기 바랍니다.

	ITEM	UNIT PRICE	USED	TOTAL
1	샴페인 (뵈브 클리코 375ml)	100,000		
1	레드 와인 (375ml)	60,500		
1	화이트 와인 (375ml)	38,500		
2	하이네켄	15,500		
2	아사히	15,500		
1	오렌지 쥬스	6,600		
1	사과쥬스	6,600		
2	코카콜라	5,500		
2	제로 코크	5,500		
1	파워에이드	5,500		
2	볼빅 생수	7,700		
2	페리에	7,700		
1	스니커즈 초콜릿	6,600		
1	믹스넛	7,700		
1	소고기 육포	11,000		
1	프링글스	6,600		
		SUBTOTAL		

NAME　　ROOM NUMBER　　DATE

리프레쉬 센터 품목 중 더 필요하신 품목이 있으시면 서비스 익스프레스로 연락 부탁 드립니다. 주류는 19세 이상만 주문 가능합니다.

COSMOS HOTEL

My Private Bar

Executive Floor

Please kindly indicate on this sheet what you have consumed on the day and on the previous day of your departure and hand it over to the Front Desk Cashier when you check out. Thank you.

当日と出発前日のお客様はご利用になったミニバーの品目を記入し、
チェックアウトの際にフロントデスクでスタッフにご提出願います。

체크아웃 전일과 당일에 사용하신 미니바 품목을 표시하여 체크아웃 시 프런트에 제출하여 주시기 바랍니다. 감사합니다.

NO.	STOCK 定数	DESCRIPTION 品目			UNITPRICE 単価	CONSUMPTION 数量
1	2	Evian	エビアン	에 비 앙	7,000	
2	2	Perrier	ペリエ	페 리 에	6,000	
3	2	Hite Beer	ハイトビール	하 이 트 맥 주	8,000	
4	2	Budweiser	バドワイザー	버 드 와 이 저	10,000	
5	2	Asahi Beer	アサヒビール	아 사 히 맥 주	11,000	
6	2	Coke	コーラ	코 카 콜 라	4,000	
7	2	Coke Light	コーラライト	코카콜라라이트	4,000	
8	1	Sprite	スプライト	스 프 라 이 트	4,000	
9	1	Pocari Sweat	ポカリスエット	포카리스웨트	4,000	
10	1	Orange Juice	オレンジジュース	오 렌 지 주 스	5,000	
11	1	Apple Juice	アップルジュ-ス	사 과 주 스	5,000	
12	2	Canned Coffee	缶コーヒー	캔 커 피	3,000	
13	4	Capsule Coffee	カプセルコーヒー	캡 슐 커 피	2,000	
14	1	Red Wine (375ml)	レッドワイン	레 드 와 인	20,000	
15	1	Sparkling Wine (200ml)	スパークリングワイン	스파클링와인	20,000	
16	1	Chivas Regal (350ml)	シーバスリーガル	시 바 스 리 갈	80,000	
17	1	Hennessy V.S.O.P (350ml)	ヘネシーVSOP	헤네시V.S.O.P	80,000	
18	1	Johnnie Walker.B (375ml)	ジョニーウオカー	조니워커블랙	80,000	
19	1	Mixed Nuts	ミックスナッツ	믹 스 넛	8,000	
20	1	Beef Jerky	ビーフヂャーキー	육 포	8,000	
21	1	Pringles	プリングルス	프 링 글 스	6,000	
22	1	Chocolate Balls	チョコレート	초 콜 릿 볼	6,000	
23	2	Tooth Brush	歯ブラシ	칫 솔	5,000	
24	1	Tooth Paste	歯磨き粉	치 약	1,500	
25	1	Razor	カミソリ	면 도 기	8,000	
26	1	Shaving Gel	シェービングジエル	면 도 용 젤	8,000	
27	1	Hygiene Hand Cream	ハンドクリーム	핸 드 크 림	20,000	
28	1	Face Foam Cleanser	フォームクレンザー	포 밍 클 렌 저	24,000	
29	1	Essence Mask Pack	エッセンスマスクバック	에센스마스크팩	12,000	
30						

DATE 日付:	CHECKED BY:	SUB TOTAL 小計:
ROOM NO. 客室番号	NAME IN BLOCKS お名前	10% Tax 税金:
		GRAND TOTAL 合 計 ₩

10% Tax will be added. 税金が10%加算されます· 10% 세금이 가산됩니다.

COSMOS HOTEL

MINI BAR
미니바

국산 맥주	Domestic Beer	8,000
수입 맥주	Imported Beer	9,000
와인	Wine	12,000
코카 콜라	Coca Cola	8,000
코카 콜라 제로	Coca Cola Zero	8,000
스프라이트	Sprite	8,000
주스	Juice	7,000
감자칩	Potato Chips	8,000
미네랄 워터	Still Water	9,000
스파클링 워터	Sparkling Water	9,000
칵테일 넛	Cocktail Nuts	12,000

상기 금액에는 10% 세금이 포함되어 있습니다.
All prices are inclusive of 10% VAT.

미결제 미니바 품목은 자동 청구됩니다.
Unsettled Minibar items will be automatically charged to the guest's bill.

그랜드 하얏트 서울 미니바 빌

스키퍼(Skipper)

고객이 호텔에 체재하는 동안 미니바를 사용하고 지불하지 않고 체크아웃했을 경우와 사용했으면서도 사용하지 않았다고 할 경우 호텔에서는 스키퍼 처리를 하는데, 보통 미니바 전체 매출액의 3~5% 정도를 차지하고 있다.

맥가이버 고객

하우스키핑에서 근무하는 어느 날 저녁 늦게 한 외국인 객실 고객으로부터 전화를 받았다. 냉장고(mimi bar)가 이상하다는 것이다. 냉장고가 이상하다는 말은 냉장고가 작동하지 않거나 미니바품목의 수량이 맞지 않을 경우 고객들이 전화하는 경우가 많다. 그래서 즉시 그 객실로 올라가보니 "우째 이런 일이……."

보통 냉장고에 캔종류의 음료들의 경우 보통 3개 정도를 따는 부분을 보이게 세팅하게 되는데, 그 이유는 미니바 체크 시 바로 음용 여부를 확인할 수 있기 때문이다. 그런데 이 객실의 냉장고의 경우 현재 숙박하고 있는 고객이 캔맥주를 마시기 위해 냉장고에서 꺼내는 순간 너무 가볍다는 생각이 들어 불량품인 줄 알았는데, 캔 바닥을 보니 2개의 조그마한 구멍이 뚫려 있는 것이다. 추측컨대, 이전에 투숙한 고객이 맥주가 너무 먹고 싶어서(?) 구멍을 뚫은 것으로 사료되며, 구멍을 하나만 뚫으면 잘 나오지 않기 때문에 두개를 뚫은 것으로 추측된다.

4. Linen 서비스업무

리넨(linen)이란 말은 호텔에서 흔히 사용되는 용어로서 고객 서비스를 위해 필요로 하는 여러 가지 종류의 직물들을 의미한다. 리넨에는 객실용 리넨과 식음료영업장용 리넨, 피트니스용 리넨, 고객의 세탁물, 종사원용 유니폼 등 여러 가지가 있다. 객실용 리넨은 객실에 제공되는 침대 시트(bed sheets), 침대덮개(bed spread), 이불, 담요(blanket), 베개(pillow), 수건(towels), 보료, 방석, 욕실가운 등이 있으며, 피트니스센터나 헬스클럽 및 사우나 고객을 위한 수건·헬스가운·헬스복·사우나복 등이 있고, 식음료영업장용으로 테이블 클로스(table cloth), 냅킨(napkin), 의자 커버(chair cover), 연회용 드레이퍼리, 커튼 등이 있으며, 각 부서별 종사원용 유니폼이 있다.

리넨류를 구입하는 데 막대한 비용을 필요로 하며, 리넨관리를 어떻게 하느냐에 따라 수명에 큰 차이가 나게 된다. 리넨관리는 첫째, 필요량 측정 둘째, 섬유 선택 셋째, 재고관리 넷째, 사후관리로 나누어지며, 이 4가지는 구매하기 전에 동시에 고려해야 하는 것이다. 필요량 측정을 잘못하면 쓸데없이 재고가 쌓이게 되고, 모자라면 대고객 서비스에 막대한 지장을 초래하기도 한다. 리넨의 마모원인으로는 부주의에서 비롯되는 경우와 반복되는 세탁으로 수명이 다하여 마모되는 경우가 있다. 또한 분실과 도난 또는 현장 폐기되는 양도 무시 못 할 정도로 많다. 따라서 총체적인 리넨관리는 리넨 룸에서 하고, 현장에서의 오손·폐기·도난·분실 등에 대해서는 현장책임자가 책임관리할 수 있도록 체계화해야 한다.

리넨 룸에서는 리넨수불카드를 만들어 리넨류의 입·출고를 철저히 통제하지 않으면 막대한 손실을 초래한다. 리넨 룸의 성공적인 관리는 단순히 리넨 룸의 종사원에 의해서 이루어지는 것이 아니라 모든 부서의 공동노력이 있어야 한다. 그러나 총체적인 관리는 하우스키핑에서 담당하기 때문에 리넨비용 최소화를 위해 끊임없는 연구·분석이 필요하다.

리넨공급은 원칙적으로 사용한 양에 비례하여 지급해야 손실을 최소화할 수 있으나, 갑자기 객실점유율이 변동이 생겼거나 식음료고객의 숫자가 변화하였을 경우 그 양을 가감하여 지급한다. 이때는 반드시 리넨청구서에 지급량을 기록하고 수령자와 지급자가 동시에 확인·서명해야 나중에 재고 실사 시 원인을 분석할 수 있다. 리넨 지급량을 통제하지 않으면 오손 또는 파손량이 증가함은 물론, 과소비되어 세탁비용의 증가를 초래한다.

실소요량과 재고량의 균형을 이루게 하는 것이 리넨 룸의 주요임무 중 하나이다. 객실수와 식음료영업장의 종류·숫자를 감안하여 소요량을 측정하고, 거기에 순환소요량과 리넨보관량, 세탁 소요시간, 리넨 슈트에 떨어지는 양 등을 감안하여 총 소요량을 준비한다. 호텔의 재정형편이나 세탁시설 정도에 따라 총 소요량을 가감하지만, 일반적인 기준은 실 소요량의 4~6배 정도의 물량을 확보하고 있다. 리넨은 섬유이기 때문에 마모가 쉽게 되는데, 대개 천연섬유의 수명은 짧고, 나일론·폴리에스터 등과 같은 화학섬유의 수명은 길어 리넨 소요량 측정 시 반드시 고려할 사항이다. 또한 리넨은 운반 도중에 파손의 원인이 많이 발생하므로 운반용 도구와 거리 그리고 방법 등에 세심한 주의가 필요하다.

린넨 카트(mobile supplier)

그림 13-5 **리넨의 종류**

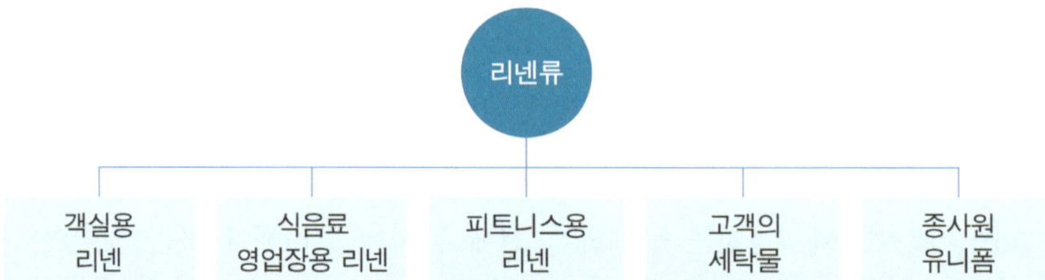

객실용 리넨

식음료업장용 리넨

리넨실 전경

그림 13-6 **리넨관리**

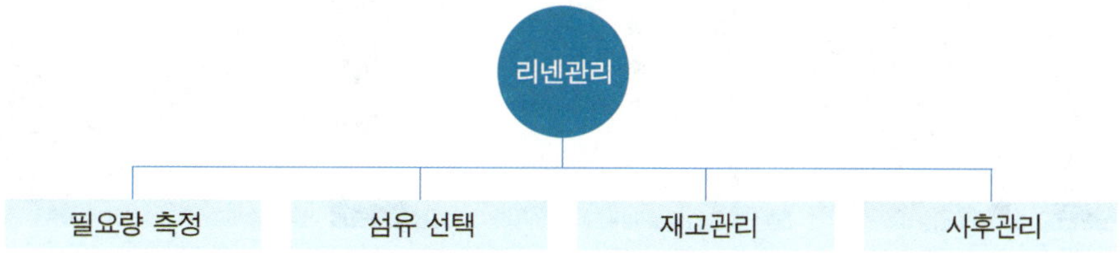

표 13-1 **1객실당 리넨 투입품목 및 세탁비**

품목	세탁비(1장당: 원)	투입수량
Bath Towel	250	2
Hand Towel	125	2
Wash Cloth	90	2
Bath Mat	200	1
Night Gown	1,550	2
Bath Robe	1,340	2
Bed Sheet	420	2
Duvet Cover	1,450	2
Pillow Case	310	4
Duvet	6,200	연중 계획이나 수시로 세탁하는 품목
Curtain	6,200	
Pillow	4,300	

호텔에서의 리넨은 폐기할 것이 별로 없다. 구멍 난 것, 부분적으로 훼손된 것 등은 재봉사(seamstress)가 재봉틀을 이용해 짜깁기를 하여 재활용할 수 있으며, 낡아서 못쓰게 된 리넨은 공공지역 청소용 걸레로 재사용할 수 있게 개조한다. 특히 타월류는 종사원용으로 염색하여 사용할 수 있고, 수분흡수력이 강해서 재활용 여하에 따라 상당한 비용을 절감할 수 있다.

종사원 유니폼(uniform)은 또 하나의 호텔 이미지로서 해당 부서장이 총지배인 또는 부총지배인에게 건의하여 만들어지는 유니폼과 하우스키핑 부서장이 예상범위 내에서 집행하는 유니폼으로 구분하며, 디자인이나 옷감의 재질은 하우스키핑 부서장이 경영진의 최종 결정을 얻어 시행한다. 하우스키핑 부서장은 신입사원이나 새로운 직책으로 인하여 유니폼이 필요하다고

종사원용 리넨

표 13-2 **리넨류의 종류와 크기**

구분	품목	크기
객실 (rooms goods)	Sheet	Single(183 × 290cm), Double(255 × 290cm), King Size(275 × 290cm)
	Bath Towel	100 × 150(825g)
	Hand Towel	70 × 90(346g)
	Wash Cloth	30 × 30(49.5g)
	Foot Towel	50 × 70(217g)
	Pad	Single, Double, King Size
	Blanket	Single, Double, King Size
	Spread	Single, Double, King Size
	Pillow Case	50 × 70
	Bed Skirts	Single, Double, King Size
	Gown	Night Gown, Bath Robe
	Feather Mattress	Single, Double, King Size
	Goose	Single(600g), Double(800g), King(990g)
식음료 (F & B linen goods)	Table Cloth	2T(140 × 120), 4T(200 × 160), 6T(260 × 260) Under Table Cloth, Table Skirts, Green Felt
	Napkin	50 × 50
피트니스클럽 (fitness club goods)	Hand Towel	40 × 80(150g)
	Massage Towel	36 × 80(110g)
	etc.	Training Shirts & Pants, Gown, Therapy Gown, Dock Towel, Dock Mat

생각되면 먼저 이미 만들어져 있는 여유 유니폼의 활용 여부를 판단해야 한다. 불필요하게 유니폼이 남용되는 경우가 없도록 그 소요량을 통제하고, 훼손된 것은 최대한 수선해서 입도록 해야 한다. 일반적으로는 종사원 개인별 상하 겉옷은 객실과 식음료 종사원은 2벌을 지급하며, 조리종사원에게는 4벌을 지급한다. 드레스셔츠(Y-shirts)와 블라우스(blouse)는 대체로 3벌을 지급하고 있다.

리넨부서에는 재봉사가 있어서 고객의 옷도 수선해주고, 직원의 유니폼도 수선해준다. 기존 종사원이 퇴직하고 신입사원이 입사하였을 때 그때마다 새로운 유니폼을 맞춰줄 수는 없다. 따라서 재봉사가 신입사원의 몸에 맞도록 수선해주게 된다.

그림 13-7 **리넨류의 적정재고 설정**

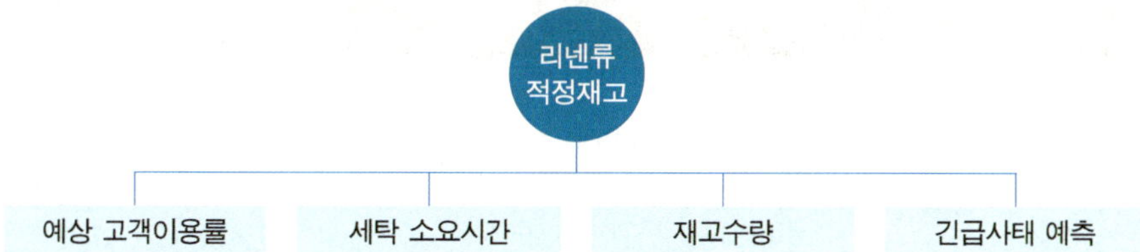

표 13-3 **리넨류 세탁회전수**

품목	폐기회전수
Sheet	240회
Bath Mat	180회
Wash Cloth	140회
Hand Towel	180회
Bath Towel	180회
Foot Towel	180회
Pillow Case	240회

호텔종사원 유니폼 관리

- 호텔 종사원은 2벌 이상의 유니폼을 구비해서 갈아입도록 한다.
- 유니폼을 체계적으로 관리해야 한다(입고 · 출고전표 관리).
- 수선을 요하는 유니폼은 수선실에 의뢰한다.
- 퇴직직원 유니폼은 관리를 체계화하여 재활용한다.
- 유니폼 보관실은 업장별로 구분될 수 있도록 관리한다.
- 항상 세탁을 하여 보관하는 습관을 가져야 한다.

5. Laundry 서비스업무

런드리(laundry)업무는 호텔의 또 다른 수입원으로서 호텔 내 객실에 투숙해 있는 고객의 편의를 위해 고객의 주문에 의해 세탁물을 수거하여 세탁현장으로 인계하고 세탁 후 객실로 전달하는 업무를 한다.

고객의 의류를 세탁할 경우에는 의류의 종류나 색상에 따라 작업방법도 달라져야 하므로 세탁물의 분류작업 시 세심한 주의를 기울여야 한다. 드라이 클리닝을 할 세탁물을 물세탁으로 했을 경우 등 부주의로 인해 고객의 세탁물을 손상시켰을 경우 고객의 불평은 물론, 호텔의 이미지 손상과 함께 금전적 배상을 해야 되므로 철저하게 세탁물을 분류해야 한다. 또한 고객용 세탁물 접수 시 주머니 속에 귀중품이나 물건이 없는지 확인해야 한다. 그리고 세탁물이 파손되거나 변색되어 원상회복이 불가능하다고 판단될 경우 세탁하지 않고 고객에게 통보하여 확인한 후 세탁을 실시한다.

대부분의 호텔들이 세탁소 운영을 하우스키핑 소속하에 두고 있다. 그 업무의 연계성 때문에 하우스키핑과 별도로 운영하기에는 상당한 무리가 따르게 된다. 주고객이 객실 투숙객이어서 룸 어텐던트의 절대적인 협조가 필요하다.

표 13-4 **고객세탁물 접수와 배달 흐름도**

고객세탁물 접수	고객이 직접 하우스키핑으로 연락하는 경우와 세탁물봉투(laundry bag)에 세탁물을 넣어 침대 위에 놓아두는 경우가 있다. 이때 런드리 담당직원은 즉시 객실로 올라가 고객의 세탁물이 기록과 일치하는지 확인한 후 즉시 수거(pick-up)한다.
접수된 세탁물의 분류	물세탁과 드라이 클리닝 등 의류의 종류나 색상 그리고 오염의 정도에 따라 작업방법도 달라져야 하므로 세탁물의 분류작업 시 세심한 주의를 기울여야 한다.
꼬리표(marking) 달기	표시기(marking machine)를 이용하거나 색상이 변색되지 않는 특수용지를 사용하여 상표가 있는 목 부분이나 지퍼의 상단 등에 스테이플로 붙인다. 이는 고객의 세탁물이 다른 고객들의 세탁물과 섞이지 않도록 하기 위해서이다.
세탁 및 다림질	고객의 세탁물을 세탁기에 넣고 세탁을 한 후 구김이 없도록 다림질을 한다.
포장과 배달 서비스	고객과 약속된 시간 안에 세탁물을 종류에 따라, 정해진 포장방법에 따라 포장을 한 후 런드리 왜건에 객실별로 분류하여 싣고 배달한다.
포스팅(posting)	배달완료 후 세탁물기록대장에 기록을 한 후 컴퓨터 시스템을 이용하여 고객의 객실 계정에 청구할 수 있도록 포스팅을 한다.

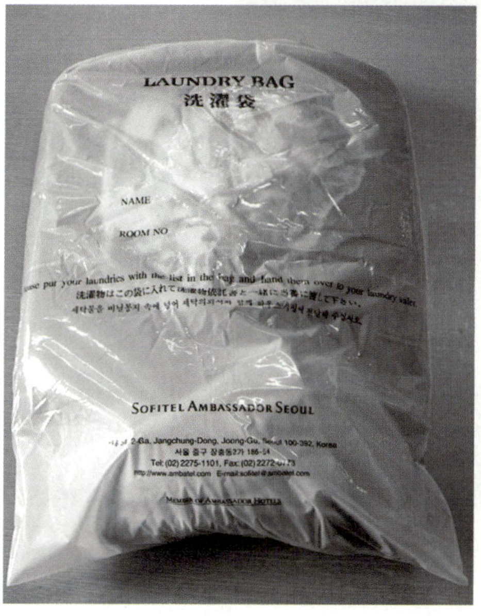

런드리 백

세탁소 운영은 크게 외부 세탁과 사내 세탁으로 나눌 수 있다. 일반적으로 고객세탁물은 일반 서비스(regular service)와 익스프레스 서비스(express service / special service) 등 크게 두 가지로 나눈다. 일반 서비스는 오전시간에 맡긴 세탁물은 당일 오후에 배달되는데, 오후 12시 이후에 맡긴 세탁물은 익일 아침에 배달되는 서비스이다. 하지만 익스프레스 서비스는 고객의 사정으로 인하여 세탁물 처리시간을 보통 2시간 이내로 원하는 고객들을 대상으로 하는 서비스로서 시간이 짧을수록 요금이 비싸게 부과된다. 보통 2시간 이내에는 100% Charge를 하는데, 이에 대한 추가요금을 사전에 반드시 안내해야 한다. 그러므로 고객의 세탁물은 고객의 요구사항과 요청시간을 정확히 파악하여 정확한 서비스로 원하는 시간 내에 배달될 수 있도록 해야 한다. 세탁물 배달 시 객실번호와 성명 · 수량 · 품목 등을 정확히 확인하여 다른 고객의 세탁물과 섞이지 않도록 주의하면서 객실로 배달한다.

그림 13-8 **세탁물 분류업무**

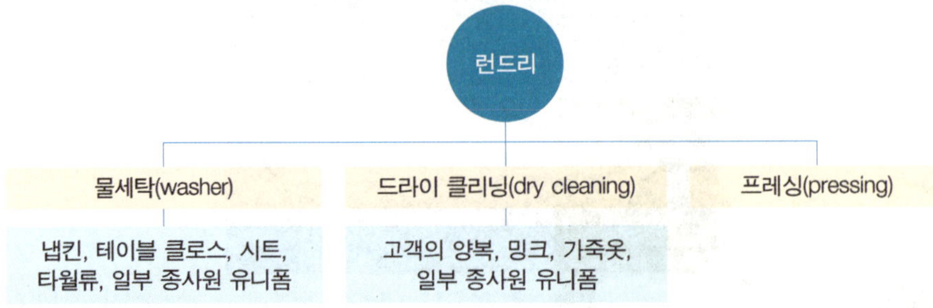

그림 13-9 **세탁소 운영방식과 서비스 종류**

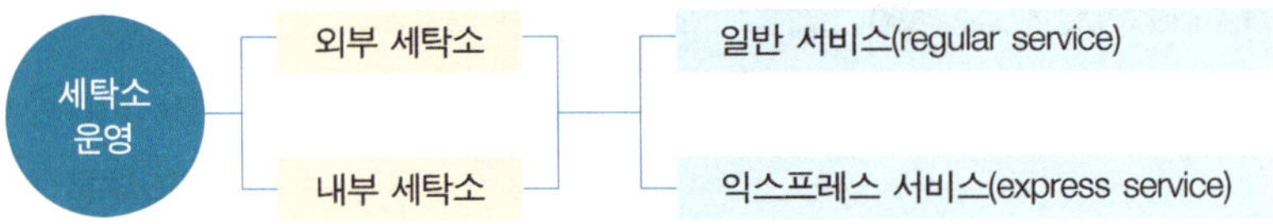

그림 13-10 **세탁물 분류방법**

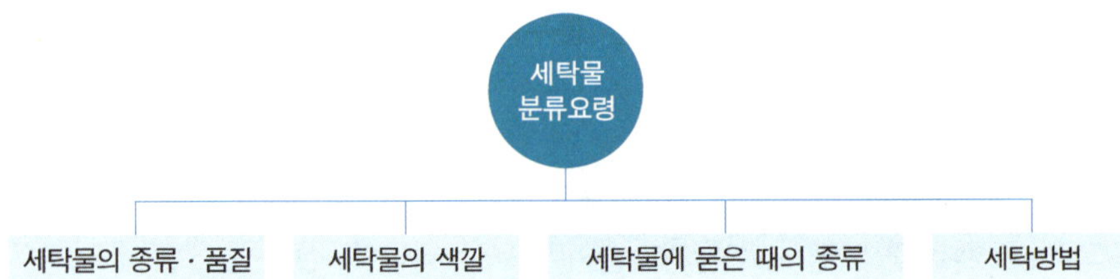

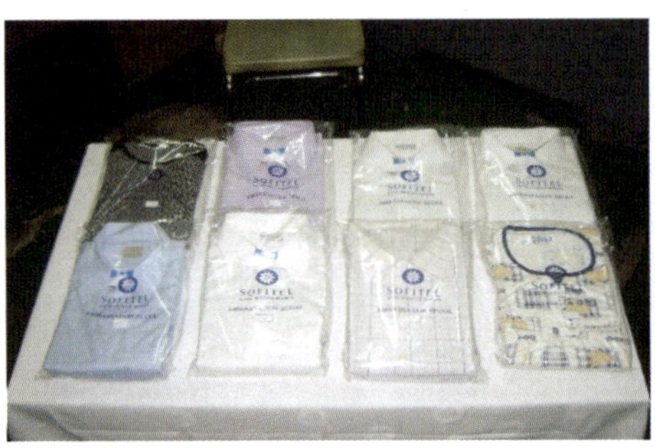

런드리 포장

배달 카트

양식 13-6 런드리 슬립(Laundry Slip)

COSMOS HOTEL

※ DIAL 0 FOR SERVICE. 0번으로 전화해주세요. 0番までお電話ください.

NAME 성명 お名前	DATE 날짜 日付	ROOM NO 객실번호 客室番号

To be returned 배달희망일 配達希望日 ☐ Today 금일 今日 ☐ Tomorrow 내일 明日 ☐ 2 Hour Service 2 시간 서비스 (+100%) 2 時間

LAUNDRY お洗濯物 물세탁

ITEM			PRICE 価格(₩)	COUNT 数量 GUEST	COUNT 数量 HOTEL	ITEM			PRICE 価格(₩)	COUNT 数量 GUEST	COUNT 数量 HOTEL
Normal Shirt	綿シャツ	면셔츠	10,000			Handkerchief	ハンカチ	손수건	2,500		
Sports Shirt	スポーツシャツ	스포츠셔츠	9,000			Shorts	ショートパンツ	반바지	9,000		
Jacket(cotton)	上着	상의	15,000			Blouse(cotton)	ブラウス	블라우스	10,000		
Pants/Jeans	ズボン / ジーンズ	바지	13,000			Dress(cotton)	綿ドレス	면드레스	17,000		
T-Shirts	Tーシャツ	T-셔츠	8,000			Brassiere	ブラジャー	브래지어	4,500		
Under Shirts	下着シャツ	내의	4,000			Girdle	ガードル	거어들	4,500		
Under Pants	パンツ	팬티	4,000			Skirt	スカート	치마	14,000		
Socks	靴下	양말	4,000			Pajama-Set	パジャマ	파자마	13,000		
TOTAL PIECES 合計数量		TOTAL AMOUNT 合計金額				TOTAL PIECES 合計数量		TOTAL AMOUNT 合計金額			

To be returned 배달희망일 配達希望日 ☐ Today 금일 今日 ☐ Tomorrow 내일 明日 ☐ 2 Hour Service 2 시간 서비스 (+100%) 2 時間

DRY CLEANING ドライクリーニング 기름세탁

ITEM			PRICE 価格(₩)	COUNT 数量 GUEST	COUNT 数量 HOTEL	ITEM			PRICE 価格(₩)	COUNT 数量 GUEST	COUNT 数量 HOTEL
Suit(2pcs)	背広上下	양복	31,000			Blouse	ブラウス	면블라우스	14,000		
Vest	ベスト	조끼	8,000			Blouse(silk)	絹ブラウス	실크블라우스	18,000		
Jacket	上着	상의	16,000			Dress(cotton)	綿ドレス	면드레스	27,000		
Pants	ズボン	바지	15,000			Dress(silk)	絹ドレス	실크드레스	30,000		
Skirt	スカート	치마	15,000			Sweater	セーター	스웨터	14,000		
Pleated Skirt	プリーツスカート	주름치마	17,000			Raincoat	レインコート	레인코트	30,000		
Tie	ネクタイ	넥타이	7,000			Shirts(cotton)	綿シャツ	면셔츠	13,000		
Overcoat	オーバーコート	오우버코트	33,000			Shirts(silk)	絹シャツ	실크셔츠	17,000		
Halfcoat	半コート	반코트	26,000			Special Item	スペシャルクリーニング	특수제품			
TOTAL PIECES 合計数量		TOTAL AMOUNT 合計金額				TOTAL PIECES 合計数量		TOTAL AMOUNT 合計金額			

To be returned 배달희망일 配達希望日 ☐ Today 금일 今日 ☐ Tomorrow 내일 明日 ☐ 2 Hour Service 2 시간 서비스 (+100%) 2 時間

PRESSING & MENDING 手直し及びアイロン 수선과 다림질

ITEM			PRICE 価格(₩)	COUNT 数量 GUEST	COUNT 数量 HOTEL	ITEM			PRICE 価格(₩)	COUNT 数量 GUEST	COUNT 数量 HOTEL
Suit(2pcs)	背広上下	양복상하	16,000			Tie	ネクタイ	넥타이	4,000		
Vest	ベスト	조끼	4,000			Normal Shirt	シャツ	셔츠	7,000		
Pants/Slacks	ズボン	바지	9,000			Blouse(cotton)	綿ブラウス	블라우스	7,000		
Jacket	上着	상의	9,000			Raincoat	レインコート	바바리	15,000		
Skirt	スカート	치마	9,000			Dress silk	絹ドレス	실크드레스	15,000		
Overcoat	オーバーコート	오우버코트	18,000			Mending	手直し	수선			
Evening Dress	イブニングドレス	이브닝드레스	20,000			Korean Dress	コリアンドレス	한복	17,000		
TOTAL PIECES 合計数量		TOTAL AMOUNT 合計金額				TOTAL PIECES 合計数量		TOTAL AMOUNT 合計金額			

☐ Laundry Return 세탁물 배달 お洗濯物の配達
☐ Folded 접은 상태로 배달 折りたたんで
☐ Starch 풀 먹임 ノりをつけて
☐ Hold for Return 요청시까지 배달중지 一時ホテルに預ける
☐ On Hanger 옷걸이에 배달 ハンガーにかけて
☐ No Starch 풀 먹이지 않음 ノりをつけないて

SUB TOTAL ________
EXTRA CHARGE ________
VAT ________
TOTAL ________

- Clothing collected before 12:00 noon will be returned on the same day without any extra charge.
- 2 hours Laundry Service is possible for collections between the hours of 9:00 a.m. until 16:00 p.m.
- After completion the laundry foam, please call #0 for pick up.
- Laundry cannot be processed without filling in the Laundry Form.
  If articles collected do not match the form contents the laundry service cannot be processed.

- 正後12:00までにお預かりした洗濯物は追加料金を頂くことなくその日のうちにお届けいたします.
- 2時間サービスは午前9時から午後4時までにお預かりした場合にご利用できます.
- お洗濯の申し込み用紙にご記入の後,0番までお電話ください.
- お洗濯の申し込み用紙にご記入がない場合,又は数が合わない場合は,洗濯をせずにそのまま返納されることもあります.

- 오후 12시전에 의뢰하신 세탁물은 추가요금 없이 같은 날 배달됩니다.
- 2 Hour Service는 9시부터 16시 사이에 의뢰하셔야 가능합니다.
- 세탁의뢰서를 작성하신 후 #0(OTS)으로 전화를 주시기 바랍니다.
- 세탁의뢰서를 작성하시지 않거나 작성하신 수량과 실제 세탁물의 수량이 차이가 있으면 당일 세탁을 보내지 않습니다.

COSMOS HOTEL

店舗控

ランドリーサービス
Laundry Service

お名前 Name	客室番号 Room No	日付 Date

ワイシャツ (dress) shirt	¥300	
スーツ上 suit (jaket)	¥700	
スーツ下 suit (trousers or skirt)	¥700	
ズボン pants	¥700	
ネクタイ tie	¥350	
ベスト vest	¥500	
セーター sweater	¥500	
靴下 socks	¥250	
下着 underwear	¥250	
作業着上 overalls outer	¥450	
作業着下 overalls under	¥450	
Tシャツ T-shiert	¥300	
ジャケット jacket	¥700	
ブラウス blouse	¥700	
コート coat	¥1,500	
ポロシャツ polo shirt	¥600	
スカート skirt	¥600	
ワンピース one piece dress	¥1,500	
カーディガン cardigan	¥500	
ハンカチ handkerchief	¥500	
フェイスタオル face towel	¥350	
ハンドタオル hand towel	¥150	
ビジネス4点セット (ワイシャツ・下着上下・靴下) Take dress shirt,underwear and socks (set of 4)	¥1,000	
総 計 (税込) Grand Total	¥	

お願い

- 10時までにお預かりした洗濯物は、当日夕方仕上がりです。
  ※日曜日は休ませていただきます。
- 数量をご記入の上、フロントまでお持ち下さいませ。
  なお、素材や種類により、差額が発生する場合がございます。
  予めご了承下さいませ。
- 代金はお預け時フロントにて現金でお支払い下さい。

Notice

Laundry received before am 10:00 will be finished on the evening of the same day.
Please bring your washing to the front desk(There is a bag available in the drawer in your guestroom.
In some cases,we may ask you to pay an additional charge.
Please pay at the Front Desk Laundry charge in cash.

COSMOS HOTEL

그랜드 하얏트 서울

성명 ______________________ 객실 번호 ____________ 날짜 ____________

물세탁

품목	물세탁	고객 수량	호텔 수량	합계
정장 (상의, 하의)	44,000			
자켓	23,100			
바지/청바지	22,000			
와이셔츠	17,050			
셔츠 · 폴로	15,400			
블라우스	16,500			
티셔츠	12,100			
속옷 · 상의	7,260			
속옷 · 하의	7,260			
양말	6,050			
손수건	4,400			
스웨터	19,800			
파자마	22,100			
트레이닝 상의/하의	24,200			
반바지	16,500			
드레스	26,400			
스커트	19,800			
수영복	20,900			
조끼	8,800			
레인코트	33,000			

•상기 가격에는 10% 세금이 포함되어 있습니다.

드라이 크리닝 I 다림질

품목	드라이크리닝	다림질	고객 수량	호텔 수량	합계
정장 (상의, 하의)	49,500	33,000			
자켓	27,500	17,600			
바지/청바지	24,700	15,400			
조끼	11,000	7,700			
넥타이/스카프	11,000	6,050			
코트	49,500	29,800			
오리털 점퍼	41,800				
셔츠/블라우스	23,100	14,300			
실크-셔츠,블라우스	26,400	18,700			
티셔츠	15,400	9,900			
스웨터/가디건	22,000	12,100			
드레스	41,800	22,000			
스커트	22,000	15,400			

•상기 가격에는 10% 세금이 포함되어 있습니다.

☐ **당일 세탁 서비스:** 오전 10시 이전에 세탁을 요청하시면 당일 오후 6시까지 세탁물을 배달해 드립니다.

☐ **고속 세탁 서비스:** 오전 7시부터 오후 5시 사이 세탁을 요청하시면 3시간 안에 세탁물을 배달해 드리며, 100% 추가 요금이 부가 됩니다.

☐ **오버 나잇 세탁 서비스:** 오후 6시부터 밤 1시 사이 세탁을 요청하시면 아침 7시 30분까지 배달해 드리며 100% 추가 요금이 부가 됩니다.

주의사항: 가축, 스웨이드와 같은 특수 세탁이 필요한 품목에 대한 서비스는 제공하지 않습니다.

고객님께서 주문서에 기재하신 세탁물 수량과 실제 의뢰하신 수량이 일치하지 않을 경우 고객님께 연락을 드리며, 고객님의 부재 시에는 호텔 측에서 확인한 실제 수량을 기준으로 세탁을 진행합니다. 세탁물의 수축, 빛바램, 단추의 분실, 주머니 속 분신물 발생 등 세탁과정에서 발생할 수 있는 손실에 대해 호텔측에서는 책임을 지지 않습니다. 세탁물에 대한 변상은 세탁 가격의 5배 이내에 한합니다. 세탁물에 관한 불편사항 접수는 세탁물을 배달 받으신 후 24시간 이내에 이루어져야 하며, 반드시 세탁물 영수증 원본이 함께 제시 되어야 합니다. 세탁 가격은 세탁물의 원단이나 재질에 따라 변경될 수 있습니다.

셔츠 ☐ 접은 상태로 배달 ☐ 옷걸이에 배달
풀먹이기 ☐ 예 ☐ 아니오

특별 주문 세탁
____

서명 ______________________

직접 세탁물을 찾으실 경우 게스트 서비스 센터로 연락하여 주시기 바랍니다.

소계 ____________ **추가요금** ____________ **합계** ____________

GRAND HYATT SEOUL

NAME ______________________ **ROOM NUMBER** ____________ **DATE** ____________

LAUNDRY

Item	Laundry	Guest Count	Hotel Count	Amount
SUIT 2PCS	44,000			
JACKET	23,100			
TROUSERS/JEANS	22,000			
SHIRTS-DRESS	17,050			
SHIRTS-POLO	15,400			
BLOUSE	16,500			
T-SHIRT	12,100			
UNDER SHIRTS	7,260			
UNDER GARMENT	7,260			
SOCKS	6,050			
HANDKERCHIEF	4,400			
SWEATER/GARDIGAN	19,800			
PAJAMAS	22,100			
SWEATSHIRTS/SWEATPANTS	24,200			
SHORTS	16,500			
DRESS	26,400			
SKIRT	19,800			
SWIMSUIT	20,900			
VEST	8,800			
RAIN COAT	33,000			

•All prices are inclusive of 10% VAT

DRY CLEANING I PRESS ONLY

Item	Dry Clean	Press Only	Guest Count	Hotel Count	Amount
SUIT 2PCS	49,500	33,000			
JACKET	27,500	17,600			
TROUSERS/JEANS	24,700	15,400			
VEST	11,000	7,700			
TIE/SCARVES	11,000	6,050			
COAT	49,500	29,800			
DUCK DOWN JACKET	41,800				
SHIRTS/BLOUSE	23,100	14,300			
SILK-SHIRTS/BLOUSE	26,400	18,700			
T-SHIRT	15,400	9,900			
SWEATER/GARDIGAN	22,000	12,100			
DRESS	41,800	22,000			
SKIRT	22,000	15,400			

•All prices are inclusive of 10% VAT

☐ **SAME DAY SERVICE:** Items collected prior to 10:00 am will be returned by 6:00 pm on the same day.

☐ **EXPRESS SERVICE:** Items collected between 7:00 am and 5:00 pm will be returned within three hours for 100% surcharge.

☐ **OVERNIGHT SERVICE:** Items collected between 6:00 pm and 1:00 am will be returned by 7:30 am for 100% surcharge.

PLEASE NOTE: Leather, suede and any other delicate items may not be accepted. In case of a discrepancy in the count, we will contact you, and if you are not available, our count wil be accepted as accurate. We cannot be responsible for shrinkage or fading of color resulting from normal processing, nor for loss of buttons or anything left in pockets. Our liability is limited to five times the laundry charge. Claims must be made within 24 hours after delivery, accompanied by the receipt All prices are subject to surcharges based on fabric content.

SHIRTS ☐ *Folded* ☐ *On Hanger*
STARCH ☐ *Yes* ☐ *No*

Special Instructions
____

GUEST SIGNATURE ______________________

FOR LAUNDRY PICK UP PLEASE *Dial Guest Services Center*

SUB TOTAL ____________ **EXTRA CHARGE** ____________ **TOTAL** ____________

코스모스 호텔 런드리 서비스 세탁요금 사례

- Regular Service
  - 오전 7~12시까지 접수된 세탁물은 오후 6시까지 배달한다.
  - 12시~오후 6시까지 접수된 세탁물은 다음 날 오전 10시까지 배달한다.
  - 오후 6시 이후 접수된 세탁물은 다음 날 오후 6시까지 배달한다.
- Express Service
  - 오전 7시부터 오후 6시까지 접수시간 기준으로 2시간 이내 배달요구 시 일반요금에 Double Charge를 적용한다.
  - 오후 6시 이후 접수된 세탁물은 다음 날 10시까지 배달한다.
- Special Charge
  - 세탁물이 심하게 오염되거나 달걀에 오염된 의류는 일반요금에 Double Charge를 적용한다.
- 구분
  - 세탁요금은 Laundry(물빨래), Dry Cleaning, Pressing 세 종류로 구분하여 각기 별도의 요금을 적용한다.

⑤ 건조 시 요금
  - 세탁물 중 건조만 요구했을 때(구두 · 운동화 등)는 Pressing 요금을 적용한다.

양식 13-7 Laundry Pick-up Report

H/K LAUNDRY PICK UP REPORT

20 . . . 요일

객실번호	접수자	접수요일	픽업자	픽업시간	배달시간	고객요구시간

고객세탁물 처리 실수 사례

고객이 세탁물을 맡기면서 단추가 떨어지지 않도록 조심스럽게 다뤄달라고 요청하였음에도 불구하고 세탁직원의 실수로 단추가 부서지는 사고가 발생했다. 또한 고객의 응대에 있어서도 매우 친절치 못한 대처로 고객을 더욱더 화나게 하여 심한 불평을 했다. 결국 옷값을 모두 변상하고 객실팀장이 정중히 사과했다. 따라서 겸손하고 정중한 용어를 사용하여 항상 고객의 입장을 배려하는 서비스맨으로의 책임을 다해야 한다.

6. Lost & Found 관리업무

호텔 내에서는 일반적으로 분실물 · 습득물(lost & found)이라는 용어로 사용되며, 호텔의 분실물센터라고 할 수 있다.

- 분실물: 고객이 자신의 가방이나 물건을 잃어버렸을 경우 호텔에 도움을 청하는 경우 분실물의 종류와 장소 그리고 시간에 따라 처리방법을 찾아 고객에 도움을 준다.
- 습득물: 호텔의 내 · 외부에서 고객이 잃어버린 물건을 발견하면 습득물의 종류에 따라 신고, 또는 호텔은 정하는 기간 동안 보관하여 습득물의 소유주로 확인되면 되돌려준다.

호텔에서의 분실물 · 습득물 관리업무는 객실과 호텔 부대시설을 포함한 호텔 내에서 고객의 소지품이나 분실물 등을 보관하고 있다가 소유주가 나타났을 때 이를 확인하고 반환해주는 업무를 의미한다. 다시 말해 호텔 내에서 발견되는 모든 습득물은 하우스키핑에서 일괄 접수하고 반출을 책임지며, 고객이 분실한 물건이나 객실에 두고 체크아웃한 경우 이를 보관하고 기록 · 감독한다.

객실을 배정받은 룸 어텐던트는 객실에 들어가서 먼저 창문과 커튼을 활짝 열고 사용한 리넨을 치우고, 침대, 책상 서랍, 옷장과 서랍, 침대 밑, 욕실 등을 살펴보아 고객이 두고 간 물건이 없는지 확인하고, 발견된 물건은 즉시 하우스키핑 사무실로 보고해야 한다. 하우스키핑 부서 내 분실물 보관업무는 오더 테이커가 수행하고, 아무리 작고 하찮은 물건이라 할지라도 함부로 판단하여 처리해서는 안 되며, 습득물 발견 즉시 사무실에 인계하는 것을 원칙으로 한다. 고객이 잃어버리고 떠난 물건들을 발견하여 처리하는 것이 사소한 것 같지만 금전적 가치가 있거나 애용품을 호텔에 두고 떠난 고객의 마음에는 큰 기억이 남는다. 이러한 상황을 얼마나 잘 처리하느냐에 따라 고객이 호텔에 갖는 신뢰에 중요한 영향을 준다. 고객의 물건은 매우 소중한 것이며, 따라서 종사원들의 정직성은 절대적으로 필요하다. 식음료업장에서 습득물이 발견되었을 경우에는 업장 내 안전한 곳에 일정시간 보관하고 있다가 일정한 절차에 따라 하우스키핑으로 보내진다.

대개의 호텔에 있어서 분실 또는 습득물을 관리하는 규정이 정해져 있는데, 보통 일반품의 경우 1년 정도 일정장소에 보관하였다가 투숙객에게 반환되지 않은 것들은 최초 습득자에게 돌려주며, 음식물의 경우 대부분 며칠 안에 폐기처분한다. 이러한 규정들은 고객에 대한 중요한 서비스이기도 하며, 호텔의 이미지와 신뢰성을 심어주는 중요한 요인이다.

유실물관련법

민법 제253조(유실물의 소유권취득) 유실물은 법률에 정한 바에 의하여 공고한 후 1년 내에 그 소유자가 권리를 주장하지 아니하면 습득자가 그 소유권을 취득한다.

Lost & Found 처리철자(Procedure)

- 호텔 내에서 발견되는 모든 습득물은 하우스키핑에서 일괄 접수 및 반출을 책임지도록 한다.
- 습득물 발견 시 룸 어텐던트(roon attendant)는 즉시 전화로 사무실에 통보하고, 즉시 오더 테이커(order taker)에게 인계하도록 한다.
- 습득물을 인계할 때는 객실번호와 습득 장소 및 습득자 이름을 일정서식에 기재하여 인계하도록 한다.
- 아무리 작고 하찮은 물건이라 할지라도 스스로 판단하여 처리해서는 안 되며, 반드시 사무실에 통보해야 한다(예: 낙서된 메모, 명함, 속옷, 담배, 마시다 남은 술 등).

양식 13-8 Lost & Found 기록부

LOST & FOUND RECORD

FOUND DESCRIPTION						ISSUE OR MAILING DESCRIPTION						
DATE	연번	ATTICLES	장소	습득자	취급자	DATE	CERTIFICATION NO & ADDRESS	우편	불출	고객서명	취급자	확인

7. 소모품 및 비품 관리업무

하우스키핑 부서에서는 객실소모품과 고객편의용품을 객실에 투입하는데, 이는 객실에 비치하거나 공공장소에 비치하는 물품들로서 매우 많은 양과 품목이 소요되므로 정확한 재고 파악과 공급이 이루어져야 한다. 객실소모품은 소모품목으로 1회용이 대부분이며, 객실비품은 객실 내 비치품목으로 1회용이 아니다. 객실소모품 외에 하우스키핑에서는 어댑터(adaptor), 소형 변압기(trance), 가습기, 다림질 세트(iron & board) 등을 고객이 원할 시 제공하기도 한다.

고객편의용품은 호텔마다 특색 있는 디자인과 품질로 고객의 시선을 끌게 되며, 호텔의 이미지를 심어줄 수 있는 마케팅도구로 활용하고 있다.

어메니티(Amenity)

어메니티란 고객만족을 극대화하기 위하여 호텔 객실에 제공되는 문구류 · 객실용품 · 욕실용품 · 비품 등을 말한다. 호텔마다 경쟁이 치열해지면서 좀 더 고급스럽고 고가격 및 해외 유명 용품들을 사용하는 호텔들이 늘어나고 있다.

표 13-5 **객실 내 소모품의 종류**

• 편지지와 편지봉투	• 팩스, 타이프 용지
• 우편엽서	• 메모지
• 칫솔, 치약	• 비누
• 로션, 스킨	• 베스폼
• 샴푸, 린스	• 샤워젤
• 헤어컨디셔너	• 구두천, 구두주걱
• 컵, 컵뚜껑, 코스터	• 바느질 세트
• 볼펜	• 성냥
• 화장용 분첩	• 면봉
• 샤워캡	• 머리빗
• 위생봉투, 위생띠	• 화장지, 크리넥스
• 옷솔	• 손톱줄
• 옷걸이, 구두주걱	• 빗
• 슬리퍼	

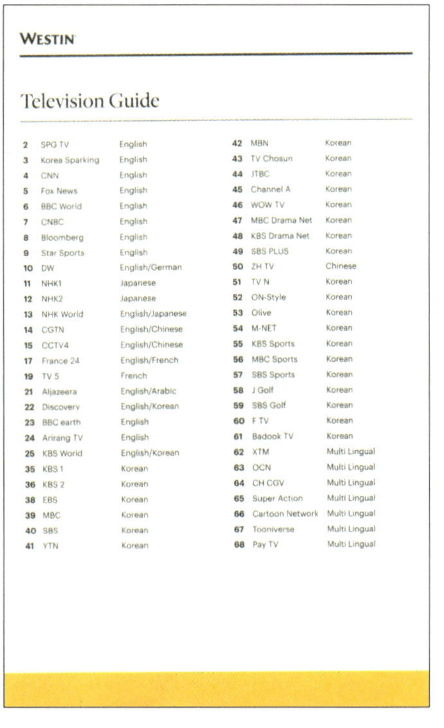
WESTIN

Television Guide

2	SPG TV	English
3	Korea Sparking	English
4	CNN	English
5	Fox News	English
6	BBC World	English
7	CNBC	English
8	Bloomberg	English
9	Star Sports	English
10	DW	English/German
11	NHK1	Japanese
12	NHK2	Japanese
13	NHK World	English/Japanese
14	CGTN	English/Chinese
15	CCTV4	English/Chinese
17	France 24	English/French
19	TV 5	French
21	Aljazeera	English/Arabic
22	Discovery	English/Korean
23	BBC earth	English
24	Arirang TV	English
25	KBS World	English/Korean
35	KBS 1	Korean
36	KBS 2	Korean
38	EBS	Korean
39	MBC	Korean
40	SBS	Korean
41	YTN	Korean
42	MBN	Korean
43	TV Chosun	Korean
44	JTBC	Korean
45	Channel A	Korean
46	WOW TV	Korean
47	MBC Drama Net	Korean
48	KBS Drama Net	Korean
49	SBS PLUS	Korean
50	ZH TV	Chinese
51	TV N	Korean
52	ON-Style	Korean
53	Olive	Korean
54	M-NET	Korean
55	KBS Sports	Korean
56	MBC Sports	Korean
57	SBS Sports	Korean
58	J Golf	Korean
59	SBS Golf	Korean
60	F TV	Korean
61	Badook TV	Korean
62	XTM	Multi Lingual
63	OCN	Multi Lingual
64	CH CGV	Multi Lingual
65	Super Action	Multi Lingual
66	Cartoon Network	Multi Lingual
67	Tooniverse	Multi Lingual
68	Pay TV	Multi Lingual

욕실용품 셋업(set-up) 상태와 품목

8. Florist(Gardener) 서비스업무

호텔의 객실과 식음료업장, 연회장 그리고 공공지역에서 다양한 용도로 꽃을 사용하고 있다. 특히 연회행사 중 결혼식의 경우 많은 꽃을 사용하며, 이윤을 창출할 수 있기 때문에 거의 모든 호텔들은 꽃방(flower shop)부서를 호텔 직영이나 임대의 형태로 운영하고 있다. 그리고 VIP 고객의 객실 내 꽃꽂이나 꽃바구니 등의 장식과 로비나 현관 근처의 화분 등의 관리를 담당하고 있다.

표 13-6 **플로리스트(Florist: 꽃꽂이전문가)의 주요업무**

• 객실 내의 꽃 준비	• 공공지역의 화분관리
• 식음료업장과 연회장의 꽃 준비와 장식	• 특실과 VIP 고객을 위한 꽃다발이나 꽃바구니 준비
• 호텔 정원관리	• 주문고객의 꽃 판매

로비 센터피스

로비 수족관과 전경

그리고 몇몇 호텔의 경우 정원사(gardener)가 온실관리(greenhouse), 로비나 정원, 모든 식음료업장과 공공장소 등의 나무나 잔디 등뿐만 아니라 호텔 내·외부의 수족관 등도 함께 관리하기도 한다.

제3절 Housekeeping 정비업무

하우스키핑은 투숙객이 호텔에 체재하는 동안 사용에 편리하고 안락한 시설을 갖춘 하드웨어적 서비스와 항상 청결한 관리·정비로 고객에게 집과 같은 또 다른 편안함과 즐거움을 느낄 수 있도록 하는 데 필요한 소프트웨어적 서비스, 즉 인적 서비스를 제공한다. 이는 고객의 1차적 욕구라 할 수 있는 청결과 안락한 분위기를 조성하는 업무를 담당하는 부서가 바로 하우스키핑이라고 할 수 있다. 즉 상품이라는 것은 판매를 전제로 생산하기 때문에 아무리 호텔 객실을 많이 판매하고자 할지라도 하우스키핑에서 신속한 정비가 이루어지지 않으면 객실의 판매가 불가능하다.

하우스키핑 부서는 호텔의 옥상에서 최저 지하층까지의 건물 내·외부를 총체적으로 관리하고 있다. 기술적인 부분을 제외한 호텔의 모든 지역의 청소와 유지·보수가 하우스키핑의 업무라 할 수 있다.

그림 13-11 **하우스키핑 정비업무**

하우스키핑의 기능은 각 호텔의 규모나 경영방식에 따라 약간씩 차이가 있으나 5성급 호텔에서 일반적인 업무는 다음과 같다.

1. 객실의 청소와 유지 및 보수업무

호텔은 불특정한 많은 고객이 출입하고 투숙하는 곳이다. 그들은 투숙객과 식음료업장 이용고객 및 부대시설 이용고객 등으로 세분할 수 있으며, 세계 각국의 고객들이 왕래하면서 사업을 펼치거나 관광 또는 사교의 장으로 이용하고 있다. 그리고 그들의 기대욕구는 매우 다양하며, 문화의 차이, 관습의 차이, 쾌적감의 차이, 언어의 차이 등으로 인하여 똑같은 서비스에도 각각 다른 반응을 보이고 있다.

그러나 만국공통으로 똑같이 느낄 수 있는 것은 청결함을 좋아한다는 사실이다. 너무 청결해서 싫다고 하는 고객은 없을 것이다. 그럼에도 불구하고 많은 사람들이, 심지어 하우스키핑에 종사하는 사람들조차 그 일을 대수롭지 않게 여긴다.

건물의 청소와 유지・보수는 청결 그 자체도 중요하지만, 건물의 수명과도 밀접한 관계가 있다. 아무리 좋은 재료를 사용하여 건축한 호텔이라도 사후관리를 소홀히 하면 그 수명은 단축될 수밖에 없다. 대리석・출입문・창문・화장실・가구・카펫・외벽 등 그 어떤 부분이든 주기적인 청소와 관리가 제때 이루어지지 않으면 외관상 불결하게 느끼는 것은 물론, 재산상 손실을 수반한다. 호텔의 청소와 유지・보수는 단순히 하우스키핑 부서의 종사원으로만 해결되는 것은 아니다. 호텔 구성원 모두의 관심과 협력이 없으면 소기의 목표를 달성할 수 없다.

1) 룸 어텐던트 업무

(1) 객실정비

객실정비(make-up)는 룸 메이드(room maid) 또는 룸 어텐던트(room attendant)에 의해 이루어지는데, 이는 객실정비부서의 핵심역할을 수행하는 중요한 종사원이다. 룸 어텐던트는 객실정비기준(quality standard)에 의해 약 120여 가지의 기억과 동작으로 이루어지는데, 룸 어텐던트는 객실의 청소와 정리 등 고객의 편의를 최대한 도모하는 역할을 수행한다.

룸 어텐던트는 객실을 청소하는 것이 기본업무이기 때문에 객실정비 시 준수사항을 지키며 숙련된 업무로 가장 빠른 시간 내에 가장 쾌적하고 청결한 객실상품을 제공할 수 있도록 항상 명랑하고 즐거운 마음으로 업무에 임해야 한다.

그림 13-12 **객실정비의 분류**

- 객실정비
  - 재실 객실(guest occupied room) 정비 — Make-up 객실 정비
  - 체크아웃(check-out)한 객실 정비
  - VIP 고객 객실 정비
  - Early Check-in 객실 정비

객실 청소의 우선순위

1. 프런트 데스크에서 요청한 객실
2. 고객이 청소를 요청한 객실
3. VIP 등 중요고객 체크인 예정인 객실
4. 재실(stay room) 객실
5. 체크아웃한 객실

룸 어텐던트의 업무내용을 살펴보면, 우선 고객이 사용하는 객실은 침실과 욕실 그리고 응접실로 구성되어 있다. 객실청소 시 먼저 객실 상태를 점검하여 체크아웃 객실과 재실로 구분한다. 객실청소의 우선순위는 호텔마다 조금씩 다를 수 있지만, 그중에서 아침 이른 시간에 청소를 원하는 객실, 아침 일찍 체크인 예정(early check-in)인 객실, 중요고객(VIP)의 객실, 일반 고객의 객실로 나누어 객실청소의 우선순위를 정한다. 일반적으로 아침 일찍 체크인 예정인 객실을 우선적으로 청소하며, 그다음이 아침 이른 시간 청소를 요청하는 객실이라고 볼 수 있다.

객실 내의 겉 · 속 커튼

객실정비는 룸 어텐던트 혼자 하기 때문에 더욱 중요하다. 객실정비의 일반적인 절차는 침실을 먼저 정비하고, 그다음에 욕실을 정비한다. 그 이유는 재실의 경우 고객이 외출 후 다시 돌아왔을 경우 청결하게 보이기 위해서 침대를 먼저 정리하는 것이다. 침실을 만들 때는 고객의 옷가지 · 서류 등을 정리정돈하게 되는데, 이때 침대 위에 놓여 있는 것을 제외하고 고객의 귀중품이나 현금 등은 옮겨놓지 말아야 한다.

베드 메이킹(bed making: 침대 꾸미기)이 끝나면 진공청소기(vacuum cleaner)를 이용하여 침실과 카펫을 청소하며, 파손된 곳이 없는지 살피면서 필요한 조치를 해야 한다. 아울러 가구

그림 13-13 **환경보호 안내문**(Green Card)

류·창문·창틀 등을 걸레질하며, 이때 파손된 것이 있으면 객실수리요청서에 작성하여 신속히 수리되도록 해야 한다. 욕실정비 시 물기가 전혀 없도록 하여 청결한 상태를 유지하도록 하고, 각종 타월(towel)류와 편의용품을 걸어놓거나 선반 위에 놓는다. 욕실문 안쪽에는 욕실 가운을 걸어놓고 다시 한 번 빠진 것이 없는지 확인한 뒤 약 15~30cm 정도 문을 열어놓아 고객들이 욕실을 쉽게 볼 수 있도록 한다.

당일 정비업무가 끝나는 대로 오후 점검을 통하여 각 객실의 상태를 다시 한 번 확인하고 사무실에 보고를 하거나 객실지시표시(room indicator)에 객실정비가 완료되었음을 표시한다. 5성급 호텔의 경우 숙련된 룸 어텐던트의 작업량은 1일 10~15개의 객실을 정비하는 것이 보통이고, 온돌 룸이나 스위트 룸의 경우 보통 1.5~2룸으로 계산하여 작업량을 조절하고 있으며, 일반 객실 하나를 정비하는 데 약 30~40여 분 정도가 소요된다.

Room Status List

객실상황 List에 대한 표시이다.

- Vacant Clean(VC): 객실정비가 되어 있는 빈 객실
- Vacant Dirty(VD): 객실정비가 되어 있지 않은 빈 객실
- Occupied Clean(OC): 투숙 중인 고객 객실의 정비가 된 객실

- Occupied Dirty(OD): 투숙 중인 고객 객실의 정비가 안 된 객실
- House Use(H/U): 고객에게 판매하지 않고 호텔 측에서 사무적인 용도로 사용하는 객실
- Out of Order(O · O · O): 객실에 문제가 있어 판매할 수 없는 객실

욕실(bath room)과 욕실 정비상태

그림 13-14 룸 어텐던트의 직무흐름도

객실정비 전	객실정비	욕실 및 욕조정비	최종 점검 및 확인
• 객실정비용 키(room attendant key)와 호출기(pager), 객실정비 리포트 수령 • 담당복도 점검 • 룸 어텐던트 왜건 점검	• 담당객실의 이상 유무를 체크 • 객실전원을 켜고 객실상태를 확인한 후 커튼과 창문을 열어 환기 • 분실물 확인 • 비품 파손 여부 확인 • 침대 꾸미기(bed making) 및 객실청소	• 사용한 타월류와 편의용품을 수거하고 새것으로 교환 • 욕조청소 후 변기청소 • 바닥청소 후 물기가 없도록 마른 걸레로 안쪽에서 입구 쪽으로 닦아낸다.	• 가구 및 비품 청소 · 정리 • 카펫청소

객실정비 주요사항

- 객실 출입 전 복장과 용모 상태를 확인한다.
- 룸메이드의 Station은 항상 정돈하고, 청결상태를 유지해야 한다.
- 호텔의 기본적인 상품지식을 습득한다.
- 복도 출입 시 출입문은 반드시 닫는다.
- 고객에게는 언제나 상냥한 인사를 한다.
- 객실용품 관리를 철저히 한다.
- Pass Key 또는 Floor Master Key 관리를 철저히 한다.
- 객실 청소 시에는 객실 문을 열어두고 정비한다.
- 고객물품 관리에 항상 주의를 기울인다.
- 모든 습득물은 반드시 신고를 한다.

객실의 침구

최근 들어 호텔 간의 경쟁이 심화됨에 따라 객실의 차별화를 도모하기 위하여 객실 내의 모든 물품들이 고급화되어 가고 있는 상황에서 많은 호텔들이 담요(blanket)와 베드 커버(bed cover) 대신 뒤베(duvet)라는 거위털 이불을 사용하고 있다. 이는 고객이 더욱더 포근하고 안락한 잠자리에 들 수 있으며, 여름에는 시원하고, 겨울에는 따뜻한 성질을 가지고 있기 때문이다. 또한 고급객실에 Feather Mattress라는 거위털 요를 침대 패드를 대신하여 사용하기도 한다. 롯데호텔의 경우 고객맞춤형 베개를 15종류 구비하고 있다.

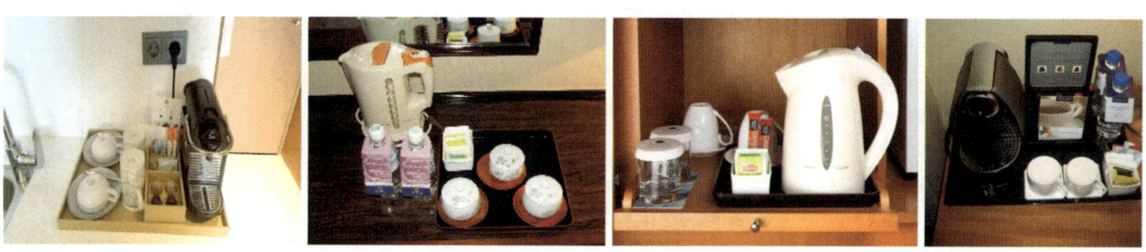

생수와 티 · 커피 세트 셋업

Korea

Royal Pillow

Material

• Filling Material : Buckwheat Hull • Fabric Material : Quilted Brocade

Characteristics

The royal pillow is inspired by the King's pillows in the past. Delicately embroidered on both ends of this pillow, Chinese letters represent prosperity, preciousness, longevity, blessing, happiness, health and well-being. It is filled with buckwheat hull, helping increase your chances of a deep and restful sleep and feel relaxed in the morning.

궁중 베개

재질

• 속 : 메밀 껍질 • 겉 : 양단누비

특징

한국의 왕실에서 임금님이 사용했던 베개로서 양쪽 모에 자수로 부(富), 귀(貴), 수(壽), 복(福), 희(囍), 강(康), 녕(寧) 등의 글자를 새겨 넣었으며 베개 속은 메밀 껍질로 채워져 머리를 맑고 시원하게 합니다.

Marriage Bed Pillow(for two persons)

Material

• Filling Material : Buckwheat Hull • Fabric Material : Quilted Brocade

Characteristics

A couple of Mandarin ducks embroidered on both ends of the pillow represents a happily married couple. It is believed that couples using this pillow will lead a happy marriage. One and a half times bigger than ordinary pillows, it is filled with buckwheat hull that is known to refresh and comfort the mind.

원앙 금침(2인용)

재질

• 속 : 메밀 껍질 • 겉 : 양단누비

특징

베개의 양쪽 모에 원앙 자수가 있고 크기는 일반 베개의 1.5배이며 부부가 사용할 경우 화목하다는 의미가 있으며 베개 속은 메밀 껍질로 채워져 머리를 맑고 시원하게 합니다.

Japan

Zen Soba(buckwheat) Pillow

Material

Filled with Buckwheat Hull

Characteristics

Zen soba pillow is a traditional Japanese pillow filled with buckwheat hull, providing superior support and ensuring a sound sleep. Wake up feeling well-rested and energized.

젠 소바 베개

재질

속 : 메밀 껍질

특징

일본의 전통 베개로 메밀 껍질로 속을 채워 시원한 느낌을 주고 머리를 맑게 합니다.

Han Soba(buckwheat) Pillow

Material

Filled with goose feather on one side and buckwheat hull on the other.

Characteristics

Marring a traditional touch with a modern one neatly. You can use either sides of the pillow according to your mood or physical condition.

한 소바 베개

재질

베개 속의 한 쪽은 거위 털로 다른 한 쪽은 메밀 껍질로 구성

특징

전통과 현대적 감각을 병합한 베개로 취향에 따라 거위 털 쪽과 메밀 껍질 쪽을 선택해 사용할 수 있도록 되어 있습니다.

Germany

Traditional German Patterned Pillow

Material and Characteristics

Filled with feathers and downs to induce a soothing and peaceful slumber. The traditional German pattern on the pillowcase gives a refined and elegant feeling.

독일 전통 문양 베개

재질 및 특징

베개 속은 Feather와 Down이 혼용되어 포근하고 안락한 수면을 취할 수 있고, 겉감은 고급스럽고 깨끗한 이미지를 주며 문양은 독일의 전통 복장 무늬입니다.

U.K.

Pure Latex Pillow / Dunlop Latex Pillow

Material and Characteristics

Latex is a milky white liquid extracted from rubber trees and processed into latex foams to make cushions. Providing the best quality support and comfort, latex foams are also allergy-proven and bacteria resistant.

라텍스 베개

재질 및 특징

고무 나무에서 채취한 유액 라텍스는 탄성과 인장력이 뛰어나 비 알레르기성이고, 세균이 기생하지 못해 다양한 쓰임새로 사용됩니다.

Tobermory Pillow

Material and Characteristics

Filled with feathers and downs to provide you with a better night's sleep. The pillowcase has a simple, yet elegant traditional British tartan pattern.

토버모리 베개

재질 및 특징

베개 속은 Feather와 Down이 혼용되어 포근하고 안락한 수면을 취할 수 있고 겉감은 깔끔한 느낌을 주는 영국의 전통 격자 무늬로 되어 있습니다.

Sweden

Apollo Molded Swedish Pillow

Material

• Filling Material:100% Adhesive Foam

• Fabric Material:High-quality Synthetic Textile

Characteristics

Made of 100% adhesive foam, the pillow accommodates the shape of your head and neck precisely, providing therapeutic support and maximum comfort.

아폴로 베개

재질

• 속:100% 점착성 폼 • 겉:고급스러운 합성 섬유

특징

100% 점착성 폼을 사용해 목과 머리 모양을 자연스럽게 만들어주어 편안한 잠자리를 제공합니다.

Australia

Ground Woolen Pillow

Material

• Filling Material:100% Wool

• Fabric Material:100% Cotton

Characteristics

As the filling material of wool allows air to circulate freely, this pillow is cool in the summer and warm in the winter. You can have a quality sleep even in hot and humid conditions. As a pollution-proof textile, wool is also resistant to mold and mildew.

그라운드 양모 베개

재질

• 속:양모 100% • 겉:면 100%

특징

양모 베개는 60% 이상의 공기가 함유되어 있어서 여름에는 시원하고, 겨울에는 따뜻합니다. 또한 양모는 숨을 쉬기 때문에 습기, 더위에서도 쾌적하고 탄력이 좋아 포근한 감을 주며 방오성이 있어 때가 잘 묻지 않습니다.

U.S.A

Full Length Body Pillow

Material

Made with synthetic fiber, improving elasticity and moisture resistance. The pillowcase is 100% cotton, providing the maximum softness.

Characteristics

Designed ergonomically to provide extra support and relief for arthritis patients, pregnant women and patients recovering from operations. Highly versatile, it can be used both as a pillow and a cushion.

Full Length Body Pillow

재질

탄력이 있어 회복성이 강하고 습기가 스미지 않는 합성 섬유로 제작되었으며, 커버는 순면으로 피부 접촉 시 부드러움을 줍니다.

특징

머리 끝에서 발 끝까지 편안하고 안락하여 관절염 환자와 수술 환자, 그리고 임산부에게 적합한 베개이며 쿠션과 베개로 겸용이 가능합니다.

자료: 웨스틴 조선 호텔.

그림 13-15 D & D and Make-up Card & Switch

(2) Housekeeping 키 관리

객실 키(key)는 고객의 재산과 안전을 보호하기 위해 아주 소중하게 다뤄야 한다. 특히 하우스키핑 근무자 중 룸 어텐던트는 해당 층이나 구역의 모든 객실을 열 수 있는 플로어 마스터 키(floor master key)를 소지하고 일을 하기 때문에 각별히 주의를 기울여야 한다. 하우스키핑 사무실로 출근 즉시 룸 어텐던트 리포트(room attendant report)를 받은 후 객실 플로어 키 장부(key sign record book)에 사인을 한 후 키를 잃어버리지 않도록 줄로 연결해서 목이나 허리에 차고 업무에 임한다. 업무가 끝난 후에는 반드시 사무실에 반납 후 서명을 해야 한다.

표 13-7 Out of Order와 Out of Service

Out of Order (O·O·O)	Out of Order란 객실 내부시설의 문제 등으로 당일 판매 불가능한 상태를 말하며, 하우스키핑에 의하여 O·O·O로 처리되며, O·O·O의 객실수는 전체 판매가능 객실수에서 제외된다.
Out of Service (O·O·S)	Out of Service란 현재 객실에 시설적 문제가 있거나 기타 호텔사정으로 인해 잠시 사용을 중단할 경우를 말한다. 즉 그 숫자는 계속 변동 가능하며, 그 문제가 해결되는 시점을 정확히 파악하여 객실판매에 지장을 주지 않도록 한다. O·O·S의 객실수는 전체 판매가능 객실수에 영향을 미치지 않는다.

양식 13-9 Housekeeping Key Sign Record Book

H/K KEY SIGN RECORD BOOK

DATE:

<table>
<tr><th colspan="2">FLOOR & KEY TYPE</th><th>NAME</th><th>ISSUE TIME</th><th>SIGN</th><th>RETURN TIME</th><th>SIGN</th><th>CONFIRMED</th><th colspan="2">FLOOR & KEY TYPE</th><th>NAME</th><th>ISSUE TIME</th><th>SIGN</th><th>RETURN TIME</th><th>SIGN</th><th>CONFIRMED</th></tr>
<tr><td rowspan="2">3F</td><td>A<1></td><td></td><td></td><td></td><td></td><td></td><td></td><td rowspan="2">15F</td><td>A<11></td><td></td><td></td><td></td><td></td><td></td><td></td></tr>
<tr><td>B<2></td><td></td><td></td><td></td><td></td><td></td><td></td><td>B<12></td><td></td><td></td><td></td><td></td><td></td><td></td></tr>
<tr><td rowspan="2">4F</td><td>A<3></td><td></td><td></td><td></td><td></td><td></td><td></td><td rowspan="2">16F</td><td>A<25></td><td></td><td></td><td></td><td></td><td></td><td></td></tr>
<tr><td>B<4></td><td></td><td></td><td></td><td></td><td></td><td></td><td>B<26></td><td></td><td></td><td></td><td></td><td></td><td></td></tr>
<tr><td rowspan="2">5F</td><td>A<5></td><td></td><td></td><td></td><td></td><td></td><td></td><td rowspan="2">17F</td><td>A<27></td><td></td><td></td><td></td><td></td><td></td><td></td></tr>
<tr><td>B<6></td><td></td><td></td><td></td><td></td><td></td><td></td><td>B<28></td><td></td><td></td><td></td><td></td><td></td><td></td></tr>
<tr><td rowspan="2">6F</td><td>A<7></td><td></td><td></td><td></td><td></td><td></td><td></td><td rowspan="2">18F</td><td>A<29></td><td></td><td></td><td></td><td></td><td></td><td></td></tr>
<tr><td>B<8></td><td></td><td></td><td></td><td></td><td></td><td></td><td>B<30></td><td></td><td></td><td></td><td></td><td></td><td></td></tr>
<tr><td rowspan="2">7F</td><td>A<17></td><td></td><td></td><td></td><td></td><td></td><td></td><td colspan="2"></td><td></td><td></td><td></td><td></td><td></td><td></td></tr>
<tr><td>B<10></td><td></td><td></td><td></td><td></td><td></td><td></td><td colspan="2"></td><td></td><td></td><td></td><td></td><td></td><td></td></tr>
<tr><td rowspan="2">8F</td><td>A<23></td><td></td><td></td><td></td><td></td><td></td><td></td><td colspan="2"></td><td></td><td></td><td></td><td></td><td></td><td></td></tr>
<tr><td>B<24></td><td></td><td></td><td></td><td></td><td></td><td></td><td colspan="2"></td><td></td><td></td><td></td><td></td><td></td><td></td></tr>
<tr><td rowspan="2">9F</td><td>A<21></td><td></td><td></td><td></td><td></td><td></td><td></td><td colspan="2"></td><td></td><td></td><td></td><td></td><td></td><td></td></tr>
<tr><td>B<22></td><td></td><td></td><td></td><td></td><td></td><td></td><td colspan="2"></td><td></td><td></td><td></td><td></td><td></td><td></td></tr>
<tr><td rowspan="2">10F</td><td>A<15></td><td></td><td></td><td></td><td></td><td></td><td></td><td colspan="8">FLOOR SUPERVISORS KEY SIGN RECORD</td></tr>
<tr><td>B<16></td><td></td><td></td><td></td><td></td><td></td><td></td><td colspan="2">3F-5F</td><td></td><td></td><td></td><td></td><td></td><td></td></tr>
<tr><td rowspan="2">11F</td><td>A<9></td><td></td><td></td><td></td><td></td><td></td><td></td><td colspan="2">6F-8F</td><td></td><td></td><td></td><td></td><td></td><td></td></tr>
<tr><td>B<11></td><td></td><td></td><td></td><td></td><td></td><td></td><td colspan="2">9F-11F</td><td></td><td></td><td></td><td></td><td></td><td></td></tr>
<tr><td rowspan="2">12F</td><td>A<19></td><td></td><td></td><td></td><td></td><td></td><td></td><td colspan="2">12F-15F</td><td></td><td></td><td></td><td></td><td></td><td></td></tr>
<tr><td>B<20></td><td></td><td></td><td></td><td></td><td></td><td></td><td colspan="2">16F-18F</td><td></td><td></td><td></td><td></td><td></td><td></td></tr>
<tr><td rowspan="2">14F</td><td>A<13></td><td></td><td></td><td></td><td></td><td></td><td></td><td colspan="2"></td><td></td><td></td><td></td><td></td><td></td><td></td></tr>
<tr><td>B<14></td><td></td><td></td><td></td><td></td><td></td><td></td><td colspan="2"></td><td></td><td></td><td></td><td></td><td></td><td></td></tr>
</table>

양식 13-10 룸 어텐던트 리포트(Room Attendant Report)

ROOM ATTENDANT REPORT

Name: Floor: Corner: Date:

Rm No.	O.C	Rm 상태	정비시간	TV	시트			거위털 커버			타월				베갯잇	유가다 가운	타월 가운	스프레드	담요	패드
					싱글	더블	킹	싱글	더블	킹	대	중	핸드	매트						
			–																	
			–																	
			–																	
			–																	
			–																	
			–																	
			–																	
			–																	
			–																	
			–																	
			–																	
			–																	
			–																	
			–																	
			–																	
			–																	
			–																	

공공구역경비

범례

O: 재실 V: 공실 C/O: 체크아웃 O.O.O: 고장객실 H/U: 하우스유스 NSR: 청소 거부 D/D: D.D카드 부착 S/O: Sleep Out

특기사항:

확인자: 서명

설명

- VC(Vacant Clean): 청소가 되었으며, 고객이 투숙하고 있지 않은 객실
- VD(Vacant Dirty): 청소가 안 되어 있으며, 고객이 투숙하고 있지 않은 객실
- O・O・O(Out of Order): 고장 나서 판매할 수 없는 객실
- OC(Occupied Room): 숙박하고 있는 객실(재실 룸)
- D & D(Do Not Disturb): '방해하지 마시오'라는 뜻으로 전화나 노크 및 청소를 거부하는 객실
- DL(Double Lock): 객실 안에서 이중으로 잠금장치를 하는 경우
- S/O(Sleep Out): 고객이 객실을 이용하지 않은 경우

양식 13-11 **하우스키퍼 워크시트**(Housekeeper Work Sheet)

하우스키퍼 워크시트

날 짜	패스키	ROOM ATTENDANT	Floor master key 반납 (이름) + 객실관리부서장 서명
2024-05-28	27B		

일일 업무	정비할 객실			정비 사항	점검	정비시간 (정확하게 기록요망)	습득물	침대시트			듀베커버			베개	타올				행주
객실:	객실번호	상태	정비상태	(F, S)	OK표 하시오	* 미정비, DND, NSR, S/O정확하게 표기		S	D	K	S	D	K	베갯잇	대	중	매트	워시 타올	
객실 데미지 체크																			
분실물 체크																			
쓰레기 분리 작업																			
더티 린넨 수거 작업																			
주방 정비 작업																			
욕실 정비 작업																			
객실 정비 작업																			
먼지 제거 작업																			
바닥 베큠 작업																			
바닥 왁싱 작업																			
리포트 작성및 출입문 잠금																			

일일 기타 정비 사항	
욕실 메지 체크	일일정비 갯수 :
창문 얼룩 제거	
복도 베큠 작업	고객 특이사항 Check List 반드시 체크후 기록 하세요
고객 EV 주위 정비 작업	
블라인더 체크	
비상계단 체크	

*정비꼭 점검해야 할 사항

냄새	진공청소 상태	바닥 정비 상태	TV가볼륨 상태	변기 청소 상태	아메니티 세팅	베드 머리카락	환경 운동 관련 홍보물/수건 세탁 절약 캠페인 홍보물	온도설정 상태	전기 스위치	입구문 닫힘여부 확인

(3) 턴다운 서비스

Turn-down Service

턴다운 서비스(turn-down service)는 VIP 고객이나 어메니티(amenity)가 들어간 고객, 장기투숙 고객 및 기타 지시된 고객들에게 최대의 만족과 편안한 잠자리를 마련해주기 위한 목적으로 호텔이나 지역과 계절에 약간씩 다르지만 이미 청소된 객실을 오후 6시~10시 사이에 다시 점검하는 서비스로, 고객들이 보다 안락하고 상쾌한 기분으로 잠자리에 들도록 하는 것이다. 이러한 턴다운 서비스의 요령은, 먼저 베드 스프레드(bed spread)가 씌어져 있는 경우 이를 걷어내어 보기 좋게 갠 다음 옷장에 넣어둔다. 그리고 최대한 고객이 침대를 사용하기 편리하도록 침대시트와 담요를 45° 각도로 접어서 잠자리에 들기

양식 13-12 Turn-down Service Report

EVENING TURN-DOWN SERVICE REPORT

FLOOR: DATE:

ROOM NO.	STATUS	COMMENTS	ROOM NO.	STATUS	COMMENTS	ROOM NO.	STATUS	COMMENTS
01			12			24		
02			14			25		
03			15			26		
04			16			27		
05			17			28		
06			18			29		
07			19			30		
08			20			31		
09			21			32		
10			22			33		
11			23			34		

TD-TURN-DOWN SERVICE COMPLETED(턴다운 서비스를 완전하게 끝냈음)
NS-OCCUPIED/NO SERVICE DESIRED(재실이지만 손님의 요구에 의해 서비스 안 함)
V-VACANT/CLEAN(공실로서 청소 완료된 상태)
DND-DO NOT DISTURB(객실점검을 하면 안 되는 객실)

표 13-8 **턴다운 서비스**(Turn-down Service) **내용**

Turn-down Service	내용
객실의 턴다운 서비스 (room area turn-down service)	• 베드 스프레드(bed spread)를 반으로 접는다. • 제일 위 시트(top sheet) 및 담요를 45° 각도로 접어 침대이용이 편리하도록 한다. • 흐트러진 물건들을 가지런히 정리정돈한다. • 휴지통(trash can)을 청소한다. • 재떨이(ash tray)를 비운다. • 객실온도를 조절한다. • 각종 조명을 확인한 후 커튼을 닫아놓는다. • 굿나잇(good night) 메시지를 베개 위에 놓는다.
욕실의 턴다운 서비스 (bathroom area turn-down service)	• 사용한 타월을 교체한다. • 휴지통(trash can)을 청소한다. • 변기(toilet)의 작동을 확인한다. • 샴푸 · 비누 등 각종 물품을 재확인한다. • 거울을 확인한다.

쉽도록 한다(이불을 보기 좋게 양쪽으로 당겨 모양을 만든 후 고객이 편안히 들어갈 수 있도록 모서리를 삼각으로 접어놓는다). 침대 위에는 가운을 펼쳐놓아 쉽게 입을 수 있도록 해놓고, 창문과 커튼을 닫고 침대 옆 바닥에 슬리퍼와 발깔개를 가지런히 놓는다. 휴지통을 비우고, 사용된 수건은 새것으로 교체하며, 얼음통(ice basket)에 얼음을 채워놓는다. 마지막으로 베개 위에 룸 서비스 메뉴와 함께 초콜릿 또는 굿나잇(good night) 메시지(Have a nice dream 또는 Have a good night)를 놓는다. 즉 턴다운 서비스는 고객만족을 추구하면서 효과적인 마케팅도구로 이용되어 좋은 반응을 얻고 있다.

이와 같이 호텔의 이미지는 고객 지역뿐만 아니라 종사원 지역 및 공공구역의 청결함과 위생에 따라 평가되는 만큼 최선을 다해 정비해야 한다.

Deep Cleaning

Deep Cleaning이란 단순한 객실정비를 벗어나 비수기나 객실판매가 활발하지 못할 때 층별, 또는 특정객실을 대상으로 완벽하게 새로운 객실을 만들어가는 느낌으로 객실정비를 하는 것을 말한다. Deep Cleaning은 연간 계획을 세워 어느 기간이 객실판매에 영향을 덜 받는지를 파악하여 1달에 몇 개의 객실을 완벽하게 정비할 것인지를 결정한다. 1차적으로 그 객실에 있는 물건을 모두 밖으로 꺼낸 다음에 객실청소를 완벽하게 마치고, 시설예방점검(기계 · 전기 · 영선 · 통신 등)과 소독을 실시한 후에 객실 내에 있는 물건들을 들여놓는다.

(4) 룸 어텐던트 왜건

룸 어텐던트 왜건(wagon) 또는 룸 메이드 카트(maid cart)는 객실정비를 위한 기물이나 소모품 · 리넨류 · 어메니티(amenities) 등을 싣고 다니며 객실을 정비할 수 있도록 제작된 수레로서 능률적이고 청결한 청소를 수행하는 데 필요한 도구이다. 일반적으로 객실을 청소할 때는 룸 어텐던트 카트를 객실 도어 앞에 가로막아 다른 사람의 객실출입을 통제하도록 하며, 반드시 문을 열어놓고 근무를 한다. 룸 어텐던트의 왜건 적재물품은 〈표 13-9〉와 같다.

표 13-9 **룸 어텐던트의 왜건 적재물품**

구분	물품
리넨류	• 타월(목욕타월, 페이스타월, 핸드타월) • 목욕가운(bath robe) • 시트류(킹 사이즈, 퀸 사이즈, 싱글 사이즈)
문구류	• 볼펜, 메모패드 • 서식류(팩스, 메모지, 편지지) • 편지봉투(envelopes: 국 · 내외용) • 호텔 엽서(post card)
호텔안내서	• 호텔 브로슈어와 약관(regulation) 책자 • 고객의견서(suggestion card) • 룸 서비스 메뉴 • 덴트카드(D & D card), 도어 노브(door knob) • 세탁물의뢰서(laundry sheet) • 관광불편신고엽서 • 전화안내서(yellow page) • 성경책, 불경책
객실편의용품	• 볼펜(ball point pen) • 샴푸, 린스, 헤어컨디셔너, 바디클렌저, 바디로션 • 비누(soap), 빗(comb) • 샤워캡(shower cap) • 스킨, 로션, 베스폼 • 바느질용구(sewing kit) • 성냥(match), 재떨이(ash tray: smoke room) • 화장지, 티슈 • 런드리 백(laundry bag) • 물컵(tumbler), 코스터, 컵뚜껑 • 위생봉투(sanitary bag)와 변기위생띠(sanitary paper) • 면봉(cotton tips) • 얼음통과 집게(ice basket & ice tong) • 구두주걱(shoe horn)과 구두닦이 장갑(shoe mit / shoe cleaner) • 슬리퍼(slipper), 옷걸이, 옷솔
청소용품	• 수세미, 고무장갑 • 공기청향제, 가구광택제 • 고무압축기 • 세제 및 약품

룸 어텐던트와 카트(cart)

그림 13-16 **위생 백**(Sanitary Bag)

그림 13-17 **욕실 내 세탁건조 와이어**

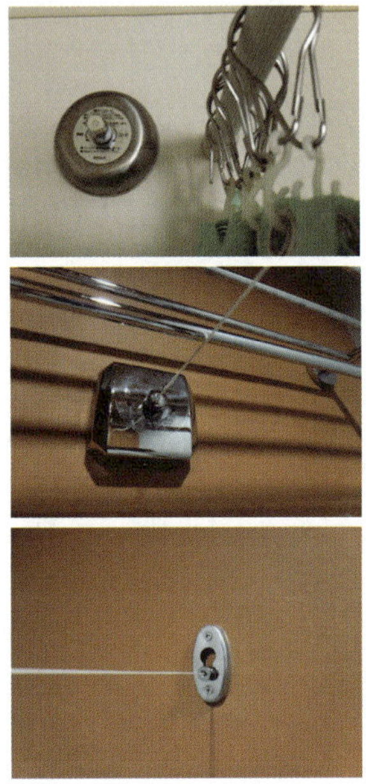

2) 룸 인스펙트리스 업무

룸 인스펙터 또는 룸 인스펙트리스(room inspector 또는 inspectress: 객실정비주임)는 하우스키핑 부서 책임자의 업무지시에 따라 룸 어텐던트를 지도·감독하여 정비업무를 수행하는 상하간의 교량적 역할을 담당하는 자로서, 호텔 객실을 고객에게 판매하기 전에 완전하게 객실이 정비되었는지를 점검하는 것을 주업무로 한다. 이는 수년간의 룸 어텐던트의 경험을 거쳐 호텔의 일정한 담당구역이나 담당층들의 객실·복도·비상구 등의 청결과 비품·소모품의 비치상태 및 객실 내 시설의 고장 유무(out of order) 등을 점검하고, 룸 어텐던트에게 잘못된 점을 지적하여 완전한 호텔상품을 만드는 중요한 업무를 수행한다.

호텔 객실의 조명

호텔 객실에서 사용하는 전구는 주로 백열등이 사용되고, 침실과 응접실의 등에는 갓을 씌운 것으로서 대부분 간접조명이나 반간접조명을 사용하며, 욕실 등은 형광등을 사용한다.

표 13-10 **룸 인스펙트리스의 주요 점검사항**

점검부문	점검사항
가구 및 전기시설	• TV, 라디오, 전화기, 미니바, 헤어드라이기, 냉난방 상태 • 전기 스위치, 램프 작동상태 • 욕조 · 변기의 배수상태 • 가구 · 침구류의 이상 유무
비품 및 소모품	• 비품 · 소모품의 비치상태와 정리정돈 상태 • 안내문 · 문구류 · 안내책자 등의 비치와 점검
청결상태	• 가구류의 청결상태 • 욕실의 청결상태와 위생상태 • 휴지통, 재떨이 점검 • 벽지 및 페인트 상태 • 카펫의 청결상태 점검 • 창틀, 서랍 안, 거울 상태
안전상태	• 비상등과 비상계단의 점검 • 화재방지시설 점검

객실 내 조명

양식 13-13 객실수리의뢰서

COSMOS HOTEL

MAINTENANCE ORDER

No. ______________________

From

Order date: ______________________

To. Engineering Dept

Date Required ______________________

____

Please do the following repair.

Head of Requesting Dept.

Room No.	Description	Done	
		By	Time

Distribution: Original & 2nd Copy Engineering Dept. 3rd Requesting Dept.

양식 13-14 룸 인스펙트리스 리포트(Room Inspectress Report)

ROOM INSPECTION REPORT

DATE: INSPECTDE BY:

DESCRIPTION		ROOM NO						
ROOM	DOOR	ROOM DOOR & FRAME						
		DOOR LOCK & CHAIN						
		CHME BELL						
		FIRE ESCAPE CHART & D.VIEW						
	CLOSET	CLOSET DOOR						
		CLOSET SHELF						
		CLOSET AREA SETTING						
		EXTRA BLANKET						
		EMERGENCY BOX						
	MINI BAR	REFRIGERATOR CLEAN						
		M/B CONTENS & ITEMS CLEAN						
		ROOM TRAY & TUMBLER						
		M/B BILL PAD & BILL						
		M/B FURNITURE & MIRROR						
	DRESSING	DRESSING TABLE & MIRROR						
		DRESSING LAMP & COVER						
		JAPANESE TEA SET						
		STATIONARY HOLDER						
		LAUNDRY BAG & SLIPS						
		T. V SCREEN CLEAN						
		WASTE BASKET						
	W/D	WINDOW & FRAME						
		CRAPERY & LACE CURTAIN						
	B/T/T/T	BUSINESS TABLE						
		B T LAMP & COVER						
		B T TELEPHONE						
		ROOM SERVICE MENU						
		ASHTRAY & MATCHES						
	BED & N/T	BED SPREAD CLEAN						
		BED LAMP & COVER						
		AIR-CONDITIONING						
		WALL PICTURE						
		TELEPHONE & DIAL INFORMATION						
		MEMO PAD & BALL PEN						
		KLEENEX & FLASHLIGHT						
		YELLOW PAGE & BOOKS						
	R/AREA	SOFA & CHAIR						
		CARPET CLEAN(FLOOR)						
		WALL PAPER & CEILING						
		THERMO SENSCR						
		FAN COIL & DOWN LIGHT						
BATH ROOM		BATH ROOM DOOR & FRAME						
		WASH BASIN						
		MIRROW & LAMP						
		TOWEL SHELF & HANGER						
		AMENITY CASE & ITEMS						
		KLEENEX & ASHTRAY						
		BATH ROOM TRAY & TUMBLER						
		TOILET PAPER						
		SOAP & DISH						
		TOILET BOWL						
		TOILET SEAT & COVER						
		BATH TUB & HANDLE						
		SHOWER HEAD & HOSE						
		SHOWER CURTAIN(GLASS)						
		WASTE BASKET & SANITARY BAG						
		BATH ROOM TILE & DRAIN						
		BATH ROOM TELIPHONE						
REMARK								

양식 13-15 **하우스키핑 리포트**(Housekeeping Daily Report)

(앞면)

HOUSEKEEPING DAILY REPORT

1. 근무현황 DATE:

직책 \ 구분	총원	주휴	공휴	월차	년차	생차	FD	경조	병가	결근	근원원인	비고
1. ASS'T MANAGER												
2. HEAD FL. S-VISOR												
3. FLOOR SUPERVISOR												
4. HEAD CLERK												
5. ORDER TAKER												
6. HOUSE MAN												
7. MINIBAR CLERK												
8. ROOM ATTENDANT												
9. UTILITY MAN												
합계												
월누계												

2. ROOM STAUS

OCCUPANCY	RMS
VACANCY	
OUT OF ORDER	
COMPLIMENT	
HOUSE USE	
MORNING C/IN	
NOT CLEANING	
TOTAL	

3. 객실구분에 따른 ROOM NO.

EARLY C/IN	
EARLY C/OUT	
NOT CLEANING	
COMPLIMENT	
HOUSE USE	
OUT OF ORDER	
V.I.P	
DAY USE	

4. JOB ODER TO MAINTENANCE

의뢰사항	완료	미완료

(뒷면)

5. 수입현황

수입구분 및 금액			월누계
미니바	판매실수	실	실
	합계금액	원	원
	분실사항	원	원
L/D	총 건 수	건	건
	합계금액	원	원
마사지	총 건 수	건	건
	합계금액	원	원
D/U	판매실수	실	실
	합계금액	원	원

6. 지출현황

지출구분 및 금액			월누계
초콜릿 서비스	SVC 객실	실	실
	합계수량	개	개
	합계금액	원	원
꽃 서비스	A TYPE	개	개
	B TYPE	개	개
	합계금액	원	원
과일 서비스	A TYPE	개	개
	B TYPE	개	개
	합계금액	원	원

7. 특기사항(ORDER TAKER, HOUSE MAN, MINI BAR, ……AND SO ON)

8. 부서회의 주요내용

작성자: ____________________　　　부서장: ____________________

2. 공공구역의 청소와 유지 및 보수업무

공공구역(public area)은 크게 고객 지역과 종사원 지역으로 나누며, 호텔에서는 당연히 고객 지역을 우선적으로 관리한다. 호텔에서 가장 빈번하게 고객들이 왕래하는 고객 지역은 객실층, 식음료영업장, 화장실, 로비, 복도, 계단, 피트니스클럽, 엘리베이터, 각종 연회장 등 고객이 주로 이용하는 지역을 말하며, 종사원 지역은 호텔 백오피스(back office) 사무실, 로커 룸(locker room), 휴게실, 비상계단, 종사원 식당, 종사원 숙소 등이 있다.

호텔은 일반건물과는 달리 관리하기가 수월치 않으며, 특히 건물 외벽・내벽・천장 등은 그 높이가 높아서 아주 전문직업인이 아니면 청소하기 힘들며, 많은 인건비를 필요로 하고, 그만큼 위험부담도 크기 때문에 이런 위험지역은 대개 전문용역회사에 의뢰하여 관리하게 한다. 식음료영업이 자정을 전후로 끝나고 있고, 그 시간에 비싼 임금을 지불하는 감독자와 직원을 채용해야 하기 때문에 야간청소 역시 점차적으로 외부용역(아웃소싱)으로 대체하고 있는 실정이다.

업무의 효율성과 생산성을 높이기 위해 청소장소나 대상물에 따라 사용되는 장비와 세제도 다르며, 적절한 청소방법도 필요하다. 공공지역의 청소계획과 점검계획은 장소별・주기별로

아웃소싱(Out Sourcing)

아웃소싱은 저비용・고효율의 경영효과를 목적으로 호텔이 추구하는 핵심사업이나 업무를 제외한 특수한 업무를 외부의 전문가나 전문업체를 통해 업무지원을 받는 것을 말한다. 주로 경비(security)와 청소・방역・시설용역・주방설거지 등의 업무가 이루어지고 있으며, 주말이나 연말 식음료 연회행사의 경우 인건비 절감을 위해 인력파견업체와 계약하여 아웃소싱 종사원에 의존하고 있는 것이 호텔업계의 현실이다.

그림 13-18 **하우스키핑의 공공구역 청소**

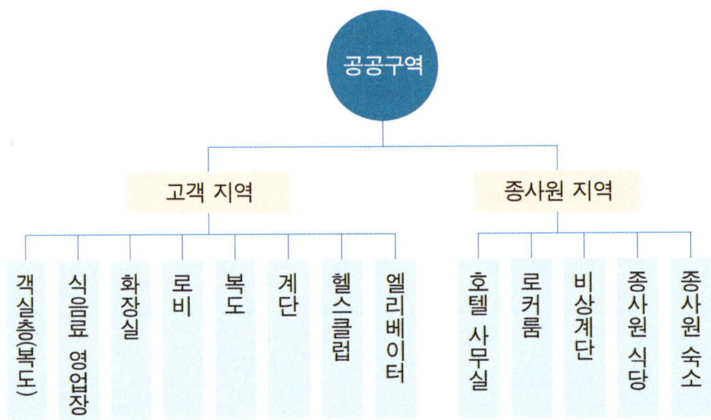

이루어져야 하며, 집중관리가 필요한 경우 별도계획을 세워 보다 효과적·효율적인 관리로 호텔의 청결유지가 가능하다. 공공지역의 청소와 유지·보수를 세분하면 다음과 같다.

1) 공공지역

(1) 로비 및 복도 관리

주·야 24시간 계속되며, 많은 사람들이 왕래하는 곳이므로 수시로 점검하고 청소해야 청결을 유지할 수 있다. 따라서 호텔에서는 일정구역을 나누어 해당되는 지역의 전담종사원을 따로 두어 그 일을 수행하게 한다. 비나 눈이 오는 날은 현관 앞에 헌 카펫을 깔아 호텔 내부까지 더럽혀지는 일이 없게 해야 하며, 수시로 청소를 해야 한다. 그리고 심야에는 광택기를 이용한 바닥 왁스작업을 주기적으로 실시한다.

5성급 호텔의 로비나 복도·벽면·바닥은 화강암 또는 대리석으로 되어 있으며, 가격이 매우 고가이다. 화강암 또는 대리석은 세제약품에 민감하게 반응하며, 오물에 약하다. 특히 대리석인 경우는 약제에 매우 민감하며, 화강암은 연마제를 사용하지 않으면 오점제거가 잘 되지 않는다. 이러한 일들을 하기 위해서는 최신식 청소장비를 사용해야 하며, 숙련된 기술이 필요하여 전문기술을 보유한 대리석 광택자가 야간에 작업을 실시한다.

호텔 로비와 복도

(2) 가구 및 조형물 관리

가구는 단순히 먼지만 닦는 작업과 주기적인 왁스작업이 있다. 가구는 시간이 오래 지나면 윤기가 없어지고 퇴색되기 때문에 일정기간을 정하여 광택을 주어야 한다. 평상시에는 종사원의 눈에 잘 띄지 않는 곳도 고객의 눈에는 잘 보일 수 있고, 가구류는 먼지가 묻어도 쉽게 눈에 띄지 않기 때문에 공공구역담당 직원들이 그냥 지나쳐 버릴 수 있으므로 감독자들은 하루 3회 이상 점검해야 한다.

특히 호텔 로비에 비치된 소파(sofa)와 의자(chair)에 놓여 있는 베개와 쿠션(cushion)은 세심하게 청소해야 한다. 베개나 쿠션이 찢어지거나 이물질 등으로 인해 얼룩이 없는지 점검하고 손상된 것을 즉시 처리하도록 한다.

호텔 내에는 조각물(조형물)들이 많이 있는데, 이것들은 대개 화강암 · 대리석 · 구리 등으로 이루어져 있다. 종류에 따라 그에 맞는 세제를 사용하여 주기적으로 닦아주어야 한다. 세제를 잘못 사용하면 지워지지 않는 얼룩으로 남는 수도 있으므로 주의해야 한다.

호텔 조형물

(3) 출입문 관리

출입문은 호텔 투숙객과 식음료 이용객은 물론, 불특정한 다수의 사람들이 드나들기 때문에 손자국이 자주 생긴다. 전담종사원이 상주하여 닦아주지 않으면 금방 더러워지므로 로비 및 복도를 담당하는 종사원이 수시로 점검하고 닦아준다.

호텔 출입문

(4) 화장실 관리

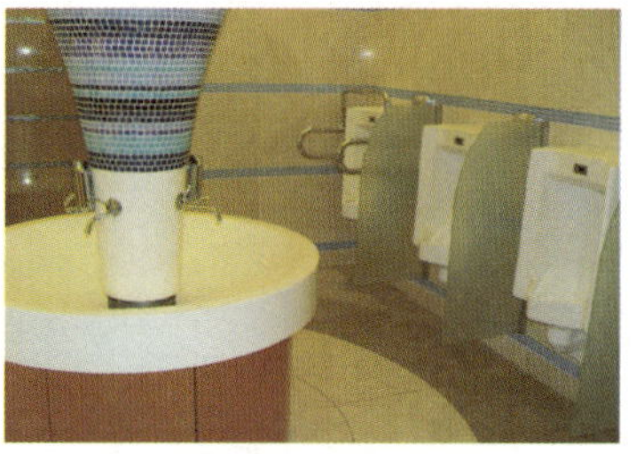
호텔 로비 화장실

호텔 화장실은 또 하나의 호텔 얼굴이므로 항상 청결하게 관리해야 고급호텔로서의 이미지를 보일 수 있다. 화장지도 곱게 준비되어 있어야 하며, 특히 악취가 나지 않도록 방향제도 설치해야 한다. 쾌적한 분위기가 되도록 싱싱한 꽃꽂이를 준비해야 하며, 손을 씻은 후 물기를 닦기 위한 종이수건(paper towel)도 준비해야 한다. 그 밖에 물비누(디스펜서)도 제때에 갈아주어야 하고, 벽에는 거울을 부착하여 고객들이 자신들의 화장이나 옷매무새를 고치는 데 불편함이 없어야 한다. 또한 변기를 수시로 닦아야 하며, 바닥이 대리석인 경우 산화되어 지워지지 않기 때문에 자주 닦아주어야 바닥을 보존할 수 있다. 화장실에 대한 청결은 매우 중요하므로 수시로 체크하는 시스템을 운영하고 있다. 몇몇 호텔에서는 여성용 화장실에 화장용 의자도 준비하고 있다.

(5) 계단관리

호텔 계단

계단은 고객들이 이용하는 계단과 종사원이 이용하는 계단이 있는데, 당연히 고객들이 자주 이용하는 계단을 우선적으로 청결하게 해야 한다. 이때 청소 시 주변에 안전표지판이나 주의표지판을 설치하여 안전사고를 방지해야 한다. 계단 손잡이는 놋쇠로 만들어져 있어 주기적으로 광택을 내주지 않으면 퇴색되어 고객들의 기분을 상하게 하므로 세심한 관리가 필요하다. 5성급 호텔의 경우 에스컬레이터가 설치되어 있기도 한데, 이것 역시 고객 지역이므로 계단청소와 동시에 실시되어야 한다.

(6) 카펫관리

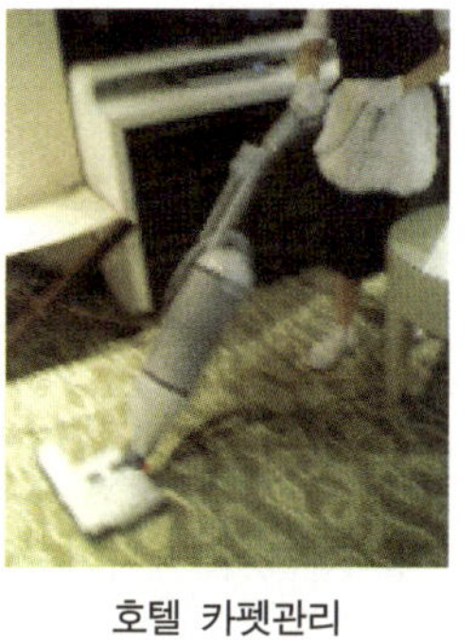
호텔 카펫관리

카펫은 일반적으로 3부분(표면 · 제1층 · 제2층)으로 구성되어 있는데, 호텔의 실내 장식과 소음방지 그리고 고객의 안전 등 그 효용성이 매우 크다. 카펫 청소관리에는 진공청소(vacuum cleaning)와 샴푸(shampoo)가 있는데, 카펫세척기(carpet cleaner)에 카펫전용 약품이나 세제를 넣어 세척을 한 후 곧바로 카펫탈수기(carpet extractor)로 물기를 제거하고 말린다. 고급카펫일수록 다루기가 매우 까다롭고 힘들어 카펫의 샴푸작업 자체가 기술이고 기계를 사용해야 하기 때문에 아무나 쉽게 할 수 있는 일이 아니다. 카펫의 수명은 사후관리를 어떻게 하느냐가 매우 중요하며, 매우 비싸서 쉽게 바꾸기가 어렵다. 카펫은 크게 양모로 직조된 것, 화학섬유로 직조된 것, 혼방으로 분류하는데, 그것들을 다루는 방법 또한 다르다.

(7) 엘리베이터 관리

엘리베이터(elevator)는 하루에도 수없이 많은 고객들이 이용하는 공간이므로 바닥의 휴지·물·음료수 등의 오물이 없도록 청소해야 한다. 그래서 낮에는 많은 고객들이 이용하기 때문에 수시로 간단한 청소만 시행하지만, 야간에는 바닥을 적절한 세제를 이용하여 청소한 후 왁스칠을 하여 광택을 유지한다.

호텔 엘리베이터

(8) 공중전화 관리

공중전화 부스 주변의 휴지나 이물질 등을 치우고 바닥과 벽면을 닦아낸다. 세제를 적신 천으로 송수화기와 전화줄을 닦는다. 그리고 공중전화 부스 안팎의 낙서를 세제로 닦아내고 호텔 로고가 그려진 메모지와 펜을 수시로 체크하여 보충한다. 마지막으로 전화번호부(telephone directory)를 점검하여 찢어지거나 낙서가 없는지 확인한다. 과학기술정보통신부의 공중전화기 축소운영의 일환으로 호텔 내 공중전화기를 점차적으로 철수하고 있는 실정이다.

양식 13-16 Public Area Daily Report

(앞면)

PUBLIC AREA DAILY REPORT

1. 근무인원 현황 DATE:

구분 / 직책	총원	주휴	공휴	월차	연차	생차	FC	경조	병가	경근	근무인원	비고
1. PUBLIC SUPERVISOR												
2. ASS'T SUPERVISOR												
3. CARPET CLEANER												
4. PUBLIC CLEANER												
5. PUBLIC ATTENDANT												
합계												
월누계												

2. PUBLIC AREA CLEANING STATUS

주요작업 및 청소내용	담당자	청소 상태	POLISHING SCHEDULE	확인
1. 고객용 화장실(곳)				
2. 종사원 화장실(곳)				
3. 종사원 숙소(여자)			매월 첫째 주 월요일	
4. 종사원 복도(지하 층)			매월 첫째 주 금요일	
5. 종사원 숙소(남자)			매월 첫째 주 금요일	
6. 종사원 식당 FLOOR			매월 둘째 주 수요일	
7. 별관 사무실 AREA			매월 둘째 주 일요일	
8. 사우나 AREA 대리석상태			매월 넷째 주 월요일	
9. 지하1층 영업장 앞 대리석상태			매월 넷째 주 월요일	
10. 2층 FLOOR 대리석상태			매월 넷째 주 목요일	
11. LOBBY FLOOR 대리석상태			매월 셋째 주 월요일	
12. 현관 FLOOR 대리석상태			매월 셋째 주 월요일	
13. 현관 돌바닥상태			매월 넷째 주 토요일	
14. 회전문 유리 및 스텐광택				
15. 업장 및 비상계단 신주				
16. 커피숍 유리 및 외곽벽			매월 둘째 주 금요일	
17. 기사대기실				

(뒷면)

3. CURTAIN 세탁현황

CURTAIN 구분	CURTAIN 교체작업한 객실 및 장소
CURTAIN	
LACE CURTAIN	

4. CARPET SHAMPOO 현황

CARPET 작업구분	담당자	작업내용 및 위치
객실 및 복도 CARPET SHAMPOO		
업장 CARPET SHAMPOO		

ELEVATOR 청소현황	담당자	1호기	2호기	3호기	4호기	5호기	A. B카	C카
ELEVATOR CARPET								
ELEVATOR 신주광택								

5. 공공구역 CARPET SHAMPOO SCHEDULE

PLACE(장소)	샴푸 실시일	확인	PLACE(장소)	샴푸 실시일
	매월 넷재 주 월요일			매월 첫째 주 화요일
	매월 넷재 주 화요일			수시로 작업
	매월 넷재 주 수요일			매월 첫째 수요일
	매월 넷재 주 목요일			매월 첫째 목요일
	매월 넷재 주 금요일			매월 첫째 금요일
	매월 셋째 한 주간			매월 둘째 금요일
	매월 둘째 한 주간			매월 첫째 토요일

6. 특기사항 및 인수사항

작성자 ____________________

2) 영업장

(1) 식음료업장 관리

호텔 서비스의 기본은 청결이다. 식음료업장은 음식의 맛과 더불어 깨끗한 분위기 연출이 동반되어야 하며, 청소는 영업시작 전·후에 실시한다. 점심영업 후 저녁영업을 하기 전까지의 중간시간(break time)이 있는 업장은 진공청소기로 청소를 한다.

저녁영업 종료 후 야간청소는 카펫과 바닥·창문·출입문·의자·테이블·장식품·가구 등 레스토랑(outlet restaurant) 내 모든 곳을 닦아야 한다.

호텔 식음료업장 전경

(2) 연회장 관리

연회장(banquet room)은 소·중·대 연회장이 있는데, 거의 모든 지역에 카펫이 깔려 있으므로 진공청소기를 이용한 배큐엄(vacuum)은 행사의 전후에 실시되어야 하고, 특히 심야에는 주기적인 카펫 샴푸를 하여 카펫의 노후화를 방지한다. 카펫은 직물이기 때문에 먼지가 많이 끼어 있으므로 제때 청소하지 않으면 카펫이 산화되어 지워지지 않고 얼룩이 남기 때문에 신속히 조치하도록 한다. 또한 행사의 종류에 따라 카펫의 더렵혀진 정도가 다르므로 행사 직후에 상태를 점검하여 적절한 조치를 취해야 한다.

연회장(banquet room) 전경

(3) 피트니스센터 관리

대부분의 5성급 호텔의 피트니스센터는 회원제로 운영되는데, 수영장과 사우나가 설치되어 있어서 비누때나 물때가 많이 발생된다. 매일 밤과 정기휴일에 계속 청소해주지 않으면 고객의 안전(미끄럼)사고에도 영향을 끼치게 되므로 세심한 관리가 필요하다.

3) 종사원 지역

종사원 지역의 청소는 자칫 소홀하기 쉬우나 종사원 지역이 청결치 못하면 종사원들의 무의식 속에 청결에 대한 개념이 희박해져서 고객 서비스 지역 또한 청결치 못할 수 있다. 특히 로커, 숙소, 종사원 화장실 등은 종사원들만이 사용하기 때문에 상당히 지저분할 수 있어 고객 지역에 버금가는 청소가 이루어져야 한다.

(1) 사무실 관리

호텔 사무실(office)은 직원 퇴근 후 야간에 이루어지고 있으나, 요즈음은 인건비 부담을 줄이기 위해 쓰레기 치우는 일 이외에는 사무실 직원 스스로가 해결하는 추세이다. 그러나 호텔 사무실은 직원들만이 사용하는 곳이 아니라 방문고객들도 많이 오기 때문에 쾌적한 분위기를 만들기 위해 카펫도 깔고, 화분도 비치하고 있다.

건물의 외벽과 창문 관리는 호텔 종사원이 하기에는 너무 위험하며, 고가사다리를 이용해야 하기 때문에 외부 전문용역업체에 의뢰하는 것이 비용절감과 안전 측면에서 훨씬 효과적이다.

(2) 종사원 탈의실 관리

종사원 탈의실(employee locker room)은 종사원들이 유니폼으로 갈아입거나 샤워를 할 수 있는 공간으로서 바닥 청소와 샤워장 청소 등의 업무를 수행한다. 샤워장의 경우 뜨거운 물로 바닥 · 벽 등을 씻어낸 후 물기를 제거하여 곰팡이가 생기지 않게 한다. 또한 수리가 필요한 부분은 시설관리부에 연락하여 조치를 취한다.

참고문헌

단행본

고석면(2003), 호텔경영론, 기문사.
구정대(2004), 호텔객실실무서비스, 대왕사.
권태영 외 5인(2003), 호텔경영과 실무, 기문사.
김경환 · 차길수(2003), 호텔경영학, 현학사.
김근종 외 2인(2000), 호텔경영론, 대왕사.
김성혁 외 4인(2003), 현관객실론, 백산출판사.
김영규 외 2인(2004), 현대호텔경영의 이해, 대왕사.
김영준 · 김필라(2005), 호텔 서비스실무 매뉴얼, 대왕사.
김왕상 · 신강현(2003), 호텔객실실무관리론, 대왕사.
김일채 · 박대환(2001), 호텔객실영업론, 백산출판사.
김재민 · 신현주(2001), 신호텔경영론, 대왕사.
김정근(2002), 호텔경영론, 대왕사.
김진강 외 2인(2004), 호텔객실실무론, 백산출판사.
김진섭 · 김혜영(2002), 호텔경영학, 대왕사.
김충호(2002), 호텔경영학, 형설출판사.
민혜성(2005), 호텔객실영업론, 현학사.
박대환 외 3인(2008), 호텔객실영업론, 백산출판사.
신형섭 외 2인(2006), 호텔객실서비스실무, 새로미.
안광호 외 2인(2004), 호텔객실서비스실무, 기문사.
오홍진 · 강찬호(2014), 실전 호텔객실서비스론, 기문사.
원융희 외 2인(2004), 최신관광인사관리, 백산출판사.

위정주 외 2인(2002), 호텔경영관리론, 백산출판사.
유정남(2003), 호텔경영론, 기문사.
이선희 · 송대근(2005), 호텔객실실무론, 대왕사.
이세일 · 정호권(2003), 호텔실무개론, 한올출판사.
21C호텔관광연구회(2003), 호텔경영학, 현학사.
이원재 외 5인(2004), 관광학원론, 대학교육문화원.
이정학(2003), 호텔경영의 이해, 기문사.
이혜숙 외 2인(2004), 호텔객실의 이해, 대왕사.
이희천 · 김영규(2000), 호텔객실실무, 학문사.
______ 외 2인(2003), 호텔경영론, 형설출판사.
임경인(1998), 호텔경영원론, 대왕사.
임영찬 외 3인(2002), 호텔경영의 이해, 백산출판사.
전원배(2003), 호텔경영학개론, 백산출판사.
전홍진 · 김홍일(2004), 호텔객실실무론, 현학사.
정종훈 · 김근종(2000), 호텔사업론, 학문사.
______ · 한진수(2003), 호텔프런트 & 객실관리론, 현학사.
조남재(2004), 관광호텔의 이해, 형설출판사.
최영준 · 김영규(2002), 호텔경영론, 대왕사.
최풍운(2000), 호텔실무, 백산출판사.
______(2003), 호텔경영학원론, 백산출판사.
허정봉 외 8인(2003), 호텔경영학개론, 백산출판사.

기타

그랜드 인터컨티넨탈 서울(2000), 업무 매뉴얼.
문화관광부(2003), 1～3급 관광호텔 서비스 매뉴얼.
외환은행(1999), 외국통화 위폐식별 세미나 자료.
월간 Hotel & Restaurant, 2005년도 4월호, 2010년 11월호.
호텔신라 교육자료, 호텔신라 교육원.
Grand Ambassador 호텔(2004), 객실부 업무 매뉴얼.
Grand Hyatt 호텔(1990), 업무 매뉴얼.
Lotte 호텔(2004), 객실부 업무 매뉴얼.
鈴木博 · 大庭祺一郎(2008), ホテル經營教本, 紫田書店.

사이트

JW 메리어트 호텔 홈페이지(www.jw-marriott.co.kr)

그랜드 앰배서더 서울 홈페이지(www.ambatel.com)

그랜드 워커힐 호텔 홈페이지(www.walkerhill.co.kr)

그랜드 인터컨티넨탈 호텔 홈페이지(www.seoul.intercontinental.com)

그랜드 하얏트 서울 호텔 홈페이지(www.grandhyattseoul.co.kr)

노보텔 앰배서더 강남 호텔 홈페이지(www.ambatel.com)

더 플라자호텔 홈페이지(www.hoteltheplaza.com)

롯데호텔 홈페이지(www.lottehotel.com)

메이필드 호텔 홈페이지(www.mayfield.co.kr)

비스타 워커힐 호텔 홈페이지(www.wseoul.com)

신라 호텔 홈페이지(www.shilla.net)

웨스틴 조선 호텔 홈페이지(www.echosunhotel.com)

◆ 저자소개 ◆

[송 대 근]

- 경기대학교 관광경영학과 졸업(경영학사)
- 경기대학교 대학원 석사과정 졸업(관광경영학 전공, 경영학석사)
- 경기대학교 대학원 박사과정 졸업(관광경영학 전공, 관광학박사)
- 동남보건대학 관광영어통역과 · 관광일어통역과 겸임교수
- 명지대학교 사회교육원 관광과 강사
- 경복대학 관광과 강사
- (주)서한사 Hotel Sofitel Ambassador Seoul 객실부 근무
- 한국여행학회 이사
- 문화관광연구학회 감사
- 한국산업인력관리공단 평가위원
- 한국산업인력관리공단 관광종사원(관광통역안내사 · 호텔관리사 · 호텔서비스사 · 국내여행안내사) 면접 · 필기시험 출제위원
- 호텔등급심사위원
- 현, 동서울대학교 호텔관광경영과 교수
  동서울대학교 평생교육원 원장

〈논문〉

- 품질기능전개(QFD)를 이용한 호텔서비스 품질관리에 관한 연구(박사학위논문)
- 호텔기업의 환경변화에 대응한 마케팅전략에 관한 연구(석사학위논문) 외 다수

[강 용 관]

- 경기대학교 관광경영학과 졸업(경영학사)
- 경기대학교 대학원 석사과정 졸업(관광경영학 전공, 경영학석사)
- 경기대학교 대학원 박사과정 졸업(관광경영학 전공, 관광학박사)
- 한양여자대학 강사
- 디지털서울문화예술대학교 호텔외식경영학과 강사
- 동서울대학교 호텔관광경영학과 겸임교수
- 현, 그랜드 하얏트 서울 근무

〈논문〉

- BSC를 활용한 호텔 경영성과평가와 전략체계도에 관한 연구(박사학위논문)
- 관광호텔의 외국환관리에 관한 연구(석사학위논문) 외 다수

저자와의
협의에 의하여
인지를
생략합니다.

제3판 호텔객실 서비스실무

초 판 1쇄 발행 2011년 9월 5일
제2판 1쇄 발행 2020년 8월 20일
제3판 1쇄 발행 2024년 9월 15일

저자 송대근 · 강용관 | **발행인** 박성진 | **발행처** 대왕사
등록 1976년 11월 30일 제5~54호
주소 서울시 동대문구 외대역동로 133-1
물류 경기도 파주시 소라지로 176-25(송촌동 414-12)
전화 (031)947-5471(代) | **팩스** (031)947-5470
홈페이지 http://www.daewangsa.net | **이메일** dws74@hanmail.net
값 28,000원

ISBN 978-89-456-9306-8 93320